Peter Dru

Devenez manager !

*Tout ce qu'il faut savoir
avant de devenir directeur*

Traduit de l'américain par
Jacques Fontaine

L'édition originale de cet ouvrage a été publiée aux États-Unis par HarperBusiness, une marque de HarperCollins Publishers, New York, sous le titre *The Essential Drucker*.

© 2001 Peter F. Drucker

© 2002 Pearson Education France, Paris

La loi du 11 mars 1957 interdit les copies ou reproductions destinées à une utilisation collective. Toute représentation ou reproduction intégrale ou partielle faite par quelque procédé que ce soit, sans le consentement de l'auteur ou de ses ayants droit, est illicite et constitue une contrefaçon sanctionnée par les articles 425 et suivants du Code pénal.

ISBN : 2-84211-216-4

Sommaire

Introduction : L'essentiel du management   5

I. LE MANAGEMENT

1. Le management considéré comme une fonction sociale et un art libéral — 11
2. Les dimensions du management — 21
3. L'entreprise, son objet, ses objectifs — 25
4. Ce que l'entreprise peut apprendre des organisations à but non lucratif — 45
5. Nuisances et problèmes sociétaux — 57
6. Les nouveaux paradigmes du management — 73
7. L'information nécessaire aux managers — 97
8. Management par objectifs et auto-contrôle — 115
9. Choisir les personnes — 129
10. L'entreprise privée et l'esprit d'entreprise — 137
11. La création d'entreprise — 145
12. Les stratégies de l'entrepreneur — 163

II. L'INDIVIDU

13.	L'efficacité, cela s'apprend	191
14.	Se concentrer sur sa contribution	205
15.	Comment se gérer soi-même	215
16.	Gérer son temps	223
17.	Les décisions efficaces	237
18.	Des communications qui fonctionnent	255
19.	Le leadership, c'est un travail	263
20.	Les principes de l'innovation	267
21.	La seconde moitié de votre vie	275
22.	L'Homme instruit	281

III. LA SOCIÉTÉ

23.	Un siècle de transformation sociale : émergence d'une société du savoir	291
24.	Une société d'entrepreneurs	311
25.	La citoyenneté passe par le secteur social	319
26.	De l'analyse à la perception : une nouvelle vision du monde	327

Postface : Le défi à relever   337

Remerciements à l'éditeur   340

Index   341

Introduction
L'essentiel du management

DEVENEZ MANAGER ! résulte d'une sélection opérée sur une œuvre de soixante ans consacrée au management. Elle débute avec *The Future of Industrial Man* (1942) et s'achève – provisoirement – sur mon livre de 1999, *L'Avenir du management*.

Cette sélection se propose deux objectifs. D'abord, constituer une introduction cohérente et complète – du moins je l'espère – à la science du management. Mais aussi offrir une vue générale sur mes travaux et répondre ainsi à une question que mes éditeurs n'ont cessé de me poser : par quel bout commencer la lecture de Drucker ? Quels sont mes écrits *essentiels* ?

C'est un vieil ami japonais, M. Atsuo Ueda, qui en a eu le premier l'idée. Il a lui-même mené au Japon une carrière remarquable consacrée au management, et, parvenu à l'âge de soixante ans, en a récemment entamé une seconde en fondant et en dirigeant une nouvelle université technique à Tokyo. Pendant quarante ans, il a été mon traducteur et mon éditeur au Japon, reprenant nombre de mes livres pour des éditions successives. Il connaît donc parfaitement mon œuvre – mieux que moi-même, en fait. À ce titre, il lui a consacré un nombre croissant de conférences et de séminaires, à l'occasion desquels étudiants et jeunes dirigeants lui ont constamment posé la question : par où aborder Drucker ?

C'est ainsi que M. Ueda fut amené à reprendre toutes mes œuvres, à en extraire l'essentiel et à le condenser comme si je l'avais rédigé originellement en un texte unique. Il en est résulté un florilège en trois volumes et cinquante-sept chapitres – un volume consacré à la gestion des organisations, le deuxième à l'individu dans une société d'organisations, et le troisième à la société en général. L'ouvrage a remporté un grand succès lors de sa publication à l'été-automne 2000, et a été publié aussi à Taïwan, en Chine et en Corée, ainsi qu'en Argentine, au Mexique et au Brésil.

Le texte de M. Ueda a servi aussi aux éditions anglaise et américaine de *Devenez manager !* Cependant ces deux éditions non seulement ont réduit de moitié le texte japonais original – vingt-six chapitres au lieu des cinquante-sept de l'édition en trois volumes – mais visent un objectif quelque peu différent. Par ailleurs, Cass Canfield Jr, mon éditeur chez Harper Collins aux États-Unis depuis trente ans et mon ami, était de son côté parvenu voici quelques années à la conclusion qu'il manquait une introduction, ainsi qu'une vue d'ensemble, à mes soixante ans de publications sur le management ; mais il avait compris – avec raison – qu'un tel ouvrage rencontrerait aux États-Unis et en Angleterre un public à la fois plus large et plus étroit que celui de l'édition japonaise. Plus large, parce qu'il existe en Occident un nombre croissant de lecteurs qui, sans être des cadres ou dirigeants d'entreprises, considèrent désormais le management comme une matière d'intérêt général ; un nombre croissant d'étudiants, aussi, qui, sans travailler particulièrement les matières du management, estiment qu'elles font désormais partie d'une culture générale ; un nombre rapidement croissant, enfin, de cadres en milieu de carrière qui suivent des études de recyclage, tant dans leurs entreprises que dans des établissements d'enseignement. Plus étroit, cependant, parce que ces lecteurs nouveaux ont moins le besoin et le désir d'une introduction à l'œuvre de Peter Drucker offrant aussi une vue d'ensemble que d'une introduction pure et simple, concise, générale et pointue, au management en soi. Puisant dans l'édition japonaise en trois volumes, Cass Canfield Jr. a donc sélectionné (avec mon approbation totale, et même enthousiaste) les textes de *Devenez manger !* pour en faire une introduction générale, cohésive et autonome à la science du management – gestion de l'entreprise et autogestion de l'individu, cadre ou profession libérale, que ce soit dans l'entreprise ou, en général, dans notre société d'organisations.

Mes lecteurs comme moi-même doivent ainsi une grande reconnaissance à Atsuo Ueda et à Cass Canfield Jr. Ils ont consacré à ce florilège énormément de travail et de dévouement. Le résultat n'est pas seulement la meilleure introduction à son œuvre qu'un auteur puisse souhaiter, mais aussi, j'en suis persuadé, une introduction exceptionnelle, cohésive et autonome, au management, son domaine et ses principes, ses problèmes, ses défis et ses opportunités.

Ce livre représente aussi, comme je l'ai indiqué, une vue générale de mes recherches sur le management. Il se pourrait donc que le lecteur souhaite aller plus loin sur tel point particulier, et savoir où le trouver. Voici donc, ci-après, les sources des vingt-six chapitres de *Devenez manger !*

Les chapitres 1 et 26 sont tirés de *The New Realities* (1988), traduction française: *Les Nouvelles réalités* (1989).

Les chapitres 2, 3, 5, 18 sont tirés de *Management: Tasks, Responsibilities, Practices* (1974), traduction française: *Nouvelles pratiques de la direction des entreprises* (1975).

Les chapitres 4 et 19 sont tirés de *Managing for the Future* (1992), et ont été publiés d'abord dans la *Harvard Business Review* (1989) et le *Wall Street Journal* (1988), traduction française: *À propos du management* (2000).

Les chapitres 6, 15 et 21 sont tirés de *Management Challenges for the 21st Century* (1999), traduction française: *L'Avenir du management* (1999).

Les chapitres 7 et 23 sont tirés de *Management in a Time of Great Change* (1995), et ont été publiés d'abord dans la *Harvard Business Review* (1994) et l'*Atlantic Monthly* (1996), traduction française: *Structures et changements* (1996).

Le chapitre 8 est tiré de *The Practice of Management* (1954), traduction française: *La Pratique de la direction des entreprises* (1957).

Le chapitre 9 est tiré de *The Frontiers of Management* (1986), et a été publié d'abord dans la *Harvard Business Review* (1985), traduction française: *À propos du management* (2000).

Les chapitres 10, 11, 12, 20 et 24 sont tirés de *Innovation and Entrepreneurship* (1985), traduction française: *Les Entrepreneurs* (1985).

Les chapitres 13, 14, 16 et 17 sont tirés de *The Effective Executive* (1966), traduction française: *L'Efficacité, objectif n° 1 des cadres* (1968).

Les chapitres 22 et 25 sont tirés de *Post-Capitalist Society* (1993), traduction française : *Au-delà du capitalisme* (1993).

Tous ces ouvrages sont actuellement disponibles aux États-Unis, la plupart en France.

Cette édition en un seul volume de *Devenez manager !* ne comprend cependant aucun extrait de cinq autres ouvrages importants que j'ai consacrés au management : *The Future of Industrial Man* (1942), non traduit en français ; *Concept of the Corporation* (1946), non traduit ; *Managing for Results* (1964), où la notion de « stratégie » est appliquée pour la première fois à la gestion des entreprises, traduction française : *Bien connaître votre affaire et réussir* (1973) ; *Managing in Turbulent Times* (1980), traduction française : *L'entreprise face à la crise mondiale* (1981) ; *Managing the Non-Profit Organization* (1990), enfin, non traduit en français. Ce sont là des livres importants, encore largement étudiés et utilisés, mais les sujets en sont plus spécialisés – voire plus techniques – que ceux des extraits retenus ici comme représentant l'*essentiel* de mes idées.

PETER DRUCKER

Première partie

LE MANAGEMENT

1
Le management considéré comme une fonction sociale et un art libéral

Lorsque Karl Marx entreprit, vers 1850, de rédiger *Le Capital*, le phénomène appelé management était inconnu, de même que le genre d'entreprise que gèrent les managers. La plus grande entreprise industrielle à la ronde était une filature de coton de Manchester, employant moins de trois cents personnes, et propriété de Friedrich Engels, l'ami et le collaborateur de Marx. Et dans l'usine Engels – l'une des affaires les plus rentables de son temps – il n'y avait pas de « managers », seulement des chefs d'équipe, c'est-à-dire des ouvriers chargés de faire régner la discipline chacun sur une poignée de ses camarades prolétaires.

Rarement, dans l'histoire des hommes, une institution aura émergé aussi rapidement, et aura eu autant d'impact que le management. En moins de cent cinquante ans, il a bouleversé le tissu social et économique des pays développés dans le monde entier. Il a créé une économie mondiale, et fixé les règles que doivent suivre les pays désirant accéder à ce statut à égalité avec les autres. Enfin, il s'est lui-même transformé. Bien peu de dirigeants d'entreprise sont conscients des formidables conséquences qu'a eues le management. La plupart, en fait, le pratiquent – bien ou mal – sans s'en rendre compte, tout comme M. Jourdain faisait de la prose sans le savoir. Résultat, ils sont mal préparés au défi terrifiant qu'ils ont maintenant à affronter. Car leurs problèmes les plus importants ne sont pas suscités par la technique ou la politique. Ils ne naissent pas ailleurs que dans l'entreprise. Ce sont les problèmes soulevés par le triomphe du management.

À coup sûr, le management a toujours la même tâche fondamentale : obtenir des hommes un résultat collectif, en leur donnant un but commun, des valeurs communes, une organisation convenable, et la formation nécessaire pour qu'ils soient performants et puissent s'adapter au changement. Mais sa signification profonde a changé, parce que, du fait même de son développement (et entre autres raisons), des travailleurs du savoir hautement instruits ont remplacé une force de travail composée de tâcherons non qualifiés.

Origines et développement du management

Il y a quatre-vingts ans, au seuil de la Première Guerre mondiale, quelques penseurs commençaient à prendre conscience de l'existence du management. Mais bien peu de gens, y compris dans les pays les plus avancés, étaient engagés si peu que ce soit dans sa pratique. Aujourd'hui, aux États-Unis, la catégorie la plus importante de la population active (plus d'un tiers du total) est celle des cadres, ceux que les statisticiens américains appellent *managerial and professional people*. l'acteur principal de cette évolution, c'est le management. C'est grâce à lui que, pour la première fois dans l'histoire, nous sommes à même d'employer un si grand nombre de personnes cultivées et qualifiées à un travail productif. Aucune société n'avait pu le faire auparavant. À la vérité, aucune n'aurait pu se permettre d'entretenir plus d'une poignée de ces gens-là. Personne, jusqu'à un passé très récent, n'avait su rassembler en vue d'un but commun des personnes dotées de talents et de connaissances différents.

La Chine du 18e siècle faisait à l'époque l'envie des intellectuels occidentaux, parce qu'elle parvenait à fournir à des hommes instruits davantage d'emplois (environ 20 000 par an) que l'Europe tout entière. Aujourd'hui, avec une population comparable en nombre à celle de la Chine d'alors, les États-Unis forment près d'un million de diplômés de l'enseignement supérieur par an, dont la plupart trouvent sans la moindre difficulté un emploi bien payé. C'est le management qui leur donne du travail.

Le savoir, et notamment le savoir de haut niveau, est toujours spécialisé. Par lui-même, il ne produit rien. Et pourtant, une entreprise moderne – et pas seulement parmi les plus grandes – peut employer jusqu'à 10 000 personnes bien formées, représentant jusqu'à soixante catégories de savoirs différents : ingénieurs de toutes disciplines, concepteurs, experts en marketing, économistes, statisticiens, psychologues, gestionnaires, comptables, spécialistes des ressources humaines, tous attelés à la même aventure. Aucun n'aurait la moindre efficacité sans l'entreprise et son management.

Il ne servirait à rien de se demander quel phénomène a précédé l'autre, de l'explosion de l'éducation depuis cent ans ou du management qui a appliqué ces connaissances au monde du travail. Le management moderne et l'entreprise moderne n'existeraient pas sans ce fondement de savoir que les sociétés développées ont édifié ; mais aussi c'est le management, et le management seul, qui a pu mettre à l'œuvre tout ce savoir et tous ces gens hautement qualifiés. Grâce au management, le savoir, naguère un luxe et un ornement social, est devenu le véritable capital de toute économie.

Bien peu de dirigeants auraient prédit de tels développements en 1870, lorsque la grande entreprise commença à prendre forme. Ce n'est pas qu'ils manquassent de discernement, mais il n'y avait pas de précédent. À cette époque, l'armée était la seule grande organisation permanente. Il n'est donc pas étonnant que sa structure de commandement et de contrôle ait été prise comme modèle par les gens qui ont édifié les chemins de fer transcontinentaux, la grande sidérurgie, la banque moderne et les grands magasins. Ce modèle – un très petit nombre d'hommes donnant les ordres au sommet, et un très grand nombre obéissant à la base – est resté la norme pendant près de cent ans. Mais il n'était nullement aussi statique que sa longévité pourrait le laisser croire. Au contraire, il s'est transformé presque dès le début, à mesure que l'entreprise accueillait des savoirs spécialisés de toutes sortes.

Le premier ingénieur de formation universitaire embauché dans l'industrie – il s'appelait Friedrich von Hefner-Alteneck – le fut par Siemens, en Allemagne, en 1867. Cinq ans plus tard, il avait monté un laboratoire de recherche. D'autres services spécialisés suivirent. Lorsque survint la Première Guerre mondiale, les fonctions classiques existaient déjà dans l'industrie : recherche et développement, production, vente, finance et comptabilité, un peu plus tard ressources humaines (ou personnel).

Un autre progrès causé par le management, avec des conséquences encore plus marquées pour l'entreprise et pour l'économie mondiale en général, fut à cette époque l'application du management, sous les espèces de la formation, au travail manuel. Née des nécessités de la guerre, la formation a impulsé la transformation de l'économie mondiale au cours des quarante dernières années, parce qu'elle a permis à des pays où les salaires étaient faibles de faire ce que la théorie économique traditionnelle leur croyait inaccessible : devenir du jour au lendemain des concurrents efficaces tout en conservant leurs bas salaires.

Adam Smith estimait qu'il fallait aux habitants d'un pays ou d'une région plusieurs centaines d'années pour acquérir l'expertise manuelle et intellectuelle nécessaire à la fabrication et à la commercialisation d'un produit donné, qu'il s'agisse de cotonnades ou de violons.

Au cours de la Première Guerre mondiale, pourtant, d'innombrables femmes et hommes sans aucune expérience de l'industrie furent convertis en travailleurs productifs en un rien de temps. Pour cela, des entreprises américaines et britanniques appliquèrent à grande échelle l'organisation scientifique du travail, inventée par Frederick Taylor entre 1885 et 1910, à la formation systématique des cols bleus. Il s'agissait d'analyser les tâches et de les diviser en opérations simples qu'un individu pouvait apprendre très rapidement à effectuer. Encore perfectionnée pendant la Seconde Guerre mondiale, la formation fut alors adoptée par les Japonais, et vingt ans plus tard par les Coréens, qui en firent la base du phénoménal développement de leurs pays.

Pendant les années 1920 et 1930, le management fut appliqué à bien d'autres aspects et domaines de l'activité productive. La décentralisation, par exemple, vint combiner les avantages de la grande taille et ceux des dimensions réduites au sein de la même entreprise. La comptabilité passa de la « tenue des livres » à l'analyse et au contrôle. La planification naquit des « diagrammes de Gantt » inventés en 1917 et 1918 pour organiser la production de guerre ; de la même source vint l'utilisation des statistiques et de la logique analytique en vue de convertir l'expérience et l'intuition, après numérisation, en définition, information et diagnostic. Le marketing résulta de l'application des concepts du management à la distribution et à la vente. Mieux, dès les années 1925-1930, certains pionniers américains du management – notamment Thomas Watson père chez le tout jeune IBM, Robert Wood chez Sears, Roebuck et Elton Mayo à la Harvard Business School – commencèrent à critiquer la façon dont était organisé l'ensemble du processus de production. La chaîne de montage leur apparut comme un compromis qui n'était pas destiné à durer. En dépit de sa formidable productivité, la chaîne n'est pas d'une grande valeur économique parce qu'elle n'est pas flexible et fait un usage médiocre des ressources humaines et même des ressources techniques. Par la réflexion et l'expérience, ces industriels en vinrent à cette organisation du processus de production qu'on appela *automation*, au travail en équipes, aux cercles de qualité, à l'organisation basée sur l'information comme outils de gestion de la ressource humaine. Chacune de ces innovations managériales représentait une application du savoir au travail, la substitution de l'information et de l'esprit systémique à la force brute, à la peine et au doigt mouillé. Chacune, pour citer Frederick Taylor, visait à remplacer la recette « travailler plus dur » par « travailler plus intelligemment ».

La puissante fécondité de ces innovations éclata lors de la Seconde Guerre mondiale. Si l'on va au fond des choses, les Allemands étaient de loin les meilleurs stratèges. Manœuvrant sur des lignes intérieures beaucoup plus courtes, ils pouvaient réduire leur intendance et aligner au combat autant de troupes que leurs adversaires. Pourtant, les Alliés ont vaincu – et leur victoire fut celle du management. Les États-Unis, dont la population ne représentait que 20 % de celle de tous les autres belligérants réunis, avaient autant d'hommes qu'eux sous l'uniforme et réussirent néanmoins à produire davantage de matériel de guerre que tous les autres ensemble. Ils parvinrent à expédier ces armes et ces équipements sur tous les fronts, aussi lointains fussent-ils : Chine, Union Soviétique, Inde, Afrique et Europe occidentale. Pas étonnant, dans ces conditions, qu'à la fin de la guerre tout le monde fût convaincu des bienfaits du management. Et que le management apparût comme une activité distincte, spécifique, que l'on pouvait étudier en tant que discipline. Et c'est bien ce qu'ont fait tous les pays qui ont accédé après la guerre au leadership économique.

Après la Seconde Guerre mondiale, on commença de s'aviser que le management n'appartient pas seulement au monde du business ; il concerne tout effort visant à réunir en une seule organisation des hommes de savoirs et de talents divers. Il s'applique avec bonheur aux institutions du tiers secteur – hôpitaux, universités, églises, organismes culturels, services sociaux – qui, après la Seconde Guerre mondiale, ont proliféré aux États-Unis plus vite encore que les entreprises ou les administrations. Car s'il est vrai que le recrutement de bénévoles ou la collecte de fonds ne se pratiquent que dans les associations à but non lucratif, leurs autres activités, bien plus nombreuses, sont les mêmes que dans les entreprises visant le profit : définir la bonne stratégie, des objectifs valables, former les hommes, évaluer leurs performances et mettre sur le marché les services produits par l'organisation. *Dans le monde entier, le management est devenu la nouvelle fonction sociale.*

Management et esprit d'entreprise

Le management comme discipline et comme pratique a fait un grand pas en avant lorsqu'il a pris en compte l'esprit d'entreprise et l'innovation. C'est un faux débat d'opposer, comme on le fait aujourd'hui, le management et l'esprit d'entreprise, comme s'ils étaient adversaires ou même s'excluaient l'un l'autre. C'est comme si on soutenait que la main droite du violoniste est l'adversaire de la main gauche, ou qu'elle l'« exclut ». On a toujours besoin des deux, en même temps. Les deux doivent être coordonnés et opérer ensemble. Toute organisation *existante*, que ce soit une entreprise, une église, un syndicat ou un hôpital, s'écroulera bientôt si elle n'innove pas. Réciproquement, toute organisation *nouvelle*, entreprise, église, syndicat ou hôpital, s'effondrera si elle n'est pas managée convenablement. L'absence d'innovation est la première cause de déclin des organisations existantes, l'ignorance du management la première cause de l'échec des entreprises nouvelles.

Pourtant, les livres de management ne prêtent pas beaucoup d'attention à l'esprit d'entreprise et à l'innovation. La raison en est qu'à l'époque où la plupart de ces livres furent écrits, après la Seconde Guerre mondiale, la tâche dominante était de manager ce qui existait, plutôt que d'innover et de créer quelque chose de différent. Pendant tout ce temps, la plupart des organisations se sont développées selon des schémas élaborés trente ou cinquante ans auparavant. Mais cela a terriblement changé. Nous sommes entrés de nouveau dans une ère d'innovations, qui ne concerne pas seulement, loin de là, les techniques plus ou moins « de pointe ». En réalité, comme ce livre essaie de le démontrer, l'innovation sociale pourrait avoir bien plus d'importance et de conséquences que toutes les inventions techniques ou scientifiques. Bien plus, nous disposons maintenant d'une véritable « discipline » de l'esprit d'entreprise et de l'innovation (voir *Les Entrepreneurs*, Peter Drucker, Hachette-L'Expansion, 1985) : elle fait évidemment partie du management, et repose sur les principes bien connus et solidement éprouvés du management. Elle s'applique à la fois aux organisations existantes et aux nouvelles, à la fois aux entreprises et aux organisations non lucratives, y compris celles qui dépendent de la puissance publique.

Légitimité du management

Les manuels s'intéressent surtout aux fonctions du management à l'intérieur des organisations ; très peu, jusqu'à présent, reconnaissent sa fonction sociale. Pourtant, c'est justement parce que le management s'est répandu partout qu'il nous lance le plus grave défi. À qui le management doit-il rendre des comptes ? Sur quels points, sur quoi repose son pouvoir ? Quelle est sa légitimité ?

Ce ne sont pas là des problèmes d'économie ou de business, mais des problèmes *politiques*. Et ils sont posés parce que le management subit actuellement l'attaque la plus violente de toute son histoire, une attaque bien plus sérieuse que toutes celles des syndicats ou des marxistes : celle des offres publiques d'achat (OPA) hostiles. Phénomène purement américain à l'origine, l'OPA s'est répandue dans tout le monde développé non-communiste. Ce qui l'a rendue possible aux États-Unis, c'est le fait que les caisses de retraites sont devenues l'actionnaire principal de beaucoup de sociétés cotées en Bourse. Propriétaires légaux, les fonds de retraite sont économiquement des investisseurs, et en fait, souvent, des spéculateurs. Ils ne s'intéressent pas au sort de l'entreprise. En réalité, ce ne sont (au moins aux États-Unis) que des investisseurs institutionnels, qui ne sont pas censés se préoccuper d'autre chose que du gain pécuniaire immédiat. Derrière toute OPA, on trouve le postulat que la seule fonction de l'entreprise est de fournir à ses actionnaires le gain *immédiat* le plus élevé possible. En l'absence de toute autre justification, c'est le « raider » qui, par son OPA hostile, impose son point de vue et, le plus souvent, démantèle et pille les opérations en cours dans l'entreprise, sacrifiant sa capacité à long terme de production de richesses à des gains à court terme.

Certes, le management – et pas seulement dans le business – est redevable d'une performance. Mais comment définir cette performance ? Comment la mesurer ? Comment l'obtenir ? Et *à qui* en est-il redevable ? Que l'on puisse poser de telles questions mesure en soi le succès et l'importance du management. Mais que l'on doive les poser constitue aussi un acte d'accusation contre les managers. Ils n'ont pas encore pris conscience du fait qu'ils représentent un pouvoir – et que tout pouvoir doit être légitime et rendre des comptes. Ils ne sont pas encore à la hauteur de leurs responsabilités.

Qu'est-ce que le management ?

Mais qu'est-ce donc que le management ? Un sac à malices techniques ? Une trousse de recettes analytiques, comme celles que l'on enseigne dans les business schools ? Tout cela est important, certes, comme le sont le thermomètre et l'anatomie pour un médecin. Mais toute l'évolution et l'histoire du management, de ses succès aussi bien que de ses problèmes, montrent qu'il tient avant tout en un très petit nombre de principes essentiels. Soit, pour être précis :

- Le management est quelque chose qui se rapporte à des êtres humains. Sa tâche, son devoir, c'est de rendre les hommes capables de produire un résultat commun, de donner de l'efficacité à leurs capacités, et de faire en sorte que leurs points faibles n'aient pas d'importance. Tel est l'objectif de toute organisation, et la raison pour laquelle le management est un facteur décisif, déterminant. Nous sommes presque tous employés, de nos jours – nous, les gens instruits, diplômés, qualifiés – par des institutions, grandes ou petites, publiques ou privées, qui pratiquent le management. Du management dépendent nos moyens d'existence ; et la contribution que nous apportons à la société dépend tout autant de la façon dont est managée l'organisation où nous travaillons que de nos talents, de notre effort et de notre dévouement individuels.
- Du fait que le management se propose d'intégrer des hommes dans une aventure commune, c'est, en profondeur, un fait de culture. Ce que fait un manager, en Allemagne, en Angleterre, aux États-Unis, au Japon ou au Brésil, c'est partout la même chose ; mais la façon de le faire peut être très différente. L'un des principaux défis que doit affronter un manager dans un pays en développement, c'est donc d'identifier dans les traditions, l'histoire, la culture de ce pays les matériaux qu'il pourra utiliser pour le management. La différence entre le Japon, qui accumule les succès économiques, et l'Inde qui reste relativement à la traîne, tient en grande partie au fait que les managers japonais ont réussi à transplanter les concepts du management sur leur propre sol et à les y faire fructifier.
- Toute entreprise exige que ses membres s'engagent à partager les mêmes objectifs et les mêmes valeurs. Sans cet engagement, l'entreprise n'existe pas : elle n'est qu'une foule inerte. L'entreprise doit avoir des objectifs simples, clairs et rassembleurs. Sa mission doit être suffisamment claire et forte pour fournir la matière d'une vision commune. Les buts qui la constituent doivent être clairs, publics et

constamment réaffirmés. La première tâche du management est de réfléchir à ces objectifs, à ces valeurs, à cette mission, de les définir et d'en donner l'exemple.
- Le management doit permettre aussi à l'entreprise et à chacun de ses membres de croître et de se développer, quelle que soit l'évolution de leurs besoins et de l'environnement. Toute entreprise est une institution d'enseignement. La formation doit y être présente à tous les niveaux, et permanente.
- L'entreprise se compose de personnes ayant des talents et des connaissances différents, et affectées à des tâches différentes. Elle repose donc sur la communication et sur la responsabilité des individus. Chacun de ses membres a le devoir de réfléchir à l'objectif qu'il s'assigne, et de s'assurer que ses collègues connaissent cet objectif et le comprennent. Tous doivent réfléchir à ce qui constitue leur dette envers les autres, et s'assurer que les autres comprennent. Tous doivent, en retour, réfléchir à ce qu'ils attendent des autres, et s'assurer que les autres savent ce que l'on attend d'eux.
- Ni le volume de la production, ni le bénéfice en fin d'exercice ne sont en soi une mesure adéquate de la performance de l'entreprise et de son management. La présence sur le marché, l'innovation, la productivité, le développement des hommes, la qualité des produits, la solidité financière sont autant de facteurs clés de la performance d'une organisation, et de ses chances de survie. Les institutions à but non lucratif, elles aussi, doivent voir leurs performances évaluées dans un certain nombre de domaines propres à leur mission. Exactement comme un être humain a besoin qu'on lui donne des notes afin d'évaluer sa performance et sa bonne santé, une organisation a besoin que soient portés divers jugements concernant sa performance et sa santé. La performance doit faire partie intégrante du management de l'entreprise ; elle doit être mesurée – à tout le moins appréciée – et continuellement améliorée.
- Enfin, la chose la plus importante, la seule à ne jamais oublier au sujet d'une entreprise quelle qu'elle soit, c'est que ses résultats n'ont d'existence qu'à l'extérieur d'elle-même. Le résultat d'une entreprise, c'est un client satisfait. Le résultat d'un hôpital, c'est un malade guéri. Le résultat d'une école, c'est un étudiant qui a appris quelque chose dont il se servira dix ans plus tard. À l'intérieur de l'entreprise, il n'y a que des coûts.

Tout manager qui aura assimilé ces principes et réglera sa conduite à leur lumière sera un manager accompli et efficace.

Le management, art libéral

Il y a trente ans, le savant et romancier anglais C. Snow parlait, à propos de la société contemporaine, de « deux cultures ». Le management, toutefois, ne relève ni de la culture « humaniste » ni de la culture « scientiste » définies par Snow. Son affaire, c'est agir et mettre en œuvre ; sa mesure, ce sont des résultats. C'est donc une technique. Mais le management concerne aussi les hommes, leurs valeurs, leur progrès, et cela en fait un humanisme. Comme le font son impact et ses rapports avec les structures sociales et la communauté. En vérité, ainsi que l'ont appris tous ceux qui, comme l'auteur de ces lignes, ont travaillé de longues années avec des managers appartenant à toutes sortes d'institutions, le management est en rapport étroit avec les problèmes spirituels – la nature de l'homme, le bien et le mal.

On peut donc dire du management qu'il est ce qu'on appelle traditionnellement un art libéral – « libéral » parce qu'il manipule des concepts fondamentaux comme le savoir, la conscience de soi, la sagesse et le leadership ; « art », parce qu'il consiste en une pratique toute faite d'applications. Les managers mettent en œuvre tous les savoirs, toutes les intuitions des humanités et des sciences sociales, psychologie, philosophie, économie et histoire, physique et morale. Mais ils doivent focaliser ces savoirs sur l'obtention d'un résultat – guérir un malade, former un élève, construire un pont, élaborer et vendre un programme informatique convivial.

À cause de cela, le management sera de plus en plus la discipline et l'activité par laquelle les « humanités » retrouveront une signification, un statut et un effet sur la société.

2
Les dimensions du management

LES ENTREPRISES PRIVÉES – comme les institutions du service public – sont des organes de la société. Elles n'existent pas pour elles-mêmes, mais pour satisfaire à un objectif social spécifique, un besoin spécifique de la société, de la communauté ou des individus. Elles ne sont pas des fins en soi, mais des moyens. À leur sujet, la bonne question à se poser n'est pas : « Que sont-elles ? » Mais : « À quoi sont-elles supposées servir ? »

Le management, pour sa part, est l'organe de l'institution. La question : « Qu'est-ce que le management ? » vient donc, elle aussi, en second. Il convient d'abord de le définir par les tâches qu'il doit remplir.

On compte trois de ces tâches, aussi importantes les unes que les autres mais fondamentalement différentes – tâches que le management doit remplir pour que l'institution, dans son domaine, puisse fonctionner correctement et produire ce qu'on en attend :

- définir l'objectif spécifique et la mission de l'institution, qu'il s'agisse d'une entreprise, d'un hôpital ou d'une université ;
- assurer la productivité du travail et des personnes employées ;
- gérer de façon responsable son influence sur la société.

La mission

Toute institution possède un objectif et une mission spécifiques. Pour l'entreprise, c'est la performance économique.

S'agissant de cette tâche primordiale, la performance économique, l'entreprise privée diffère des autres institutions ; mais en ce qui concerne les autres tâches, elles sont semblables. L'entreprise, toutefois, est la seule à posséder la performance économique comme mission spécifique ; telle est, par définition, sa raison d'être. Pour toutes les autres institutions – l'hôpital, l'église, l'université, l'armée – les considérations économiques sont une contrainte ; pour l'entreprise privée, la performance économique constitue son objectif rationnel.

En toute circonstance, dans ses décisions et son action, le management de l'entreprise doit se préoccuper d'abord de la performance économique. Il ne peut justifier son existence et son autorité que par ses résultats. La direction de l'entreprise a échoué si elle n'a pas produit de résultats économiques. Elle a échoué si elle n'a pas produit les biens et services désirés par le consommateur au prix que celui-ci est disposé à payer. Elle a échoué si elle n'a pas amélioré, ou au minimum conservé, la capacité de production de richesses des ressources économiques qu'on lui a confiées. Quelles que soient la structure économique ou politique de la société, ou son idéologie, elle est responsable de sa profitabilité.

Performance des personnes

La deuxième tâche du management consiste à rendre productif le travail et les travailleurs. L'entreprise privée (ou toute autre institution) n'a qu'une seule véritable ressource : les hommes et les femmes. Elle a réussi lorsqu'elle a rendu productives ses ressources humaines. Elle atteint ses objectifs grâce à leur travail. Rendre le travail productif est par conséquent sa fonction essentielle. Mais en même temps, ces institutions sont de plus en plus, dans la société actuelle, l'instrument par lequel les personnes humaines s'assurent individuellement leurs moyens d'existence, se fraient un chemin vers leur statut social, vers la communauté, et rencontrent satisfaction et épanouissement. Par conséquent, il est de plus en plus important de rendre les individus productifs, c'est à cela qu'on mesure la performance d'une institution. Et c'est là, de plus en plus, une tâche du management.

Organiser le travail selon sa logique propre n'est qu'une première étape. La seconde, bien plus difficile, consiste à adapter le travail à l'être humain – selon une logique toute différente de celle du travail. Pour assurer la performance des personnes, il faut prendre en considération l'être humain en tant qu'organisme doté de propriétés physiologiques et psychologiques particulières, de capacités et de limitations, et d'un mode d'action distinctif.

Responsabilités sociales

La troisième tâche du management consiste à gérer les responsabilités et l'impact de l'entreprise sur la société. Aucune de nos institutions n'existe pour soi et n'est une fin en soi ; elles sont toutes un organe de la société, et n'existent qu'en fonction d'elle. L'entreprise privée ne fait pas exception à cette règle. La libre entreprise ne saurait se justifier seulement en faisant de bonnes affaires ; elle ne se justifie qu'en étant utile à la société.

La fonction de l'entreprise, c'est de fournir des biens et des services à ses clients, et non des emplois à ses ouvriers et à ses cadres, ou même des dividendes à ses actionnaires. L'hôpital n'existe pas pour le bien des médecins et des infirmières, mais pour celui des malades, dont l'unique désir est d'en sortir guéri et de n'y jamais revenir. Psychologiquement, géographiquement, culturellement, socialement, les institutions doivent se considérer comme un élément de la communauté.

En faisant son boulot, à savoir produire des biens et services économiques, l'entreprise privée a forcément un impact sur les gens, la communauté et la société. Il lui faut avoir autorité sur des personnes, ses employés, dont les buts et les préoccupations ne sont pas définis par elle, dans son cadre. Elle a forcément un impact sur la communauté par sa présence et comme source d'emplois et redevances (comme producteur de déchets et de pollution aussi). Et de plus en plus, dans notre société pluraliste d'organisations, elle doit ajouter à ses préoccupations quantitatives – la production de biens et services – des préoccupations qualitatives, concernant la qualité de la vie, l'environnement physique, humain et social de l'homme moderne et de la communauté d'aujourd'hui.

3
L'entreprise, son objet, ses objectifs

S I ON LUI DEMANDE qu'est-ce que l'entreprise, le businessman moyen répondra sans doute : « une organisation destinée à faire du profit ». L'économiste moyen fera vraisemblablement la même réponse. Or cette idée n'est pas seulement fausse, elle est hors de propos.

La théorie dominante concernant la mission et la conduite de l'entreprise privée, à savoir la maximisation du profit – autre formulation, plus compliquée, de la vieille règle « acheter bon marché et vendre cher » – explique peut-être valablement comment fonctionnait Richard Sears. Mais elle ne saurait expliquer comment fonctionne Sears, Roebuck, ou toute autre entreprise privée, ni comment elle doit fonctionner. Le concept de maximisation du profit est, en fait, dépourvu de sens. Il est, de plus, dangereux, parce qu'il fait de la profitabilité un mythe.

Pourtant, le profit et la profitabilité sont essentiels – pour la société encore plus que pour l'entreprise singulière. Mais la profitabilité n'est pas l'*objet* de l'entreprise privée et de son activité ; c'en est seulement un facteur limitant. Le profit n'est pas l'explication, la cause ou la justification du comportement et des décisions des entreprises, mais plutôt le test de leur validité. Si on ne trouvait que des archanges dans les fauteuils directoriaux, ceux-ci n'en seraient pas moins soumis à l'impératif de profitabilité, en dépit de leur désintéressement absolu.

Pourquoi cette confusion ? À cause de l'idée trompeuse que la motivation des hommes – le soi-disant appétit du businessman pour l'argent – explique leur conduite ou constitue leur guide pour l'action. Il est très douteux que le profit constitue si peu que ce soit un mobile. L'idée a été avancée par les économistes classiques pour expliquer une réalité économique que leur théorie de l'équilibre statique ne parvenait pas à éclaircir. Or l'existence du mobile-profit n'a jamais été prouvée ; bien plus, la véritable explication du progrès et de la croissance économique, cette explication que le mobile-profit était censé apporter, a été trouvée ailleurs depuis longtemps.

Pour comprendre la marche des entreprises, le profit et la profitabilité, peu importe que les dirigeants soient motivés ou non par le profit. Que Jim Smith travaille pour gagner de l'argent, cela ne concerne que lui et son ange gardien. Cela ne nous dit pas ce qu'il fait en réalité, ni quelle est sa performance. On n'apprend rien sur le travail du prospecteur d'uranium perdu dans le désert du Nevada en disant de lui qu'il cherche fortune. On n'apprend rien sur le travail du cardiologue en disant qu'il cherche à gagner sa vie, ou même qu'il se veut un bienfaiteur de l'humanité. Le mobile-profit et son rejeton, la maximisation du profit, n'en disent pas davantage en ce qui concerne l'entreprise, son objet et la nature du travail de gestion.

En fait, cette conception n'est pas seulement erronée, elle est nuisible. C'est la cause principale du malentendu concernant la nature du profit dans notre société et l'hostilité profonde qu'il rencontre, deux des maladies les plus dangereuses guettant la société industrielle. Elle est largement responsable des pires erreurs des politiques économiques menées aux États-Unis et en Europe occidentale, erreurs provenant d'une incapacité à comprendre la nature véritable, la fonction et l'objet de l'entreprise privée. Elle est largement responsable de l'idée reçue selon laquelle il y a contradiction entre le profit et la capacité de l'entreprise à rendre service à la société. En réalité, une entreprise ne peut être socialement utile que si elle gagne beaucoup d'argent.

Pour savoir ce qu'est l'entreprise, il faut d'abord se demander quel est son *objet*. Cet objet peut se trouver en dehors d'elle-même ; en fait, il doit même se trouver dans la société, puisque l'entreprise privée est un organe de cette société. Il n'y a qu'une définition valable de l'objet de l'entreprise privée : *créer le client*.

Les marchés ne sont pas créés par Dieu, la nature ou les forces économiques, mais par les acteurs des entreprises. Le besoin que l'entreprise satisfait a peut-être été ressenti par le client avant même qu'on lui propose le moyen de le satisfaire. Comme pour les aliments en cas de famine, ce besoin a peut-être dominé sa vie et toutes ses pensées, mais il est resté besoin potentiel aussi longtemps que l'entreprise et ses acteurs ne l'ont pas transformé en une demande effective. C'est alors seulement que naissent le client et le marché. Il se peut aussi que le besoin ne soit pas ressenti par le client potentiel : personne ne se doutait qu'il avait besoin d'une photocopieuse ou d'un ordinateur avant que ces machines ne deviennent disponibles. Il se pourrait que le besoin n'existe pas tant que l'entreprise, par son activité, ne l'a pas créé – par l'innovation, le crédit, la publicité, la force de vente. Dans tous les cas, c'est l'activité de l'entreprise qui crée le client.

Mais c'est aussi le client qui détermine ce qu'est l'entreprise. Seule sa propension à payer pour acquérir tel bien ou service convertit les ressources économiques en richesses, les choses en marchandises. Ce que le client achète, ce à quoi il attache de la valeur n'est pas simplement un produit, c'est toujours une utilité, c'est-à-dire l'avantage que lui apporte le bien ou le service.

Objet de l'entreprise

Du fait que son objet consiste à créer le client, l'entreprise privée a deux fonctions fondamentales, et deux seulement : le marketing et l'innovation.

En dépit de l'insistance avec laquelle on en parle en tant que méthode, le marketing, dans de trop nombreuses entreprises, relève davantage du domaine de la rhétorique que de celui des réalités. La montée du consumérisme en est la preuve. Que demande en effet le consumérisme aux entreprises ? Tout simplement de mettre effectivement ses produits sur le marché. Le consumérisme exige de l'entreprise qu'elle donne la priorité aux besoins, à la situation réelle, aux valeurs de ses clients. Il exige que l'entreprise se donne pour objectif la satisfaction des besoins du client. Qu'elle fonde sa prospérité sur le service rendu au client. Qu'après vingt ans de marketing rhétorique le consumérisme ait pu devenir un puissant mouvement populaire montre qu'en pratique, du marketing, on n'en a pas fait beaucoup. Le consumérisme, c'est la honte du marketing.

Mais le consumérisme offre aussi une occasion de faire vraiment du marketing. Il va obliger les entreprises à mettre le marché au cœur de leurs préoccupations, en actes aussi bien qu'en paroles.

Surtout, le consumérisme doit dissiper la confusion à cause de laquelle on fait si peu de marketing réel. Quand un dirigeant d'entreprise parle de marketing, il pense en général aux résultats de la *vente*. Mais il s'en tient là. Il commence toujours par parler de « nos produits », et poursuit avec « notre marché ». En réalité, le marketing commence là où Sears le fait commencer – avec le client, sa démographie, sa situation réelle, ses besoins, ses valeurs. Il ne se demande pas : Qu'avons-nous l'intention de vendre ? Il se demande : Qu'est-ce que le client a envie d'acheter ? Il ne dit pas : Voici à quoi sert notre produit ou notre service. Il dit : Voici les satisfactions que le client espère, apprécie et demande.

En vérité, la vente et le marketing sont deux notions antithétiques, bien plus que synonymes ou même complémentaires.

Sans doute aura-t-on toujours besoin de vendre, d'une façon ou d'une autre. Mais l'objectif du marketing, c'est de rendre superflu l'effort de vente. Son but, c'est de connaître et de comprendre le client si bien que le produit ou service lui convienne en tous points et se vende tout seul.

Le marketing ne fait pas à lui seul l'entreprise. Dans une économie statique, on n'a pas besoin d'entreprises ni d'entrepreneurs. L'intermédiaire, dans une société statique, n'est qu'un courtier rémunéré par un pourcentage, ou un spéculateur qui ne crée pas de valeur. L'entreprise privée ne peut exister que dans une économie en expansion, ou dans une économie où au moins l'on considère le changement comme normal et acceptable. Et le milieu des affaires est l'organe spécifique de la croissance, de l'expansion et du changement.

La seconde fonction de l'entreprise, c'est, par conséquent, *l'innovation* – la fourniture de satisfactions économiques différentes. Il ne suffit pas qu'elle procure tel bien ou service ; elle doit procurer des produits meilleurs et moins chers. L'entreprise n'est pas obligée de grossir, mais elle doit constamment s'améliorer.

L'innovation peut consister en un prix plus bas – donnée qui a toujours intéressé les économistes, pour la bonne raison qu'elle seule peut être appréciée quantitativement. Mais elle peut consister aussi en un produit nouveau et de meilleure qualité, une nouvelle commodité, ou la définition d'un besoin nouveau.

L'innovation la plus productive consiste en un produit ou service *différent*, pas seulement une amélioration mais un nouveau potentiel de satisfaction. Ce produit nouveau et différent coûte en général plus cher, mais il a finalement pour effet de rendre l'économie plus productive. L'antibiotique coûte plus cher qu'une compresse froide, seul remède dont les médecins disposaient naguère contre la pneumonie.

L'innovation, ce peut être de trouver de nouveaux usages aux anciens produits. Un représentant qui réussirait à vendre aux esquimaux des réfrigérateurs où la viande ne gèlerait pas serait un innovateur, tout autant que s'il avait inventé un nouveau produit ou un nouveau procédé. Vendre aux esquimaux des réfrigérateurs pour qu'ils gardent leurs aliments au frais, c'est créer un nouveau marché ; mais leur vendre des réfrigérateurs pour empêcher leurs provisions de devenir *trop* froides, c'est créer en fait un nouveau produit. Techniquement, bien sûr, c'est la même vieille machine ; mais économiquement c'est une innovation.

Notez, surtout, qu'innovation n'est pas *invention*. Elle se définit en termes d'économie, non de technique. Les innovations non-technologiques – sociales ou économiques – ont au moins autant d'importance que les innovations technologiques.

Dans l'organisation de l'entreprise privée, il n'est plus possible de considérer l'innovation comme une fonction séparée, pas plus que le marketing. L'innovation ne concerne pas seulement l'ingénieur ou le chercheur, mais tous les secteurs de l'entreprise, toutes ses fonctions, toutes ses activités. On ne peut pas la confiner dans le service production. Innover dans la distribution s'est révélé aussi important qu'innover dans la fabrication. Le même raisonnement vaut pour une banque ou une compagnie d'assurances. L'innovation peut se définir comme une action visant à doter les ressources humaines et matérielles d'une capacité nouvelle et supplémentaire de création de richesses.

Il revient au dirigeant de convertir les besoins de la société en opportunités d'activité rentable. C'est là une autre définition de l'innovation, très importante de nos jours, parce que l'on a pris conscience des nouveaux besoins de la société, de l'éducation, du système de santé, des villes et de l'environnement.

Dans l'entreprise d'aujourd'hui (mais aussi dans l'hôpital ou l'administration d'aujourd'hui) on trouve rassemblés beaucoup d'hommes qualifiés et compétents, pratiquement à tous les niveaux de l'organisation. Mais ces talents et ces compétences ont aussi un impact sur la façon de travailler, la façon dont en fait on considère le travail.

Il en résulte que des décisions affectant la totalité de l'entreprise, et son potentiel de performance, sont prises à tous les niveaux de l'organisation, même les plus bas. Des décisions porteuses de risque – que faut-il faire ou ne pas faire ; que faut-il continuer de fabriquer ou laisser tomber ; quels produits, quels marchés, quelles techniques faut-il continuer de cultiver soigneusement, et quels produits, marchés ou techniques faut-il laisser de côté – sont maintenant prises quotidiennement dans les entreprises par une foule de gens d'un rang assez bas, très souvent des gens ne jouissant pas traditionnellement d'une position ou d'une qualification de dirigeant, comme les ingénieurs de recherche, les concepteurs, les planificateurs de production ou les comptables.

Tous ces hommes ou ces femmes basent leurs décisions sur une certaine théorie des affaires, si vague soit-elle. Autrement dit, chacun a sa réponse à la question : quel est notre business, que doit-il être ? À moins, par conséquent, que l'entreprise elle-même, c'est-à-dire ses dirigeants, n'ait réfléchi sérieusement à la question et formulé la réponse – ou les réponses –, tous ces gens-là vont décider et agir sur la base de théories différentes, incompatibles, voire contradictoires. Ils tireront chacun de son côté sans même avoir conscience de leurs divergences. Mais de plus ils décideront et agiront sur la base de théories erronées et trompeuses. Pour que l'entreprise possède une vision commune, une bonne entente, une unité de direction, il faut d'abord que l'on ait défini « quel est notre business, et que devrait-il être » – à quoi servons-nous ?

Rien ne paraît plus simple ou plus évident. Une aciérie produit de l'acier, une compagnie de chemin de fer transporte du fret et des passagers, une compagnie d'assurances couvre des risques et une banque prête de l'argent. Mais en réalité la question : « Quel est notre business ? » est presque toujours difficile, et la réponse loin d'être évidente.

Or, la question et sa réponse constituent la responsabilité première de la direction.

Que l'objet et la mission de l'entreprise donnent lieu si rarement à une réflexion approfondie, voilà la cause principale de la frustration et de l'échec. Réciproquement, dans les entreprises d'exception comme Sears, le succès vient en grande partie de l'importance qu'on attache à la question « Quel est notre business ? » et du soin qu'on met à y répondre d'une manière réfléchie et approfondie.

Quand on veut définir l'objet et la mission de l'entreprise, il ne peut y avoir qu'un point de départ, le client. C'est le client qui définit le business. Une entreprise ne se définit pas par sa raison sociale, ses statuts ou la législation ; elle se définit par le besoin que le client cherche à satisfaire en acquérant un bien ou un service. Satisfaire le client, tels sont l'objet et la mission de toute entreprise. On ne répond donc à la question « Quel est notre business ? » qu'en considérant l'entreprise de l'extérieur, du point de vue du client et du marché. Le client n'est concerné que par ses propres valeurs, ses désirs, et par la réalité. Pour cette seule raison, toute tentative sérieuse de répondre à la question doit examiner d'abord les faits concernant le client, sa situation, son comportement, ses attentes et ses valeurs.

Notre client, quel est-il ? Voilà la première question à se poser, la question essentielle, quand on veut définir l'objet et la mission de l'entreprise. Une question difficile, loin d'être évidente. Mais la réponse qu'on lui donne détermine dans une large mesure la définition qu'on donne de l'entreprise elle-même.

Le consommateur, c'est-à-dire l'utilisateur final du bien ou du service, est toujours un client, mais le client en soi n'existe pas ; en général, l'entreprise a au moins deux clients, sinon plus. Chacun de ces clients a ses attentes et ses valeurs, achète quelque chose de différent, et définit par conséquent une entreprise différente.

La plupart des entreprises ont au moins deux clients. L'industrie du tapis a pour clients à la fois l'entrepreneur de construction et le propriétaire du logement. Les deux doivent être convaincus d'acheter s'il doit y avoir vente. Le fabricant de produits alimentaires de marque a toujours deux clients au moins : la ménagère et l'épicier. Il ne sert à rien que la ménagère ait envie d'acheter si l'épicier ne tient pas la marque demandée. Réciproquement, il ne sert à rien que l'épicier présente avantageusement la marchandise en rayon si la ménagère n'achète pas.

Il importe aussi de se demander : ==Notre client, où est-il ?== L'un des secrets du succès de Sears dans les années 1920 fut de s'être rendu compte que son client avait déménagé : le paysan avait acquis la mobilité et venait acheter en ville.

La question suivante est : ==Notre client, qu'est-ce qu'il achète ?==

Les gens de chez Cadillac affirment qu'ils fabriquent des automobiles, et leur entreprise s'appelle la division Cadillac de la General Motors. Mais l'individu qui s'offre une Cadillac neuve achète-t-il un moyen de transport, ou plutôt du prestige ? Cadillac entre-t-elle en concurrence avec Chevrolet, Ford et Volkswagen ? Nicholas Dreystadt, l'ouvrier mécanicien de souche allemande qui prit le commandement de la division durant la grande dépression des années 1930, disait : « Les concurrents de la Cadillac, ce sont les diamants et les manteaux de vison. Le client de Cadillac n'achète pas du transport, mais du statut social. » Cette conception sauva Cadillac, qui était en train de couler : elle en fit en moins de deux ans une entreprise de croissance, malgré la crise.

Quand la direction se pose la question « Quel est notre business ? », si toutefois elle se la pose, c'est le plus souvent parce que l'entreprise rencontre des difficultés. Certes, il faut alors se la poser, cela peut avoir des résultats spectaculaires, et même renverser ce qu'on prenait pour un déclin irrémédiable. Mais attendre que l'entreprise – ou le secteur – soit en crise, c'est jouer à la roulette russe. C'est une gestion irresponsable. La question doit être posée dès les débuts de l'entreprise, notamment si elle a l'ambition de grandir. Le meilleur moment pour se la poser, c'est quand l'entreprise a rencontré le succès.

Le succès finit toujours par périmer le comportement qui l'a causé. Il crée toujours une nouvelle réalité. Et surtout il crée ses propres problèmes, tout à fait nouveaux. Seuls les contes de fées se terminent par « ils vécurent heureux jusqu'à la fin de leurs jours ».

Il n'est pas facile, pour les dirigeants d'une entreprise prospère, de se demander : « Quel est notre business ? » Tout le monde pense que la réponse est évidente et ne soulève aucune discussion. On n'est pas populaire lorsqu'on met le succès en cause, lorsqu'on fait se balancer le bateau.

Tôt ou tard, même la meilleure des réponses à la question : « Quel est notre business ? » deviendra obsolète. Trente ans au plus, sûrement pas cinquante, telle est l'espérance de vie de la vision d'une entreprise – de son objet et de sa mission. Une dizaine d'années de validité, c'est sans doute la bonne moyenne.

Quand la direction se demande : « Quel est notre business ? », elle doit par conséquent se demander aussi : « Que sera-t-il *demain* ? » Parmi les changements que l'on peut constater dès à présent dans l'environnement, lesquels auront vraisemblablement un impact sur les traits caractéristiques, l'objet et la mission de notre entreprise ? Et comment, *dès aujourd'hui*, intégrer ces anticipations dans notre théorie de l'entreprise, ses objectifs, sa stratégie et ses consignes ?

Redisons-le : le point de départ, c'est le marché, son potentiel et ses tendances. Dans cinq ou dix ans, quelle taille peut-on prévoir pour notre marché, toutes choses égales par ailleurs – la clientèle, l'environnement, la technologie ? Et qu'est-ce qui pourrait venir valider ou perturber ces prévisions ?

La plus importante de ces tendances est celle à laquelle fort peu d'entreprises prêtent attention : la structure et la dynamique de la population, et son évolution. Traditionnellement, les hommes d'affaires suivent les économistes et posent la démographie comme une constante. Historiquement, ce postulat était valable : la population évoluait lentement, sauf en cas de catastrophe, guerre ou famine. Mais ce n'est plus vrai. De nos jours les populations peuvent changer énormément, dans les pays développés comme dans les pays sous-développés.

L'impact qu'a la structure de la population sur le pouvoir d'achat et le genre de consommation, ainsi que sur la dimension et la composition de la main-d'œuvre, n'est pas la seule raison de s'intéresser à la démographie. En fait, les mouvements de population sont les seules données pour lesquelles on puisse faire de véritables prédictions.

Le management doit anticiper les changements structurels du marché qui résultent de l'évolution économique, de la mode et des goûts nouveaux, et des initiatives des concurrents. Et la concurrence doit toujours être appréciée en fonction de l'idée que se fait le client du produit ou service qu'il achète ; il faut donc penser autant aux concurrents indirects qu'aux concurrents directs.

Enfin le management doit se demander quels besoins du consommateur ne sont pas correctement satisfaits par les produits ou services qu'il lui propose aujourd'hui. Se poser la question et lui donner une réponse convenable, c'est toute la différence entre une entreprise de croissance et celle qui dépend pour son développement du mouvement général de l'économie ou de son secteur. Quiconque se contente de s'élever avec la marée redescendra aussi avec elle.

À quoi devrions-nous servir ?

La question « Que *sera* notre business ? » signifie s'adapter aux changements anticipés – modifier, élargir, développer les activités du moment, celles qui fonctionnent.

Mais il faut se demander aussi « Que *devrait être* notre business ? » Quelles opportunités s'ouvrent à nous, ou peuvent être créées, pour atteindre l'objet et la mission de l'entreprise en en faisant une entreprise *différente* ?

Les entreprises qui négligent de se poser cette question risquent de laisser passer une chance de premier ordre.

À côté des changements dans la société, l'économie et les marchés, tous facteurs devant être pris en considération pour répondre à la question « Que devrait être notre business ? » il y a, bien sûr, l'innovation, la nôtre et celle des autres.

Il importe de décider quels changements planifier, quelles nouveautés promouvoir, mais il importe tout autant d'abandonner systématiquement les anciennes pratiques qui ne conviennent plus à l'objet et à la mission de l'entreprise, n'engendrent plus de satisfaction pour le client et dont la contribution décline.

Pour trancher de savoir quel est notre business, qu'est-ce qu'il sera et qu'est-ce qu'il devrait être, une étape essentielle consiste par conséquent en une analyse systématique de tous les produits et services existants, des procédés, des marchés, des usages et des canaux de distribution. Sont-ils toujours viables ? Ont-ils vocation à rester viables ? Ont-ils toujours une valeur pour le client ? Et en auront-ils encore une demain ? Répondent-ils à la réalité de la population et des marchés, de la technologie et de l'économie ? Sinon, comment faire pour s'en débarrasser au mieux – ou au moins pour cesser d'y engloutir nos ressources et nos efforts ? Tant que ces questions ne seront pas abordées sérieusement et systématiquement, tant que les dirigeants n'auront pas la volonté d'agir en fonction des réponses apportées, la meilleure définition du « business » – ce qu'il est, ce qu'il sera et ce qu'il devrait être – restera une pieuse platitude. On gaspillera l'énergie pour sauver le passé. Personne n'aura le temps, les ressources ou la volonté de travailler à la meilleure utilisation du présent, encore moins de préparer l'avenir.

Définir l'objet et la mission de l'entreprise est une tâche difficile, pénible et pleine de risques. Mais c'est le seul moyen pour l'entreprise de se fixer des objectifs, de définir des stratégies, de concentrer ses ressources et de se mettre au travail. Le seul moyen de gérer en vue de la performance.

Cette définition fondamentale de l'entreprise, de son objet et de sa mission, il reste à la traduire en objectifs. Sinon elle restera du domaine des intuitions, des bonnes intentions et des formules brillantes qui ne débouchent sur rien.

1. Les objectifs doivent se déduire de « Qu'est-ce que notre business, que sera-t-il et que devrait-il être ? » Ce ne sont pas des abstractions, mais des engagements à agir dans le sens de la mission de

l'entreprise, et des échelles de valeur pour mesurer sa performance. Autrement dit, les objectifs représentent *la stratégie fondamentale d'une entreprise*.

2. Les objectifs doivent être *opérationnels*. Ils doivent pouvoir être traduits en buts spécifiques et en consignes spécifiques. Ils doivent pouvoir fournir la base du travail et la motivation pour l'accomplir.

3. Les objectifs doivent permettre de *concentrer* les ressources et les efforts. Ils doivent permettre de sélectionner parmi les buts de l'entreprise ceux qui sont fondamentaux, de façon à concentrer les ressources-clés en hommes, en argent et en moyens matériels. Ils doivent par conséquent être sélectifs, ne pas chercher à tout embrasser.

4. Il faut avoir des *objectifs multiples* plutôt qu'un seul.

Quand on discute aujourd'hui du management par objectifs, c'est le plus souvent pour chercher « le bon » objectif. Cette façon d'agir ne risque pas seulement de se montrer aussi stérile que la quête de la pierre philosophale, elle est nuisible et trompeuse. Diriger une entreprise, c'est réaliser un équilibre entre toutes sortes de besoins et d'intentions. Il y faut donc une multiplicité d'objectifs.

5. Il faut se fixer des objectifs dans tous les domaines où est en jeu la *survie* de l'entreprise. Les buts spécifiques, arrêtés dans tous les domaines où il y a des objectifs, constituent la stratégie de chaque individu. Mais les domaines auxquels il faut fixer des objectifs sont les mêmes pour toutes les entreprises, car elles dépendent toutes des mêmes facteurs de survie.

En premier lieu, l'entreprise doit être capable de se créer un client; elle a donc besoin d'un *objectif marketing*. L'entreprise doit aussi être capable d'innover, sinon ses concurrents la dépasseront; elle a besoin d'un *objectif innovation*. Toute entreprise dépend des trois facteurs de production définis par les économistes, à savoir les ressources *humaines*, les ressources en *capital* et les ressources *physiques*; elle doit se fixer des objectifs visant à se les procurer, à les mettre en œuvre et les développer; elle a besoin par conséquent d'*objectifs de productivité*. L'entreprise vit au sein d'une société et d'une communauté, elle doit donc assumer des responsabilités sociales, dans la mesure au moins où elle se sent responsable de son impact sur l'environnement. Par conséquent, il doit y avoir des objectifs concernant les *dimensions sociales* de l'entreprise.

Finalement, il doit y avoir un *profit*, sinon aucun de ces objectifs ne sera atteint. Tous requièrent des efforts, donc ont un coût, et ce coût ne peut être couvert que par les profits de l'entreprise. Tous comportent des risques, et exigent donc un profit pour couvrir le risque de pertes potentielles. Le profit n'est pas un objectif, mais une exigence qui doit être mesurée objectivement par chaque entreprise, compte tenu de sa stratégie, de ses besoins et de ses risques.

Il importe par conséquent de se fixer des objectifs dans ces huit références, ou fonctions-clés :

- le marketing ;
- l'innovation ;
- les ressources humaines ;
- les ressources financières ;
- les ressources physiques ;
- la productivité ;
- les responsabilités envers la société ;
- l'exigence du profit.

Les objectifs forment la base des tâches et des missions. Ils déterminent la structure de l'entreprise, les activités essentielles et, surtout, l'affectation des personnes aux différentes tâches. Ils sont la base sur laquelle on se fonde pour concevoir à la fois la structure de l'entreprise et le travail individuel des employés et des cadres.

Il importe de se fixer des objectifs pour chacune des huit références-clés. Une fonction dépourvue d'objectifs spécifiques risque d'être négligée. Tant qu'on n'a pas déterminé ce qui sera mesuré et quel sera l'instrument de mesure pour une fonction, celle-ci échappera à l'attention.

En général, toutefois, les indications disponibles pour chaque référence-clé sont extrêmement floues. On ne dispose même pas de concepts précis, encore moins d'instruments de mesure, si ce n'est pour les parts de marché. Pour quelque chose d'aussi important que la profitabilité, on n'a qu'un étalon en caoutchouc ; et on ne dispose d'aucun véritable outil pour en déterminer le niveau nécessaire. En ce qui concerne l'innovation, et, pire encore, la productivité, tout ce qu'on sait c'est qu'il faut faire quelque chose. Pour les autres fonctions, y compris les ressources physiques et financières, on en est réduit à des déclarations d'intention, sans buts précis et sans instruments d'évaluation.

Et pourtant, on en sait assez sur chaque point pour établir au minimum des comptes rendus d'avancement. On en sait assez pour que chacun puisse travailler en fonction d'un objectif.

Sur les objectifs, on sait aussi quelque chose de plus : comment les mettre en œuvre.

Si les objectifs ne consistent qu'en bonnes intentions, ils ne servent à rien. Il faut les appliquer au travail. Et une tâche, elle, est toujours spécifique, elle est affectée – ou devrait l'être, de résultats clairs, mesurables, dépourvus d'ambiguïté, d'un délai d'achèvement et d'un responsable désigné.

Mais un objectif qui se transforme en camisole de force est nuisible. Un objectif est toujours fondé sur des attentes, qui sont au mieux des suppositions informées. Il incorpore une estimation de facteurs dont beaucoup se situent hors de l'entreprise et de son contrôle. Le monde ne cesse d'évoluer.

La bonne façon de mettre en œuvre un objectif s'apparente aux plans de vol des lignes aériennes. Le plan prévoit que le vol partant à 9 heures de Los Angeles atterrira à Boston à 17 heures. Mais si ce jour-là le blizzard souffle à Boston, l'avion se posera à Pittsburgh pour attendre la fin de la tempête. Le plan prévoit de voler à 30 000 pieds d'altitude et de passer au-dessus de Denver et de Chicago. Mais si le pilote rencontre des turbulences ou un vent contraire, il demandera au contrôleur de voler cinq mille pieds plus haut et de passer par la route Minneapolis-Montréal. Pour autant, aucun vol ne démarre jamais sans son plan. Tout changement est immédiatement communiqué pour établir un nouveau plan. Et si 97 % au moins des vols ne s'effectuent pas selon les plans originaux – à une très faible marge de variation près – une compagnie aérienne bien gérée remplacera son chef des opérations par un autre qui connaisse mieux son métier.

Les objectifs ne forment pas un destin ; ils indiquent une direction. Ce ne sont pas des ordres, mais des consignes. Ils ne fixent pas l'avenir, ce sont des moyens pour mobiliser les ressources et les énergies de l'entreprise en vue d'élaborer l'avenir.

Les objectifs marketing

Le marketing et l'innovation sont les domaines d'élection des objectifs, parce que c'est là que l'entreprise obtient ses résultats. C'est pour cela, en fonction de la performance et des résultats obtenus, que le client met la main au portefeuille.

Parler d'un seul objectif marketing est assez trompeur. La performance requiert ici plusieurs objectifs, orientés par exemple vers :

- les produits et services délivrés sur les marchés existant au présent ;
- l'abandon des produits, services et marchés relevant du passé ;
- les produits et services nouveaux pour les marchés existants ;
- les marchés nouveaux ;
- l'organisation de la distribution ;
- les normes et la performance du service ;
- les normes et la performance du crédit.

Beaucoup de livres ont paru à ce propos. Mais on n'a presque jamais souligné une chose : on ne peut fixer des objectifs dans ces domaines qu'après avoir pris deux décisions-clés, l'une concernant la concentration, l'autre la position sur le marché.

Archimède, l'un des grands savants de l'Antiquité, aurait dit : « Donnez-moi un point d'appui, et je ferai sauter l'univers hors de ses gonds. » Ici, le point d'appui s'appelle concentration. C'est là-dessus que l'entreprise appuie son levier pour déplacer l'univers. La décision concernant la concentration est donc essentielle ; dans une large mesure, c'est elle qui convertit la réponse à la question « Quel est notre business ? » en un plan d'action significatif.

L'autre décision fondamentale, à propos des objectifs marketing, concerne la position sur le marché. D'habitude on se contente de dire « Nous voulons être le leader. » D'autres disent : « Qu'importe la part de marché pourvu que le chiffre d'affaires progresse ». Les deux formules paraissent plausibles, mais elles sont erronées toutes les deux.

Tout le monde, c'est évident, ne peut pas être le leader. Le problème est de choisir dans quel segment du marché, pour quel produit, quel service, quelles valeurs on devrait être le premier. Rien ne sert à une compagnie d'augmenter son chiffre d'affaires si elle perd des parts de marché, c'est-à-dire si le marché grandit plus vite que ses ventes.

Une compagnie détenant une faible part de marché finira par se marginaliser et deviendra extrêmement vulnérable.

La position sur le marché compte donc bien plus que la courbe des ventes. Le niveau à partir duquel l'entreprise se marginalise n'est pas le même dans tous les secteurs ; ce qui est sûr, c'est que le producteur marginal risque, à terme, sa vie.

Par ailleurs, il serait malavisé de dépasser une position maximale – même en l'absence de loi antitrust. Dominer le marché finit par inciter à la somnolence ; les monopoles trébuchent sur leur auto-satisfaction plus encore que sur l'opposition du public. La domination engendre d'énormes résistances internes à l'innovation et fait dangereusement obstacle aux changements nécessaires.

On rencontre aussi sur les marchés une résistance bien compréhensible à la domination d'un seul fournisseur. Que l'on soit directeur des achats d'une entreprise, officier en charge des commandes de l'armée de l'air ou simple ménagère, personne ne souhaite être à la merci d'un fournisseur unique.

Enfin un fournisseur dominant, surtout sur un marché nouveau et en expansion, réussira probablement moins bien que s'il partageait ce marché avec un ou deux concurrents importants. Cela peut sembler paradoxal, et la majorité des hommes d'affaires auront du mal à l'accepter. Mais le fait est qu'un marché nouveau, surtout si c'est un marché important, se développera beaucoup plus vite avec plusieurs fournisseurs qu'avec un seul. C'est peut-être très flatteur pour l'ego de détenir 80 % d'un marché, mais si, du fait de cette domination, le marché ne se développe pas aussi vite, le chiffre d'affaires et le profit de l'entreprise risquent d'être nettement inférieurs à ce qu'ils seraient en présence d'un concurrent sur un marché en croissance forte. 80 % de cent, c'est beaucoup moins que 50 % de deux cent cinquante ; or, un marché nouveau laissé à un seul fournisseur stagnera vraisemblablement à cent. La limite, ici, sera celle de l'imagination du fournisseur unique, qui croit toujours connaître les applicables possibles et impossibles de son produit ou service. S'il existe au contraire plusieurs fournisseurs, il est probable qu'on découvrira des applications et des marchés auxquels le monopoliste n'aurait jamais pensé. Et alors le marché pourra grimper jusqu'à deux cent cinquante.

Du Pont avait bien saisi cela, semble-t-il. Pour ses innovations les plus fructueuses, l'entreprise chimique a conservé son monopole jusqu'à ce que le nouveau produit ait amorti l'investissement originel ; ensuite elle a licencié le procédé pour se créer délibérément des concurrents. Résultat, de nombreuses entreprises accrocheuses se sont mises à développer de nouveaux usages et de nouveaux marchés pour le produit en question. Le nylon se serait certainement répandu beaucoup moins rapidement si Du Pont n'avait pas sponsorisé la concurrence. Son marché continue de se développer, alors qu'en l'absence de compétition il aurait probablement stagné dès le début des années 1950, lorsque Monsanto et Union Carbide (États-Unis), Imperial

Chemicals (Grande-Bretagne) et AKU (Pays-Bas) ont lancé de nouvelles fibres synthétiques sur le marché.

En matière de position sur le marché, le but n'est pas de maximiser, mais d'*optimiser*.

L'objectif innovation

C'est l'objectif par lequel on rend opérationnelle la définition de « ce que devrait être notre entreprise ».

Pour une entreprise, il existe trois principaux types d'innovation, concernant respectivement le produit ou service, le marché et le client avec son comportement et ses valeurs, enfin les diverses aptitudes et activités nécessaires pour fabriquer le produit ou service et le mettre sur le marché. On peut les appeler l'innovation produit, l'innovation sociale et l'innovation managériale.

Le problème, ici, consiste à prendre conscience de l'importance et de l'impact relatifs de ces diverses innovations. Mais comment déterminer laquelle compte le plus ? Une centaine de petites améliorations, mineures mais immédiatement applicables, concernant le packaging des produits, ou une découverte chimique fondamentale qui, au bout de dix ans de travail, bouleversera de fond en comble le visage de l'entreprise ? Un grand magasin et une compagnie pharmaceutique ne donneront pas la même réponse, pas plus d'ailleurs que deux compagnies pharmaceutiques différentes.

Les objectifs ressources

Avec cet ensemble d'objectifs, il s'agit des ressources dont l'entreprise a besoin pour pouvoir fonctionner – leur approvisionnement, leur utilisation et leur productivité.

Toute activité économique, nous répètent les économistes depuis deux cents ans, exige trois sortes de ressources : la terre, c'est-à-dire les produits de la nature ; le travail, c'est-à-dire les ressources humaines ; et le capital, c'est-à-dire les moyens d'investir pour l'avenir. L'entreprise doit être capable de s'attirer les trois afin d'en faire un usage productif. Une entreprise incapable d'attirer les gens et le capital dont elle a besoin ne durera pas longtemps.

Le déclin d'un secteur se manifeste d'abord par son incapacité à séduire des hommes qualifiés, capables et ambitieux. La décadence des chemins de fer américains, par exemple, n'a pas commencé après la

Seconde Guerre mondiale; c'est alors qu'elle est devenue évidente et irréversible, mais elle avait débuté dès la période de la Grande Guerre. Avant la Première Guerre mondiale, les meilleurs élèves des écoles d'ingénieurs visaient une carrière dans les chemins de fer. Après, quelle qu'en ait été la raison, les chemins de fer n'attiraient plus les jeunes ingénieurs, ni les autres jeunes diplômés d'ailleurs.

S'agissant des ressources en hommes et en capitaux, il importe par conséquent de se donner de véritables objectifs marketing. Les questions-clés sont : Quelles sortes d'emplois devons-nous proposer pour attirer et retenir les gens dont nous avons besoin ? Quelles ressources nous offre le marché du travail ? Et que faut-il faire pour les attirer ? De même, quelles sortes d'investissements devons-nous prévoir pour attirer les capitaux dont nous avons besoin sous forme d'actions ou de prêts bancaires à court et à long terme ?

Les objectifs ressources doivent répondre à deux sortes de considérations. Un des points de départ consiste dans les besoins anticipés de l'entreprise, qu'il s'agit de projeter sur l'extérieur, c'est-à-dire sur les marchés de la terre, du travail et du capital. Mais l'autre point de départ, ce sont ces « marchés » eux-mêmes, qui doivent à leur tour se refléter sur la structure, la direction et les plans de l'entreprise.

Les objectifs productivité

Attirer les ressources, les mettre en œuvre, ce n'est que le commencement. La tâche de l'entreprise, c'est de rendre ces ressources productives. Toute entreprise doit avoir par conséquent des objectifs de productivité portant sur chacune des trois grandes ressources, terre, travail et capital, et sur la productivité d'ensemble elle-même.

Un indice de productivité est le meilleur instrument pour comparer les gestionnaires des différentes divisions d'une entreprise, et pour comparer la gestion d'entreprises différentes.

Toutes les entreprises, en gros, ont accès aux mêmes ressources. Sauf dans les rares cas de monopole, la seule chose qui différencie une entreprise de l'autre, quel que soit le secteur, c'est leur productivité, c'est-à-dire l'intensité et le rendement avec lesquels les ressources sont utilisées.

L'amélioration continue de la productivité est l'une des tâches les plus importantes de la direction. C'est aussi l'une des plus difficiles, car la productivité s'obtient en équilibrant nombre de facteurs dont beaucoup ne sont pas aisément définissables ou clairement mesurables.

Le travail n'est qu'un des facteurs de la production. Et si l'on obtient la productivité du travail aux dépens de celle des autres facteurs, il y a en réalité perte de productivité globale.

La productivité est un concept peu évident, mais essentiel. Sans objectifs de productivité, l'entreprise ne suit pas une direction précise ; sans indices de productivité, le contrôle est impossible.

Les objectifs concernant la société

Il y a quelques années encore, les managers comme les économistes considéraient les faits sociaux comme impondérables, à telle enseigne qu'on ne pouvait pas leur assigner un objectif. On sait maintenant que l'immatériel peut avoir un poids matériel bien réel. La montée du consumérisme, la dégradation de l'environnement reprochée aux entreprises furent de coûteuses leçons ; elles ont montré aux entreprises qu'elles doivent réfléchir à leurs responsabilités et s'assigner des objectifs dans ces deux domaines-là aussi.

Prendre en compte la dimension sociale est une question de survie. L'entreprise vit à l'intérieur d'une société et d'une économie. Dans toute institution, les gens ont tendance à penser que celle-ci existe dans le vide. Et les managers considèrent inévitablement leur entreprise de l'intérieur. Mais l'entreprise est la créature d'une société et d'une économie, et celles-ci peuvent la rayer de la carte du jour au lendemain. Elle n'existe que par tolérance, pour autant seulement que la société et l'économie estiment son travail nécessaire, utile et productif.

Que l'entreprise doive faire figurer ces objectifs dans sa stratégie, et ne pas se contenter de bonnes intentions, pas besoin d'insister. Ce sont des objectifs nécessaires, non parce que les managers sont responsables envers la société, mais en vertu de leurs responsabilités envers l'entreprise elle-même.

Le profit : nécessité et limites

C'est seulement après avoir pensé et établi tous les objectifs définis ci-dessus qu'on pourra s'attaquer à la question : « Quel niveau de profitabilité rechercher ? » Pour les atteindre, il faudra prendre de grands risques. Déployer des efforts, et ces efforts ont un coût. Le profit représente donc ce qu'il faut payer pour que l'entreprise atteigne ses objectifs. Le profit est la condition de la survie, le coût de l'avenir, du maintien de l'entreprise en bon état de marche.

L'entreprise qui gagne assez d'argent pour atteindre ses objectifs dans les domaines-clés possède les moyens de sa survie. L'entreprise qui n'atteint pas le niveau de profitabilité requis par ses objectifs-clés se marginalise et est en danger.

Il est nécessaire de planifier le profit, mais en lui fixant un niveau minimal plutôt qu'en adoptant le vain mot d'ordre de « maximisation du profit ». Le minimum indispensable pourrait bien se révéler nettement plus élevé que les objectifs de beaucoup d'entreprises, sans parler de leurs résultats réels.

4
Ce que l'entreprise peut apprendre des organisations à but non lucratif

LES GUIDES, la Croix-Rouge, les églises – les organisations à but non lucratif présentes aux États-Unis – deviennent des leaders du management. Dans deux domaines, la stratégie et l'efficacité du conseil d'administration, elles pratiquent ce que la plupart des entreprises américaines se contentent de préconiser. Et dans un domaine fondamental – la motivation et la productivité des travailleurs du savoir – elles sont de véritables pionnières, élaborant les politiques et les pratiques que l'entreprise devra apprendre demain.

Peu de gens savent que le secteur des organisations à but non lucratif est, de loin, le plus grand employeur américain. Plus de 80 millions d'adultes travaillent comme bénévoles, consacrant en moyenne près de cinq heures par semaine à une ou plusieurs organisations à but non lucratif. Cela équivaut à 10 millions d'emplois à plein temps. Si les bénévoles étaient payés, leurs salaires, même minimaux, s'élèveraient à quelque 150 milliards de dollars, soit 5 % du PNB. Et leur travail évolue rapidement. Il est certain que pour la plupart d'entre eux, ce travail nécessite peu de compétences ou de jugement : faire une collecte un samedi après-midi par an pour la caisse des écoles, chaperonner les jeunes qui font du porte à porte pour vendre des cookies préparés par les guides, conduire les personnes âgées chez le médecin. Mais un nombre croissant de bénévoles deviennent du « personnel non rémunéré », se chargeant des tâches professionnelles et managériales de leurs organisations.

Les organisations à but non lucratif n'ont pas toutes été une réussite. Un grand nombre d'hôpitaux publics sont au bord du gouffre. Les églises et les synagogues traditionnelles de toutes tendances et confessions – libérale, conservatrice, évangélique, fondamentaliste – perdent régulièrement des membres. D'ailleurs, le secteur, dans son ensemble, ne s'est pas développé au cours des dix ou quinze dernières années, ni en termes de fonds collectés (ramenés en monnaie constante) ni quant au nombre de bénévoles. Mais dans sa productivité, l'étendue de son activité et sa contribution à la société américaine, le secteur des organisations à but non lucratif a connu une croissance phénoménale ces deux dernières décennies.

L'Armée du Salut est un exemple. Les individus soumis à une première peine de prison en Floride, pour la plupart des jeunes Noirs ou Hispaniques dans l'extrême pauvreté, sont désormais mis en liberté conditionnelle sous la garde de l'Armée du salut – 25 000 environ chaque année. Les statistiques montrent que si ces jeunes vont en prison, la plupart deviendront des criminels récidivistes. Mais l'Armée du Salut a réussi à réhabiliter 80 % d'entre eux grâce à un programme de travail sévère organisé largement par des bénévoles. Et ce programme coûte une fraction de ce que coûterait l'emprisonnement des délinquants.

L'engagement de gestion

Derrière ce programme, et bien d'autres activités à but non lucratif tout aussi efficaces, se cache un engagement de gestion. Il y a vingt ans, la gestion était un mot offensant pour les bénévoles. Il était associé à l'entreprise commerciale, et les organisations à but non lucratif se vantaient d'échapper à la corruption liée au mercantilisme et d'être au-dessus de considérations aussi viles que les bénéfices. Aujourd'hui, elles ont appris qu'elles avaient besoin de gestion encore plus que l'entreprise, précisément parce qu'elles ne s'astreignent pas à la discipline des bénéfices. Les organisations à but non lucratif se consacrent toujours à « faire le bien ». Mais elles réalisent aussi que les bonnes intentions ne remplacent pas l'organisation et le leadership, la comptabilité, les performances et les résultats. Les bonnes intentions ont besoin de la gestion, et la gestion commence avec la mission de l'organisation.

Considérer d'abord la mission et ses exigences, telle est la première leçon que l'entreprise peut tirer des organisations à but non lucratif prospères. Focaliser l'organisation sur l'action. Définir les stratégies nécessaires pour atteindre les objectifs majeurs. Créer une organisation disciplinée. À elle seule, cette politique peut empêcher la maladie dégénérative la plus courante des organisations, en particulier des grandes : disperser leurs ressources, par nature limitées, sur des secteurs « intéressants » ou qui paraissent « profitables » au lieu de les concentrer sur un très petit nombre d'efforts productifs.

Les meilleures organisations à but non lucratif réfléchissent beaucoup à la définition de leur mission. Elles évitent les généralisations hâtives et se concentrent sur des objectifs aux implications claires et précises pour définir le travail de leurs membres – employés et bénévoles. L'objectif de l'Armée du Salut, par exemple, est de transformer les rebuts de la société – alcooliques, criminels, laissés pour compte – en citoyens. Les guides aident les jeunes filles à devenir des jeunes femmes assurées, compétentes, qui se respectent et respectent les autres. L'organisme chargé de la conservation de la nature préserve la diversité de la faune et de la flore. Les organisations à but non lucratif sont d'abord concernées par l'environnement, la communauté, les futurs « clients » ; elles ne commencent pas, comme les entreprises américaines, par l'intérieur, c'est-à-dire par l'organisation ou les rentrées financières.

La Willowcreek Community Church de South Barrington, dans l'Illinois, près de Chicago, est devenue la plus grande église du pays avec quelque 13 000 paroissiens. Pourtant, elle date à peine de quinze ans. Bill Hybels, âgé d'une vingtaine d'années lorsqu'il la fonda, choisit cette communauté parce qu'elle comprenait relativement peu de pratiquants, en dépit d'une population en développement rapide et de nombreuses églises. Il fit du porte à porte pour interroger les gens, puis créa une église pour répondre à leurs besoins : par exemple, il célèbre un office religieux le mercredi soir parce que de nombreux parents qui travaillent passent le dimanche avec leurs enfants. De plus, Hybels continue d'écouter et de réagir. Le sermon du pasteur est enregistré et immédiatement reproduit pour que les paroissiens puissent emporter une cassette en sortant, eux qui ne cessaient de répéter qu'ils avaient besoin d'écouter ce message en voiture en rentrant chez eux ou en allant au travail pour l'intégrer à leur vie. Ils disaient aussi que le sermon les incitait toujours à changer de vie mais qu'il ne leur expliquait jamais comment. C'est pourquoi, chaque sermon de Hybels se termine désormais par des recommandations précises pour agir.

Une mission bien définie nous rappelle constamment la nécessité de rechercher à l'extérieur de l'organisation, non seulement des « clients », mais aussi des tests de succès. La tentation de se contenter du « bien-fondé de notre cause » et, par conséquent, de remplacer les résultats par de bonnes intentions, existe toujours au sein des organisations à but non lucratif. C'est précisément pour cette raison que celles qui sont prospères et performantes ont appris à définir clairement quels changements *extérieurs* à l'organisation représentent des « résultats » et à se focaliser sur eux.

L'exemple d'une grande chaîne hospitalière catholique dans le sud-ouest des États-Unis montre combien une idée claire de la mission et une concentration sur les résultats peuvent être fructueuses. Malgré une forte baisse des prestations de Medicare (assistance médicale aux personnes âgées) et des séjours à l'hôpital au cours des huit dernières années, cette chaîne a augmenté son chiffre d'affaires de 15 % (réussissant ainsi à atteindre l'équilibre financier) tout en élargissant considérablement ses services et en augmentant à la fois les soins aux malades et la qualité des prestations médicales. Ces résultats ont été possibles parce que la religieuse PDG de la chaîne a compris que son rôle, et celui de son personnel, était de délivrer des soins (en particulier aux pauvres) et non de gérer des hôpitaux.

C'est pourquoi, il y a une dizaine d'années, lorsque les soins médicaux commencèrent à sortir du cadre de l'hôpital pour des raisons plus médicales qu'économiques, la chaîne hospitalière encouragea cette tendance au lieu de la combattre. Elle fonda des centres chirurgicaux ambulatoires, des centres de réadaptation, des réseaux de cabinets de radiologie et de laboratoires, des HMO (réseaux de santé), etc. Le mot d'ordre de la chaîne était : « Si c'est dans l'intérêt du patient, nous devons l'encourager ; c'est ensuite à nous de veiller à la rentabilité. » Paradoxalement, cette politique a rempli les hôpitaux de la chaîne ; les services hospitaliers autonomes sont si populaires qu'ils engendrent une demande régulière.

Ce n'est, bien sûr, pas si différent de la stratégie marketing des entreprises japonaises prospères. Mais c'est très différent de la façon dont la plupart des entreprises occidentales pensent et agissent. Et la différence, c'est que les religieuses catholiques – et les Japonais – pensent d'abord à la mission et non à leur propre gratification, et par ce qu'ils doivent produire à l'extérieur, sur le marché, pour mériter une récompense.

Enfin, une mission clairement définie encourage les idées innovantes et aide les autres à comprendre pourquoi elles doivent être concrétisées, même si elles vont à l'encontre de la tradition. Considérons, par exemple, les Daisy Scouts, un programme pour les enfants âgés de cinq ans que les guides ont lancé il y a quelques années. Pendant soixante-quinze ans, l'âge minimum pour entrer chez les jeannettes était de six ans, l'âge du cours préparatoire, et de nombreux conseils de guides voulaient conserver cette tradition. D'autres, cependant, ont observé la démographie et le nombre croissant de femmes actives dont les enfants rentrent à la maison avant leurs parents. Ils ont également observé les enfants et réalisé qu'ils étaient beaucoup plus éveillés que ceux de la génération précédente (en grande partie grâce à la télévision).

Aujourd'hui, les Daisy Scouts comptent 100 000 membres et se développent rapidement. C'est le meilleur programme pour les enfants d'âge préscolaire parmi ceux lancés au cours de ces vingt dernières années, loin devant tous les programmes gouvernementaux, excessivement coûteux. De plus, il est jusqu'à présent le seul à avoir considéré comme une opportunité les changements démographiques cruciaux et les longues heures passées par les enfants devant la télé.

Utilisation efficace du conseil d'administration

De nombreuses organisations bénévoles ont aujourd'hui ce qui reste une exception dans l'entreprise : un conseil d'administration qui fonctionne. Elles possèdent également une chose plus rare encore : un PDG clairement responsable devant le conseil d'administration et dont les performances sont examinées chaque année par une délégation du conseil d'administration. Et une autre encore beaucoup plus rare : un conseil d'administration dont les performances sont étudiées chaque année et comparées aux objectifs initiaux. Une utilisation efficace du conseil d'administration : voilà un second domaine dont les entreprises commerciales peuvent s'inspirer.

Dans le système juridique américain, le conseil d'administration est toujours considéré comme l'organe de « gestion » de l'entreprise. Les spécialistes du management s'accordent à penser que les conseils d'administration puissants sont essentiels et écrivent là-dessus depuis plus de vingt ans. Néanmoins, les hauts dirigeants de nos grandes entreprises ne cessent de grignoter le rôle, le pouvoir et l'indépendance du conseil d'administration depuis plus de cinquante ans. Au cours de ces dernières décennies, dans chaque faillite d'une grande entreprise, le conseil d'administration a été le dernier à réaliser que les choses tournaient mal. Pour trouver un conseil d'administration vraiment efficace, je vous recommande fortement de vous tourner vers le secteur des organisations à but non lucratif plutôt que vers nos entreprises cotées.

Cette différence est, en partie, un produit de l'histoire. Le conseil d'administration a toujours mené – ou essayé de mener – la barque dans les organisations à but non lucratif. En fait, c'est uniquement parce que ces organisations sont devenues trop grandes et trop complexes pour être gérées par des personnes indépendantes à temps partiel, se réunissant trois heures par mois, qu'elles sont si nombreuses à s'être tournées vers les managers professionnels. La Croix-Rouge américaine est probablement la plus grande organisation non gouvernementale du monde et certainement l'une des plus complexes. C'est elle qui soulage les catastrophes du monde entier ; c'est elle qui gère des milliers de banques de sang, ainsi que les banques d'organes, dans les hôpitaux ; c'est elle qui gère la formation en assistance cardiaque et respiratoire à l'échelle des États-Unis ; et c'est elle qui donne des cours de secourisme dans des milliers d'écoles. Pourtant, elle n'a pas eu de directeur rémunéré avant 1950 et son premier PDG professionnel ne fut nommé que sous le gouvernement Reagan.

Mais même si le management professionnel devient monnaie courante – et les PDG professionnels sont aujourd'hui présents dans la plupart des organisations à but non lucratif – les conseils d'administration des organisations à but non lucratif ne peuvent généralement pas être réduits à l'impuissance comme souvent leurs homologues des entreprises commerciales. Que les PDG de ces organisations s'en réjouissent ou pas – et ils seront certainement quelques-uns à y être favorables – les conseils d'administration ne peuvent être réduit au rôle de chambre d'enregistrement. L'argent est l'une des raisons. Rares sont les directeurs d'entreprises cotées à être des actionnaires importants, alors que ceux des organisations à but non lucratif fournissent souvent un apport personnel important, et on leur demande également de trouver des donateurs. En outre, les directeurs d'organisations à but non lucratif tendent à s'engager personnellement dans la cause de l'organisation. Les gens ne prennent pas le temps de siéger à une assemblée paroissiale ou à un conseil de classe s'ils ne se préoccupent pas profondément de religion ou d'éducation. De plus, les administrateurs des organisations à but non lucratif ont eux-mêmes été bénévoles pendant de nombreuses années et sont parfaitement informés sur l'organisation, contrairement aux directeurs extérieurs d'une entreprise.

C'est précisément parce que le conseil d'administration des organisations à but non lucratif est si engagé et si actif que ses relations avec le PDG tendent à être très conflictuelles. Les PDG se plaignent que leur conseil d'administration « se mêle de ce qui ne le regarde pas ». Le conseil, de son côté, se plaint que le PDG « usurpe » la fonction du conseil. C'est ce qui a conduit un nombre croissant d'organisations à but non lucratif à prendre conscience du fait que ni le conseil ni le PDG n'est « le patron ». Ils sont des collègues travaillant pour le même objectif, mais exerçant chacun une tâche différente. Et les organisations ont appris que c'est la responsabilité du PDG de définir les tâches de chacun, celles du conseil et les leurs.

La clé d'un conseil d'administration efficace ? Comme le montre cet exemple, il ne s'agit pas de discuter de sa fonction, mais d'organiser son travail. De plus en plus d'organisations à but non lucratif ne font que cela, et parmi elles une demi-douzaine d'établissements d'enseignement supérieur général d'assez grande taille, un important séminaire de théologie et quelques grands musées et hôpitaux universitaires.

La perte de pouvoir du conseil d'administration des grandes entreprises, comme beaucoup d'entre nous l'ont prédit, va affaiblir le management au lieu de le renforcer. Il étendra la responsabilité du management à l'égard des performances et des résultats ; et, d'ailleurs, rares sont les conseils d'administration des grandes entreprises qui examinent les performances du PDG et les comparent aux objectifs initiaux. Affaiblir le conseil d'administration va aussi priver les hauts dirigeants d'un soutien efficace et crédible en cas d'attaque. Ces prédictions ont été largement confirmées lors de la vague récente d'OPA hostiles.

Afin de rétablir la capacité de gestion du management nous allons devoir restaurer l'efficacité du conseil d'administration – et cela doit être considéré comme la responsabilité du PDG. Quelques mesures ont déjà été prises. Dans la plupart des entreprises, la commission d'audit a désormais une responsabilité professionnelle réelle, et non plus fictive. Quelques entreprises – malheureusement presque aucune grande, jusqu'à présent – ont une petite délégation du conseil d'administration chargée du développement et du remplacement des cadres dirigeants qui se réunit régulièrement avec les cadres supérieurs pour parler de leurs performances et de leurs projets. Mais, jusqu'ici, je ne connais pas d'entreprise où il existe des plans de travail pour le conseil et un contrôle des performances du conseil. Et rares sont celles à faire ce que font désormais quotidiennement les grandes organisations à but non lucratif : former systématiquement les nouveaux administrateurs.

Offrir un travail intéressant

Jusqu'ici, les organisations à but non lucratif disaient : « Nous ne payons pas les bénévoles, par conséquent nous ne pouvons pas exiger beaucoup d'eux. » Aujourd'hui, elles disent plus volontiers : « Les bénévoles doivent tirer une plus grande satisfaction de leurs projets réalisés et apporter une plus grande contribution, précisément parce qu'ils ne sont pas rétribués. » La transformation progressive du bénévole, autrefois amateur bien intentionné, aujourd'hui employé formé, professionnel et non rémunéré, représente l'évolution majeure du secteur des organisations à but non lucratif, ainsi que celle dont les implications pour les entreprises de demain sont les plus considérables.

Un diocèse catholique du Middle West a probablement été le plus loin dans cette évolution. Aujourd'hui, il compte moitié moins de prêtres et de religieuses qu'il y a seulement quinze ans. Mais il a considérablement étendu ses activités, et les a parfois même plus que doublées. C'est le cas, par exemple, de l'aide aux sans-abri et aux toxicomanes. Il compte toujours de nombreux bénévoles traditionnels tels que les membres de l'Altar Guild spécialisés dans la décoration florale. Mais aujourd'hui, le diocèse compte aussi quelque 2 000 employés à temps partiel non rémunérés qui gèrent les bonnes œuvres, effectuent des tâches administratives dans les écoles catholiques et organisent des activités pour les jeunes, les clubs d'étudiants, et même certaines retraites.

Un changement similaire s'est opéré au sein de la First Baptist Church à Richmond, en Virginie, l'une des plus grandes et des plus anciennes églises de la convention des églises baptistes du Sud. Lorsque le Dr Peter James Flamming a pris la relève il y a cinq ans, l'église périclitait depuis des années, comme toutes les vieilles églises des quartiers pauvres. Aujourd'hui, elle compte à nouveau 4 000 fidèles et gère une dizaine de programmes communautaires en dehors de la paroisse, ainsi qu'un grand nombre de charges ecclésiastiques. L'église n'a que neuf employés à plein temps rémunérés. Et sur ses 4 000 pratiquants, 1 000 sont des employés non rémunérés.

Cette évolution ne se limite aucunement aux organisations religieuses. L'American Heart Association est présente dans toutes les villes, petites ou grandes, à travers le pays. Mais ses employés rémunérés se limitent à ceux qui travaillent au bureau central et à quelques spécialistes mobiles. Les bénévoles gèrent et recrutent le personnel des différentes cellules et sont entièrement responsables des programmes de sensibilisation à l'hygiène et de la collecte des fonds.

Ces changements répondent, en partie, à un besoin. Près de la moitié de la population adulte étant déjà bénévole, le bénévolat ne va certainement pas augmenter. Et les fonds restant insuffisants, les organisations à but non lucratif ne peuvent pas engager davantage d'employés rémunérés. Si elles veulent élargir leurs activités – et les besoins s'accroissent – elles doivent rendre les bénévoles plus productifs, leur donner davantage de travail et de responsabilités. Mais le changement du rôle des bénévoles a été principalement le fait des bénévoles eux-mêmes.

Un nombre croissant d'entre eux sont des cadres ou des professions libérales – des hommes et des femmes d'une cinquantaine d'années en retraite anticipée ou, plus souvent, des baby-boomers âgés de trente-cinq à quarante-cinq ans. Ces personnes ne veulent pas simplement aider. Ce sont des travailleurs du savoir dans leur métier rémunéré et ils veulent être des travailleurs du savoir dans leur activité bénévole. Si les organisations à but non lucratif veulent les attirer et les retenir, elles doivent utiliser leurs compétences et leur savoir. Elles doivent leur offrir un travail intéressant.

Objectifs, formation et responsabilités

De nombreuses organisations engagent systématiquement de telles personnes. Des bénévoles expérimentés sont là pour étudier les nouveaux venus, dénicher ceux qui ont un talent de leader et les persuader de s'essayer à des tâches plus difficiles. Puis un cadre supérieur (soit un employé rémunéré à plein temps, soit un bénévole chevronné) interroge les nouveaux venus pour évaluer leurs atouts et leur attribuer des tâches en conséquence. Les bénévoles peuvent également être assistés par un mentor et un chef d'équipe avec lesquels ils définissent les objectifs à atteindre. Ces conseillers sont généralement deux individus différents, eux-mêmes bénévoles.

La branche féminine des scouts, les guides, qui emploie 730 000 bénévoles et seulement 6 000 salariés pour 3,5 millions de membres, fonctionne ainsi. Un bénévole débutant commence par conduire les guides une fois par semaine à une réunion. Puis un bénévole plus expérimenté lui assigne un autre travail – accompagner les guides qui font du porte à porte pour vendre des cookies, assister une jeannette sur un camping. Les conseils de bénévoles des assemblées locales et, finalement, l'organe de direction des guides, le Conseil national, évoluent à partir de ce processus progressif. Chaque étape, même la toute première, comporte son propre programme de formation obligatoire, généralement conduit par une femme, elle-même bénévole. Chaque étape a ses critères et ses objectifs de performance.

Qu'exigent ces employés non rémunérés ? Qu'est-ce qui les pousse à rester – car, bien sûr, ils sont libres de partir quand ils veulent ? Leur première exigence est que l'organisation ait une mission claire, qui sous-tende toutes ses actions. Une femme vice-présidente d'une grande banque régionale a deux enfants en bas âge. Mais elle vient juste de prendre la direction du programme de conservation de la nature de son État qui identifie, achète et gère les espaces sauvages menacés. « J'aime mon travail, dit-elle lorsque je lui demandai pourquoi elle avait accepté une charge supplémentaire aussi lourde. Bien sûr, la banque a un credo, mais elle ne sait pas vraiment à quoi elle sert. Avec la conservation de la nature, je sais pourquoi je suis là. »

Deuxième exigence : que l'organisation dispense une formation. Et le moyen le plus efficace de motiver et de retenir les vétérans, c'est de reconnaître leurs compétences et de les utiliser pour former les nouveaux venus. Troisièmement, ces travailleurs du savoir veulent avoir la responsabilité de leur réflexion sur leurs propres objectifs et de la fixation de ces objectifs. Ils espèrent être consultés et participer aux prises de décision qui concernent leur travail et celui de l'organisation tout entière. Et ils attendent des perspectives d'avancement, c'est-à-dire la possibilité d'assumer des tâches plus difficiles et davantage de responsabilités tout en garantissant les résultats. C'est pourquoi un grand nombre d'organisations à but non lucratif ont mis au point des échelles hiérarchiques pour leurs bénévoles.

C'est une responsabilité de prendre en charge toutes ces activités. C'est la raison pour laquelle de nombreux bénévoles-travailleurs du savoir actuels insistent pour que leurs performances soient examinées et comparées aux objectifs initiaux au moins une fois par an. Et, de plus en plus, ils attendent de leurs organisations qu'elles affectent les moins bons éléments à d'autres tâches mieux adaptées à leurs capacités ou qu'elles leur conseillent de partir. « C'est pire qu'au camp d'entraînement des Marines, dit le prêtre qui s'occupe des bénévoles dans le diocèse du Middle West, mais nous avons 400 personnes sur liste d'attente. » Un musée d'art important et en plein essor du Middle West demande à ses bénévoles – membres du conseil d'administration, collecteurs de fonds, conférenciers et personnes chargées de la publication du bulletin du musée – de fixer leurs objectifs chaque année, de s'évaluer chaque année par rapport à ces objectifs et de démissionner lorsqu'ils échouent à les atteindre deux années de suite. C'est comme cela que fonctionne une assez grande organisation juive travaillant sur des campus universitaires.

Ces professionnels bénévoles restent une minorité, mais une minorité importante – peut-être un dixième de l'ensemble des bénévoles. Et ils ne cessent de se développer et d'accroître leur impact. De plus en plus, les organisations à but non lucratif reprennent à leur compte la formule d'un pasteur d'une grande église protestante : « Il n'y a pas de laïcs dans cette église ; il n'y a que des pasteurs, quelques-uns rémunérés, la plupart non rémunérés. »

Menace pour les entreprises ?

Ce passage des bénévoles aux professionnels non rémunérés est peut-être l'évolution la plus significative de la société américaine actuelle. Nous entendons beaucoup parler du déclin et de la dissolution de la famille et de la communauté, de la perte des valeurs. Bien sûr, cette inquiétude est justifiée. Mais les organisations à but non lucratif génèrent un contre-courant puissant. Elles forgent de nouveaux liens communautaires, un nouvel engagement envers la citoyenneté active, la responsabilité sociale, les valeurs. Et ce que ces organisations font pour les bénévoles est certainement aussi important que ce que les bénévoles leur apportent. En fait, peut être aussi important que les services – religieux, éducatifs ou de santé publique – que ces organisations offrent à la communauté.

Cette évolution représente également une leçon à tirer pour les entreprises commerciales. Rendre productifs les travailleurs du savoir, tel est le défi lancé au management américain. Les organisations à but non lucratif nous montrent comment le faire. Il faut une mission claire, une affectation minutieuse des ressources humaines, ainsi qu'un apprentissage et un enseignement continus, une direction par objectifs, du sang-froid, de fortes exigences, mais des responsabilités en conséquence, une responsabilité envers les performances et les résultats.

Toutefois, cette transformation du bénévolat lance également un avertissement clair à l'entreprise américaine. Les étudiants qui suivent le programme destiné aux cadres supérieurs et moyens dans lequel j'enseigne travaillent dans des activités très diverses : banques et compagnies d'assurance, grandes chaînes de détail, sociétés aérospatiales et informatiques, immobilier, etc. Mais la plupart d'entre eux sont également bénévoles dans des organisations à but non lucratif – dans une église, au conseil d'administration de l'établissement dont ils sont sortis diplômés, comme chefs scouts, au YMCA (Young Men's Christian Association), à la caisse des écoles ou à l'orchestre symphonique local. Lorsque je leur demande pourquoi ils sont bénévoles, beaucoup trop donnent la même réponse : Parce que, dans mon travail, il n'y a pas beaucoup de défis à relever, pas assez de choses à faire, pas assez de responsabilités ; et il n'y a pas de mission, mais uniquement de l'opportunisme, une recherche de l'intérêt personnel.

5
Nuisances et problèmes sociétaux

Les responsabilités envers la société – que ce soient celles d'une entreprise, d'un hôpital, ou d'une université – naissent de deux façons. Elles peuvent résulter des incidences de l'activité de l'institution, ou des problèmes de la société elle-même. Le management est concerné dans les deux cas, parce que l'institution qu'il gère vit nécessairement au sein de la société et d'une communauté. À part cela, les deux responsabilités diffèrent. La première se rapporte à ce que l'institution *fait à* la société ; la seconde à ce qu'elle *peut faire pour* la société.

L'institution moderne existe pour fournir à la société un service spécifique. Elle doit donc faire partie de celle-ci. Elle doit se situer dans une communauté, un voisinage, accomplir sa tâche dans un environnement social. Mais pour cela, elle doit aussi employer des gens. Ses *incidences sociales* vont inévitablement au-delà de la contribution spécifique qui est la sienne.

L'objet de l'hôpital n'est pas d'employer des infirmières et des cuisiniers, c'est de soigner les patients. Mais pour cela, il a besoin d'infirmières et de cuisiniers. Et ceux-ci forment en un rien de temps une communauté de travail, avec ses tâches et ses problèmes.

L'objet d'une usine de ferro-alliages n'est pas de faire du bruit ou d'émettre des fumées nocives. C'est de produire des métaux de qualité pour servir à ses clients. Mais pour ce faire, elle produit du bruit, dégage de la chaleur et émet des fumées.

Ces nuisances sont secondaires par rapport à l'objet de l'organisation. Mais ce sont dans une large mesure des sous-produits inévitables.

Les problèmes sociétaux, à l'inverse, sont des dysfonctionnements de la société, plutôt que des incidences de l'organisation et de ses activités.

Du fait que l'institution ne peut exister que dans un environnement social, qu'elle est en fait un organe de la société, ces problèmes sociétaux la concernent. Elle doit s'en préoccuper, même si la communauté elle-même ne voit pas le problème et s'oppose à toute tentative d'y remédier.

Une entreprise bien portante, une université bien portante, un hôpital en bonne santé ne sauraient exister au sein d'une société malade. Le management a un intérêt personnel à ce que la société se porte bien, même s'il n'est en rien la cause de ses maux.

Responsabilité des nuisances

On est responsable des conséquences de ses actes, qu'on les ait voulues ou non. C'est la règle numéro un. La responsabilité du management concernant les incidences sociales de son organisation ne fait aucun doute. Cela fait partie du business.

Il ne suffit pas d'objecter que l'opinion s'en fiche. Il ne suffit surtout pas de plaider que toute action visant à régler un problème particulier risque d'être « impopulaire », « mal vue » par les collègues et les associés, et n'est pas indispensable. Tôt ou tard, la société viendra à considérer ces nuisances comme une atteinte à son intégrité, et le fera payer très cher à ceux qui n'auront pas agi responsablement pour les éliminer ou leur trouver une solution.

Voici un exemple.

À la fin des années 1940 – début des années 1950, une compagnie automobile tenta d'inculquer aux Américains le sens de la survie. Ford équipa ses voitures de ceintures de sécurité. Ses ventes connurent alors une baisse catastrophique. La compagnie dut retirer les voitures ainsi équipées et renonça à son idée. Or, quinze ans plus tard, la société prit conscience du problème et attaqua brutalement les constructeurs pour leur « complète indifférence à la sécurité », les traitant même de

« marchands de mort ». Des mesures officielles furent prises, autant pour punir les constructeurs que pour protéger le public.

La première tâche du management consiste donc à identifier et anticiper les incidences de son activité – froidement et avec réalisme. ==La question n'est pas : est-ce que nous faisons bien ? Mais : est-ce que nous faisons ce pour quoi la société et nos clients nous paient ?==

Comment traiter les nuisances

Identifier les nuisances, c'est le premier pas. Mais comment le management peut-il les traiter ? L'objectif est clair : tous ces impacts sur la société et l'économie, sur la communauté et sur les individus ne constituent pas, en soi, l'objet et la mission de l'institution ; ils doivent donc être réduits au minimum, et de préférence éliminés complètement. Moins il y en aura mieux cela vaudra, que la victime en soit l'institution elle-même, l'environnement social ou l'environnement naturel.

Chaque fois qu'une nuisance peut être éliminée en renonçant à l'activité qui l'a causée, c'est la meilleure solution – la seule bonne solution, en fait.

Dans la plupart des cas, cependant, on ne peut pas supprimer l'activité nuisible. Il faut donc se livrer à une recherche systématique pour en éliminer l'impact – ou, au moins, pour le réduire au minimum – tout en poursuivant l'activité en cause. L'idéal, c'est de transformer la nuisance en une opportunité d'activité rentable. Exemple, la façon dont Dow Chemical, l'une des grandes compagnies chimiques américaines, traite depuis vingt ans déjà la pollution de l'air et de l'eau. Peu après la Seconde Guerre mondiale, Dow a décidé que la pollution était une nuisance à éliminer. Bien avant que l'opinion se mobilise en faveur de l'environnement, l'entreprise a adopté pour ses usines une politique de pollution zéro, et s'est mise à développer systématiquement des moyens pour transformer en produits marchands ce que contenaient ses effluents liquides et gazeux, à leur trouver un usage et à les commercialiser.

Autre exemple : le Laboratoire de toxicité industrielle de Du Pont. Dans les années 1920, Du Pont prit conscience des effets secondaires toxiques de nombre de ses produits industriels et créa un laboratoire pour les étudier et pour développer les moyens d'en éliminer les inconvénients. On commença ainsi par supprimer une nuisance que toutes les autres entreprises de chimie, à l'époque, tenaient pour inévitable.

Ensuite, Du Pont décida de confier cette activité – le contrôle de toxicité des produits industriels – à une filiale séparée. Ce Laboratoire de toxicité industrielle ne travaille pas seulement pour Du Pont ; il a développé des composés non-toxiques pour toute une série de clients, des tests de toxicité, et ainsi de suite. Là encore, en supprimant une incidence nuisible, on a créé une opportunité de business.

Cette solution idéale n'est pas toujours possible, mais on peut toujours essayer. Le plus souvent, éliminer une nuisance implique un coût : ce qui était une « externalité » supportée par le public devient un coût pour l'entreprise. Et par conséquent un désavantage compétitif, à moins que toutes les entreprises du secteur n'acceptent la même règle. Le plus souvent, cela ne peut se faire que par le moyen d'un règlement, c'est-à-dire d'une intervention publique.

Chaque fois qu'une nuisance ne peut être éliminée sans un accroissement du coût, il incombe au management d'anticiper, d'imaginer la réglementation la mieux à même de résoudre le problème au moindre coût, pour le plus grand bénéfice à la fois de la population et de l'entreprise. Et ensuite de veiller à ce qu'un règlement satisfaisant soit appliqué.

Le management – et pas seulement celui des entreprises – a esquivé cette responsabilité. Son attitude a toujours été de dire « la meilleure réglementation, c'est pas de règlement du tout ». Mais cela ne vaut que lorsqu'une incidence nuisible peut ouvrir une opportunité de business ; lorsque son élimination exige qu'on impose des restrictions, l'intervention d'une réglementation est dans l'intérêt de l'entreprise, du moins si elle a le sens de ses responsabilités. Sinon elle sera taxée d'« irresponsabilité », et les indélicats, les rapaces et les imbéciles en profiteront.

Espérer se passer d'une réglementation, c'est témoigner d'un aveuglement délibéré.

Peu importe que l'opinion estime aujourd'hui le problème sans issue. Peu importe même qu'elle résiste – comme dans l'exemple de Ford relaté plus haut – aux tentatives de dirigeants bien avisés de prévenir la crise. À la fin, il y a toujours scandale.

Toute solution à ce genre de problème implique un compromis. Au-delà d'une certaine limite, l'élimination d'une nuisance coûte davantage, en argent ou en énergie, en ressources ou en vies humaines, que le bénéfice qu'on peut en attendre. Il faut trancher, trouver le compromis optimal entre coût et bénéfice. C'est quelque chose que les hommes de l'entreprise comprennent, en général, mais ce n'est pas le cas des gens de l'extérieur ; voilà pourquoi la solution venue de l'extérieur tend à ignorer totalement la nécessité du compromis.

La responsabilité des incidences sociales est une responsabilité du management, non parce qu'il en est comptable envers la société, mais parce qu'il en est comptable envers son entreprise. L'idéal, c'est de transformer l'élimination de la nuisance en une opportunité de business. Mais lorsque ce n'est pas possible, la conception d'une réglementation appropriée, porteuse du compromis le mieux équilibré, la discussion publique du problème et la promotion d'un règlement le plus sage, oui, c'est bien l'affaire du management.

Les problèmes sociétaux sont des opportunités

Les problèmes sociétaux découlent des dysfonctionnements de la société et, au moins potentiellement, constituent des maladies dégénératives du corps politique. Des maux, par conséquent. Mais pour le management des institutions, et surtout pour celui des entreprises, ils constituent un défi. Une source majeure d'opportunités. Car c'est la fonction des entreprises – et, à un moindre degré, des autres grandes institutions – de répondre aux besoins de la société tout en faisant de la solution de son problème une opportunité de business.

C'est le boulot de l'entreprise de convertir les changements en innovations, c'est-à-dire en activités nouvelles. Et c'est un bien pauvre homme d'affaires, celui qui ne conçoit l'innovation que dans le domaine technique. Dans toute l'histoire du business, le changement social et l'innovation sociale ont joué un rôle au moins aussi important que la technologie. Après tout, les grandes industries du 19e siècle sont nées dans une large mesure d'une telle conversion – celle du nouvel environnement social, la ville industrielle, en opportunités d'activités et de marchés. Voir le développement de l'éclairage, d'abord au gaz puis à l'électricité, des tramways, du téléphone, des journaux, des grands magasins, pour ne citer que quelques innovations.

Il se pourrait donc que les opportunités les plus marquantes ne se rencontrent pas dans les nouvelles techniques, les nouveaux produits ou les nouveaux services, mais dans la *solution des problèmes sociétaux*, c'est-à-dire dans l'innovation sociale, qui, alors, bénéficie directement ou indirectement, en le confortant, à tel ou tel secteur ou compagnie.

Quelques-uns des plus grands succès entrepreneuriaux découlent d'innovations sociales de cette nature.

Les années qui ont précédé immédiatement la Première Guerre mondiale furent aux États-Unis une période de grands troubles sociaux, de mécontentement ouvrier et de chômage croissant. Dans certains cas, le salaire horaire de l'ouvrier qualifié était tombé à quinze cents. C'est dans ce contexte que la Ford Motor Company, à la fin 1913, annonça qu'elle verserait à tous ses ouvriers un salaire horaire garanti de cinq dollars – deux ou trois fois plus que la norme. Le directeur général de la compagnie, James Couzens, qui avait imposé cette décision à son associé Henry Ford, savait parfaitement que la masse des salaires de son entreprise allait presque tripler du jour au lendemain, mais il avait acquis la conviction que, face à la détresse des travailleurs, seule une décision radicale et spectaculaire pourrait avoir un effet. Couzens espérait aussi que la charge salariale effective baisserait, en dépit du triplement du salaire horaire – et les faits lui donnèrent bientôt raison. Avant que, par cette seule annonce, Ford eut bouleversé l'économie des États-Unis, le *turnover* de la main-d'œuvre était si élevé à la Ford Motor Company qu'en 1912 elle avait dû procéder à l'embauche de soixante mille ouvriers pour n'en retenir finalement que dix mille. Avec le nouveau barème de salaires, cette rotation cessa presque d'un coup. Il en résulta de telles économies que dans les années suivantes, et malgré une forte hausse du coût des matières premières, Ford put produire et vendre son modèle T moins cher tout en gagnant davantage d'argent sur chaque voiture produite. L'économie réalisée sur le coût de la main-d'œuvre grâce à une hausse brutale du salaire horaire assura à Ford la domination du marché. Du même coup, Ford avait transformé de fond en comble la société de l'Amérique industrielle. De l'ouvrier américain, il avait fait un membre de la classe moyenne.

Un problème social dont le management se saisit pour en faire une opportunité d'agir cesse vite d'être un problème. Quant aux autres, ils deviennent des « revendications chroniques », sinon des maladies dégénératives.

Tous les problèmes sociaux, cependant, ne relèvent pas de cette solution ; les plus sérieux d'entre eux, effectivement, tendent à lui faire échec.

Comment s'établit donc la responsabilité du management face à ces problèmes sociétaux devenus des revendications chroniques ou des maladies dégénératives ?

Eh bien le management doit les considérer aussi comme des problèmes lui incombant. La bonne santé de l'entreprise est la responsabilité de ses managers, et cette santé n'est guère compatible avec une société malade. Pour sa propre santé, le business exige une société en bonne santé, ou au moins en bon état de fonctionnement. La santé de la communauté est un préalable pour le succès et le progrès des affaires. Et il est vain d'espérer que le problème disparaîtra si on regarde de l'autre côté. Les problèmes ne disparaissent que si quelqu'un s'en occupe.

Dans quelle mesure faut-il s'attendre que le milieu des affaires – ou toute autre institution spécialisée de notre société – s'attaquera à ce genre de problème, qui n'est pas une conséquence de son activité et ne peut pas se traduire en opportunités de performance dans le cadre de l'objet et de la mission des entreprises ? Dans quelle mesure même peut-on admettre que ces institutions, entreprise, université ou hôpital, en prennent la responsabilité ?

Dans les débats d'aujourd'hui, on tend à ignorer cette question. John Lindsay, l'ancien maire de New York, disait : « Voyez le ghetto noir. Personne ne sait qu'en faire. Quoi que tentent l'État, les travailleurs sociaux ou l'action bénévole, tout va, semble-t-il, de plus en plus mal. *Par conséquent*, il faudrait que le big business s'en occupe. »

Cet appel désespéré du maire Lindsay, on peut le comprendre, car le problème qui l'assaille est réellement sans issue, une menace immense pour sa ville, pour la société américaine et pour l'Occident tout entier. Mais reporter la responsabilité du ghetto noir sur le management, cela suffit-il ? La responsabilité sociétale a-t-elle des limites ? Et lesquelles ?

Limites de la responsabilité sociétale

Le manager est un serviteur. Son maître, c'est l'institution qu'il gère, et sa responsabilité première, bien sûr, est envers celle-ci. La première tâche du manager, qu'il dirige une entreprise, un hôpital, une école ou une université, est de faire en sorte que l'institution remplisse la fonction et apporte la contribution qui lui sont assignées. Le manager qui tire profit de sa position à la tête d'une grande institution pour devenir un personnage politique et pour s'affirmer à propos de problèmes sociaux, alors que sa compagnie ou son université pâtit de sa négligence, ce n'est pas un homme d'État, c'est un irresponsable infidèle à sa mission.

Le premier besoin, l'intérêt suprême de la société, c'est que l'institution remplisse sa mission spécifique. La société n'y gagne rien, elle est perdante si l'institution perd sa capacité d'accomplir sa tâche propre, ou la voit décliner. Être performante dans son domaine, c'est la première responsabilité sociale de l'institution. Si elle ne remplit pas cette tâche responsablement, on ne peut en attendre rien d'autre. Une entreprise en faillite n'est pas un employeur désirable, ni vraisemblablement un membre souhaitable de la communauté. Elle n'engendrera pas des capitaux et des emplois pour les travailleurs de demain. Une université qui échoue à former les leaders et les cadres de demain se montre socialement irresponsable, quelles que soient ses « bonnes œuvres ».

Surtout, le management doit être conscient du niveau de *profitabilité minimale* correspondant aux risques de son activité et à ses engagements d'avenir. Il doit le connaître pour prendre ses propres décisions, mais aussi pour pouvoir expliquer ces décisions aux autres – aux hommes politiques, à la presse, à l'opinion. Aussi longtemps que les managers resteront prisonniers de leur ignorance concernant la nécessité objective et la fonction du profit – aussi longtemps, disons-le, qu'ils raisonneront et parleront du profit comme d'un simple « mobile » – ils seront dans l'incapacité de prendre des décisions rationnelles concernant leurs responsabilités sociales et d'expliquer ces décisions aux autres, à l'intérieur comme à l'extérieur de l'entreprise.

Chaque fois qu'une entreprise a méconnu les limites de sa performance économique et endossé des responsabilités sociales qu'elle ne pouvait assumer économiquement, elle s'est vite attiré des ennuis.

Les mêmes considérations s'appliquent aux institutions à but non lucratif. Là aussi, le manager a le devoir de maintenir la capacité contributive de l'institution dont il a la charge. La mettre en danger, si noble que soit le motif, c'est une conduite irresponsable. Ces institutions aussi représentent pour la société un capital sur lequel elle doit pouvoir compter.

Pareille position n'est certes pas facile à tenir. On est plus populaire à se montrer « progressiste ». Mais les managers, spécialement ceux des grandes institutions sociales, ne sont pas payés pour être les héros de la presse populaire. Ils sont payés pour leur performance et leur sens des responsabilités.

Accepter des tâches pour lesquelles on manque de compétence, c'est une conduite irresponsable. Et c'est cruel : on crée des espoirs qui seront déçus.

Une institution, et spécialement une entreprise, doit se doter de toutes les compétences dont elle a besoin pour assumer les conséquences de ses actes. Pour les autres domaines de sa responsabilité sociale (autres que les nuisances), toutefois, son devoir et son droit d'intervention doivent rester dans les limites de sa compétence.

En particulier, il vaut mieux que l'institution s'abstienne de se donner des tâches qui ne conviennent pas à son système de valeurs. Le talent, le savoir, on peut les acquérir assez facilement, mais on ne change pas aisément de personnalité. Nul n'obtiendra de bons résultats dans des domaines pour lesquels il n'éprouve pas de respect. Si une entreprise, ou toute autre institution, s'attaque à un tel domaine pour la seule raison que la société le demande, il est peu vraisemblable qu'elle y affectera les gens les meilleurs, qu'elle leur donnera tout son appui, ou qu'elle comprendra bien ce qu'il y a à faire. Elle s'y prendra mal, presque à coup sûr, et finalement fera plus de mal que de bien.

Le management doit donc, à tout le moins, bien connaître son domaine d'*incompétence* et celui de son institution. En général, une entreprise rencontrera cette incompétence absolue dans un domaine « intangible ». La force de l'entreprise, c'est qu'elle doit rendre des comptes et est tenue pour responsable ; c'est la discipline que lui imposent l'épreuve du marché, son niveau de productivité et l'exigence du profit. En dehors de cela, elle déroge à sa vocation profonde. Elle s'aliène aussi la sympathie, parce qu'elle néglige son propre système de valeurs. Si ses critères de performance versent dans l'intangible – opinions et émotions politiques, approbation ou désapprobation de la communauté, mobilisation et organisation des relations de pouvoir – l'entreprise ne sera pas à l'aise. Elle ne respectera pas les valeurs qui comptent pour elle et par conséquent sortira de son domaine de compétence.

En pareil cas, cependant, on peut souvent se donner des buts clairs et mesurables pour des *objectifs partiels et spécifiques*. Un problème qui échappe, en soi, à la compétence de l'entreprise peut souvent se traduire, partiellement, en tâches qui conviennent à ses capacités et à son système de valeurs.

En Amérique, personne n'a bien réussi, par exemple, à former convenablement les adolescents noirs trop longtemps restés en dehors du monde du travail. Mais les entreprises ont quand même fait mieux que d'autres institutions, ministère du Travail, système éducatif ou autorités locales. Une telle tâche peut être identifiée, définie, ou peut se fixer des buts et mesurer la performance. Là, l'entreprise sait faire.

Limites de l'autorité

En ce qui concerne les responsabilités sociétales, la première limite que l'on rencontre, la plus importante, est celle de l'autorité. Dans le dictionnaire du droit constitutionnel, le mot « responsabilité » ne vient jamais seul ; la formulation convenable, c'est « responsabilité *et* autorité ». Quiconque revendique l'autorité assume de ce fait la responsabilité, et quiconque assume une responsabilité revendique de ce fait l'autorité. Ce sont les deux faces de la même médaille. Assumer une responsabilité sociétale équivaut de fait à revendiquer l'autorité.

Là encore, cette question – l'autorité comme limite de la responsabilité sociale – ne naît pas du fait des nuisances de l'institution, car la nuisance résulte de l'exercice de l'autorité, même si elle est fortuite et involontaire ; c'est elle alors qui entraîne la responsabilité.

Mais lorsqu'on demande à l'entreprise, ou à toute autre institution de notre société d'organisations, d'assumer la responsabilité de tel ou tel problème ou défaut de la société et de la communauté, le management doit se demander si l'autorité qui découle de cette responsabilité est légitime. Sinon, elle l'usurpe de façon irresponsable.

Chaque fois qu'il est exigé de l'entreprise de prendre la responsabilité de ceci ou de cela, on doit se demander si elle dispose de l'autorité nécessaire, ou si elle devrait en disposer. Si l'entreprise ne détient pas et ne doit pas détenir cette autorité – et c'est le cas dans beaucoup de domaines – alors il lui appartient de considérer avec beaucoup de méfiance cette responsabilité nouvelle. Il ne s'agit pas là en effet de prise de responsabilité, mais de soif de pouvoir.

Ralph Nader, le champion américain du consumérisme, se considère sincèrement comme un ennemi du big business, et c'est bien ainsi qu'on le voit dans le milieu des affaires et dans l'opinion. Dans la mesure où il exige que les entreprises soient responsables de la qualité et de la sûreté de leurs produits, il leur attribue à coup sûr une responsabilité légitime, puisqu'elle porte sur leur performance et leur contribution. Mais Nader exige en plus que le big business assume aussi des responsabilités dans une multitude de domaines, bien au-delà des produits et services. Si l'on cédait à ses demandes, on ferait du management des grandes entreprises le pouvoir suprême dans de nombreux domaines relevant en réalité d'autres institutions.

Et en fait, c'est bien dans cette voie que Nader et les autres partisans de la responsabilité sociale illimitée se sont engagés. L'une de ses équipes a publié une critique de la compagnie Du Pont et de son rôle dans le petit État du Delaware, où se trouve son siège social et où il est le principal employeur. Le rapport n'examinait même pas la performance économique de l'entreprise ; il écartait comme sans intérêt le fait que Du Pont, en une période d'inflation généralisée, avait pourtant baissé sensiblement les prix de ses produits, dont beaucoup sont essentiels pour l'économie du pays. Au lieu de cela, il reprochait amèrement à Du Pont de ne pas s'être servi de son pouvoir économique pour pousser les citoyens de cet État à s'attaquer à divers problèmes sociétaux, comme la discrimination raciale ou les soins médicaux dans les écoles publiques. Pour n'avoir pas pris la responsabilité de la politique, de la loi et de la société dans le Delaware, Du Pont était brutalement accusé de négliger ses responsabilités sociales.

L'ironie de l'histoire, c'est que pendant de nombreuses années les milieux de gauche avaient porté contre Du Pont l'accusation exactement contraire, à savoir que l'entreprise, du fait de son poids dans le Delaware, « influençait et dominait » le petit État et y exerçait « une autorité illégitime ».

Le management doit rejeter la responsabilité d'un problème social si celle-ci risque de compromettre la capacité de performance de l'entreprise (ou de l'université, ou de l'hôpital). Il doit résister lorsque la demande qui lui est faite dépasse sa compétence, lorsque, en fait, prendre cette responsabilité équivaudrait à se donner une autorité illégitime. Bien sûr, s'il y a un réel problème, il lui appartient d'y réfléchir et de proposer une solution de substitution. Car en fin de compte il faudra bien que quelqu'un s'en occupe.

Les managers de toutes les grandes institutions, y compris les entreprises, doivent se sentir concernés par les maux de la société. Dans toute la mesure du possible, ils doivent convertir la solution en opportunités de performance et de contribution ; à tout le moins, ils doivent réfléchir à ces problèmes et à la façon dont on pourrait les traiter. Ils ne peuvent s'affranchir de cette préoccupation, car dans notre société d'organisations personne d'autre n'est fondé à se pencher sur les vrais problèmes. Dans cette société, les managers des institutions constituent le groupe leader.

Mais nous savons aussi qu'une société développée a besoin d'institutions performantes, dotées d'un management autonome. Elle ne peut pas fonctionner comme une société totalitaire. En fait, ce qui caractérise une société développée – ce qui en fait une société développée – c'est que la plupart des tâches sociales y sont accomplies dans et par des institutions organisées, dotées chacune de son management autonome. Ces organisations, y compris les administrations d'État, sont des institutions dédiées à une fonction précise, des organes de la société redevables d'une performance spécifique. La plus grande contribution qu'elles puissent apporter, leur responsabilité majeure envers la société, c'est d'être performantes dans leur fonction. Rien ne serait plus irresponsable que de porter atteinte à leur capacité de performance en leur assignant des tâches excédant leur compétence, ou d'usurper quelque autorité au nom d'une soi-disant responsabilité sociale.

Éthique de la responsabilité

On a prêché et écrit d'innombrables sermons concernant l'éthique du business et la morale des hommes d'affaires. La plupart de ces exhortations n'ont aucun rapport avec le business, et bien peu avec la morale.

Un thème revient souvent, celui de l'honnêteté toute simple, de tous les jours. Les businessmen, nous dit-on solennellement, ne doivent pas tricher, mentir, voler, corrompre ou se laisser corrompre. Certes, mais les autres non plus. Les hommes et les femmes ne sont pas affranchis des règles ordinaires de la conduite personnelle par le travail qu'ils font ou l'emploi qu'ils occupent, pas plus qu'ils ne cessent d'être des créatures humaines en devenant vice-président d'une entreprise, maire d'une ville ou doyen d'université. Et on a toujours vu pas mal d'individus tricher, voler, mentir, verser ou toucher des pots-de-vin. C'est un problème de valeurs morales, de celles que l'on porte en soi ou que l'on acquiert en famille ou à l'école. Mais il n'existe pas d'éthique particulière pour les affaires, qui d'ailleurs n'en ont pas besoin.

La seule chose à faire, c'est d'infliger des punitions sévères à ceux – dirigeants d'entreprise ou autres – qui cèdent à la tentation.

L'autre thème habituel dans ce débat n'a rien à voir avec la morale. Ce serait sans doute une bonne chose d'avoir des leaders scrupuleux ; hélas, cette vertu n'a jamais prévalu dans les cercles dirigeants, qu'il s'agisse des rois et des comtes, des prêtres ou des généraux, ou même des intellectuels comme les peintres et humanistes de la Renaissance ou les *literati* de la Chine traditionnelle. Tout ce qu'un homme exigeant peut faire, c'est de s'abstenir à titre personnel des activités choquantes pour l'estime qu'il se porte ou pour son sens du convenable.

Récemment, ces deux thèmes ont été complétés, notamment aux États-Unis, par un troisième : les managers, a-t-on dit, ont la « responsabilité morale » de prendre un rôle actif et constructif dans la communauté, de se mettre au service des causes collectives, de donner du temps à des activités sociales, et ainsi de suite. Il ne saurait toutefois être question de les y obliger, ni de proportionner leur réputation, leurs revenus ou leur promotion à leur zèle dans le bénévolat. Faire ainsi pression sur eux, ce serait abuser d'un pouvoir illégitime.

En fait, si elle est souhaitable, la participation des dirigeants aux activités bénévoles ne relève pas de l'éthique, et fort peu de leur responsabilité. Ce ne peut être que la contribution d'un individu, liée à sa qualité de voisin ou de citoyen – quelque chose d'étranger à son métier de dirigeant et à ses responsabilités.

Il existe cependant un problème éthique propre aux managers des institutions, en tant qu'ils forment *collectivement* un groupe dirigeant dans la société des organisations. *Individuellement*, le manager n'est qu'un employé comme un autre. Il n'est donc pas exact de parler d'un manager comme d'un leader, mais comme d'un « membre du groupe exerçant le leadership ». Il est vrai que cette classe occupe une position exposée, remarquable, qu'elle détient de l'autorité ; qu'elle a par conséquent de la responsabilité. Mais quelles sont les responsabilités, les obligations morales de l'individu manager, en tant que membre du groupe dirigeant ?

Pour l'essentiel, l'appartenance à un groupe dirigeant caractérise ceux que l'on appelle, au sens le plus général, les « cadres ». Cette appartenance leur confère statut social, distinction et autorité. Elle leur confère aussi des devoirs. Mais il est vain d'espérer trouver en chaque cadre un leader. Dans une société développée, il existe des milliers, voire des millions de managers – et le leadership est une vertu exceptionnelle, réservée à un tout petit nombre d'individus. En tant que membre de la classe dirigeante, cependant, un cadre est soumis aux exigences de l'éthique de sa profession – une éthique de la responsabilité.

Ne pas nuire consciemment

La première responsabilité d'un cadre a été clairement énoncée il y a vingt-cinq siècles dans le serment d'Hippocrate, le médecin grec : *Primum non nocere* – « surtout ne pas faire du mal en le sachant ».

Aucun cadre (au sens large), qu'il soit médecin, avocat ou manager, ne peut promettre qu'il fera sûrement du bien à son client, tout ce qu'il peut faire, c'est essayer. Mais il peut promettre de ne pas lui faire consciemment du mal. Et le client, de son côté, doit pouvoir lui faire confiance sur ce point, sinon la confiance disparaît. Le cadre doit conserver son autonomie. Il ne peut pas être contrôlé, surveillé ou commandé par son client. Il doit rester soi-même, parce que sa décision repose sur son savoir et son jugement. Mais le fondement de son autonomie, sa véritable raison d'être, c'est de se considérer comme « concerné par l'intérêt général ». Autrement dit, il est « privé » en ce sens qu'il est autonome, affranchi de tout contrôle idéologique ou politique ; mais il est « public » en ce sens que le bien de son client pose les limites de ses actes et de ses paroles. *Primum non nocere*, « ne pas nuire consciemment », est la règle fondamentale de son éthique, une éthique de responsabilité publique.

Le manager qui néglige de réfléchir aux nuisances de son entreprise et d'y porter remède, sous prétexte que cela le rendra impopulaire auprès des membres de son club, fait du mal en le sachant. Il favorise consciemment la croissance d'un cancer. C'est stupide, on l'a déjà dit. Qu'à la fin des fins cela fasse plus de mal à l'entreprise ou au secteur industriel concerné que ne l'aurait fait un petit désagrément temporaire, on l'a dit aussi. Mais de plus, c'est une violation grossière de l'éthique professionnelle.

Le problème a d'autres facettes. Les managers américains, notamment, ont souvent tendance à violer la règle hippocratique sans en prendre conscience, et ainsi à faire du mal notamment dans les domaines suivants :

- le salaire des dirigeants ;
- les « chaînes dorées », avantages annexes destinés à retenir le personnel qu'ils emploient ;
- la rhétorique concernant le profit.

Ce qu'ils font là, en actes et en paroles, est une cause de trouble dans la société. Cela a pour effet de dissimuler la réalité et de causer une sorte de maladie sociale, ou au minimum d'hypocondrie, d'égarer les esprits et d'empêcher la compréhension. Socialement, c'est une maladie grave.

Le fait que dans la société américaine les revenus tendent vers davantage d'égalité est clairement établi. Et cependant l'opinion reste sur l'impression d'une inégalité croissante. C'est une illusion, mais une illusion dangereuse. Elle corrode. Elle détruit la confiance réciproque entre des groupes qui doivent vivre et travailler ensemble. Elle ne peut que conduire à des mesures politiques qui, sans faire le moindre bien, pourraient nuire grandement à la société, à l'économie et d'ailleurs aux managers eux-mêmes.

Les 500 000 dollars par an que gagne le directeur général d'une très grande entreprise[*], c'est en grande partie de l'argent pour la frime. Au-delà du revenu, c'est surtout une marque de prestige. La plus grande partie, nonobstant tous les dégrèvements imaginables, est immédiatement récupérée par le fisc. Et les avantages annexes ne sont que des combines pour ramener ce revenu dans une tranche d'imposition inférieure. Autrement dit, du point de vue économique, dégrèvements et « extras » ne servent pas à grand-chose. Mais d'un point de vue social et psychologique, ils « font du mal en le sachant ». Ils sont donc indéfendables.

Ce qui est pernicieux, toutefois, c'est le sentiment d'inégalité, et la cause fondamentale se trouve dans la législation fiscale. Mais la facilité avec laquelle les managers acceptent ce système fiscal antisocial, et en réalité s'en servent, est aussi une cause fondamentale du sentiment d'inégalité. Tant que les managers n'auront pas compris qu'ils violent ainsi la règle « ne pas nuire consciemment », ils en seront finalement les premières victimes.

Toujours dans ce domaine de la rémunération, les managers d'aujourd'hui contreviennent encore d'une autre façon à l'adage *Primum non nocere*.

Les retraites complémentaires, les avantages annexes, les bonus, les stock options, tout cela fait partie de la rémunération. Du point de vue de l'entreprise – mais aussi du point de vue économique – ce sont des « coûts du travail », quelle que soit leur dénomination. C'est bien ainsi qu'on les considère quand on s'assied avec les syndicats à la table de négociation. Mais de plus en plus, ne serait-ce qu'à cause des incidences fiscales, on se sert de ces avantages pour attacher plus étroitement le salarié à son employeur. Pour en bénéficier tels qu'ils sont conçus, en effet, il faut être resté dans l'entreprise souvent plusieurs années. Et ils sont bâtis de telle façon que l'employé, s'il quitte la compagnie, encourt de lourdes pénalités, en ce sens qu'il perd des avantages qu'il avait pourtant acquis et qui constituaient la rémunération de son travail.

---

[*] Ce texte a été publié en 1974.

De telles « chaînes dorées » ne renforcent pas l'entreprise. Ceux qui ont conscience de n'être pas performants dans leur emploi – c'est-à-dire les gens qui, clairement, ne sont pas à leur place – s'accrocheront pour garder leur situation. Mais s'ils restent parce qu'il leur en coûte trop cher de partir, ils en éprouveront du ressentiment et feront du mauvais esprit. Ils sentent qu'on les a appâtés et qu'ils ont été trop faibles pour dire non. Il y a des chances qu'ils restent grognons, rancuniers et amers pour le restant de leur carrière.

Les droit à la retraite, les gratifications pour bons résultats, les participations aux bénéfices, tout cela a été gagné et doit rester à la disposition du salarié, sauf à attenter à ses droits de citoyen, d'individu et de personne. Et là aussi, les managers devraient agir pour obtenir les modifications nécessaires de la législation.

Dernier point : les managers, par le discours qu'ils tiennent, empêchent l'opinion de comprendre la réalité économique. Ce faisant, en tant que leaders, ils violent l'exigence de ne pas faire du mal consciemment. C'est particulièrement vrai aux États-Unis, mais aussi en Europe. Dans tout l'Occident, ils parlent constamment du profit comme d'un « mobile » et présentent toujours la maximisation du profit comme le but de leur entreprise. Ils n'en soulignent pas la fonction objective. Ils ne parlent pas des risques, ou très rarement. Ils n'insistent pas sur le besoin de capitaux. Ils ne mentionnent pratiquement jamais le coût du capital, encore moins la nécessité pour l'entreprise de dégager assez de profit pour s'assurer aux meilleures conditions les capitaux dont elle a besoin.

Les managers se plaignent constamment que les gens soient contre le profit. Ils ne se rendent pas compte que leur discours est la cause principale de cette hostilité. À entendre la façon dont ils en parlent, on ne trouve en effet aucune justification au profit, aucune explication de son existence, aucune utilité à sa recherche ; on n'y voit qu'un mobile, c'est-à-dire l'appétit de quelques capitalistes anonymes – et pourquoi pareil désir serait-il socialement plus admissible que la bigamie, par exemple, on ne l'explique jamais. Pourtant, la profitabilité est un *besoin* fondamental de l'économie et de la société.

Primum non nocere peut paraître un principe insipide, face aux appels qui se multiplient actuellement dans les manifestes politiques en manque d'« hommes d'État ». Mais ce n'est pas un principe facile à appliquer, comme les médecins le savent depuis longtemps. Sa modestie même et son autodiscipline en font la règle éthique dont ont besoin les managers – une éthique de la responsabilité.

6
Les nouveaux paradigmes du management

Les paradigmes d'une science sociale comme le management consistent en hypothèses de base (ou postulats) portant sur la réalité. Ils siègent normalement dans le subconscient des étudiants, des auteurs, des professeurs, des praticiens sur le terrain. Ces postulats, en retour, déterminent en grande partie ce que dans cette discipline (étudiants, auteurs, professeurs, praticiens) on suppose être la RÉALITÉ.

Les postulats de base d'une discipline concernant la réalité déterminent ses centres d'intérêt. Ils déterminent ce que cette discipline considère comme des « faits », bref, tout ce qui entre dans son champ. Les postulats déterminent aussi en grande partie ce qu'une discipline peut négliger ou rejeter comme une « exception gênante ». Ils fixent à la fois ce sur quoi une discipline doit porter son attention et ce qu'elle peut négliger ou ignorer.

Pourtant, malgré leur importance, les postulats sont rarement analysés, étudiés ou mis en cause – et même, en fait, rarement explicités.

Pour une discipline sociale comme le management, les postulats sont pourtant bien plus importants que les paradigmes pour une science de la nature. Un paradigme – c'est-à-dire la théorie qui prévaut en général – n'a pas d'impact sur la nature de l'univers. Affirmer que le soleil tourne autour de la terre ou, au contraire, que la terre tourne autour du soleil, cela n'est d'aucun effet sur le soleil et sur la terre. Une science de la nature s'occupe du comportement d'OBJETS. Mais une discipline sociale comme le management traite du comportement d'ÊTRES HUMAINS et d'INSTITUTIONS HUMAINES. Par conséquent, les praticiens auront tendance à agir et à se conduire comme le leur indiquent les postulats de la discipline. Bien plus, la réalité d'une science de la nature, l'univers physique et ses lois, ne changent pas (ou s'ils changent, c'est sur de très longues périodes, qui ne se comptent ni en décennies, ni même en siècles). L'univers social, lui, n'a pas de « lois naturelles » de cette sorte. Il est donc sujet à des changements continuels. Et cela signifie que les postulats encore valides hier peuvent s'invalider et même devenir totalement trompeurs en un rien de temps.

Ce qui importe le plus dans une discipline sociale comme le management, ce sont donc les postulats de base. Et ce qui importe encore plus, c'est que ces postulats de base CHANGENT.

Depuis que l'on a commencé à étudier le management – et cela n'a réellement commencé que pendant les années 1930 –, la majorité des professeurs, des auteurs et des praticiens se sont appuyés sur DEUX ENSEMBLES de postulats concernant les RÉALITÉS du management.

Le premier ensemble porte sur le management en tant que DISCIPLINE :

1. Le management, c'est le management des ENTREPRISES.

2. Il existe – ou il devrait exister – UNE *structure de l'entreprise* meilleure que toutes les autres.

3. Il existe – ou il devrait exister – UNE manière meilleure que les autres de *gérer les hommes*.

L'autre ensemble de postulats porte sur la PRATIQUE du management :

1. Les techniques, les marchés et les débouchés sont des *données*.

2. Le management est défini *juridiquement*.

3. Le management traite des problèmes internes à l'organisation.

4. L'économie, définie par les frontières nationales, constitue l'« écologie » de l'entreprise et du management.

Le management, c'est le management des entreprises

Pour la plupart des gens, appartenant ou non à la profession, ce postulat semble une évidence. En fait, les auteurs, les praticiens du management et les non-initiés n'entendent même pas le mot « management » ; ce qu'ils entendent, c'est automatiquement MANAGEMENT DES ENTREPRISES.

Ce postulat concernant la mouvance du terme est d'origine assez récente. Avant les années 1930, la poignée d'auteurs et de penseurs qui s'intéressaient au management – débutant avec Frederick Taylor au tournant du siècle, et s'achevant avec Chester Barnard juste avant la Seconde Guerre mondiale – postulaient que le management des entreprises n'est qu'une sous-espèce du management en général, et ne diffère fondamentalement pas plus du management des autres organisations qu'une race de chiens ne diffère d'une autre race de chiens.

Ce qui a conduit à distinguer le management du management des entreprises, ce fut la grande dépression, et l'hostilité qu'elle souleva envers le monde des affaires et ses dirigeants. Afin de ne pas subir l'opprobre pesant sur le business, le management du secteur public fut rebaptisé « administration publique » et constitué en discipline distincte, avec ses facultés universitaires, sa terminologie propre et son déroulement de carrière. En même temps, et pour la même raison, les études de management qui avaient commencé dans le secteur hospitalier, alors en croissance rapide (celles par exemple de Raymond Sloan, le frère cadet d'Alfred Sloan de General Motors), furent constituées en une discipline séparée et baptisée « administration hospitalière ».

Bref, à l'époque de la dépression, ce n'était pas « politiquement correct » de parler de management.

Dans la période d'après-guerre, cependant, les choses ont changé. Vers 1950, le mot « entreprise » était redevenu de bon augure – en grande partie à cause des bons résultats obtenus par les *entreprises* américaines pendant la Seconde Guerre mondiale. Très vite, le management des entreprises était de nouveau « politiquement correct », surtout comme sujet d'études. Et depuis, dans l'opinion publique comme à l'université, le concept de management se confond avec le management des entreprises.

Aujourd'hui, pourtant, on commence à revenir sur cette erreur vieille de soixante ans – comme en témoignent la transformation de nombreuses « business schools » en « écoles de management », l'offre croissante, par ces mêmes écoles, de cours de « management à but non lucratif », l'apparition de « programmes de management pour dirigeants » s'adressant aux cadres des entreprises à but lucratif comme à ceux des organisations à but non lucratif, ou la naissance de départements de « management pastoral » dans les universités religieuses.

Mais le postulat survit encore, selon lequel le management, c'est le management des entreprises. Il importe par conséquent de réaffirmer, avec force, que le management ne concerne PAS que les entreprises – pas plus, disons, que la médecine ne se confond avec l'obstétrique.

Bien sûr, on constate des différences dans la façon de gérer telle ou telle organisation : après tout, la mission détermine la stratégie, et la stratégie détermine la structure. Ce n'est certainement pas la même chose de gérer une chaîne de magasins de détail ou un diocèse catholique (bien que les différences soient étonnamment moindres que ne le croient le directeur de la chaîne ou l'évêque) ; de gérer une base aérienne, un hôpital ou une entreprise de logiciels. Mais les différences résident surtout dans le vocabulaire de chacune de ces organisations ; autrement dit, davantage dans l'application que dans les principes. Il n'y a même pas de grosses différences dans les tâches et dans les problèmes.

Voici donc la première conclusion de cette analyse des POSTULATS, qui doit servir de base au management afin de rendre productives à la fois son étude et sa pratique :

> *Le management est l'organe spécifique et distinctif de toute organisation, quelle qu'elle soit.*

Une seule bonne façon de gérer l'organisation

L'intérêt pour le management est apparu suite à l'émergence soudaine de la grande organisation – l'entreprise, l'administration d'État, l'armée permanente – qui fut la grande nouveauté sociale à la fin du 19e siècle.

Et dès le début, il y a plus de cent ans, l'étude des organisations reposait sur un postulat :

> *Il n'existe – ou il ne devrait exister – qu'une seule bonne recette de gestion.*

Ce qu'on prétend être « l'organisation la meilleure » a changé plus d'une fois. Mais on n'a pas cessé de la rechercher, et on la cherche encore aujourd'hui.

C'est la Première Guerre mondiale qui a montré clairement la nécessité de doter les organisations d'une structure formalisée. Mais c'est aussi la Première Guerre mondiale qui a démontré que la structure fonctionnelle selon Fayol (et Carnegie) n'était pas la bonne. Aussitôt après, Pierre Du Pont (1870-1954) fut le premier, suivi par Alfred Sloan (1875-1966), à adopter le principe de *décentralisation*. Et maintenant, on en est venu, depuis quelques années, à prôner l'*équipe* comme la meilleure organisation pour faire à peu près n'importe quoi.

Il devrait cependant être évident aujourd'hui que l'organisation la meilleure de toutes, cela n'existe pas. Il existe seulement des organisations, chacune avec des points forts, des limitations et des applications qui lui sont propres. Il est clair désormais que l'organisation n'est pas un absolu. C'est un *outil* pour que les gens soient productifs en travaillant ensemble. Et telle organisation donnée convient seulement à certaines tâches, dans certaines conditions et à une certaine époque.

On entend beaucoup parler aujourd'hui de « la fin des hiérarchies ». C'est un non-sens flagrant. Dans toute institution, il faut qu'il y ait une autorité suprême, un « patron » – quelqu'un qui puisse prendre les décisions finales et s'attendre à être obéi. Dans une situation de danger commun – et toute institution en connaîtra vraisemblablement tôt ou tard – la survie de tous dépend d'un commandement clair. Quand le bateau coule, le capitaine ne convoque pas une réunion ; le capitaine donne des ordres. Et pour sauver le bâtiment, il importe que chacun obéisse aux ordres, sache exactement où aller et quoi faire, et cela sans « participation » et sans discussion. En cas de crise, la « hiérarchie », et son acceptation inconditionnelle par tous, reste le seul espoir de l'organisation.

D'autres situations cependant, dans la même institution, appellent une délibération. D'autres encore exigent que l'on travaille en équipe, et ainsi de suite.

La théorie de l'organisation suppose que les institutions sont homogènes et que, par conséquent, l'entreprise dans son entier doit être organisée de la même façon.

Mais dans n'importe quelle entreprise – probablement même dans l'« entreprise industrielle typique » de Fayol – on a besoin d'un certain nombre de structures organisationnelles différentes coexistant côte à côte.

Dans une économie mondialisée, gérer les ressources en devises étrangères est une tâche de plus en plus critique, et de plus en plus difficile. Elle exige une centralisation absolue. Aucune unité dans l'entreprise ne doit se permettre de gérer ses ressources en devises étrangères. Mais dans la même entreprise, le service après-vente, notamment dans les secteurs de pointe, exige une autonomie locale presque totale – bien au-delà de la décentralisation traditionnelle. Chacun des membres de ce service doit être le « patron », qui donne ses instructions au reste de l'organisation.

Certaines formes de recherche exigent une organisation fonctionnelle stricte, où chaque spécialiste « joue de son instrument » tout seul. D'autres, toutefois, notamment les recherches qui impliquent des décisions à prendre dès les premières étapes (par exemple certaines recherches dans le domaine pharmaceutique), exigent un travail en équipe dès le début. Et les deux types de recherche peuvent très bien cohabiter au sein de la même entreprise.

L'idée qu'il ne doit y avoir qu'une seule organisation valable est étroitement liée à l'erreur de croire que le « management » est le management des entreprises. Si les pionniers du management n'avaient pas été aveuglés par cette erreur, mais avaient pris en considération des organisations à but non lucratif, ils auraient vite constaté qu'il existe une grande variété dans la structure des organisations, en fonction de la nature de leur mission.

Un diocèse catholique est organisé tout autrement qu'un opéra.

Une armée moderne est organisée tout autrement qu'un hôpital.

Cependant, il existe quelques « principes » d'organisation.

L'un de ces principes, c'est à coup sûr que l'organisation doit être transparente. Les gens doivent connaître et doivent comprendre la structure de l'organisation dans laquelle ils sont censés travailler. Cela paraît évident – mais c'est trop souvent ignoré par beaucoup d'institutions (même dans l'armée).

Un autre principe que j'ai déjà mentionné, c'est que, dans l'organisation, quelqu'un doit détenir l'autorité pour prendre la décision finale dans chaque domaine. Et quelqu'un doit clairement être au pouvoir en cas de CRISE. C'est un bon principe aussi que l'autorité de chacun soit proportionnée à ses responsabilités.

C'est un bon principe qu'un membre de l'organisation ne doive avoir qu'un seul « maître ». Un sage adage de l'ancien droit romain dit qu'un esclave au pouvoir de trois maîtres est un homme libre. C'est un très ancien principe des relations humaines que personne ne doit obéir à plusieurs loyautés en conflit entre elles – et avoir plus d'un « maître » ne peut que soulever de tels conflits (c'est pourquoi, notons-le en passant, une organisation très en vogue actuellement, celle copiée sur la formation de jazz, est si difficile à mener : chacun de ses membres dépend de deux maîtres, le responsable de sa spécialité, par exemple l'ingénierie, et le dirigeant de l'équipe). C'est un bon principe structurel d'avoir le moins possible de couches de pouvoir, autrement dit que l'organisation soit aussi « plate » que possible – ne serait-ce que, comme nous le dit la théorie de l'information, parce que « chaque relais double le bruit et diminue de moitié le message ».

Mais ces principes ne nous disent pas *ce qu'il faut faire*. Ils nous disent seulement ce qu'il ne faut pas faire. Ils ne nous disent pas ce qui marchera bien. Ils nous disent ce qui ne marchera sans doute pas. Ces principes ne sont pas très différents de ceux qui inspirent le travail d'un architecte : ils ne lui disent pas quel bâtiment construire, ils lui disent seulement quelles sont ses contraintes. Et c'est ainsi, à peu de choses près, que fonctionnent les différents principes qui inspirent la structure de l'organisation.

Une implication : *tout individu* devra être capable de travailler au même moment dans différentes structures organisationnelles. Pour telle tâche, il travaillera au sein d'une équipe ; pour telle autre, et au même moment, il devra œuvrer dans une structure de commandement et de contrôle. Le même individu qui est « patron » dans son organisation sera un « partenaire » dans une alliance, une participation minoritaire, une *joint-venture*, etc. Autrement dit, les divers types d'organisation font partie de la boîte à outils du dirigeant.

Plus important encore : nous devons nous mettre à étudier les points forts et les limitations de chaque type d'organisation. Pour quelles missions chacun d'eux est-il le mieux adapté ? Pour quelles missions ne convient-il pas ? Et à quel moment, dans l'accomplissement d'une mission, devons-nous passer d'un type d'organisation à un autre ?

Un domaine où études et recherches s'imposent particulièrement, c'est l'ORGANISATION DU MANAGEMENT AU SOMMET.

Personne, à mon avis, n'oserait soutenir que nous savons réellement comment il faut organiser l'autorité au sommet, que ce soit dans une entreprise, une université, un hôpital ou même une Église moderne.

On le voit bien à l'écart qui s'élargit de plus en plus entre le discours et la pratique. On parle sans cesse d'« équipe », et toutes les études concluent que la fonction de management au sommet exige effectivement de travailler en équipe. Et pourtant, dans la vie – et pas seulement en Amérique –, on se livre au culte le plus effréné de la personnalité autour du PDG-Superman. Et dans cette adoration du PDG surhumain, personne ne semble prêter la moindre attention à la façon dont sera assurée sa succession – bien que le problème de la succession soit depuis toujours l'épreuve suprême du top management de son organisation.

Autrement dit, il reste énormément de travail à faire dans la théorie et la pratique de l'organisation – bien qu'on ait affaire ici au problème le plus ancien de l'organisation du travail et de son management.

Les pionniers du management, il y a un siècle, avaient raison. *Nous avons besoin de structures organisationnelles.* L'entreprise moderne – que ce soit une société privée, une administration, une université, un hôpital, une organisation religieuse ou une grande armée – a besoin d'organisation tout comme un organisme biologique, à commencer par l'amibe, a besoin d'une structure. Mais les pionniers avaient tort de postuler qu'il n'existe – ou ne doive exister – qu'un seul type valable d'organisation. De même qu'on compte un grand nombre de structures différentes pour les organismes vivants, il y a un grand nombre de types d'organisation pour cet organisme social qu'est l'institution moderne. Au lieu de chercher quelle est la meilleure, le management doit s'efforcer de chercher, de développer, de tester :

L'organisation adaptée à sa mission.

Une seule bonne façon de gérer les hommes

Nulle part les postulats traditionnels ne sont aussi fermement enracinés – fût-ce inconsciemment – qu'en ce qui concerne les hommes et leur management. Et nulle part ne sont-ils autant en contradiction avec la réalité, et si parfaitement contre-productifs.

« Il n'existe – il ne devrait exister – qu'une seule bonne façon de gérer les hommes. »

Ce postulat est à la base de tout ce qui a été écrit sur cette question. L'exemple le plus souvent cité se trouve dans le livre de Douglas McGregor, *La Dimension humaine de l'entreprise* (1961) : il y expose que le management doit choisir entre deux, et deux seulement, façons différentes de gérer les hommes, la « théorie X » et la « théorie Y », et que la seule valable est la théorie Y. (J'avais dit à peu près la même chose un peu plus tôt, en 1954, dans mon livre *La Pratique de la direction des entreprises*.) Ultérieurement, Abraham Maslow (1908-1970) démontrait dans *Eupsychian Management* (1962; nouvelle édition en 1995 sous le titre *Maslow on Management*) que McGregor et moi-même pataugions dans l'erreur. Il prouva définitivement que les gens sont différents, et qu'il faut les gérer de façon différente.

Je me suis converti aussitôt: la démonstration de Maslow est éclatante. Mais peu de gens y ont prêté attention jusqu'à présent.

Sur ce postulat de base, à savoir qu'il n'existe – ou du moins qu'il ne devrait exister – qu'une seule façon de gérer les hommes, la bonne, reposent tous les autres postulats portant sur les personnes présentes dans les organisations et sur leur management.

L'un de ces postulats, c'est que les gens qui travaillent dans une organisation sont les *employés* de cette organisation, occupés à plein temps et dépendant de cette organisation pour leurs moyens de vivre et leur carrière. Un autre postulat, c'est que les gens qui travaillent pour une organisation sont des *subordonnés*. En fait, on suppose que la grande majorité des gens n'ont guère de qualifications, voire pas de qualifications du tout, et qu'ils font ce qu'on leur commande de faire.

Il y a quatre-vingts ans, pendant et juste après la Première Guerre mondiale, quand ces postulats furent formulés pour la première fois, ils étaient suffisamment proches de la réalité pour qu'on puisse les considérer comme valides. Aujourd'hui, aucun d'eux n'est plus tenable. La majorité des gens qui travaillent pour une organisation sont sans doute encore ses employés. Mais une forte et croissante minorité d'entre eux – bien que travaillant *pour* l'organisation – ne sont plus ses employés, encore moins ses employés à plein temps. Ils travaillent pour un sous-traitant, comme celui qui assure la maintenance d'un hôpital ou d'une usine, ou celui qui gère l'informatique d'une administration ou d'une entreprise. Ce sont des travailleurs temporaires ou à temps partiel. On voit de plus en plus d'individus travaillant sur un projet précis ou pour une période déterminée; c'est particulièrement vrai des plus compétents, qui sont aussi les plus précieux des collaborateurs de l'entreprise.

Même lorsqu'ils sont à plein temps, les employés sont de moins en moins des « subordonnés », y compris aux niveaux assez bas de la hiérarchie. De plus en plus, ce sont des « travailleurs du savoir ». Et les travailleurs du savoir ne sont pas des subordonnés; ce sont des « associés ». Car une fois accompli son apprentissage, le travailleur du savoir est tenu d'en savoir davantage, concernant son travail, que son propre patron – sinon il n'est bon à rien. En fait, être plus compétent sur son travail que n'importe qui d'autre dans l'organisation fait partie de la définition même du travailleur du savoir.

Ajoutez à cela que le « supérieur » d'aujourd'hui n'a sans doute jamais occupé l'emploi de son « subordonné » – comme c'était encore le cas il y a quelques dizaines d'années, et comme on le suppose encore généralement.

Dans l'armée, le colonel commandant un régiment, il n'y a pas plus de quelques décennies, avait occupé tous les postes de ses subordonnés – commandant de bataillon, capitaine de compagnie, lieutenant. Entre le petit lieutenant et l'altier colonel, la seule différence tenait au nombre d'hommes que chacun avait sous ses ordres ; mais le travail était exactement le même. Certes, les colonels d'aujourd'hui ont commandé une troupe au cours de leur carrière – mais le plus souvent pendant une courte période. Ils sont passés aussi par les grades de capitaine et de commandant. Mais la plus grande partie de leur carrière s'est écoulée dans des fonctions très différentes – à l'état-major, dans la recherche ou la formation, comme attaché militaire dans une ambassade, etc. Il ne leur est plus possible d'affirmer qu'ils savent ce que leurs « subordonnés », les capitaines de compagnie, font ou du moins essaient de faire. Ils sont passés par le grade de capitaine, bien sûr, mais n'ont jamais commandé une compagnie.

De même, le vice-président en charge du marketing a peut-être fait son chemin dans la vente. À propos de la vente, il en connaît un bout. Mais il est ignorant en matière d'études de marchés, de tarification, de packaging, de prévision des ventes. Il n'est donc pas possible que le vice-président indique aux spécialistes du service marketing ce qu'ils doivent faire, et comment le faire. Pourtant, ils sont censés être ses « subordonnés » – et le vice-président est totalement responsable de leur performance et de leur contribution aux efforts de marketing de l'entreprise.

On peut en dire autant du directeur ou du médecin en chef d'un hôpital vis-à-vis des travailleurs du savoir compétents du laboratoire d'analyse ou de la salle de rééducation.

Sans doute ces associés sont-ils des « subordonnés », dans la mesure où ils dépendent du « patron » pour leur embauche, leur emploi, leur promotion, etc. Mais le supérieur, à son propre poste, ne peut réussir que si les soi-disant subordonnés ont pris la responsabilité de le *former*, c'est-à-dire de faire comprendre à leur « supérieur » ce qu'on peut faire et ce qu'il faut faire en matière d'études de marché ou de rééducation, et ce que signifie le mot « résultats » dans leurs domaines respectifs. Inversement, ces « subordonnés » dépendent de leur supérieur parce qu'ils doivent être dirigés. Ils dépendent de la « performance » qui leur est assignée par le supérieur.

Autrement dit, leur relation ressemble beaucoup plus à celle d'un chef d'orchestre avec ses instrumentistes qu'à la relation traditionnelle entre supérieur et subordonné. Tout comme le chef d'orchestre, le supérieur, dans une organisation employant des travailleurs du savoir, ne sait pas faire le travail du supposé subordonné, pas plus que le chef ne sait jouer du tuba. Inversement, le travailleur du savoir dépend des instructions que lui donne son supérieur, et surtout, il doit satisfaire aux « normes » attendues par l'organisation tout entière en matière de standards, de valeurs, de performances et de résultats. Et de même qu'un orchestre peut saboter le travail du plus brillant des chefs – surtout s'il se révèle trop autocratique – un travailleur du savoir peut facilement saboter le plus doué des supérieurs, et surtout le plus autoritaire.

Au total, un nombre croissant d'employés, même à plein temps, doivent être gérés comme s'ils étaient des *volontaires*. Sans doute sont-ils des salariés. Mais le travailleur du savoir jouit de la mobilité. Il peut démissionner. Il est propriétaire de ses « moyens de production », c'est-à-dire de son savoir.

Nous savons depuis cinquante ans que l'argent ne suffit pas pour motiver les gens. Certes, ne pas être satisfait de son salaire démotive gravement. Mais gagner suffisamment n'est qu'un « facteur d'hygiène », comme l'écrivait il y a quarante ans Frederick Herzberg dans son livre *The Motivation to Work* (1959). Ce qui motive – particulièrement les travailleurs du savoir –, c'est ce qui motive les volontaires. Un bénévole, nous le savons, doit tirer de son travail *davantage* de satisfactions qu'un salarié, précisément parce qu'il ne touche pas un chèque à la fin du mois. Ce qu'il lui faut, avant tout, c'est un défi à surmonter. Il lui faut savoir quelle est la mission de l'organisation, et que cette mission soit crédible. Il lui faut une formation continue. Et il lui faut constater des résultats.

La conclusion implicite de tout cela, c'est que chaque groupe de la population active doit être géré différemment, et que le même groupe doit être géré différemment à différentes époques. De plus en plus, les « employés » doivent être gérés comme des « partenaires » – et par définition, les partenaires sont des égaux. Par définition aussi, on ne leur donne pas des ordres. Il faut les convaincre. De plus en plus, par conséquent, la gestion des hommes est une question de « marketing ». Et en matière de marketing, on ne commence pas par se demander : « Que voulons-*nous* ? » On commence par se demander : « Que veut l'autre partie ? Quelles sont ses valeurs ? Quels sont ses objectifs ? Que considère-t-elle comme de bons résultats ? » Et ceci ne relève ni de la « théorie X », ni de la « théorie Y », ni d'aucune théorie particulière de *gestion* des hommes.

Peut-être aurons-nous à redéfinir entièrement cette tâche. Peut-être ne s'agit-il plus de « gérer le travail des hommes ». Le point de départ, dans la théorie et dans la pratique, sera peut-être de « gérer en vue des résultats ». Le point de départ sera peut-être la définition du résultat – tout comme le point de départ du chef d'orchestre est l'exécution du morceau, et celui de l'entraîneur de football le score du match.

La productivité du travailleur du savoir va probablement devenir le nœud de la gestion des hommes, tout comme l'était la productivité de l'ouvrier manuel il y a cent ans, depuis Frederick Taylor. Cela va exiger avant tout l'adoption d'un postulat très différent concernant le travail dans les organisations :

On ne « gère » pas les gens.

Il s'agit de les guider.

L'objectif est de rendre productifs les points forts et le savoir de chaque individu.

Les techniques et les débouchés sont fixés une fois pour toutes

Quatre grands postulats, comme on l'a dit plus haut, ont inspiré depuis toujours la PRATIQUE du management – bien avant, en fait, qu'il n'existe une THÉORIE du management.

Ces postulats relatifs aux techniques et aux débouchés constituent, dans une large mesure, la base de l'économie moderne et de son développement. Ils remontent aux tout premiers jours de la Révolution industrielle.

Quand l'industrie textile est née de ce qui était auparavant le travail à domicile, on croyait – à juste titre – que cette industrie disposait d'une seule technique spécifique. Il en était de même pour les mines de charbon et pour toutes les autres industries qui sont apparues à la fin du 18e siècle et durant la première moitié du 19e. Le premier qui ait compris cela et qui ait bâti sur cette idée une grande entreprise – le premier aussi à avoir développé ce qu'on appellerait aujourd'hui une entreprise moderne – fut l'Allemand Werner Siemens (1816-1892). Cela le conduisit en 1869 à embaucher pour la première fois un scientifique issu de l'université pour démarrer un laboratoire de recherche moderne, consacré exclusivement à ce qu'on appelle aujourd'hui l'électronique, et fondé consciemment sur cette idée que l'électronique (qu'on appelait alors les « courants faibles ») était une industrie séparée, distincte de toutes les autres, et possédant sa technologie propre.

Cette intuition n'a pas seulement donné naissance à la compagnie Siemens et à son laboratoire de recherche. Elle est aussi à l'origine de l'industrie chimique allemande, qui a conquis le monde parce qu'elle était fondée sur le postulat que la chimie – et particulièrement la chimie organique – possède sa propre technologie particulière. Sur cette conception se sont édifiées alors toutes les autres grandes entreprises dans le monde, les compagnies américaines d'électricité et de chimie, les constructeurs automobiles, les compagnies de téléphone, etc. ; ainsi que ce qui est probablement l'invention la plus fructueuse du 19e siècle, le laboratoire de recherche (les derniers-nés, en 1950, étant celui d'IBM, presque un siècle après celui de Siemens, et, à peu près à la même époque, ceux des grandes entreprises pharmaceutiques, qui ont constitué une industrie planétaire après la Seconde Guerre mondiale).

Aujourd'hui, ces postulats ne tiennent plus. Le meilleur exemple, bien sûr, est celui de l'industrie pharmaceutique, qui dépend de plus en plus de technologies fondamentalement différentes de celles sur lesquelles ses laboratoires de recherche ont été fondés, comme la génétique, la microbiologie, la biologie moléculaire, l'électronique médicale, etc.

Au 19e siècle et durant la première moitié du 20e siècle, on pouvait tenir pour assuré qu'une technologie étrangère à un secteur donné n'avait aucun impact sur ce secteur, ou en tout cas un impact minimal. Aujourd'hui, le postulat d'où tout doit partir, c'est que, pour un secteur ou une entreprise donnés, les technologies vraisemblablement les plus importantes sont celles que l'on pratique dans les domaines qui leur sont étrangers.

Le postulat d'origine impliquait, bien sûr, que le laboratoire propre à l'entreprise ou au secteur était capable de répondre à tous les besoins de l'entreprise ou du secteur. Et inversement, que tout ce que produirait le laboratoire serait utilisé en interne dans son secteur.

C'est évidemment sur cette conviction que furent fondés les plus connus des grands laboratoires du dernier siècle, les « Bell Labs » du réseau téléphonique américain. Créés au début des années 1920, les Bell Labs ont produit jusqu'à la fin des années 1960 pratiquement toutes les connaissances et toutes les techniques dont avait besoin l'industrie du téléphone. Et inversement, pratiquement toutes les découvertes des savants des Bell Labs ont trouvé leur emploi dans le réseau du téléphone. Cette situation a pris fin avec la percée scientifique probablement la plus importante des Bell Labs : le transistor. Certes, la compagnie téléphonique est elle-même devenue une grosse consommatrice de transistors ; mais les principaux débouchés du transistor sont apparus en dehors du réseau téléphonique. C'était tellement inattendu que la compagnie Bell, chez qui le transistor avait été développé, le céda quasi gratuitement parce que, au début, elle ne lui trouva pas un débouché suffisant dans son système téléphonique. Mais elle n'en vit pas non plus les débouchés possibles en dehors. Voilà pourquoi l'invention la plus révolutionnaire issue des Bell Labs – et certainement la plus féconde – fut cédée librement à tous les candidats pour la somme misérable de 25 000 dollars. C'est sur cette incapacité fondamentale des Bell Labs à comprendre la signification de leurs propres travaux que se sont bâties pratiquement toutes les compagnies modernes d'électronique en dehors du téléphone.

Inversement, les choses qui ont révolutionné le réseau téléphonique, comme la numérisation ou la fibre optique, ne sont pas issues des Bell Labs. Elles proviennent de technologies étrangères à celle du téléphone. Cette histoire est typique des trente ou cinquante dernières années, et les exemples se multiplient dans tous les secteurs.

Les technologies ne suivent plus maintenant des routes parallèles, comme c'était le cas avec celles du siècle dernier. Elles se recoupent sans cesse. Sans cesse, quelque chose survient dont on avait à peine entendu parler dans un secteur donné (ainsi dans l'industrie pharmaceutique, où l'on n'avait jamais parlé de génétique, encore moins d'électronique médicale) et qui révolutionne le secteur et ses techniques. Sans cesse, des découvertes venues de l'extérieur obligent une industrie à apprendre, à acquérir, à adapter, à modifier son savoir technique et jusqu'à son état d'esprit.

Un second postulat a joué un rôle aussi important dans la croissance de la production et des entreprises au 19ᵉ siècle et au début du 20ᵉ siècle : les débouchés sont une donnée stable. Pour une certaine fonction, par exemple conditionner de la bière, il régnait peut-être une vive concurrence entre plusieurs conditionneurs, mais tous, jusqu'à présent, appartenaient à l'industrie du verre. Il n'y avait qu'une façon de conditionner la bière, c'était de la mettre en bouteilles.

Autant d'évidences reçues par les entreprises, l'économie et les consommateurs, mais aussi par l'État. La réglementation économique américaine repose sur le postulat qu'à chaque industrie correspond une technique unique, et qu'à chaque besoin correspond un produit ou un service unique. C'est sur ce postulat que se fonde la législation antitrust. Et jusqu'à présent, la loi s'est préoccupée d'éviter qu'un fournisseur domine le marché des bouteilles de bière, sans s'aviser que la bière se vend de moins en moins en bouteilles, mais aussi en boîtes (à l'inverse, la législation anti-trust surveille seulement la concentration de l'offre de boîtes métalliques, sans prêter attention au fait que la bière se vend toujours en bouteilles de verre et aussi, de plus en plus, en récipients de plastique).

Mais depuis la Seconde Guerre mondiale, les débouchés ne sont plus liés à un produit ou à un service donné. Les matières plastiques ont été la première exception, évidente, à la règle. Mais il est clair désormais qu'il y a plus d'un produit nouveau à pénétrer ce que l'on considérait comme le « fief » d'un autre. De plus en plus, le même besoin est satisfait par des moyens très différents. C'est la *demande* qui est unique, non les moyens de la satisfaire.

Jusqu'à la Seconde Guerre mondiale, le monopole de l'information appartenait pratiquement au journal – invention du 18ᵉ siècle, qui avait connu sa plus forte croissance au début du 20ᵉ siècle. Aujourd'hui, il existe plusieurs canaux d'information concurrents : toujours le journal imprimé, de plus en plus le même journal diffusé en ligne par Internet, la radio, la télévision ; d'autres fournisseurs d'information utilisant uniquement la voie électronique, notamment et de plus en plus pour l'information économique, et quelques autres encore.

Et puis il y a cette nouvelle « matière première », l'information. Elle diffère radicalement de toutes les autres marchandises, en cela qu'elle n'obéit pas au théorème de rareté. Au contraire, elle relève d'un théorème d'abondance. Si je vends un objet, par exemple un livre, je ne possède plus cet objet. Si je communique une information, je la possède toujours. En fait, plus il y a de gens à posséder une information, plus elle a de valeur. Ce que cela signifie pour la science économique dépasse de beaucoup le champ de ce livre – mais il est clair que cela va nous obliger à revoir de fond en comble les théories économiques. Les conséquences ne sont pas moindres pour le management. De plus en plus, il va falloir revoir les postulats de base. L'information n'appartient à aucune entreprise, à aucun secteur. L'information n'a pas non plus un usage unique, pas plus qu'un usage donné n'exige une catégorie particulière d'information, ni ne dépend d'une catégorie particulière d'information.

Le management doit donc maintenant partir du postulat qu'il n'existe pas une technologie unique propre à chaque secteur, et qu'au contraire toute technologie est capable, selon toute vraisemblance, de revêtir une importance majeure pour n'importe quelle activité, d'avoir un impact sur n'importe quel secteur d'activité. De même, le management doit partir du postulat qu'il n'existe pas un débouché déterminé pour tel ou tel produit ou service, et qu'à l'inverse aucun débouché ne sera attaché à tel ou tel produit ou service.

Parmi les conséquences, on notera que pour une organisation – que ce soit une entreprise, une université, une Église, un hôpital – le *non-client* est aussi important que le client, sinon davantage.

Même une très grande entreprise (exception faite des monopoles d'État) compte beaucoup plus de non-clients que de clients. Très peu d'institutions parviennent à couvrir 30 % d'un marché donné. Par conséquent, on compte beaucoup d'institutions pour lesquelles les non-clients représentent au moins 70 % du marché. Et cependant très peu d'entre elles savent seulement qu'ils existent, qui ils sont, et encore moins pourquoi ils ne sont pas des clients. Pourtant, c'est toujours du côté des non-clients qu'interviennent les changements.

Autre conséquence décisive: le management ne peut plus prendre comme point de départ son produit ou service, ni même son marché reconnu et les débouchés qu'il connaît pour ses produits et services. Il doit partir de ce qui, pour le consommateur, constitue la *valeur*. Il doit partir du postulat – largement vérifié par toute notre expérience – que le client n'achète jamais ce que le fournisseur vend. Ce qui a de la valeur pour le client, c'est toujours quelque chose de très différent de ce qui constitue la valeur ou la qualité aux yeux du fournisseur. Cela s'applique aussi bien à une entreprise qu'à une université ou à un hôpital.

Autrement dit, le management devra compter de plus en plus avec ce postulat que ni la technologie ni le débouché ne fournissent une base à sa politique. Ce ne sont que des limitations. La base, ce doit être le consommateur, ses valeurs et ses décisions concernant la distribution de son revenu. C'est là-dessus, de plus en plus, que le management devra fonder sa politique et sa stratégie.

L'espace du management est défini juridiquement

Le management, en théorie et en pratique, concerne une entité légale indépendante – entreprise, hôpital, université, etc. Ainsi, son domaine est défini *juridiquement*. Tel était – tel est encore – le postulat admis quasi universellement.

Une des explications de ce postulat, c'est que le concept traditionnel de management est fondé sur le commandement et le contrôle. Le commandement et le contrôle, c'est vrai, ont une définition légale. Le PDG d'une entreprise, l'évêque dans son diocèse, l'administrateur d'un hôpital n'exercent leur pouvoir de commandement et de contrôle qu'à l'intérieur des limites légales de leur institution.

Il y a environ cent ans, il est apparu que la définition légale n'était pas le cadre adéquat pour gérer une grande entreprise.

On crédite en général les Japonais d'avoir inventé le *keiretsu*, concept de management dans lequel les fournisseurs d'une entreprise entretiennent des liens étroits avec leur principal client (Toyota, par exemple) en ce qui concerne leur planification, le développement des produits, le contrôle des coûts, etc. Mais en fait, le *keiretsu* est bien plus ancien, et c'est une invention américaine. Elle remonte à environ 1910, et à l'homme qui, le premier, a vu que l'automobile pouvait devenir une grande industrie, William Durant (1861-1947). C'est Durant qui a créé General Motors en rachetant des constructeurs petits mais rentables tels que Buick, et en les fusionnant en une seule grande entreprise. Quelques années plus tard, il comprit qu'il lui fallait intégrer aussi ses principaux fournisseurs. Il se mit à racheter une série de fabricants de pièces et d'accessoires, culminant en 1920 avec l'absorption de Fisher Body, le plus grand producteur de carrosseries du pays. Avec cet achat, General Motors aboutissait à produire elle-même 70 % de tout ce qui constitue une automobile – et devenait du même coup la grande entreprise la plus intégrée du monde, et de loin.

C'est ce *keiretsu* prototype qui a conféré à General Motors l'avantage décisif, à la fois en termes de prix de revient et de rapidité d'exécution, et en a fait en peu d'années l'entreprise industrielle à la fois la plus grande et la plus rentable du monde, et le leader incontesté sur un marché américain extrêmement concurrentiel. En fait, pendant environ trente ans, General Motors a joui d'un avantage de 30 % en prix de revient sur tous ses concurrents, y compris Ford et Chrysler.

Mais le *keiretsu* à la Durant reposait sur cette conviction que management signifie commandement et contrôle : c'est pourquoi il a *acheté* toutes les compagnies qui ont formé General Motors. Et c'est ce qui a fait finalement sa plus grande faiblesse. Durant avait pris soin d'assurer la compétitivité de tous les fournisseurs qu'il intégrait. Chacun d'eux (sauf Fisher Body) devait écouler 50 % de sa production en dehors de General Motors, c'est-à-dire auprès de constructeurs concurrents, et ainsi rester concurrentiel en termes de prix et de qualité. Mais après la Seconde Guerre mondiale, les constructeurs automobiles concurrents ont disparu – et avec eux l'étalon de compétitivité pour les divisions d'accessoires intégrées à GM. En outre, suite aux progrès du syndicalisme dans l'industrie automobile en 1936-1937, le coût très élevé de la main-d'œuvre dans les usines de montage fut imposé aussi aux divisions d'accessoires ; un désavantage sur les prix de revient que celles-ci ne sont pas encore parvenus à surmonter. Autrement dit, le fait que Durant ait fondé son *keiretsu* sur l'idée que management est synonyme de commandement et de contrôle explique en grande partie le déclin de General Motors depuis vingt-cinq ans et l'incapacité où se trouve l'entreprise à opérer son redressement.

Cela fut bien compris par ceux qui ont créé, dans les années 1920 et 1930, le *keiretsu* suivant, Sears, Roebuck. Devenu le plus grand détaillant d'Amérique, notamment pour l'électro-ménager et le bricolage, l'entreprise avait bien compris, elle aussi, qu'elle avait intérêt à rassembler en un seul groupe ses principaux fournisseurs, afin d'assurer ensemble la planification, le développement et le design des produits, ainsi que le contrôle des coûts tout au long du processus économique. Mais au lieu d'absorber ses fournisseurs, Sears s'est contenté de prendre de faibles participations dans leur capital – un gage de son engagement plus qu'un investissement – et pour le reste de fonder leurs relations sur des contrats. Et le *keiretsu* suivant – probablement le plus performant jusqu'à présent, plus encore que les japonais – fut le britannique Marks & Spencer qui, au début des années 1930, intégra pratiquement tous ses fournisseurs dans son système de management, mais uniquement par des contrats, sans prise de participation ou de contrôle financier.

C'est le modèle Marks & Spencer qu'ont copié les Japonais, très consciemment, dans les années 1960.

Dans chaque cas particulier, à commencer par celui de General Motors, le *keiretsu* (c'est-à-dire l'intégration en un système de management unique d'entreprises économiquement liées plutôt que juridiquement contrôlées) a apporté un avantage de coût d'au moins 25 %, plus souvent de 30 %. Dans chaque cas particulier, il a permis de dominer le secteur et le marché.

Et pourtant, le *keiretsu* ne suffit pas. Il repose encore sur le pouvoir. Qu'il s'agisse de General Motors et des petites compagnies indépendantes d'accessoires que Durant avait acquises entre 1915 et 1920, de Sears, Roebuck, de Marks & Spencer ou de Toyota – l'entreprise fédératrice dispose d'un pouvoir économique écrasant. Le *keiretsu* n'est pas un partenariat entre égaux ; il repose sur la dépendance des fournisseurs.

De plus en plus, cependant, la chaîne économique rassemble de véritables *partenaires*, c'est-à-dire des institutions entre lesquelles règne l'égalité des pouvoirs et une véritable indépendance. C'est vrai de l'association entre une entreprise pharmaceutique et le département de biologie d'une grande université. C'est vrai des *joints-ventures* par lesquelles l'industrie américaine s'est introduite au Japon après la Seconde Guerre mondiale. C'est vrai des partenariats conclus aujourd'hui entre firmes chimiques ou pharmaceutiques et entreprises de pointe en génétique, en biologie moléculaire ou en électronique médicale.

Ces entreprises de pointe peuvent être très petites – elles le sont le plus souvent – et fâcheusement dépourvues de capital. Mais elles détiennent une technologie autonome. Par conséquent, ce sont elles les partenaires dominants quand on en vient à parler technique. Ce sont elles, bien plus que les grosses entreprises pharmaceutiques ou chimiques, qui peuvent choisir avec qui s'allier. Il en va de même pour la technologie de l'information, mais aussi pour la finance. Et ni le traditionnel *keiretsu*, ni le système commandement et contrôle ne fonctionnent ici.

Ce qu'il faut, par conséquent, c'est redéfinir l'espace du management. *Le management doit embrasser la totalité du processus.* Pour le secteur privé, cela correspond en gros au processus économique.

Le nouveau postulat auquel le management, en tant que discipline et pratique, devra de plus en plus se référer, c'est que son champ d'action ne se définit pas juridiquement.

Il doit se définir opérationnellement. Il doit embrasser la totalité du processus et se concentrer sur les résultats et la performance de la totalité de la chaîne économique.

L'espace du management est défini politiquement

On suppose généralement dans la discipline management – et c'est encore très largement admis dans la pratique – que les économies nationales, celles que définissent les frontières, constituent l'« écologie » de l'entreprise et de sa gestion, qu'il s'agisse ou non d'entreprises à but lucratif.

Ce postulat est inhérent à la traditionnelle « multinationale ».

Avant la Première Guerre mondiale, comme chacun sait, la part des multinationales dans la production mondiale de produits manufacturés et de services financiers était aussi grande qu'aujourd'hui. L'entreprise qui dominait son secteur en 1913, dans l'industrie comme dans la finance, vendait autant à l'extérieur des frontières qu'à l'intérieur de son propre pays. Mais ce qu'elle produisait en dehors de ses propres frontières, elle le produisait à l'intérieur des frontières d'un autre pays.

Exemple : le principal fournisseur de matériel de guerre de l'armée italienne pendant la Première Guerre mondiale était une jeune entreprise de Turin à la croissance rapide, Fiat. Elle fournissait notamment la totalité des véhicules à moteur. Pendant cette même guerre, le principal fournisseur de matériel de guerre de l'armée austro-hongroise était aussi une compagnie nommée Fiat – à Vienne. Elle fournissait la totalité des véhicules à moteur de l'armée impériale et était deux ou trois fois plus grosse que la maison mère. L'Autriche-Hongrie, en effet, représentait un marché bien plus vaste que l'Italie parce que plus peuplée et plus moderne, au moins dans sa partie occidentale. Fiat-Autriche appartenait en totalité à Fiat-Italie. Mais mise à part la conception des véhicules, assurée en Italie, Fiat-Autriche était une compagnie séparée. Toute sa production était écoulée en Autriche. Et tout son personnel, y compris le patron, était autrichien. Quand la guerre éclata, et qu'Autriche et Italie devinrent ennemies, tout ce que les Autrichiens eurent à faire fut de transférer le compte en banque de Fiat-Autriche ; tout le reste continua de marcher comme avant.

Mais aujourd'hui, même des activités traditionnelles comme la construction automobile ou l'assurance ne fonctionnent plus de cette façon.

Les nouvelles activités apparues après guerre, comme les produits pharmaceutiques ou l'informatique, ne sont même plus partagées entre unités « nationales » et « internationales », comme c'est encore le cas avec GM ou Allianz. Elles sont gérées comme un système mondial dans lequel les fonctions particulières – recherche, développement, conception, ingénierie, essais, et de plus en plus fabrication et marketing – sont organisées selon un plan « transnational ».

Une grande compagnie pharmaceutique possède sept laboratoires dans sept pays différents, chacun concentrant ses efforts sur un domaine particulier (par exemple les antibiotiques), mais gérés comme un seul « département recherche » et dépendant tous du même directeur de recherches basé au siège social. La même compagnie possède des unités de fabrication dans onze pays, chacune étroitement spécialisée et produisant un ou deux des grands produits du groupe, distribués et vendus dans le monde entier. Elle a un seul directeur médical qui décide, entre cinq ou six pays, où sera testé un médicament nouveau. La gestion des ressources monétaires de l'entreprise, elle, est totalement centralisée en un seul lieu pour tout le système.

Dans la multinationale traditionnelle, les données politiques et les données économiques étaient en correspondance. Le pays constituait le centre de profit ou *business unit*, comme on dit maintenant. Dans la transnationale d'aujourd'hui, mais aussi dans les vieilles multinationales, bien obligées d'évoluer, le pays est seulement un « centre de coût ». Il représente une complication bien plus qu'une unité d'organisation, de travail, de stratégie, de production ou de quoi que ce soit d'autre.

Le management et les frontières nationales ne sont plus en harmonie. L'espace du management ne se définit plus par des données politiques. Les frontières nationales vont conserver leur importance, mais... le nouveau postulat doit être.

> **Les frontières nationales sont d'abord des contraintes. La pratique du management – et pas seulement celui des entreprises – rentrera de plus en plus dans un cadre opérationnel, plutôt que dans un cadre politique.**

Le management concerne le dedans de l'entreprise

Tous les postulats habituels aboutissent à une conclusion : *le domaine du management, c'est le dedans de l'entreprise.*

Sans ce dernier postulat, la distinction entre management et esprit d'entreprise serait parfaitement incompréhensible.

Mais dans la pratique d'aujourd'hui, cette distinction n'a aucun sens. Une entreprise ou tout autre institution qui n'innove pas, qui ne possède pas l'esprit d'entreprise, ne survivra pas longtemps.

Il aurait dû paraître évident dès le début que management et esprit d'entreprise ne sont que les deux faces de la même fonction. Un entrepreneur qui n'apprend pas à gérer ne durera pas longtemps. Un manager qui ne sait pas innover ne durera pas longtemps. En fait l'entreprise – comme toutes les autres organisations d'aujourd'hui – doit considérer le changement comme la norme, et même provoquer le changement au lieu de se contenter de s'y adapter.

Mais les activités qu'entraîne l'esprit d'entreprise prennent naissance au dehors et sont orientées vers l'extérieur. Elles ne cadrent pas, par conséquent, avec les postulats traditionnels concernant l'espace du management – et c'est pourquoi les deux notions sont si souvent considérées comme séparées, voire incompatibles. Toute organisation, cependant, où l'on pense vraiment que management et esprit d'entreprise sont deux choses séparées, voire incompatibles, se trouvera bientôt éliminée.

La tendance du management à l'intériorisation s'est beaucoup aggravée depuis quelques décennies à cause du développement de l'informatique. Pour l'instant, il se pourrait bien que l'informatique ait fait plus de mal que de bien au management.

Le postulat traditionnel selon lequel le domaine du management, c'est le dedans de l'entreprise, équivaut à dire que le management n'a à se préoccuper que des *efforts* à accomplir, voire uniquement des *coûts*. Car à l'intérieur d'une organisation, tout est effort, tout est centre de coût.

Mais les résultats d'une organisation n'existent qu'à l'extérieur.

Il est compréhensible qu'*au début*, le management ait été une préoccupation interne. Lorsque sont apparues les premières grandes organisations – la première et de loin la plus spectaculaire étant, vers 1870, la grande entreprise industrielle – le premier défi à surmonter portait sur la gestion interne. Personne ne l'avait résolu auparavant. Mais s'il est vrai que ce postulat (que l'espace du management, c'est l'intérieur de l'entreprise) a pu au début avoir un sens, ou du moins se comprendre, le maintenir aujourd'hui n'a plus aucun sens. C'est en contradiction avec la fonction, la nature même de l'entreprise.

Le management doit se concentrer sur les *résultats* et les *performances* de l'entreprise. À la vérité, la première tâche du manager est de définir ce que sont, pour une organisation donnée, les résultats et la performance ; et c'est là, comme peut en témoigner quiconque a travaillé en entreprise, l'une des tâches les plus difficiles, les plus controversées, mais aussi l'une des plus importantes. C'est donc la fonction spécifique du management que d'organiser les ressources de l'organisation *en vue des résultats à obtenir à l'extérieur*.

Le nouveau postulat – et la base du nouveau paradigme sur lequel le management, à la fois comme discipline et comme pratique, doit se fonder –, c'est donc :

> *Le management existe dans l'intérêt des résultats de l'institution. Il doit partir des perspectives de résultats et doit organiser les ressources de l'institution en vue de les atteindre. Il est le moyen par lequel l'institution – que ce soit une entreprise, une église, une université, un hôpital ou un refuge pour femmes battues – sera capable de produire des résultats en dehors d'elle-même.*

Ce chapitre n'essaie pas de donner des réponses – et ceci très intentionnellement. Il essaie de soulever des questions. Mais sous-jacent, il y a une intuition. Le cœur de la société, de l'économie et de la communauté modernes, ce n'est pas la technique. Ce n'est pas l'information. Ce n'est pas la productivité. *C'est l'institution et son management, en tant qu'organe social produisant des résultats*. Et le management est l'outil spécifique, la fonction spécifique, l'instrument spécifique pour que l'institution puisse produire des résultats. D'où ce nouvel, et DERNIER, paradigme du management :

> *Le domaine du management, sa responsabilité, c'est tout ce qui affecte la performance de l'entreprise et ses résultats, que ce soit à l'intérieur ou à l'extérieur, qu'elle puisse le contrôler ou non.*

7
L'information nécessaire aux managers

Depuis l'apparition, il y a trente ou quarante ans, des premiers outils de traitement de l'information, on en a simultanément surestimé et sous-estimé l'importance pour l'entreprise. Tout le monde, moi comme les autres, en a surestimé les possibilités, on allait jusqu'à parler de « modèles » générés par ordinateurs, instruments qui seraient capables, pensait-on, de prendre des décisions et même, pourquoi pas, de diriger plus ou moins l'entreprise à notre place. Parallèlement, on sous-estimait énormément ces nouveaux outils puisqu'on y voyait uniquement le moyen de faire, en mieux, ce qui se faisait déjà.

Des modèles capables de prendre des décisions économiques ? Plus personne n'en parle aujourd'hui. En réalité, jusqu'à présent, ce n'est pas aux équipes de direction que la capacité de traitement de l'information a le plus apporté, mais bien plutôt au terrain – grâce, par exemple, à ces instruments merveilleux que sont la conception assistée par ordinateur ou les extraordinaires logiciels qu'utilisent aujourd'hui les architectes.

Non seulement on a commis des erreurs d'appréciation sur ces nouveaux outils, mais personne n'a compris qu'ils allaient profondément modifier les tâches que nous accomplissons. Outils et concepts sont pourtant interdépendants et interactifs, l'histoire en apporte de multiples témoignages. L'un modifie l'autre. C'est bien ce qui est en train d'arriver au concept que nous appelons l'entreprise et aux outils que nous appelons l'information. Ces instruments nouveaux nous permettent dès aujourd'hui de voir l'entreprise sous un jour différent – à vrai dire, ils nous y obligeront peut-être demain. On la considérera alors comme :

- une machine à produire des ressources, c'est-à-dire une organisation capable de convertir ses coûts en profits ;
- un maillon d'une chaîne économique, que les dirigeants doivent comprendre dans son ensemble s'ils veulent pouvoir agir intelligemment sur leurs coûts ;
- un organe de création de richesse au sein de la société ;
- à la fois le créateur et la créature de son environnement matériel, autrement dit tout ce qui lui est extérieur et recèle opportunités et résultats, mais aussi tout ce qui peut menacer sa bonne marche et même son existence.

Je traiterai ici des outils qui peuvent procurer aux dirigeants l'information dont ils ont besoin, ainsi bien sûr que des concepts sur lesquels reposent ces outils. Certains d'entre eux existent depuis longtemps tout en n'ayant que rarement, voire jamais, été conçus expressément pour les tâches de direction d'entreprise. Certains devront être repensés car, dans leur forme actuelle, ils ne sont plus adaptés. D'autres enfin semblent prometteurs mais, loin d'être opérationnels ils ne sont encore qu'un ensemble de spécifications schématiques.

Si l'on commence à peine à savoir transformer l'information en outil, on peut cependant déjà discerner sans gros risque d'erreur quelles seront les caractéristiques essentielles des systèmes d'information dont les états-majors auront besoin pour s'acquitter de leur tâche. On peut, à partir de là, comprendre les concepts nouveaux qui sous-tendront demain l'entreprise.

De la comptabilité analytique à la maîtrise de la rentabilité

C'est peut-être dans le domaine de la comptabilité, le plus ancien de tous les systèmes d'information, que l'on est allé le plus loin dans la reconfiguration à la fois des tâches et de l'information. De fait, nombre d'entreprises sont déjà passées de la comptabilité analytique traditionnelle à l'analyse des coûts par activité (*Activity Based Costing* ou ABC). Cette nouvelle approche représente à la fois un nouveau concept du processus, particulièrement dans l'industrie, et de nouvelles méthodes de mesure.

La comptabilité analytique, que General Motors fut le premier à développer il y a soixante-dix ans, se fonde sur le postulat que le coût total de la production égale la somme des coûts des opérations intermédiaires. Mais ce qu'il nous faut cerner, dans une perspective de compétitivité et de rentabilité, c'est le coût de l'ensemble du processus. Voilà précisément ce qu'étudie la nouvelle approche de *l'analyse des coûts par activité*, ce qu'elle rend possible. En partant du principe de base que la production industrielle est un processus intégré, qui démarre au moment où les fournitures, les matières premières et les pièces sont livrées à l'usine et qui se poursuit même après que l'utilisateur soit en possession du produit fini. Le service après-vente constitue en effet lui aussi l'un des coûts du produit, au même titre que l'installation, qu'elle soit ou non facturée au client.

La comptabilité analytique traditionnelle mesure ce que cela coûte de *faire* quelque chose, comme de tailler un filetage de vis. L'analyse de coût par activité, elle, chiffre aussi ce que cela coûte de *ne pas faire* quelque chose. Elle intègre par exemple les pannes des machines, les retards – tant pour les livraisons de pièces ou d'outils indispensables que pour l'expédition des stocks – enfin les retouches et la mise au rebut d'une pièce défectueuse. Ce coût de ce que l'on ne fait pas, dit coût d'opportunité, que la comptabilité traditionnelle ne prend pas en compte car elle n'est pas en mesure de le faire, s'avère souvent égal et parfois supérieur à celui de ce que l'on fait. Il en résulte que l'analyse de coût par activité permet non seulement un contrôle des coûts bien plus efficace, mais aussi *un contrôle du résultat*.

La comptabilité analytique classique part du principe qu'il faut exécuter telle ou telle opération, le traitement de l'air, par exemple, elle n'en remet en question ni l'opportunité ni le lieu ni la manière. Tandis que l'analyse des coûts par activité pose la question de savoir si cette opération est réellement indispensable, et, en cas de réponse affirmative, quel serait le lieu idéal pour le faire. Elle intègre en une seule analyse plusieurs approches autrefois distinctes: l'analyse de valeur, l'analyse de processus, la politique qualité, et l'analyse de coût.

Grâce à cette intégration, la méthode permet de réduire nettement les coûts de production, dans certains cas d'un bon tiers, voire plus. Mais c'est dans le domaine des services qu'elle aura certainement l'impact le plus puissant. En effet, si, dans la plupart des entreprises industrielles, la comptabilité analytique s'avère décevante, les firmes qui se consacrent au service – banque, distribution, secteur hospitalier, enseignement, journaux, radio et télévision – ne disposent, quant à elles, d'aucune information concernant leurs coûts.

L'analyse des coûts par activité permet de comprendre pourquoi la comptabilité analytique traditionnelle n'a jamais donné de résultats satisfaisants dans le secteur des services. Non que les techniques employées étaient mauvaises, mais elles reposaient sur des postulats erronés. Dans le service, il s'avère impossible de commencer par cerner le coût individuel de chaque opération comme cela se fait dans l'industrie grâce à la comptabilité analytique. Il faut commencer par poser le principe qu'il n'y a qu'*un seul* coût : celui de l'ensemble du système, qui est fixe sur une période donnée. La célèbre distinction entre coûts fixes et coûts variables sur laquelle se fonde la comptabilité analytique n'a pas grande signification dans le secteur des services. Pas plus d'ailleurs qu'une autre hypothèse fondamentale de la comptabilité analytique, à savoir que l'on peut substituer du capital au travail. En réalité, surtout pour les activités fondées sur le savoir, un nouvel investissement en capital requiert la plupart du temps un surcroît de travail, et non l'inverse. Par exemple, un hôpital qui se dote d'un nouvel outil de diagnostic risque d'être contraint d'embaucher quatre ou cinq personnes pour le faire fonctionner. D'autres organisations fondées sur le savoir ont fait le même constat.

Or l'hypothèse sur laquelle s'appuie l'analyse des coûts par activité, c'est que tous les coûts sont fixes sur une période donnée et que l'on ne peut pas substituer une ressource à une autre, de sorte que c'est le coût de l'opération *dans sa totalité* qu'il faut chiffrer. En appliquant ces hypothèses aux services, on obtient pour la première fois une information sur le coût et la rentabilité.

Cela fait plusieurs décennies que les banques tentent d'appliquer les techniques traditionnelles de la comptabilité analytique à leur activité, c'est-à-dire d'évaluer le coût des divers services et opérations ; les résultats obtenus se sont révélés décevants. Aujourd'hui, elles commencent à envisager la question sous un angle tout à fait différent : quelle *activité* se trouve au centre des coûts et des résultats ? Réponse : le service apporté au client. Ainsi, c'est la *recette* par client – autrement dit à la fois le volume de services qu'il utilise et leur répartition par nature – qui détermine les coûts et la profitabilité. Les géants de la distribution, surtout en Europe, en ont pris conscience il y a un certain temps déjà. Pour eux, une fois qu'une surface de vente est installée, le coût est fixé et la tâche de la direction consiste à en obtenir le rendement maximal sur une durée donnée. C'est en se concentrant sur le contrôle de la rentabilité que ces entreprises ont réussi à augmenter leur profitabilité tout en pratiquant des prix attractifs et de faibles marges.

Les services commencent seulement à appliquer les nouveaux concepts de comptabilité des coûts. Dans certains domaines, comme celui des laboratoires où il est quasiment impossible de mesurer la productivité, il faudra peut-être se contenter d'une estimation basée sur l'intuition. En revanche, pour la majeure partie des activités fondées sur le savoir et le service, des outils fiables permettant de mesurer et de gérer les coûts et de les lier aux résultats devraient apparaître d'ici dix à quinze ans.

Lorsque nous connaîtrons mieux le coût des services, il sera sans doute plus facile d'évaluer ce que cela coûte d'acquérir un nouveau client et de le fidéliser, pour toutes sortes d'entreprises. Si General Motors, Ford et Chrysler disposaient d'une analyse des coûts par activité, il y a belle lurette qu'ils auraient compris la futilité de la guerre des prix qu'ils se sont livrée ces dernières années, grâce à laquelle les acheteurs ont pu profiter de promotions spectaculaires et de remises considérables. Toutes ces promotions ont coûté aux trois géants de la construction automobile américaine des sommes énormes et, ce qui est pire encore à long terme, un nombre impressionnant de clients potentiels.

De la fiction juridique à la réalité économique

Il ne suffit cependant pas de connaître le prix de revient de sa production. Pour tirer son épingle du jeu sur un marché mondial de plus en plus concurrentiel, toute entreprise doit connaître le coût de l'ensemble de sa chaîne économique et travailler avec d'autres membres de celle-ci à les maîtriser et à optimiser les rendements. C'est la raison pour laquelle on s'attache de plus en plus à chiffrer non seulement ce qui se passe au sein de l'entreprise, mais aussi la totalité du processus économique, dont les entreprises géantes ne sont elles-mêmes que de simples maillons.

L'entité juridique dite entreprise constitue certes une réalité aux yeux de ses actionnaires, de ses créanciers, de son personnel et de l'administration fiscale. Mais *économiquement*, c'est une fiction. Il y a trente ans, Coca-Cola franchisait ses opérations, la célèbre boisson était embouteillée par des sociétés indépendantes. Aujourd'hui, aux États-Unis, des usines appartenant à Coca-Cola assurent à nouveau la quasi-totalité de l'embouteillage. Si tant est qu'ils soient au courant de cette évolution, les consommateurs, pour leur part, ne s'en soucient guère. Ce qui compte, sur le marché, c'est la réalité économique, le coût de la totalité du processus, et non de savoir qui est propriétaire de telle ou telle usine.

Vous êtes-vous jamais demandé par quel miracle on voit si souvent une entreprise totalement inconnue sortir de l'ombre et, en quelques années, dépasser les leaders établis de son secteur, apparemment sans même fournir un effort surhumain ? On vous dira qu'elle le doit à l'excellence de sa stratégie, de sa technologie, de son marketing, on vous parlera de production au plus juste. Peut-être… Je souligne quant à moi qu'à chaque fois, sans exception, le nouveau venu bénéficie aussi d'un avantage de coût considérable, que j'évalue à 30 % environ. La raison en est toujours la même : la firme ne se contente pas de connaître et de maîtriser ses propres coûts, mais aussi ceux de la chaîne économique tout entière.

Toyota en représente sans doute l'exemple le plus célèbre. Ses fournisseurs et ses distributeurs sont tous, bien entendu, membres de son *keiretsu*. Grâce à ce réseau, Toyota maîtrise la totalité de ses coûts de production, de distribution et de service après-vente ; il les traite comme un flux unique de coûts et chaque tâche est réalisée là où elle coûte le moins cher et rapporte le plus.

À la vérité, les Américains ont précédé les Japonais dans ce domaine et ce, dès le début du 20e siècle. en effet, vers 1908, William Durant, père fondateur de la General Motors, se mit à acheter de petits constructeurs automobiles florissants, tels Buick, Oldsmobile, et Chevrolet ; il les fusionna pour former la nouvelle General Motors Corporation. Puis, en 1916, il créa une filiale autonome, United Motors, qu'il chargea de racheter de petites entreprises de qualité, spécialisées dans la fabrication des pièces. Au nombre des premières acquisitions de celle-ci, la firme Delco, qui détenait le brevet du démarreur électrique.

Durant finit par se retrouver à la tête d'une vingtaine de ses fournisseur ; sa dernière acquisition, un an avant d'être évincé du poste de PDG, fut Fisher Body en 1919. Il faisait participer les producteurs de pièces et d'accessoires au processus de conception de ses nouveaux modèles dès les premières étapes, ce qui lui permettait de traiter la totalité des coûts de la voiture terminée comme un seul et unique flux de coûts. En fait, on peut dire que Durant a inventé le *keiretsu*.

Hélas, entre 1950 et 1960, le *keiretsu* façon Durant finit par étrangler la General Motors, car la forte syndicalisation des entreprises du groupe se traduisait par des coûts salariaux plus élevés que ceux de leurs concurrents indépendants. Quand les clients externes, les constructeurs indépendants, tels Packard et Studebaker, dont les achats avaient représenté jusqu'à la moitié de la production, disparurent l'un après l'autre, GM perdit tout contrôle, tant de la qualité que du coût de ses principaux fournisseurs. Néanmoins, plus de quarante ans durant, son système de maîtrise des coûts lui avait procuré un avantage avec lequel son meilleur concurrent de l'époque, Studebaker, ne pouvait rivaliser.

Sears, Roebuck fut le premier à copier le système Durant. Dès les années 1920, il passa des contrats de longue durée avec ses fournisseurs, chez qui il prit des participations minoritaires. Cette politique lui permit de les consulter dès la conception des produits et de comprendre et maîtriser la totalité des coûts. Il en résulta un avantage concurrentiel décisif, dont Sears bénéficia pendant des décennies.

Au début des années 1930, Marks & Spencer imita cette démarche et obtint les mêmes résultats. Vingt ans plus tard, les Japonais, à commencer par Toyota, étudièrent ces deux exemples et s'en inspirèrent. Puis, dans les années 1980, les magasins Wal-Mart adaptèrent la méthode en accordant à leurs fournisseurs la possibilité de stocker leurs produits directement sur leurs linéaires, supprimant ainsi la nécessité de les déposer en entrepôt, ce qui représente presque le tiers du coût de la distribution traditionnelle.

Ces quelques exemples constituent de rares exceptions. En effet, si les économistes connaissent l'importance du chiffrage de la totalité de la chaîne des coûts depuis longtemps – Alfred Marshall écrivait déjà à ce propos à la fin du 19e siècle – la plupart des hommes d'affaires n'y voient encore qu'une abstraction purement théorique. La maîtrise de la chaîne totale des coûts s'avérera pourtant de plus en plus indispensable. En réalité, les chefs d'entreprise doivent organiser et gérer non seulement cette chaîne totale des coûts mais aussi tout le reste – je pense surtout à la stratégie d'entreprise et à la politique de nouveaux produits – et traiter ces divers éléments comme un tout économique, sans tenir compte des frontières juridiques qui séparent les entreprises.

Le passage de la fixation des prix de vente à partir des coûts de fabrication à la fixation des coûts à partir des prix de vente devrait entraîner les entreprises vers la maîtrise de la totalité de la chaîne des coûts. Traditionnellement, les entreprises occidentales calculent leurs prix de vente en partant de leurs coûts et en y ajoutant la marge souhaitée : c'est la définition même de la fixation des prix à partir des coûts. Sears et Marks & Spencer sont passés depuis longtemps à la démarche inverse, qui consiste à partir du prix que le consommateur accepte de payer pour déterminer les coûts à ne pas dépasser, et ce, dès l'étape de la conception. Jusqu'à une époque très récente, ces entreprises constituaient l'exception. Aujourd'hui, cette méthode est en passe de devenir la règle. Les Japonais ont été les premiers à l'adopter pour leurs exportations. Aujourd'hui, Wal-Mart la pratique, ainsi que tous les grands de la distribution *discount* aux États-Unis, au Japon et en Europe. Dans le domaine de la construction automobile, Chrysler et General Motors l'ont utilisée avec succès pour leurs derniers modèles, en particulier la Saturn. Or une entreprise ne peut fixer ses coûts à partir du prix de vente souhaité que si elle connaît et maîtrise *l'ensemble* des coûts de la chaîne économique.

Les mêmes idées s'appliquent à l'externalisation, aux alliances et aux *joint-ventures* – en fait, à toute structure d'entreprise reposant sur le partenariat plutôt que sur le contrôle. Ces entités sont en passe de se substituer à la formule traditionnelle de la société mère dotée de filiales à 100 % en tant que modèle de référence de la société de croissance, surtout dans le cadre de l'économie mondialisée.

Il n'en demeure pas moins que le passage au chiffrage des coûts de la chaîne économique sera une tâche ardue. Cela suppose en effet que toutes les entreprises de la chaîne utilisent des systèmes de comptabilité identiques ou au moins compatibles. Or chacun a sa méthode comptable, et chacun est convaincu que c'est la seule possible. Cela suppose également de partager l'information entre entreprises, alors que l'on rencontre déjà des résistances pour le faire au sein d'une même société. Malgré ces difficultés, rien n'empêche de s'atteler à cette tâche dès maintenant, comme le démontre Procter & Gamble. Le géant de la lessive a pris pour modèle la façon dont Wal-Mart s'est rapproché de ses fournisseurs pour initier le partage de l'information avec les trois cents grands de la distribution qui vendent ses produits dans le monde entier.

Quels que soient les obstacles, on viendra forcément à la prise en compte de la totalité de la chaîne des coûts. Faute de quoi, l'entreprise la plus performante souffrirait de plus en plus d'un différentiel de coûts à son détriment.

Informer pour créer de la richesse

Les entreprises sont payées pour créer de la richesse, pas pour contrôler des coûts. Ce fait, pourtant évident, n'est pas reflété par les instruments de mesure traditionnellement utilisés. Les étudiants apprennent en première année de comptabilité que le bilan indique la valeur de liquidation de l'entreprise et fournit à ses créanciers une information utile au cas où les choses tourneraient mal. En principe, cependant, l'objectif numéro un d'un chef d'entreprise n'est pas de l'amener droit à la liquidation. Il s'attache de préférence à la faire marcher, c'est-à-dire à *créer de la richesse*. Dans ce but, il a besoin d'informations lui permettant de porter des jugements en connaissance de cause. Cela suppose de se doter de quatre outils de diagnostic, de disposer de quatre sortes d'informations. Il lui faut connaître, tout d'abord, l'état de ses indicateurs clés, ensuite, il doit suivre la productivité de son affaire, troisièmement, il lui faut savoir si les compétences dont il dispose sont suffisantes et bien utilisées, enfin il doit être renseigné sur la manière dont sont affectées les ressources rares. Ces quatre familles d'informations réunissent l'ensemble des indicateurs dont la direction générale a besoin pour son travail quotidien.

Les outils de diagnostic les plus anciens et aussi les plus utilisés sont les prévisions de résultats et de trésorerie ainsi que certaines mesures standard comme, par exemple, le ratio entre les stocks de voitures disponibles chez les concessionnaires et les ventes de véhicules neufs, le taux de couverture des résultats par rapport aux frais financiers encourus à l'occasion d'emprunts obligataires, et enfin les ratios entre les créances à plus de six mois, le total des créances et le chiffre d'affaires. Ces chiffres sont un peu comparables à ceux qui composent un bilan de santé : poids, pouls, température, tension artérielle et résultats d'analyses. Lorsque les chiffres sont normaux, ils n'apportent guère de renseignements intéressants. Dans le cas contraire, ils signalent un problème qu'il faut identifier et traiter. C'est pourquoi je les appelle indicateurs clés.

La seconde grande famille d'informations nécessaires au diagnostic sur la plus ou moins bonne marche de l'entreprise concerne la productivité des ressources de base. Les plus anciennes remontent à la Seconde Guerre mondiale et se bornent à mesurer la productivité du travail manuel. Si de nouveaux instruments permettant de mesurer la productivité des travailleurs du savoir ou celle des activités de services apparaissent progressivement, ils s'avèrent encore assez frustes. Quoi qu'il en soit, on ne peut plus se contenter de mesurer la productivité des hommes, qu'il s'agisse de cols bleus ou blancs ; il faut désormais être informé sur la productivité de *tous les facteurs de production*.

C'est ce qui explique le succès rencontré par l'analyse de la valeur économique ajoutée (*Economic Value Added, EVA*). Cette méthode d'analyse se fonde sur une constatation qui ne date pas d'hier, à savoir que ce que nous appelons généralement bénéfice, c'est-à-dire l'argent qui reste pour rémunérer le capital, n'en est généralement pas un. En effet, tant qu'une entreprise ne permet pas de réaliser un bénéfice plus important que la somme nécessaire pour rémunérer le capital, elle travaille à perte. Même si elle paye effectivement des impôts sur les bénéfices comme si elle en réalisait. En réalité, elle rapporte moins à l'économie, dans ce cas de figure, qu'elle ne consomme de ressources. Elle ne couvre véritablement tous ses frais que si le profit extériorisé excède le coût du capital. Faute de quoi, au lieu de créer de la richesse, elle en détruit. Signalons au passage que si l'on retient cette façon de voir les choses, peu d'entreprises américaines peuvent se targuer d'avoir été rentables depuis la Seconde Guerre mondiale.

En mesurant la valeur ajoutée à *l'ensemble* des coûts, y compris le coût du capital, la méthode EVA mesure en réalité la productivité de *l'ensemble* des facteurs de production. En revanche, elle n'explique pas pourquoi tel ou tel produit ou service n'ajoute pas de valeur, pas plus qu'elle ne précise ce que l'on peut faire pour remédier à cette situation. Simplement, elle montre sur quoi faire porter les investigations nécessaires et s'il convient de passer à l'action. On devrait aussi utiliser l'EVA pour déceler ce qui fonctionne de façon satisfaisante, car les renseignements fournis permettent de discerner quels produits, services, opérations ou activités ont une productivité particulièrement élevée et créent une valeur ajoutée supérieure à la norme. On peut alors se demander quels enseignements tirer de ces succès.

Le plus récent des outils utilisés pour obtenir des renseignements sur la productivité, c'est l'étalonnage concurrentiel dit *benchmarking*, c'est-à-dire la comparaison de la performance de l'entreprise avec celle des meilleures du secteur ou, mieux encore, avec la meilleure performance tout court pour l'ensemble des entreprises. Le *benchmarking* part, à juste raison, du principe que si une entreprise peut faire quelque chose, il n'y a aucune raison pour qu'une autre ne puisse en faire autant. Autre principe fondamental, tout aussi valable, il faut être au moins aussi bon que le meilleur pour être compétitif. En conjuguant l'EVA et le *benchmarking*, on dispose d'outils de diagnostic permettant de mesurer la productivité de l'ensemble des facteurs et d'agir sur eux.

Le troisième casier de notre boîte à outils propose des instruments destinés à dresser l'état des lieux des compétences de l'entreprise. En effet, depuis que C. K. Pralahad et Gary Hamel ont publié « La compétence clé de l'entreprise », article qui a réellement fait date (*Harvard Business Review*, mai-juin 1990), il est établi que pour figurer parmi les meilleurs, il faut savoir faire ce que les autres ne savent pas faire du tout, ou réalisent médiocrement et avec difficulté. Pour cela, il faut posséder des compétences clés qui conjuguent la valeur pour le client et un savoir-faire particulier au producteur ou au fournisseur.

J'en donnerai quelques exemples : l'habileté dont les Japonais font preuve pour miniaturiser les composants électroniques, fruit de la tradition trois fois centenaire, de l'*inro*, c'est-à-dire l'art de peindre des paysages sur de minuscules boîtes laquées, et de sculpter une véritable ménagerie sur le petit bouton, dit *netsuke*, qui permet d'accrocher la boîte à sa ceinture ; le don extraordinaire de réussir les acquisitions dont, nos l'avons vu ci-dessus, General Motors a fait preuve pendant plus de quatre-vingts ans ; le talent, également unique, de Marks & Spencer pour concevoir de délicieux repas emballés, prêts à déguster, à la portée du budget de la classe moyenne. Mais, me direz-vous, comment identifie-t-on d'une part les compétences clés que l'on maîtrise déjà, d'autre part celles dont l'entreprise a besoin pour acquérir et maintenir une position dominante ? Comment sait-on si celles que l'on possède sont en train de s'affiner ou de s'éroder ? Si elles sont encore valables, et quelles modifications pourraient s'avérer nécessaires ?

Jusqu'à présent, la discussion sur les compétences clés est restée largement anecdotique, mais il ne faut pas perdre espoir : certaines entreprises de taille moyenne hautement spécialisées, à savoir un laboratoire pharmaceutique suédois et un industriel américain qui fabrique des outils spécialisés, pour n'en citer que deux, sont en train de développer la méthodologie permettant de mesurer et de gérer les compétences clés. Le premier impératif consiste à suivre de très près et à enregistrer soigneusement sa propre performance, ainsi que celle de ses concurrents, en s'attachant à rechercher les succès inattendus et les résultats décevants obtenus dans des domaines où l'on aurait dû réussir. Les succès indiquent ce à quoi le marché attache de la valeur, ce qu'il s'avère prêt à payer. Ils indiquent les domaines dans lesquels on possède un avantage décisif. Les déceptions doivent être considérées comme le premier indice soit que le marché est en train de changer, soit que les compétences de l'entreprise s'affaiblissent.

Cette analyse permet de repérer précocement les opportunités. C'est, par exemple, en cherchant à comprendre les raisons du succès inattendu de certains articles qu'un producteur d'outils américain s'est aperçu que des petits ateliers japonais achetaient ses outils high-tech et très chers, qu'il n'avait pourtant pas conçus à leur intention, pas plus qu'il ne les leur avait présentés. C'est alors que l'entreprise s'est trouvé une nouvelle compétence clé ; elle découvrit en effet que les Japonais étaient attirés par ses produits parce que, malgré leur complexité technique, ils étaient faciles à entretenir et à réparer. Ayant compris cela, il lui suffit alors d'en tenir compte au moment de la conception de ses nouveaux produits pour s'arroger une position de leader sur le marché des petites unités de production et des ateliers d'outillage aux États-Unis et en Europe occidentale, immenses marchés sur lesquels elle n'était pas encore implantée.

Les compétences clés varient d'une entreprise à l'autre, elles constituent, pour ainsi dire, une facette de la personnalité de chacune. Mais toute organisation, pas seulement dans le monde des affaires, a besoin d'une compétence commune – *la capacité d'innover*. De même que toute organisation doit avoir les moyens d'enregistrer et d'évaluer sa performance en matière d'innovation. Celles qui le font déjà, entre autres plusieurs laboratoires pharmaceutiques de haute volée, ne partent pas de leur propre performance, mais du suivi méticuleux des innovations réalisées dans l'ensemble du secteur au cours d'une période donnée. Lesquelles ont rencontré un véritable succès ? Combien d'entre elles sont à l'actif de notre firme ? Notre performance est-elle à la hauteur des objectifs que nous nous sommes fixés ? Est-elle en harmonie avec la direction du marché ? Avec notre position sur le marché ? Avec notre investissement en recherche ? Nos innovations réussies se trouvent-elles dans les domaines qui recèlent les plus grands gisements de croissance et d'opportunités ? Combien d'innovations réellement importantes avons-nous manquées ? Pourquoi ? Parce que nous ne les avons pas vues ? Ou bien parce que nous les avons vues, mais rejetées ? Ou sabotées ? Et puis, avons-nous su convertir une innovation en produit commercial ? Avec quelle efficacité ? Je reconnais qu'une bonne partie des réponses à ces questions tiendra davantage de l'estimation que de la mesure et qu'à vrai dire, on se trouve plutôt devant des questions que devant des réponses, mais il se trouve que ce sont les bonnes questions, celles qu'il faut absolument se poser.

Le dernier domaine dans lequel on a besoin d'informations permettant de poser des diagnostics, c'est l'affectation des ressources rares, à savoir le capital et les hommes de talent. Combinés, ces deux éléments permettent de convertir en action toute l'information dont dispose la direction sur son entreprise. Ce sont eux qui déterminent si elle réussira ou non.

Voilà environ soixante-dix ans que GM a développé le premier processus systématique d'affectation du capital. Toutes les entreprises en disposent aujourd'hui, mais peu d'entre elles l'utilisent correctement. En général, elles ne mesurent les affectations de capital envisagées qu'à l'aune d'un ou deux, pas davantage, des critères suivants : rentabilité du capital investi, durée de retour, *cash-flow*, et valeur actualisée nette. L'on sait depuis longtemps – le début des années 1930 – qu'aucune des méthodes précédemment énumérées n'est *la* bonne. Pour bien comprendre un investissement envisagé, l'entreprise doit prendre en compte *les quatre critères*. Certes, il y a soixante ans, cela aurait demandé des calculs à n'en plus finir, mais aujourd'hui, quelques minutes suffisent à les sortir sur un ordinateur portable. Nous savons aussi depuis soixante ans que la direction ne devrait jamais envisager une affectation de capital isolément, mais tenter, au contraire, de choisir les projets qui offrent le meilleur ratio risques-opportunité. Il faut établir un *budget* de l'affectation des ressources pour que les choix apparaissent clairement – là encore, beaucoup d'entreprises ne s'en donnent pas la peine. Il y a plus grave – la plupart des processus d'affectation de capital ne comportent même pas la collecte de deux renseignements dont l'importance s'avère pourtant vitale :

- Que se passera-t-il si l'investissement envisagé ne parvient pas à produire les résultats escomptés, comme c'est le cas deux fois sur cinq ? L'entreprise en souffrira-t-elle sérieusement, ou y laissera-t-elle juste quelques plumes ?
- Si l'investissement se révèle un succès et surtout si ce succès dépasse ses espérances, à quoi cela l'entraînera-t-il ?

Personne, à la General Motors, ne s'était apparemment demandé à quoi le succès de la Saturn engagerait la firme. Résultat, elle sera peut-être contrainte de tuer son propre succès en raison de son incapacité à le financer.

De plus, l'affectation des capitaux exige de poser des délais précis : quand peut-on en attendre les premiers résultats ? Ensuite, ces résultats

– succès, demi-succès, échec ou demi-échec – doivent être notés et analysés. Il n'y a pas de meilleure façon d'améliorer la performance d'une entreprise que de mesurer les résultats de ses affectations de capital et de les mettre en regard des promesses et des attentes qui avaient conduit à leur déblocage. Je vous assure que les États-Unis se porteraient beaucoup mieux aujourd'hui si l'on avait pratiqué ce retour d'information sur les programmes du gouvernement ces cinquante dernières années.

Le capital n'est, cependant, que l'une des ressources de l'entreprise, à mon avis ce n'est pas la plus rare. Ce sont les hommes performants qui constituent la ressource la plus rare, quel que soit le type d'organisation. Depuis la fin de la Seconde Guerre mondiale, l'armée américaine a appris à vérifier l'opportunité de ses décisions d'affectation. Jusqu'à présent, elle est la seule à savoir le faire. Elle commence par une réflexion approfondie sur ce qu'elle attend des officiers supérieurs avant de leur confier des postes de commandement importants. Ensuite, elle apprécie leur performance en la comparant aux attentes précédemment définies. De plus, elle évalue constamment son propre processus de sélection par rapport aux succès et aux échecs des nominations. Dans le monde des affaires, au contraire, ce que l'on attend des hommes n'est pratiquement jamais formulé de façon précise et un bilan systématique des résultats obtenus n'est jamais établi. Pourtant, pour créer de la richesse, les dirigeants doivent consacrer autant d'attention à l'affectation des ressources humaines qu'aux investissements en capital et le résultat de ces décisions devrait être enregistré et étudié aussi scrupuleusement.

Connaître ses résultats

Cependant, ces quatre catégories d'informations ne nous renseignent que sur les affaires courantes. Elles ne font qu'informer et orienter *la tactique*. Pour établir une *stratégie*, il faut posséder des informations organisées sur l'environnement. Une stratégie doit en effet se fonder sur des indices concernant les marchés, les clients et les non-clients ; sur la technologie du secteur où l'on se trouve et celle des autres ; sur des renseignements financiers venant du monde entier ; il faut enfin savoir comment évolue l'économie internationale. Car c'est là que se trouvent les résultats. Au sein de l'entreprise, il n'y a que des centres de coûts. Le seul centre de profit qui soit, c'est le client qui ne vous fait pas des chèques en bois.

Les transformations majeures démarrent elles aussi en dehors de l'entreprise. Quelque performant qu'il soit, aucun grand de la distribution n'est jamais parvenu à compter au nombre de ses clients plus qu'une infime fraction du marché, dont l'immense majorité est constituée de non-clients. C'est toujours au sein du groupe majoritaire des non-clients que surgissent et se développent les évolutions profondes et lourdes de conséquences.

La moitié, au bas mot, des nouvelles technologies importantes qui ont transformé tel ou tel secteur industriel au cours des cinquante dernières années apparaissent en dehors du secteur concerné. L'essor du papier commercial, qui a révolutionné le monde de la finance aux États-Unis, n'est pas né au sein des banques. La biologie moléculaire et l'ingénierie génétique n'ont pas été développées par l'industrie pharmaceutique. Même si l'immense majorité des entreprises continuent à opérer uniquement au niveau local et régional, elles sont toutes confrontées, au moins potentiellement, à la compétition mondiale d'entreprises implantées dans des pays dont nul n'avait encore jamais entendu parler il y a quelques années.

À l'évidence, on ne dispose jamais de toute l'information souhaitable sur le monde extérieur à l'entreprise. C'est ainsi que l'on manque totalement de renseignements, fiables ou non, sur la situation économique de la plus grande partie de la Chine ou sur la législation en vigueur dans les États qui ont succédé à l'empire soviétique. Même lorsqu'elles disposent d'informations, nombre d'entreprises n'en tiennent pas vraiment compte. Que de firmes américaines se sont ainsi lancées à la conquête de l'Europe, dans les années 1960, sans même prendre la peine de se renseigner sur leur législation du travail. Leurs homologues européennes ne sont pas en reste, qui se sont montrées tout aussi aveugles et mal informées lorsqu'elles ont tenté la grande aventure aux États-Unis. L'une des causes essentielles de la débâcle des investissements immobiliers réalisés par les Japonais en Californie dans les années 1990 réside dans le fait qu'ils ne se sont pas préoccupés de rassembler les données fiscales élémentaires ni de se renseigner sur les servitudes de l'urbanisme.

Dans les affaires, une des causes de déconvenue les plus fréquentes consiste à partir du principe que les conditions que l'on va rencontrer – je pense à la fiscalité, à la législation sociale, aux préférences du marché, aux canaux de distribution, aux problèmes de propriété intellectuelle, etc. – sont forcément conformes à l'idée que nous nous en faisons. Un système d'information valable se doit de comporter les informations qui permettent aux dirigeants de remettre en question ce genre d'hypothèses. Au lieu de se contenter de leur apporter des éléments confirmant leurs prévisions, il doit les inciter à poser les bonnes questions. Cela suppose d'abord que les dirigeants sachent de quels renseignements ils ont besoin et qu'ils puissent ensuite les obtenir régulièrement. Enfin, il faut qu'ils intègrent systématiquement ces renseignements dans la prise de décision.

Quelques multinationales – Unilever, Coca-Cola, Nestlé, les grands exportateurs japonais et quelques grands noms du bâtiment et travaux publics – ont consacré beaucoup d'efforts à la mise en place de systèmes permettant de collecter et d'organiser les informations externes à l'entreprise. Ils sont l'exception ; en général, tout reste à faire dans ce domaine.

Les grandes entreprises elles-mêmes seront amenées à faire appel à des intervenants extérieurs pour répondre correctement à cette nécessité. Réfléchir aux besoins du secteur concerné suppose de connaître et de comprendre le domaine hautement spécialisé de l'information. La matière est si foisonnante que les non-spécialistes s'y perdraient à coup sûr. Les sources sont d'une diversité extrême. Les entreprises peuvent collecter elles-mêmes une partie de l'information dont elles ont besoin, par exemple ce qui concerne les clients et les non-clients ou la technologie de leur secteur. Mais la majeure partie de ce qu'elles ont besoin de savoir sur leur environnement, elles ne peuvent l'obtenir que de sources extérieures – toute la panoplie de banques de données, journaux publiés dans diverses langues, associations professionnelles, publications gouvernementales, rapports de la banque mondiale, articles scientifiques et études spécialisées.

Si l'entreprise doit faire appel à des intervenants extérieurs, c'est aussi parce qu'il faut organiser la documentation réunie de façon à ce qu'elle mette en cause la stratégie de l'entreprise. Il ne suffit pas de collecter et de fournir les données. Il faut les intégrer à la stratégie, elles doivent remettre en question les hypothèses et les habitudes de travail. Un nouveau logiciel peut s'avérer efficace pour offrir des informations sur mesure à un groupe précis, comme un hôpital ou une compagnie d'assurances accidents. La base de données Lexis fournit des informations spécialisées aux avocats, mais elle ne leur apporte que des réponses ; elle ne pose pas de questions. Ce qu'il faudrait, c'est un concept capable de formuler des suggestions sur la façon d'utiliser l'information, de poser des questions précises sur les affaires et les pratiques de l'utilisateur et, pourquoi pas, de proposer une consultation interactive. On pourrait aussi sous-traiter le système d'informations externes. Les consultants indépendants, qui constituent les fournisseurs d'informations externes préférés de l'entreprise, pourraient jouer ce rôle d'outsiders travaillant en interne.

Quelle que soit la technique utilisée, l'entreprise a un besoin de plus en plus urgent d'être informée sur son environnement, puisque c'est là que se trouvent les plus grands dangers, mais aussi les plus belles opportunités.

On me dira que, d'une façon générale, ce besoin d'information n'a rien de nouveau, et j'en conviens volontiers. Cela fait effectivement des années que l'on parle de ces concepts, un peu partout. Ce qui est nouveau, ce sont les moyens dont nous disposons pour traiter l'information, moyens qui nous permettent de faire vite et à peu de frais ce qui, il y a encore peu d'années, aurait été aussi laborieux que dispendieux. Il y a soixante-dix ans, l'étude des postes productifs a rendu possible la comptabilité analytique. Aujourd'hui, l'ordinateur ouvre la voie à la comptabilité analytique par activité qui, sans ordinateurs, serait tout à fait inenvisageable.

Cependant, là n'est pas la question. Ce ne sont pas les outils qui sont importants, mais les concepts qui se trouvent derrière, car ils convertissent ce que l'on avait toujours considéré comme des techniques séparées, à utiliser isolément dans des buts distincts, en un seul système intégré de l'information. L'existence de ce système éclaire le diagnostic, la stratégie et les décisions. Il y a là une conception nouvelle, radicalement différente, du sens et de l'utilité de l'information, que l'on considère dans cette perspective comme une référence sur laquelle fonder l'action future et non comme une autopsie, un témoignage de ce qui a déjà eu lieu.

On pourrait comparer l'organisation fondée sur le commandement et le contrôle qui a vu le jour vers 1870 à un organisme qui tiendrait grâce à sa coquille. L'entreprise qui est en train de naître sous nos yeux possède un squelette, c'est *l'information*, à la fois système d'intégration et articulation de l'entreprise.

Même si l'on a parfois recours à des techniques mathématiques sophistiquées et à un jargon sociologique impénétrable, l'idée qui sous-tend traditionnellement les affaires est simple : acheter à bas prix et vendre cher. La nouvelle approche définit l'entreprise comme une organisation qui ajoute de la valeur et crée de la richesse.

8
Management par objectifs et auto-contrôle

Toute entreprise doit se doter d'une véritable équipe et souder les efforts de chacun en un effort commun. Chaque participant apporte quelque chose de différent, mais ils doivent tous contribuer au but commun. Leurs efforts doivent tous tirer dans le même sens, et leurs contributions s'accorder entre elles afin de produire un tout – sans lacunes, sans friction, sans duplication inutile des efforts.

Pour que l'entreprise soit performante, il importe par conséquent que chaque poste soit orienté dans la direction des objectifs de l'ensemble, et en particulier chaque poste de manager. La performance attendue d'un cadre doit se déduire des objectifs de performance de l'entreprise elle-même ; ses résultats doivent être appréciés d'après la contribution qu'il apporte au succès de l'entreprise. Le cadre doit savoir et comprendre ce que les objectifs de l'entreprise exigent de lui en termes de performance, son supérieur doit savoir quelle contribution attendre et exiger de lui – et le juger en conséquence. Si ces principes ne sont pas satisfaits, les managers sont mal commandés. Leurs efforts sont gaspillés. Au lieu de travail d'équipe, on voit naître les frictions, les frustrations et les conflits.

Le management par objectifs exige d'importants efforts et un outillage particulier. Dans une entreprise, en effet, les cadres ne s'orientent pas automatiquement vers un objectif commun.

Dans les réunions de gestion, on raconte souvent l'histoire des trois tailleurs de pierre. On leur demande ce qu'ils font. « Je gagne ma vie », répond le premier. Le deuxième continue à frapper sur son burin en disant : « Je suis le meilleur de toute la région dans le métier de tailleur de pierre. » Et le troisième, une lueur visionnaire dans les yeux : « Je bâtis une cathédrale. »

C'est le troisième, bien sûr, le véritable manager. Le premier sait ce qu'il veut obtenir de sa peine et s'arrange pour l'avoir ; il donnera probablement un travail convenable pour un salaire convenable. Là où il y a problème, c'est avec le deuxième. Certes, le savoir-faire est essentiel ; sans lui, aucune entreprise ne peut prospérer ; en fait, une organisation se démoralise si elle n'exige pas de ses collaborateurs tout le savoir-faire dont ils sont capables. Mais il y a toujours un risque que l'ouvrier authentique, le cadre authentique croie bien faire son boulot s'il se contente de polir des pierres ou d'aligner des notes en bas de page. Le savoir-faire doit être encouragé, mais toujours en relation avec les objectifs d'ensemble de l'entreprise.

Le nombre des spécialistes très qualifiés ira en augmentant fortement dans les entreprises, ainsi que le savoir-faire qu'on exigera d'eux. La tendance à faire du métier ou de la fonction une fin en soi, par conséquent, s'affirmera demain encore plus qu'aujourd'hui. Mais en même temps, les techniques nouvelles exigeront une coordination beaucoup plus étroite entre les spécialistes. Et elles exigeront que les hommes et les femmes en place, y compris aux échelons les plus bas du management, considèrent l'entreprise dans sa totalité pour comprendre ce qu'elle attend d'eux. Les techniques nouvelles requerront à la fois l'excellence dans le travail et l'action cohérente des managers à tous les niveaux en faveur de l'objectif commun.

Une erreur des directions

La structure hiérarchique du management crée un risque. Tout ce que fait et dit le patron, ses remarques les plus banales, ses habitudes voire ses manies sont interprétées par ses subordonnés comme étant calculées, planifiées et porteuses de sens.

« On nous casse les oreilles avec les relations humaines, mais quand le patron vous convoque dans son bureau c'est toujours parce que les frais généraux sont trop élevés ; et quand il s'agit des promotions, la faveur va toujours à ceux qui ont rempli le plus soigneusement les états comptables. » Voilà le refrain permanent qu'on entend, avec d'innombrables variantes, à tous les niveaux du management. Le résultat : performance médiocre, même pour la réduction des frais généraux. De plus, baisse de confiance et absence de respect envers l'entreprise et son management.

Et pourtant le manager qui s'y prend aussi mal avec ses subordonnés n'avait pas de mauvaises intentions. Il considère vraiment les relations humaines comme sa tâche la plus importante. Mais il s'étend sur les frais généraux parce qu'il pense devoir passer à leurs yeux pour quelqu'un de terre-à-terre, et qu'il aura l'air de les comprendre s'il cause « boutique » avec eux. Il insiste sur les états comptables parce que ceux-ci l'ennuient autant qu'eux – ou peut-être, tout simplement, parce qu'il en a plus qu'assez du contrôleur de gestion. Mais pour ses subordonnés, ces raisons restent cachées. Tout ce qu'ils voient et entendent, c'est ce reproche concernant les frais généraux et ce respect des formes.

La solution ? Une structure de management qui concentre l'attention de chacun sur les exigences du travail à accomplir, et non sur celles du patron. Corriger les comportements et les attitudes, comme le suggèrent nombre de livres sur le management, ce n'est pas une solution ; au contraire, cela ne fait qu'aggraver le problème, en donnant mauvaise conscience aux managers. Quiconque connaît un peu aujourd'hui la vie des entreprises a rencontré cette situation dans laquelle un cadre, en voulant s'amender et corriger ses erreurs, a transformé une relation à peu près satisfaisante en un cauchemar de confusion et de malentendus. Il a pris conscience de ses défauts, mais n'a plus la moindre aisance face à son personnel. Et en retour, les employés réagissent ainsi : « Au secours, le vieux a sûrement lu un livre ; avant, on croyait savoir ce qu'il voulait de nous, maintenant il va falloir le deviner. »

Ce que doivent être les objectifs

Chaque manager, depuis le grand patron jusqu'au contremaître d'atelier ou au chef de bureau, a besoin d'objectifs clairement énoncés. Des objectifs planifiant la performance que l'unité qu'il dirige est supposée obtenir, la contribution que lui-même et son unité sont supposés apporter afin d'aider les autres unités à remplir leurs objectifs, la contribution, enfin, que le manager peut attendre des autres unités pour atteindre ses propres objectifs. Autrement dit, depuis le début, il faut mettre l'accent sur le travail d'équipe et ses résultats.

Ces objectifs doivent toujours se déduire des buts de l'entreprise. Dans une consultation, j'ai trouvé utile et faisable de communiquer à un simple contremaître un état détaillé non seulement de ses objectifs, mais aussi de ceux de la compagnie et de sa direction de la production. Bien que la taille de l'entreprise rendit absolument astronomique la distance entre la production personnelle de ce contremaître et la production totale, il en est résulté un accroissement significatif de celle-ci. En vérité, c'est bien ce qui doit se passer si, lorsque nous disons que le contremaître « fait partie » du management, nous le pensons vraiment. C'est la définition même de tout manager d'intégrer dans son travail la responsabilité de l'ensemble – de bâtir une cathédrale lorsqu'il taille une pierre.

Les objectifs assignés à chaque cadre doivent indiquer sa contribution aux buts de l'entreprise *dans tous les domaines.* Évidemment, tous n'apportent pas directement leur contribution à tous ces buts. La contribution du marketing à la productivité, par exemple, peut se montrer bien mince. Mais en tout cas, si l'on n'attend pas d'un manager et de son unité une contribution à telle ou telle activité de l'entreprise qui affecte à l'évidence la prospérité et la survie de celle-ci, il importe de le dire clairement. Car ce manager doit comprendre que les résultats de l'entreprise dépendent d'un ensemble équilibré d'efforts et de production. C'est indispensable non seulement pour que l'encadrement de chaque fonction ou spécialité ait une vue d'ensemble, mais pour prévenir la constitution de clans et de féodalités par les uns ou les autres. C'est nécessaire, aussi, pour que les divers secteurs de l'entreprise, si importants soient-ils, ne prennent pas la grosse tête.

Pour que les efforts soient équilibrés, il importe aussi que les objectifs des managers, à tous les niveaux et dans tous les secteurs, tiennent compte de considérations à court terme aussi bien qu'à long terme. Et, bien sûr, qu'ils intègrent aussi bien les objectifs matériels de l'entreprise que les objectifs immatériels – organisation du travail et avancement du manager, performances et comportement des ouvriers, et responsabilité envers la société. Faute de quoi ces objectifs pêchent par courte vue et restent inefficaces.

Le management par « impulsions »

Pour bien gérer, il importe que la direction maintienne une certaine pression, bien équilibrée. Cela exclut l'erreur commune et pernicieuse du management « par les crises » ou « par impulsions ».

Des compagnies où l'on n'entende jamais dire « la seule façon d'obtenir quelque chose ici, c'est de pousser à la roue », il en existe peut-être, mais le management par impulsions reste la règle plutôt que l'exception. On peut s'attendre pourtant, et tout le monde le sait, à retomber dans le *statu quo* trois semaines plus tard. Seul résultat d'une « campagne d'économies », on aura licencié les coursiers et les dactylos, et les cadres à 15 000 dollars par mois devront taper leur courrier eux-mêmes. Beaucoup de managers, pourtant, n'ont pas encore compris que ce n'est pas la bonne façon de s'y prendre.

Surtout, et au-delà de son inefficacité, le management par impulsions se fourvoie. Il concentre toute l'attention sur un seul aspect du boulot, au détriment, inévitablement, de tous les autres.

« Pendant quatre semaines, on a taillé dans les stocks », me racontait une fois un vétéran endurci du management par les crises. « Et puis on a donné quatre semaines aux économies, suivies par quatre semaines de relations humaines. On a juste eu le temps de consacrer un mois au service de la clientèle et à la courtoisie. Et l'on s'est retrouvé avec les mêmes stocks qu'avant. Faire vraiment notre travail, on n'essaie même pas. Toutes leurs pensées, leurs paroles et leurs interventions portent sur l'inventaire de la semaine précédente ou sur les dernières réclamations des clients. Ce qu'il reste à faire par ailleurs, ils ne veulent pas le savoir. »

Dans une organisation gérée par impulsions, ou bien les gens négligent leur travail pour rester dans le sens du vent, ou bien ils s'organisent silencieusement pour saboter la lubie du moment et pouvoir travailler quand même. Dans les deux cas, ils n'écoutent pas ceux qui crient « au loup ». Et quand survient la véritable crise, quand chacun devrait tout laisser pour s'y coller vraiment, ils n'y voient rien d'autre qu'un nouvel épisode d'hystérie préfabriquée.

Ce management par impulsion, comme le management « au sabre d'abordage », ne dénote que la confusion. C'est un aveu d'incompétence. C'est le signe que le management ne sait pas planifier. Surtout, cela démontre que la compagnie ne sait pas ce qu'elle attend de ses cadres – et que, par son ignorance, elle les égare.

Qui doit fixer les objectifs, et comment?

Par définition, un manager est responsable de la contribution que son unité apporte à l'échelon immédiatement supérieur et, finalement, à l'entreprise. Sa performance concerne ce qui est au-dessus de lui, non ce qui est au-dessous. Les buts de chaque poste managérial doivent donc être définis par sa contribution au succès de l'unité supérieure dont il fait partie. Les objectifs d'un directeur des ventes régional sont définis par la contribution de ses vendeurs à la direction des ventes; ceux d'un ingénieur chef de projet, par la contribution de ses ingénieurs et dessinateurs à la direction technique; ceux du directeur général d'une division décentralisée, par la contribution de sa division aux objectifs de la maison-mère.

Cela suppose que chaque manager fixe et présente lui-même les objectifs de son unité. Il appartient à l'autorité supérieure, bien sûr, d'approuver ou de désapprouver ces objectifs, mais leur présentation reste de la responsabilité du manager; en fait, c'est sa responsabilité principale. Cela suppose aussi que chaque cadre participe responsablement à l'élaboration des objectifs de l'unité supérieure dont il fait partie. Lui donner « le sentiment de participer » (selon la formule favorite du jargon des relations humaines), cela ne suffit pas. Pour être un manager, il faut assumer une véritable responsabilité. Parce que, précisément, ses objectifs doivent refléter ceux de l'entreprise, et non pas simplement ce qu'il veut de son côté, le manager doit s'impliquer par un acte positif d'adhésion. Il doit connaître et comprendre les buts finals de l'entreprise, ce qu'on attend de lui, pourquoi, sur quoi on le notera et comment. Il faut qu'il y ait dans chaque unité communion des esprits de tout le management. On n'y parviendra que si chacun des cadres est censé posséder à fond les objectifs de son unité, autrement dit s'il participe activement et responsablement à leur définition. C'est seulement lorsque l'échelon inférieur a participé ainsi que l'autorité sait ce qu'elle peut attendre de lui, et peut se montrer exigeante.

Tout cela est si important que certains des managers les plus efficaces que je connaisse ont fait un pas de plus. Ils demandent à chacun de leurs subordonnés de leur adresser chaque année une « lettre du manager ». Dans cette lettre, le cadre doit d'abord définir, comme il les voit, les objectifs de son supérieur, ainsi que les siens propres. Il note ensuite les normes de performance qui, pense-t-il, lui sont appliquées. Puis il dresse la liste de tout ce qu'il doit faire pour atteindre ces objectifs – et celle des principaux obstacles qu'il rencontre, à son avis, au sein de son unité. Il énumère tout ce que son supérieur et l'entreprise font pour l'aider, et tout ce qui le contrarie. Finalement, il décrit ce qu'il se propose de faire dans l'année à venir pour atteindre son but. Si son supérieur ratifie l'ensemble, la « lettre du manager » devient la charte sur laquelle il va régler sa conduite.

Aucune autre méthode de ma connaissance ne montre avec quelle facilité les remarques banales et irréfléchies du meilleur des patrons peuvent être source de confusion et d'égarement. Une grande compagnie en a fait usage pendant dix ans, et aujourd'hui encore chaque lettre ou presque apporte une liste de normes et d'objectifs qui déroute complètement son destinataire. Et quand il demande « Mais qu'est-ce que c'est que ça ? », il s'entend répondre : « Vous ne vous souvenez donc pas de ce que vous m'avez dit le printemps dernier dans l'ascenseur ? »

La « lettre du manager » révèle aussi toutes les inconséquences que renferment les ordres adressés à un homme par son supérieur et par l'entreprise. N'exige-t-on pas de lui à la fois d'aller vite et de produire un travail de grande qualité – exigences incompatibles ? Quel est le compromis optimal pour l'entreprise ? Le supérieur n'exige-t-il pas de ses hommes initiative et jugement, tout en leur demandant de lui en référer avant de lever le petit doigt ? Ne leur demande-t-il pas leurs idées et leurs suggestions sans jamais en tenir compte ou les examiner avec eux ? L'entreprise n'exige-t-elle pas qu'une partie de l'équipe soit immédiatement disponible dès que quelque chose cloche dans l'atelier, tout en concentrant ses efforts sur les équipements nouveaux ? N'impose-t-elle pas au manager des normes élevées tout en lui interdisant de déplacer les éléments médiocres ? Et ne crée-t-elle pas les conditions pour qu'on dise : oui, je peux y arriver, à condition que le patron ne sache pas comment je m'y prends ?

Ces situations sont banales. Elles sapent le bon esprit et la performance. La « lettre du manager » ne les élimine sans doute pas, mais du moins les met-elle au jour, montre à quels compromis aboutir, à quels objectifs réfléchir, quelles priorités adopter, quels comportements modifier.

Cela montre bien que la gestion des cadres impose des efforts particuliers non seulement pour indiquer la même direction à tous, mais pour empêcher qu'ils ne s'égarent. On ne parviendra à bien s'entendre ni par la communication « du haut vers le bas », ni par des bavardages. On n'y parviendra qu'en communiquant « vers le haut ». Cela exige que les supérieurs veuillent bien écouter et qu'une procédure *ad hoc* permette aux inférieurs de se faire entendre.

Auto-contrôle et évaluations

L'avantage principal du management par objectifs, c'est qu'il permet aux cadres de mesurer leur propre performance. L'auto-contrôle renforce la motivation, le désir de mieux faire, de ne pas se laisser aller. Il implique des objectifs plus exigeants, une vision plus large des choses. Même s'il n'était pas indispensable pour donner unité de direction et d'effort à l'équipe dirigeante, le management par objectifs le serait pour permettre l'auto-contrôle.

En fait, son intérêt principal consiste en ceci qu'à la place du management par l'autorité il instaure le management par l'auto-contrôle.

Que cela soit très souhaitable, on n'en doute plus aujourd'hui en Amérique et dans les entreprises américaines. En témoignent les proclamations du genre « faire descendre les décisions au niveau le plus bas possible » ou bien « payer les gens selon leurs résultats ». Mais pour faire du management par auto-contrôle une réalité souhaitée et acceptée, il ne suffit pas d'en approuver le concept; il faut forger de nouveaux outils, et modifier de fond en comble les habitudes et les façons de penser.

Pour pouvoir contrôler sa propre performance, il ne suffit pas que le cadre connaisse ses objectifs; il doit aussi pouvoir évaluer ses résultats à l'aune des dits objectifs. Il faut donc que tous les cadres soient munis en pratique courante d'instruments de mesure clairs et communs concernant tous les secteurs-clés. Ces indications n'ont pas besoin d'être étroitement quantitatives, ni même parfaitement exactes, mais elles doivent être claires, simples et rationnelles. Être pertinentes, et orienter les efforts dans la bonne direction. Être fiables – dans la mesure, au moins, où l'on a reconnu une marge d'erreur possible. Et finalement parler d'elles-mêmes, en quelque sorte, être compréhensibles sans interprétations complexes ou discussions philosophiques.

Chaque cadre doit détenir l'information nécessaire pour mesurer sa performance, et la recevoir assez tôt pour opérer éventuellement les changements qu'elle requiert. Cette information doit être adressée au cadre lui-même, et non à son supérieur. C'est un outil d'auto-contrôle, non de contrôle hiérarchique.

Il faut insister là-dessus, parce qu'aujourd'hui le progrès technique a énormément renforcé les moyens d'obtenir, analyser et synthétiser l'information. Jusqu'à récemment, ou bien les données importantes étaient carrément hors de portée, ou bien, quand elles pouvaient être rassemblées, elles n'avaient plus qu'un intérêt historique. Cette incapacité à produire l'information n'était d'ailleurs pas forcément un mal, car si effectivement elle ne facilitait pas l'auto-contrôle, elle ne facilitait pas non plus le contrôle hiérarchique, de sorte que le cadre, affranchi de la surveillance, devait rester libre d'agir à son idée.

Grâce à la nouvelle capacité de produire de l'information, les cadres vont pouvoir effectivement s'auto-contrôler, et il en résultera un progrès considérable du management, en efficacité et en performance. Mais si au contraire on en abuse pour renforcer le contrôle d'en haut, il en résultera des dommages incalculables, par démoralisation et perte d'efficacité des cadres.

General Electric offre un exemple de l'information au service de l'auto-contrôle.

L'entreprise emploie un service de contrôle spécial, les auditeurs itinérants. Ils examinent à fond chaque unité managériale au moins une fois par an, mais leur rapport est adressé uniquement au manager de l'unité auditée. Le sentiment de confiance en l'entreprise qui s'exprime au premier contact avec les cadres de General Electric résulte directement, cela ne fait aucun doute, de cette pratique – l'information servant à l'auto-contrôle, non au contrôle hiérarchique.

Malheureusement la méthode General Electric n'est guère répandue, ni comprise. Le plus souvent, la pensée gestionnaire s'apparente à celle de l'exemple suivant, pris dans une grande entreprise chimique.

Dans cette compagnie aussi, un service de contrôle audite toutes les unités, mais les rapports ne sont pas adressés aux cadres contrôlés, ils sont réservés au directeur général ; celui-ci convoque alors ses cadres pour les confronter à l'audit de leur activité. Les dégâts qui s'ensuivent sur le moral des troupes, on les mesure au sobriquet qu'elles ont donné au service de contrôle : la Gestapo du patron. En fait, les cadres gèrent de plus en plus leur unité non pour en obtenir la meilleure performance, mais pour donner le meilleur spectacle devant les contrôleurs.

Il ne faudrait pas voir là un plaidoyer contre les contrôles ou en faveur des performances médiocres. Au contraire, le but du management par objectifs et de l'auto-contrôle, c'est avant tout d'obtenir des résultats supérieurs à la moyenne des entreprises d'aujourd'hui. Et chaque cadre doit être tenu strictement responsable de ses résultats. Mais comment il s'y prend pour les obtenir, lui seul en est le maître. Il suffit d'affirmer clairement quel comportement, quelles méthodes l'entreprise s'interdit comme étant immorales, non-professionnelles et malsaines. Dans ces limites, cela dit, chaque cadre doit rester libre de décider ce qu'il a à faire. Et il ne peut être tenu responsable de ses résultats que s'il dispose de toute l'information concernant son activité.

Du bon usage des rapports et des procédures

Le management par auto-contrôle impose que l'on repense complètement l'utilisation des rapports, des procédures et des formulaires.

Rapports et procédures sont des outils indispensables. Mais peu d'outils sont si facilement détournés de leur usage, et peuvent causer autant de dommages. Car si on les utilise mal, ils cessent d'être des outils pour devenir des maîtres vicieux.

Il y a trois façons d'en faire mauvais usage. La première, bien trop répandue, est de croire que les procédures sont des facteurs de moralité. Non, elles concernent exclusivement, par principe, l'économie. Elles ne disent jamais ce qu'il faudrait faire, seulement comment on peut le faire dans de meilleures conditions. Le bon comportement ne saurait être « procéduralisé » (le mot le plus horrible du jargon bureaucratique) ; réciproquement, un bon comportement ne saurait être obtenu grâce à une procédure.

La seconde erreur consiste à faire des procédures un substitut du jugement. Une procédure n'est fonctionnelle que lorsque le jugement n'est plus nécessaire, c'est-à-dire lorsque la situation à gérer a déjà été estimée, testée, et se répète. Notre civilisation souffre d'une croyance superstitieuse en l'effet magique de la formule imprimée – superstition d'autant plus dangereuse qu'elle nous conduit à traiter par une procédure routinière les situations exceptionnelles. En fait, une bonne procédure se reconnaît à ce qu'elle permet rapidement d'identifier, même dans le processus le plus routinier, la situation qui sort du cadre et appelle un traitement et une décision spéciaux, autrement dit un jugement.

L'erreur la plus fréquente, toutefois, consiste à faire des rapports et des procédures les instruments du contrôle « d'en haut ». C'est la caractéristique des rapports destinés à informer l'échelon supérieur – le quotidien dans la vie des entreprises. Un exemple entre mille, c'est celui du directeur d'usine qui doit fournir aux comptables, aux ingénieurs et à l'État-major des dizaines de formulaires portant des informations dont lui-même n'a pas besoin. Résultat, il n'a plus le temps de penser à son véritable travail. Ce qu'on lui demande à seules fins de contrôle finit par lui apparaître comme l'expression même de ce que la compagnie attend de lui, l'essence de son travail; de mauvais gré, il consacre ses efforts à répondre aux contrôles, plutôt qu'à remplir sa fonction. En fin de compte le patron lui-même est dérouté, sinon hypnotisé par la procédure.

Voici quelques années, une grande compagnie d'assurances lançait un vaste programme d'« amélioration du management ». Pour ce faire, on créa un bureau central chargé de contrôler des choses comme les taux de renouvellement, le règlement des réclamations, les coûts de commercialisation, les méthodes de vente, etc. Ce bureau fit un excellent travail, et la direction apprit beaucoup de choses sur la gestion d'une compagnie d'assurances. Mais en fait, la performance n'a pas cessé de se dégrader depuis. Pourquoi ? Parce que les cadres de terrain passaient de plus en plus de temps à rédiger des rapports et de moins en moins à faire leur travail. Pire encore, ils apprirent vite à faire passer la « présentation » avant la performance. Non seulement celle-ci s'effondra, mais le moral encore plus. La direction générale et ses experts finirent par passer pour des ennemis, qu'il convenait de duper ou du moins d'ignorer le plus possible.

Des histoires de ce genre, il en existe une infinité – dans tous les secteurs et dans des entreprises de toutes tailles. Dans une certaine mesure, elles résultent d'une mauvaise conception de ce qu'est un État-major. Mais surtout, elles proviennent d'un mauvais usage des procédures, conçues comme un moyen de contrôle.

Rapports et procédures doivent être réduits au minimum, et utilisés seulement lorsqu'ils épargnent du temps et du travail. Ils doivent être aussi simples que possible.

Le directeur général d'une de nos grandes entreprises raconte l'histoire suivante. Voici quinze ans, il avait absorbé une petite usine indépendante à Los Angeles. L'entreprise faisait 250 000 dollars de profit par an, et le prix avait été fixé sur cette base. Visitant les installations avec l'ancien propriétaire – qu'il avait gardé comme directeur de l'usine – son acquéreur lui posa la question : « Comment déterminez-vous votre barème de prix ? » « Facile, répondit l'autre ; on se place 10 % au-dessous de vos prix à vous. » « Et comment contrôlez-vous vos coûts ? » « Facile ! On sait bien ce que nous coûtent les matières premières et la main-d'œuvre, et combien nous devons produire pour rentrer dans nos frais. » « Mais alors comment contrôlez-vous vos frais généraux ? » Réponse finale : « On s'en fiche ! »

Le patron de la grosse boîte se convainquit aussitôt qu'il pourrait réaliser d'énormes économies en introduisant dans la petite usine un système de contrôle sérieux. Or un an plus tard, les profits tombaient à 125 000 dollars. Les ventes étaient restées stables, les prix aussi, mais les procédures complexes avaient dévoré la moitié des bénéfices.

Toute entreprise a le devoir de vérifier régulièrement l'utilité des rapports et des procédures en vigueur. Au moins une fois tous les cinq ans, chaque formulaire doit subir un examen fatal. Il m'est arrivé de suggérer une mesure encore plus drastique dans une vieille affaire de services publics, où les rapports et formulaires, proliférant comme la forêt amazonienne, menaçaient d'étrangler la vie même de l'entreprise. Je proposai d'interrompre pendant deux mois toute production de rapports, et de ne reprendre celle-ci que sur la demande expresse des cadres concernés. Résultat, la paperasserie fut réduite des trois-quarts.

Rapports et procédures n'ont d'intérêt que dans les secteurs-clés, pour mesurer la performance nécessaire et les résultats. À vouloir tout contrôler, on ne contrôle plus rien. Et à vouloir contrôler l'inutile, on est sûr de s'égarer.

Il importe enfin que les rapports et les procédures soient utiles à celui qui les remplit, et ne servent jamais à mesurer sa performance. Aucun homme ne doit jamais être jugé sur la qualité des formulaires qu'il remplit – sauf l'employé affecté à cette tâche ; il doit seulement être jugé sur sa performance de production. La seule façon de s'en assurer, c'est de ne pas lui demander d'autres rapports que ceux dont il a personnellement besoin pour son travail.

Une philosophie du management

Ce dont toute entreprise a besoin, c'est d'un système de management assurant aux individus le maximum de pouvoir et de responsabilité, tout en définissant une orientation commune des efforts et de la vision, en organisant le travail d'équipe et en harmonisant les buts individuels avec le bien commun.

Le seul système capable d'y parvenir est le management par objectifs et l'auto-contrôle. Ce système fait du bien commun l'objectif de chaque manager. Au contrôle de l'extérieur, il substitue un contrôle de l'intérieur, beaucoup plus strict, plus exigeant et plus efficace. Il pousse le cadre à agir non parce que quelqu'un lui a dit ce qu'il fallait faire, ou l'y a contraint, mais parce que les besoins objectifs de sa tâche l'exigent. Cet homme agira non parce qu'un autre l'a voulu ainsi, mais parce qu'il a décidé lui-même qu'il devait le faire – autrement dit, il agira en homme libre.

Dans les milieux du management, on emploie aujourd'hui avec délectation le mot de philosophie. J'ai même vu un texte, sous la plume d'un directeur général-adjoint, où il était question de la « philosophie de la gestion des bons de commande » (le mot philosophie signifiant ici, m'a-t-il semblé, que ces bons devaient être établis en triple exemplaire). Mais le management par objectifs et l'auto-contrôle, oui, peuvent à bon droit être considérés comme une philosophie du management. Elle conceptualise ce qu'est la fonction de gestion ; elle s'appuie sur la connaissance du comportement, des mobiles et de la motivation des hommes ; elle s'applique enfin à tous les cadres, quels que soient leur niveau et leur fonction, et à toutes les entreprise, grandes ou petites. Elle assure la performance en transformant des nécessités objectives en buts personnels. C'est la définition même de la liberté – la liberté dans le cadre de la loi.

9
Choisir les personnes

LES MANAGERS PASSENT le plus clair de leur temps à diriger leurs ressources humaines et à prendre des décisions les concernant – et il le faut. Il n'existe pas de décisions aux effets plus durables et plus difficiles à annuler. Et pourtant, dans l'ensemble, les dirigeants prennent d'assez médiocres décisions concernant la dotation en effectifs et la promotion des salariés. Selon l'opinion générale, la moyenne de leurs « coups réussis » ne dépasse pas 0,333 : tout au plus un tiers de ces décisions s'avèrent bonnes, un tiers sont à peine efficaces et un tiers des échecs complets.

Dans aucun autre domaine managérial nous ne tolérerions des résultats si lamentables. D'ailleurs, nous ne sommes pas obligés de les accepter ni ne le devrions. Certes, les managers qui prennent des décisions liées aux ressources humaines ne seront jamais parfaits, mais la moyenne de leurs « coups réussis » devrait s'approcher de 1 – surtout que dans nul autre domaine managérial nous n'en savons autant.

Certaines décisions concernant les ressources humaines ont toutefois frôlé la perfection. À l'époque de Pearl Harbor, tous les commandants en chef de l'armée américaine étaient trop âgés. Bien qu'aucun des jeunes soldats n'ait été testé au combat ou à un commandement de troupes important, les États-Unis sont sortis de la Seconde Guerre mondiale avec le plus grand corps de généraux compétents jamais possédé par une armée. George Marshall, le chef d'état-major de l'armée, avait personnellement choisi chaque homme. Tous ne furent pas excellents, mais quasiment aucun ne fut franchement mauvais.

Au cours des quarante années où il fut à la tête de General Motors, Alfred Sloan Jr a sélectionné chaque responsable de la société – des ingénieurs d'exploitation, contrôleurs, chefs d'ingénierie et mécaniciens qualifiés à la division la plus petite et la plus insignifiante. Vu les normes actuelles, la vision et les valeurs de Sloan peuvent sembler étroites. Elles l'étaient. Il ne s'intéressait qu'aux performances de GM. Néanmoins, il a toujours su parfaitement placer ses salariés aux postes qui leur convenaient.

Les principes de base

Il n'existe pas de juge infaillible des hommes, du moins pas avant d'avoir franchi les portes du Paradis. Il existe toutefois quelques dirigeants qui prennent au sérieux et travaillent leurs décisions.

Marshall et Sloan étaient aussi différents que peuvent l'être deux êtres humains, mais ils respectaient les mêmes principes :

- Si je confie un poste à une personne qui ne fait pas l'affaire, je me suis trompé. Je n'ai pas à blâmer cette personne ni à invoquer le « principe de Peter » ni à me plaindre. J'ai fait une erreur, c'est tout.
- « Le soldat a droit à un supérieur compétent », telle était déjà la maxime à l'époque de Jules César. C'est le devoir des dirigeants de s'assurer que les différents responsables au sein de l'organisation obtiennent de bons résultats.
- Parmi toutes les décisions prises par un dirigeant, les plus importantes concernent les ressources humaines, car ce sont elles qui déterminent la capacité de réussite de l'organisation. Par conséquent, j'ai intérêt à prendre les bonnes décisions dans ce domaine.
- Attention : ne donnez pas de missions importantes à de nouveaux salariés, car cela ne fait qu'augmenter les risques. Donnez ce type de mission à quelqu'un dont vous connaissez le comportement et les habitudes, que vous savez digne de confiance. Placez d'abord un jeune diplômé à un poste routinier où les attentes sont connues et l'encadrement disponible.

Les étapes d'une décision

Comme il n'existe que quelques principes de base, il n'existe que quelques étapes importantes à respecter pour aboutir à des décisions efficaces concernant les ressources humaines :

Examiner en détail la mission. Les descriptions de poste peuvent durer longtemps. Dans une grande entreprise manufacturière, par exemple, le profil du poste de directeur général de division n'a guère changé depuis que la société a commencé à se décentraliser il y a trente ans. Celui des évêques de l'Église catholique romaine n'a pas changé du tout depuis la première codification du droit canon au 13e siècle. Mais les missions assignées ne cessent de changer, et ce de façon imprévisible.

Au début des années 1940, j'ai dit à Alfred Sloan qu'il semblait passer énormément de temps à réfléchir sur l'attribution d'un poste assez subalterne – directeur général des ventes d'une petite division auxiliaire – avant de choisir parmi trois candidats de profil identique. « Examinez la mission les dernières fois où nous avons dû pourvoir le même poste », me répondit Sloan. Et à ma grande surprise, je découvris que le contenu de la mission différait à chaque fois.

Avant de placer un homme au poste de commandant de division au cours de la Seconde Guerre mondiale, George Marshall considérait d'abord la nature de la mission pour les 18 mois ou deux ans suivants. Créer et entraîner une division est une chose. La mener au combat en est une autre. Prendre le commandement d'une division qui a été malmenée et lui remonter le moral tout en renforçant les effectifs en est encore une autre.

Lorsqu'il s'agit de sélectionner un nouveau directeur régional des ventes, le responsable doit d'abord connaître l'essentiel de la mission : Recruter et former de nouveaux vendeurs, parce que, disons, la force de vente actuelle approche de la retraite ? Ou s'agit-il de conquérir de nouveaux marchés parce que les produits de la société, bien que performants avec des industries régionales très traditionalistes, ont été incapables de pénétrer de nouveaux marchés en pleine croissance ? Ou s'agit-il d'imposer sur le marché les nouveaux produits de la société, parce que le gros des ventes est toujours réalisé par des produits vieux de vingt-cinq ans ? Chacune de ces questions implique des missions différentes qui nécessitent des profils différents.

Étudier un certain nombre de candidats potentiels. Le mot clé est ici « nombre ». Les diplômes constituent un minimum requis – leur absence est rédhibitoire. Tout aussi important : le candidat et la mission doivent coïncider. Pour prendre une décision efficace, un dirigeant doit passer au crible de trois à cinq candidats.

Savoir comment passer au crible les candidats. Une fois que le dirigeant a étudié la mission, il comprend ce qu'un candidat devra faire en priorité avec un effort ciblé. La question essentielle n'est pas : « Que peut faire ou ne pas faire ce candidat ? » mais plutôt : « Quelles sont ses qualités et s'agit-il des qualités requises pour cette mission ? » Les défauts sont des bémols qui peuvent, bien sûr, éliminer un candidat. Par exemple, une personne peut être extraordinairement compétente pour les aspects techniques de la mission ; mais s'il est absolument nécessaire de savoir former une équipe et que cette qualité manque, alors ce n'est pas la personne qu'il faut.

Mais les dirigeants efficaces ne commencent pas par considérer les défauts. Ce ne sont pas les faiblesses mais les atouts qui font les performances. Marshall et Sloan étaient tous les deux très exigeants, mais ils savaient que l'essentiel est la capacité à remplir sa mission. Si cette capacité existe, l'entreprise peut toujours faire le reste. Sinon, le reste est inutile.

Si, par exemple, une division avait besoin d'un officier pour une mission d'entraînement, Marshall recherchait des hommes capables de faire de ces recrues des soldats. Ceux qui réussissaient cette mission avaient généralement de sérieuses faiblesses dans d'autres domaines. L'un n'excellait pas particulièrement en tactique et se montrait carrément nul lorsqu'il s'agissait de stratégie. Un autre avait une fièvre aphteuse et rencontrait des difficultés avec la presse. Un troisième était vaniteux, arrogant, narcissique et se disputait constamment avec son commandant. Là n'est pas la question. La question est : Cet homme peut-il entraîner des recrues ? Si oui – et s'il est le meilleur dans ce domaine – le poste est à lui.

Lors du choix de leurs ministres, Franklin Roosevelt et Harry Truman disaient en effet : « Peu importent les défauts personnels. Dites-moi d'abord ce que chacun est capable de faire. » Et ce n'est pas un hasard si ces deux présidents ont eu les meilleurs ministres de l'histoire américaine du 20e siècle.

Discuter de chacun des candidats avec plusieurs personnes qui ont travaillé avec eux. Le jugement d'un dirigeant ne suffit pas. Nous avons tous des premières impressions, des préjugés, des sympathies et des antipathies, c'est pourquoi nous devons écouter ce que d'autres pensent. Lorsque l'armée choisit des généraux ou l'Église catholique des évêques, les discussions approfondies constituent une étape formelle de leur processus de sélection. Pour les dirigeants efficaces, c'est une étape informelle. Hermann Abs, l'ancien directeur de la Deutsche Bank, sélectionna davantage de directeurs généraux performants que quiconque. Il choisit personnellement la plupart des hauts dirigeants à l'origine du « miracle économique » allemand de l'après-guerre et sélectionna d'abord chacun d'eux d'un commun accord avec d'anciens patrons ou collègues du candidat.

S'assurer que le candidat retenu comprend sa mission. Le candidat retenu qui occupe son nouveau poste depuis trois ou quatre mois doit se concentrer sur les exigences de son nouveau travail plutôt que sur celles de sa précédente mission. C'est la responsabilité du dirigeant de faire venir la personne et de lui dire : « Vous êtes directeur régional des ventes depuis trois mois. Que devez-vous faire pour réussir dans votre nouvelle mission ? Pensez-y sérieusement et revenez me voir dans une semaine ou dix jours après avoir mis par écrit le fruit de vos réflexions. Mais je peux vous dire tout de suite une chose : ce que vous avez fait pour obtenir cette promotion est très probablement ce qu'il ne faut pas faire aujourd'hui. »

Si vous sautez cette étape, ne reprochez pas au candidat retenu ses mauvais résultats. Vous ne devez vous en prendre qu'à vous-même. Vous avez échoué dans votre devoir de dirigeant.

Les promotions ratées – et Dieu sait si ce gâchis est habituel dans les équipes managériales américaines – ont une seule cause majeure : l'absence de réflexion approfondie et d'aide à la réflexion approfondie sur les exigences d'un nouveau poste.

Exemple typique : l'un de mes anciens étudiants, brillant, me téléphone il y a quelques mois, au bord des larmes. « J'ai eu ma vraie première chance il y a un an, me dit-il. Ma société m'avait promu directeur technique. Et aujourd'hui je suis viré. Pourtant, j'ai bossé mieux que jamais. J'ai conçu trois nouveaux produits à succès que l'on va faire breveter. »

Il est normal de se dire : « J'ai dû faire du bon travail, sinon je n'aurais pas décroché cette promotion. Par conséquent, je dois faire plus que ce que j'ai fait pour l'obtenir maintenant que je l'ai ». La plupart des individus ne « sentent » pas qu'un travail nouveau et différent nécessite un comportement nouveau et différent. Il y a près de cinquante ans, un de mes patrons m'obligea à me remettre en question pendant quatre mois après m'avoir promu à un poste offrant de plus hautes responsabilités. S'il ne m'avait pas convoqué, j'aurais continué à faire ce que j'avais toujours fait. Il comprit – et je l'en remercie – qu'il se devait de me montrer qu'un nouveau poste nécessitait un comportement, des priorités et des rapports humains différents.

Les décisions à haut risque

Même si les dirigeants respectent toutes ces étapes, certaines de leurs décisions liées aux ressources humaines échoueront toujours. Il s'agit, pour la plupart, de décisions à haut risque qui, néanmoins, doivent être prises.

Par exemple, le choix des managers dans des services techniques – laboratoire de recherche, département d'ingénierie ou service du contentieux d'une entreprise – représente une décision à haut risque. Les professionnels n'acceptent pas facilement comme patron quelqu'un dont ils ne respectent pas les références dans le domaine. Pour sélectionner un directeur technique, il faut donc choisir uniquement parmi les meilleurs ingénieurs du département. Toutefois, il n'existe aucun rapport (si ce n'est négatif) entre la performance d'un ingénieur de terrain et celle d'un manager. Cela vaut également pour un chef d'exploitation ultra performant promu cadre d'état-major ou pour un expert d'état-major affecté à un poste opérationnel. De par leur tempérament, ceux qui travaillent sur le terrain ne supportent généralement pas les tensions, les frustrations ni les relations d'un poste d'état-major, et vice-versa. Le meilleur directeur régional des ventes peut devenir totalement inefficace s'il est promu aux études de marché, aux prévisions de ventes ou à la fixation des prix.

Nous ignorons comment évaluer ou prévoir si le tempérament d'une personne conviendra à un nouvel environnement. Seule l'expérience nous l'apprend. Si le passage d'un poste à un autre se passe mal, le responsable doit se débarrasser au plus vite de la personne qui n'est pas adaptée au poste en question. Mais ce responsable doit également se dire : « J'ai fait une erreur et c'est mon devoir de la corriger. » Garder une personne inadaptée au poste qu'elle occupe, ce n'est pas de la gentillesse, c'est de la cruauté. Mais il ne s'agit pas non plus de renvoyer la personne. Une entreprise peut toujours avoir besoin d'un bon ingénieur, d'un bon analyste, d'un bon directeur commercial. Ce qu'il faut faire – et cela fonctionne dans la majorité des cas –, c'est réintégrer la personne inapte au nouveau poste dans ses anciennes fonctions ou lui proposer un poste équivalent.

Les décisions liées aux ressources humaines peuvent également échouer parce qu'un poste est devenu ce que les officiers supérieurs de la marine de la Nouvelle-Angleterre appelaient il y a cent cinquante ans un « faiseur de veuve ». Lorsqu'un clipper – bien ou mal conçu et construit, peu importe – commençait à avoir des « accidents » fatals, les propriétaires n'envisageaient ni de le concevoir autrement ni de le reconstruire. Ils le démolissaient au plus vite.

Les faiseurs de veuve, c'est-à-dire les postes qui font régulièrement échouer même les meilleurs, apparaissent le plus souvent lorsqu'une entreprise se développe ou se transforme rapidement. Par exemple, dans les années 1960 et au début des années 1970, le poste de « vice-président international » dans les banques américaines devint un faiseur de veuve. Ce poste avait toujours été facile à occuper. Il avait longtemps été considéré comme un poste qui pouvait être pourvu, en toute sécurité, par les « moins performants », qu'on croyait capables, ici, de bonnes performances. Puis, soudain, le poste commença à faire échouer les titulaires les uns après les autres. Avec le recul, on sait aujourd'hui ce qui est arrivé : cette activité internationale était devenue rapidement, et contre toute attente, partie intégrante du business quotidien des grandes banques et de leurs entreprises clientes. Ce qui, jusque là, avait été un job facile, devint un « non job », une impossibilité.

À chaque fois qu'un poste fait échouer deux titulaires d'affilée qui, précédemment, avaient obtenu de bons résultats, l'entreprise tient là un faiseur de veuve. Inutile alors que le responsable demande au chasseur de têtes de trouver un génie universel. Il faut supprimer le poste. Tout poste sur lequel des individus habituellement compétents se cassent les dents est un poste impossible à pourvoir. Si on ne le transforme pas, il fera échouer le troisième titulaire tout comme les deux premiers.

Prendre les bonnes décisions relatives aux ressources humaines constitue le meilleur moyen de bien diriger une organisation. De telles décisions nous révèlent les compétences de l'équipe managériale, ses valeurs, et si elle prend sa mission au sérieux. Quoi que les dirigeants fassent pour garder leurs décisions secrètes – et Dieu sait s'ils font tout leur possible – les décisions impliquant des hommes et des femmes ne peuvent être tenues secrètes. Elles crèvent les yeux.

Les cadres sont souvent incapables de juger si un changement stratégique est une bonne chose ou pas. Et ils ne s'en préoccupent pas forcément. « Je ne sais pas pourquoi nous achetons cette entreprise en Australie, mais cela n'aura aucune incidence sur ce que nous faisons ici à Fort Worth », telle est la réaction la plus fréquente. Mais lorsque ces mêmes cadres lisent que « Joe Smith a été promu contrôleur de la division XYZ », ils connaissent généralement mieux Joe que les hauts dirigeants. Ceux-ci devraient pouvoir dire, « Joe mérite cette promotion ; c'est un excellent choix – exactement la personne dont la division a besoin pour adapter ses contrôles à sa croissance rapide. »

Si, toutefois, Joe a été promu parce qu'il est un parfait intrigant, tout le monde le saura. Ils se diront tous : « OK, c'est ce qu'il faut faire pour obtenir une promotion dans cette société. » Ils mépriseront leurs managers qui les forcent à cette attitude, et soit ils démissionneront, soit ils finiront par s'adapter. Nous savons depuis longtemps qu'au sein d'une organisation les individus tendent à se comporter comme ceux qui sont récompensés. Et lorsqu'on récompense l'absence de performance, la flatterie ou l'opportunisme, il faut s'attendre à ce que l'organisation tombe bientôt dans ces mêmes travers.

Les managers qui ne s'efforcent pas de prendre les bonnes décisions quant à leur personnel risquent davantage que de piètres performances. Ils risquent de perdre le respect que l'organisation leur témoigne.

10
L'entreprise privée et l'esprit d'entreprise

« LES GRANDES ENTREPRISES N'INNOVENT PAS », entend-on le plus souvent. Cela semble en effet assez plausible. Les principales innovations de ce siècle ne sont pas venues des grandes sociétés bien établies. Les chemins de fer n'ont pas donné naissance à l'automobile ou au camion, ils n'ont même pas essayé. Et malgré les tentatives des grands constructeurs automobiles (Ford et General Motors ont été des précurseurs de l'aviation et de l'industrie aérospatiale), les grandes sociétés aéronautiques et les grandes compagnies aériennes d'aujourd'hui sont toutes devenues des entreprises indépendantes. Les géants de l'industrie pharmaceutique sont pour l'essentiel des entreprises qui, soit n'existaient pas il y a cinquante ans quand on a commencé à produire les premiers médicaments modernes, soit n'étaient que des petites sociétés. Tous les géants de l'industrie électrique (General Electric, Westinghouse, RCA aux États-Unis, Siemens et Philips en Europe, Toshiba au Japon) se sont précipités dans l'informatique au cours des années 1950. Pas un seul n'a réussi. Le marché est dominé par IBM, qui, il y a quarante ans, était à peine une société moyenne et en aucun cas une entreprise de haute technologie.

Malgré cela, le consensus général qui laisse entendre que les grandes entreprises n'innovent pas et ne peuvent pas innover n'est même pas une demi-vérité, c'est une méprise.

Il faut tout d'abord prendre en compte les multiples exceptions concernant de grandes entreprises qui ont fait œuvre d'entrepreneur et d'innovateur. Johnson & Johnson aux États-Unis dans le secteur de l'hygiène et de la santé ; 3M dans l'ingénierie de pointe pour l'industrie et les particuliers ; Citibank, la plus grande institution financière privée du monde, aujourd'hui plus que centenaire, qui fut un des principaux innovateurs du secteur bancaire et financier. En Allemagne, les innovations dans l'industrie pharmaceutique de Hoechst, une des plus grandes sociétés de produits chimiques mondiales qui a plus de cent vingt-cinq ans, ont été couronnées de succès.

Il est, en outre, inexact que la grandeur d'une entreprise soit un obstacle à l'esprit d'entreprise et à l'innovation. Dans les discussions sur l'esprit d'entreprise, on entend beaucoup parler de la « bureaucratie » et du « conservatisme » des grandes sociétés. Tous deux existent bien sûr, et constituent des obstacles considérables à l'esprit d'entreprise, à l'innovation et à toutes les autres fonctions de l'entreprise. L'histoire démontre pourtant très clairement qu'en ce qui concerne les entreprises existantes, sociétés privées ou services publics, les plus petites sont celles qui font le moins preuve d'esprit d'entreprise et d'innovation. On compte un nombre important de grandes entreprises parmi les entrepreneurs privés actuels. La liste ci-dessus pourrait facilement compter une centaine d'entreprises du monde entier, et de nombreux grands établissements figureraient sur une liste des services publics qui ont fait leurs preuves dans le domaine de l'innovation.

Ce n'est pas la grandeur qui fait obstacle à l'esprit d'entreprise et à l'innovation. C'est le fonctionnement existant, et tout particulièrement le *bon* fonctionnement. Il est plus facile à une grande entreprise, ou du moins à une entreprise assez grande, de surmonter un tel obstacle qu'à une petite entreprise. Le fonctionnement d'une usine de fabrication, d'une technique, d'une gamme de produits, d'un réseau de distribution, exige un effort constant et une attention sans relâche. La seule chose que l'on peut garantir à toute forme d'activité est la crise quotidienne, qui ne peut être repoussée, qui doit être réglée immédiatement. L'activité existante exige et mérite la priorité absolue. La nouveauté semble toujours si petit, si frêle, si peu prometteuse par rapport à la stature et aux résultats de la maturité.

Là où les idées reçues font fausse route, c'est en laissant croire que l'innovation et l'esprit d'entreprise sont des phénomènes « naturels », « créateurs », « spontanés ». C'est en supposant que quelque chose les réprime s'ils n'apparaissent pas naturellement au sein de l'entreprise. Le fait que seule une minorité d'entreprises existantes réussisse à innover et à entreprendre devient alors la preuve indéniable que l'ancienneté étouffe l'esprit d'entreprise. L'esprit d'entreprise n'est ni naturel, ni créateur. C'est le fruit d'un travail. On aboutit alors à une conclusion exacte, qui se situe à l'opposé de l'opinion couramment admise. Le fait qu'un grand nombre d'entreprises existantes, dont une bonne partie de moyennes, grandes et très grandes entreprises, réussissent à innover et à entreprendre prouve que l'innovation et l'esprit d'entreprise sont à la portée de toutes les entreprises. On doit avoir conscience qu'on ne peut les obtenir sans tout mettre en œuvre. On peut les apprendre, mais pas sans effort. Les entrepreneurs traitent l'esprit d'entreprise comme un devoir. Ils sont formés à cette discipline, ils la travaillent, la gèrent, la pratiquent.

Les structures

Les gens travaillent dans des structures.

Pour être en mesure d'innover, une entreprise doit créer une structure qui permette aux gens de faire œuvre d'entrepreneur. Elle doit concevoir des modes de relations centrés autour de l'esprit d'entreprise. Elle doit s'assurer que ses systèmes de rémunération, d'encouragement et de primes, ses politiques et ses décisions à l'égard du personnel encouragent les comportements d'entrepreneur et ne les pénalisent pas.

1. Cela signifie avant tout que la nouveauté et l'esprit d'entreprise doivent s'organiser à l'écart de l'ancien et de l'existant. Se servir de ce qui existe pour véhiculer le neuf nous a toujours conduits à l'échec. C'est bien sûr particulièrement vrai des grandes sociétés, mais vaut également pour les moyennes et même les petites entreprises.

La raison d'un tel phénomène est que ce qui existe déjà demande du temps et des efforts à ceux qui en ont la responsabilité, et mérite la priorité qu'ils lui accordent. La nouveauté semble si ténue, si peu sûre quand on la compare à la réalité d'une grande entreprise en pleine activité. L'entreprise existante doit évidemment entretenir le combat pour l'innovation. Mais l'entreprise d'aujourd'hui doit aussi savoir gérer une situation de « crise ». Ses responsables auront donc toujours tendance à repousser les mesures à prendre à l'égard de tout ce qui est nouveau, tout ce qui relève de l'innovation et de l'esprit d'entreprise, jusqu'à ce qu'il soit trop tard. Quelles que soient les tentatives faites jusqu'à ce jour, et l'on a essayé tous les mécanismes possibles depuis trente ou quarante ans, les unités économiques existantes se sont révélées avant tout capables d'étendre, de modifier et d'adapter ce qui existe déjà. La nouveauté se situe ailleurs.

2. Cela signifie également que la nouveauté doit disposer d'un lieu spécifique au sein de l'entreprise, et de préférence au plus haut niveau. Même si la nouveauté – de par ses dimensions, son importance, ses revenus et ses marchés actuels – ne saurait rivaliser avec les produits existants, un des responsables de l'équipe dirigeante doit avoir la tâche spécifique de travailler, d'innover et d'entreprendre pour l'avenir.

Ce ne doit pas nécessairement être un poste à plein temps, et ne pourrait souvent pas l'être dans une petite entreprise. Mais ce doit être une tâche clairement assignée à une personne dont l'autorité et la réputation la qualifient pleinement.

Un nouveau projet n'est qu'un « jeune enfant », appelé à le rester dans l'avenir proche. La place des jeunes enfants est à la nursery, pas avec les adultes. Les adultes, c'est-à-dire les managers chargés des affaires et des produits existants, n'auront ni le temps ni les moyens de s'intéresser et de comprendre le projet « en bas âge ». Ils ne peuvent pas s'offrir le luxe d'être dérangés.

Un grand fabricant de machines-outils a perdu sa position dominante sur le marché de la robotique pour n'avoir pas respecté cette règle.

Cette société disposait des brevets essentiels pour certaines machines-outils de production automatisée en série. Elle avait les meilleures techniques, une excellente réputation et une fabrication de toute première qualité. Chacun la voyait devenir le leader du marché dans les premières années de l'automatisation industrielle, aux alentours de 1975. Dix ans plus tard, elle n'était plus du tout dans la course. Cette entreprise avait placé les services chargés du développement des machines-outils pour la production automatisée à trois ou quatre niveaux inférieurs de la hiérarchie, et les avaient mis sous le contrôle des responsables de la conception, de la fabrication et de la vente des machines traditionnelles de la société. Ces personnes étaient parfaitement favorables à l'automatisation, et avaient même été à l'origine du développement de la robotique dans l'entreprise. Mais elles étaient bien trop occupées à défendre leurs produits traditionnels face à une concurrence de plus en plus forte (japonaise en particulier). Ils devaient améliorer leur conception pour les adapter aux nouvelles spécifications techniques, assurer leur démonstration, leur commercialisation, leur financement et leur entretien. Chaque fois que les responsables des machines automatisées venaient voir leurs supérieurs hiérarchiques, ils s'entendaient répondre : « Je n'ai pas le temps aujourd'hui. Nous verrons ça la semaine prochaine. » La robotique n'était finalement qu'une « promesse d'avenir ». La production existante de machines-outils rapportait des millions de dollars chaque année.

Ce type d'erreur est malheureusement tout à fait courant.

La meilleure et peut-être la seule manière de ne pas étouffer la nouveauté est d'organiser dès le départ le projet d'innovation comme une activité indépendante.

Les utilisateurs les plus réputés de cette méthode sont trois sociétés américaines : Procter & Gamble, fabricant de savons, détergents, huiles de cuisine et de denrées alimentaires, est une très grande société et un entrepreneur extrêmement offensif ; Johnson & Johnson, spécialisé dans le secteur de l'hygiène et de la santé et 3M, un des grands fabricants de produits industriels et de biens de consommation. Si les applications pratiques sont parfois différentes, ces trois entreprises ont fondamentalement adopté la même politique. Elles organisent dès le début un nouveau projet comme une activité indépendante et nomment un « directeur de projet ». Celui-ci reste responsable du projet jusqu'à ce qu'il ait atteint ses objectifs : le projet est soit devenu une activité à part entière, soit au contraire abandonné. Jusque-là, le directeur de projet peut mobiliser toutes les compétences nécessaires (recherche, fabrication, financement, commercialisation) autour de son équipe et les appliquer à son projet.

3. Il existe une raison supplémentaire pour laquelle un projet d'innovation doit être organisé séparément : pour lui ôter les charges qu'il ne saurait supporter. Les investissements consacrés à une nouvelle gamme de produits et leur taux de rendement ne devraient, par exemple, pas figurer dans les calculs de rentabilité des investissements avant plusieurs années de présence sur le marché. Demander à un projet naissant de supporter toutes les charges qu'une entreprise en pleine activité impose à ses différents services revient à demander à un enfant

de six ans de partir en randonnée avec un sac de trente kilos. Ni l'un ni l'autre n'iront très loin. Malgré cela, l'entreprise en activité a des obligations en matière de comptabilité, de politique à l'égard du personnel et de communication de toute sorte auxquelles il n'est pas facile de déroger.

Le projet d'innovation et le service qui en est responsable ont besoin de politiques, de règlements et de calculs différents.

J'ai appris cela il y a de nombreuses années dans une grande société de produits chimiques. Tout le monde savait qu'un des départements centraux de l'entreprise devait fabriquer de nouveaux produits pour rester dans la course. Les programmes étaient prêts, les recherches avaient été faites, et rien n'arrivait. Il y avait chaque année une bonne raison. Jusqu'au jour où le directeur général de ce département a pris la parole lors d'une réunion d'évaluation. « Mon équipe dirigeante et moi-même sommes rémunérés essentiellement sur la base de la rentabilité des investissements. Quand nous investissons pour développer de nouveaux produits, notre rentabilité diminue de moitié, pendant au moins quatre ans. Même si je suis encore ici dans quatre ans, quand ces investissements commenceront à être rentables (et je doute que l'entreprise me garde aussi longtemps avec des bénéfices aussi faibles), j'ôte le pain de la bouche de tous mes collaborateurs pendant toute cette période. Est-il raisonnable de nous demander de travailler dans ces conditions ? » Le système fut modifié, les dépenses de recherche et développement furent retirées des calculs de rentabilité d'investissement. Les nouveaux produits arrivèrent sur le marché au bout de dix-huit mois et permirent à ce département de prendre (et de conserver) le leadership deux ans plus tard. En l'espace de quatre ans, le département multiplia ses bénéfices par deux.

Les interdits

Il existe également un ensemble de choses à ne pas faire en matière de management d'entrepreneur au sein de l'entreprise existante.

1. La plus importante de toutes consiste à ne pas mélanger les services de direction et ceux d'innovation. Il ne faut jamais intégrer les activités d'entrepreneur dans une structure de direction, il ne faut pas faire de l'innovation un objectif pour des gens chargés de gérer, d'exploiter et d'optimiser ce qui existe déjà.

Il est tout aussi peu recommandable pour une entreprise de chercher à faire œuvre d'entrepreneur sans changer ses politiques et ses pratiques essentielles. C'est même une quasi-garantie d'échec. Entreprendre à la marge fonctionne rarement.

Dans les dix ou quinze dernières années, bon nombre de grandes sociétés américaines ont essayé de s'associer avec des entrepreneurs. Aucune de ces tentatives n'a réussi. Les entrepreneurs se sentirent coincés par les politiques, les règlements, par le « climat » de la grosse entreprise qu'ils jugeaient bureaucratique, pesant et réactionnaire. Parallèlement, leurs partenaires des grandes sociétés ne pouvaient comprendre ce que les entrepreneurs essayaient de faire, et les jugeaient indisciplinés, extravagants et illuminés.

En règle générale, les grandes sociétés n'ont réussi à entreprendre qu'en faisant appel à leurs propres personnels pour réaliser les nouveaux projets. Ils ont réussi à condition de travailler avec des gens qu'ils comprennent et qui les comprennent, avec des gens en qui ils ont confiance, qui savent comment se font les choses au sein de l'entreprise, des gens, en résumé, avec qui l'on peut travailler en partenaires. Cela suppose que la société est tout entière pénétrée de l'esprit d'entreprise, qu'elle recherche l'innovation, va la chercher là où elle est, voit en elle une nécessité et une opportunité. Cela suppose que l'entreprise soit avide de choses nouvelles.

2. Les efforts d'innovation qui entraînent l'entreprise en dehors de son propre terrain sont rarement couronnés de succès. L'innovation doit éviter de devenir « diversification ». Quels que soient les avantages de la diversification, ils ne se conjuguent pas avec l'innovation et l'esprit d'entreprise. La nouveauté est toujours suffisamment difficile pour ne pas la risquer dans des domaines que l'on ne connaît pas. Une entreprise innove là où elle a du savoir-faire, où elle connaît le marché ou la technologie. Tout ce qui est nouveau rencontrera des difficultés, et c'est là qu'il faut connaître son affaire. La diversification elle-même fonctionne rarement, sauf s'il y a un rapport d'affinité avec l'entreprise existante, que ce soit au niveau du marché ou des techniques. Même dans ces conditions, j'ai déjà démontré que la diversification avait ses propres problèmes, ses exigences et ses limites. Mais si l'on ajoute les difficultés et les limites de l'esprit d'entreprise à celles de la diversification, le résultat est un désastre assuré. On peut seulement innover dans les domaines que l'on connaît bien.

3. Il est presque toujours vain de vouloir racheter les petites affaires d'entrepreneurs pour éviter d'entreprendre soi-même. Les absorptions fonctionnent rarement sauf si l'entreprise qui rachète est disposée à apporter rapidement l'encadrement indispensable à la société rachetée. Les managers de cette société restent rarement longtemps en place. S'ils étaient propriétaires, ils sont devenus riches ; s'ils étaient employés, ils ne resteront dans la nouvelle entreprise que s'ils disposent d'opportunités beaucoup plus favorables. En l'espace d'un ou deux ans, l'acquéreur doit apporter l'encadrement indispensable à la gestion de la nouvelle entreprise. Ceci est tout particulièrement vrai lorsqu'un non-entrepreneur rachète un entrepreneur. La direction de la société nouvellement acquise découvre rapidement qu'elle ne peut pas travailler avec les responsables de la maison-mère, et réciproquement. Je ne connais personnellement aucun exemple « d'absorption » qui ait réussi.

Une société qui veut se donner les moyens d'innover, qui veut faire œuvre d'entrepreneur, qui veut réussir et prospérer dans une époque de mutation rapide, doit organiser son propre management d'entrepreneur. Elle doit adopter les politiques qui donneront le désir d'innover à la société tout entière, qui développeront l'esprit d'entreprise et l'innovation. Pour accéder au rang d'entrepreneur, une société, grande ou petite, doit être gérée comme une société ouverte à l'esprit d'entreprise.

11
La création d'entreprise

Dans l'entreprise existante – société commerciale ou service public –, le terme dominant de l'expression « management d'entrepreneur » est « entrepreneur ». Dans l'entreprise nouvellement créée, le mot clé est « management ». Dans l'entreprise existante, le plus grand obstacle à l'esprit d'entreprise est précisément ce qui existe déjà. Dans la nouvelle entreprise, c'est l'absence de structures existantes.

La nouvelle entreprise a une idée, elle a peut-être un produit ou un service, elle peut même déjà avoir un volume de ventes, parfois substantiel. Elle supporte certainement des coûts, obtient des recettes et dégage peut-être un bénéfice. Elle dispose donc d'une activité, d'un « présent » organisé. Les gens savent où ils vont, ce qu'ils ont à faire et quels résultats l'on doit, ou l'on devrait, obtenir. Mais faute de développer une affaire stable et une gestion adéquate, la nouvelle entreprise est condamnée d'avance, aussi excellente que soit son projet d'entrepreneur, quels que soient les fonds dont elle ait pu disposer, la qualité de sa production ou même l'importance de la demande pour ses produits.

Le refus d'accepter cette réalité a ruiné chaque nouvelle entreprise créée par le plus grand inventeur du 19e siècle, Thomas Edison. Son ambition était de réussir dans les affaires et de diriger une grande société. Il aurait dû y arriver car c'était un merveilleux organisateur. Il avait, par exemple, prévu exactement à quoi devait correspondre une centrale électrique afin de permettre l'exploitation de l'ampoule électrique qu'il avait inventée. Il savait parfaitement comment obtenir les capitaux nécessaires à chacune de ces nouvelles entreprises. Ses produits remportèrent un succès immédiat, et profitèrent d'une demande pratiquement inépuisable. Edison n'a pourtant jamais été autre chose qu'un entrepreneur, ou plus exactement, il a toujours cru que « gérer » une affaire se limitait à en être le patron. Il refusa de créer une équipe de direction. Ses quatre ou cinq sociétés se sont donc toutes effondrées lamentablement une fois arrivées au stade d'entreprises moyennes, et ne purent être sauvées qu'en évinçant Edison pour le remplacer par une direction professionnelle.

L'organisation d'un management d'entrepreneur au sein d'une nouvelle entreprise comporte quatre exigences :

- L'entreprise doit s'axer sur le marché.
- Elle doit faire preuve de prévoyance financière, et doit tout particulièrement calculer ses besoins en capitaux et en trésorerie.
- Une équipe de direction doit être mise en place bien avant que la nouvelle entreprise en ait réellement besoin et qu'elle en ait les moyens.
- L'entrepreneur-fondateur doit prendre un certain nombre de décisions quant à son rôle, son travail et ses rapports au sein de l'entreprise.

La nécessité de s'axer sur le marché

Une explication courante à la déception causée par une nouvelle entreprise ou à sa disparition pure et simple se résume en ces termes : « Tout allait très bien jusqu'à ce que ces concurrents fassent leur apparition et nous prennent notre marché. Nous n'arrivons pas à comprendre ce qui s'est passé. Les produits qu'ils proposaient n'étaient pourtant guère différents des nôtres. » Variante possible : « Tout allait pour le mieux quand ces concurrents ont commencé à vendre leurs produits à des clients dont nous n'avions même jamais entendu parler. En un rien de temps, ils avaient le contrôle du marché. »

La réussite d'une nouvelle entreprise tient dans un très grand nombre de cas au succès d'un marché qui n'était pas visé à l'origine.

Les produits ou les services ne sont pas exactement ceux qui étaient prévus au départ, ils sont achetés en grande partie par des clients auxquels on ne pensait même pas et promis à des utilisations bien plus diverses que celles correspondant à leur conception première. Une entreprise doit pouvoir anticiper sur une telle évolution, doit s'organiser pour tirer profit d'un marché inattendu ou ignoré jusqu'alors. Une entreprise doit être axée sur le marché et entraînée par lui, faute de quoi elle fournit ni plus ni moins qu'une opportunité à un concurrent.

Un chimiste allemand a créé le premier anesthésique local, baptisé Novocaïne, en 1905. Mais il ne put convaincre les médecins de l'utiliser ; ces derniers préféraient recourir à l'anesthésie générale et n'acceptèrent pas la Novocaïne avant la Première Guerre mondiale. À sa grande surprise, les dentistes commencèrent à leur tour à employer ce produit. On dit que notre chimiste se mit alors à parcourir toute l'Allemagne pour faire des conférences contre l'emploi de la Novocaïne en odontologie. Il ne l'avait pas inventé pour cela !

Cette réaction fut, je le reconnais, quelque peu excessive. Malgré tout, les entrepreneurs *savent* à quoi doit servir leur innovation, et ont tendance à s'opposer à d'autres utilisations potentielles. Ils n'iront peut-être pas jusqu'à refuser de servir les clients qu'ils n'avaient pas « prévus », mais ils risquent fort de leur faire comprendre qu'ils ne sont pas les bienvenus.

C'est exactement ce qui est arrivé à l'industrie informatique. La société Univac qui inventa le premier ordinateur savait que cette machine extraordinaire était destinée à des applications scientifiques. Elle n'a donc même pas envoyé un vendeur quand une entreprise a manifesté son intérêt pour ce matériel : « Ces gens-là ne connaissent certainement rien de rien à l'informatique » pensa-t-on chez Univac. IBM était tout aussi persuadé que l'informatique était destinée aux recherches scientifiques : son propre ordinateur avait été spécifiquement conçu pour effectuer des calculs en astronomie. Mais IBM était parfaitement disposé à prendre les commandes des entreprises et à les fournir. Dix ans plus tard, Univac disposait encore de l'ordinateur le plus sophistiqué du moment, mais c'est IBM qui contrôlait le marché de l'informatique.

La solution classique à ce genre de problème s'appelle « l'étude de marché ». C'est la mauvaise solution.

On ne peut pas faire d'étude de marché pour quelque chose d'authentiquement nouveau. On ne peut pas faire d'étude de marché pour quelque chose qui n'est pas encore sur le marché. Un certain nombre de sociétés ont, de la même façon, refusé les brevets de machines à photocopier Xerox sur la base d'études de marché tout à fait approfondies. Celles-ci démontraient que les imprimeurs n'avaient aucune utilisation pour un tel procédé. Personne n'a soupçonné un seul instant que les entreprises, les écoles, les universités et une multitude de particuliers voudraient acheter un photocopieur.

Une nouvelle entreprise doit donc démarrer avec l'idée que ses produits ou ses services pourront éventuellement trouver des clients sur des marchés auxquels personne n'avait encore pensé. Ses produits pourront trouver des applications jamais envisagées au moment de leur conception, et pourront trouver des acheteurs tout à fait inconnus et éloignés de son optique originelle.

Bâtir une orientation de marché n'est pas particulièrement difficile pour une nouvelle entreprise. Mais les mesures nécessaires vont à l'encontre des inclinations caractéristiques des entrepreneurs. Cela suppose tout d'abord que la nouvelle entreprise soit à l'écoute de l'imprévu, qu'il s'agisse de succès ou d'échecs. Plutôt que d'ignorer un phénomène imprévu et de le reléguer au rang des « exceptions », comme les entrepreneurs ont souvent tendance à le faire, il faudra aller voir par soi-même et l'étudier sérieusement, comme une véritable opportunité.

Une petite société de construction mécanique indienne acheta, peu après la Seconde Guerre mondiale, une licence pour fabriquer des bicyclettes de conception européenne avec un petit moteur auxiliaire. Cela paraissait un produit idéal pour le marché indien et, pourtant, ce modèle n'a jamais bien marché. Le propriétaire de cette entreprise remarqua toutefois qu'un nombre important de commandes concernait les seuls moteurs. Il voulut tout d'abord les refuser ; que pouvait-on faire d'un moteur léger sans le vélo qu'il sert à propulser ? C'est par simple curiosité qu'il eut l'idée d'aller voir par lui-même d'où venaient ces commandes apparemment absurdes. C'est ainsi qu'il vit des agriculteurs enlever les moteurs des bicyclettes pour les installer sur des pompes d'irrigation qui avaient jusqu'alors toujours été manuelles. Cet industriel est aujourd'hui le plus grand fabricant mondial de petites pompes d'irrigation qu'il vend par millions. Ses pompes ont révolutionné l'agriculture dans tout le Sud-Est asiatique.

Découvrir si un intérêt imprévu en provenance d'un marché inattendu exprime une véritable potentialité ou se réduit à un simple hasard ne demande pas de grands investissements. Il s'agit de se montrer réceptif et d'être capable d'un peu de travail systématique.

Les dirigeants d'une nouvelle entreprise doivent, avant tout, se rendre eux-mêmes sur le marché, discuter avec les clients et leurs propres vendeurs, observer et écouter. Une nouvelle entreprise doit instaurer un ensemble de pratiques qui lui rappelleront que c'est le consommateur et non le producteur qui définit ce que doit être un produit ou un service. Elle ne doit jamais cesser de remettre en question l'utilité et la valeur de ses produits ou de ses services auprès du consommateur.

Le plus grand danger qui menace la nouvelle entreprise est de « savoir mieux » que le consommateur ce qu'est ou devrait être son produit ou son service, comment il devrait être acheté et utilisé. La nouvelle entreprise doit avant tout accepter de considérer une réussite imprévue comme une opportunité et non comme une insulte à sa compétence. Elle doit également accepter ce principe élémentaire de marketing : les entreprises ne sont pas payées pour changer le client mais pour le satisfaire.

La prévoyance financière

Le manque d'axe sur le marché est une maladie caractéristique des « nouveau-nés », des nouvelles entreprises du premier âge. C'est l'affection la plus grave qui menace la nouvelle entreprise dans ses premiers pas, et qui laissera des handicaps permanents à celles qui en réchapperont.

L'insuffisante adaptation des moyens financiers et le manque de politique financière adéquate est, par contraste, la plus grave menace qui pèse sur la nouvelle entreprise lors du stade de croissance suivant. C'est avant tout une menace pour la nouvelle entreprise qui se développe rapidement. Plus une nouvelle entreprise connaît de réussite et plus le manque de prévoyance financière peut comporter de risques.

Supposez qu'une nouvelle entreprise se développe rapidement après avoir lancé avec succès son produit ou son service. Elle annonce des bénéfices en augmentation rapide et fait des prévisions extrêmement séduisantes. La Bourse « découvre » alors cette société, tout particulièrement si elle relève de la haute technologie ou d'un autre secteur en vogue. Tout le monde s'accorde pour prédire un milliard de dollars de ventes dans les cinq ans. Et dix-huit mois plus tard, l'entreprise s'effondre. Elle ne disparaît pas forcément, elle n'est pas toujours condamnée à la faillite. Mais tous ses comptes passent soudain au rouge, elle doit licencier 180 employés sur 275, révoquer son président, et elle finit par être rachetée à un prix dérisoire par une grande société. Les causes sont toujours les mêmes : insuffisance de trésorerie, incapacité à trouver les capitaux nécessaires à son développement, suivies d'une perte de contrôle et d'une désorganisation totale des dépenses, des stocks et des créances. Ces trois fléaux financiers s'abattent souvent simultanément sur l'entreprise, et chacun d'eux suffit pourtant à mettre en danger la santé, si ce n'est l'existence même, d'une nouvelle société.

Une fois qu'une telle crise financière a eu lieu, il est extrêmement difficile et particulièrement douloureux de redresser la situation. Mais on peut, en revanche, aisément la prévenir.

Les entrepreneurs qui créent une nouvelle société sont rarement indifférents aux questions d'argent ; ils ont même tendance à se montrer particulièrement gourmands, et se préoccupent donc en priorité des bénéfices. Ce n'est pourtant pas l'objectif prioritaire qui convient à une nouvelle entreprise, c'est au contraire celui qui vient en dernier. La trésorerie, les capitaux et les moyens de contrôle viennent bien avant. Sans eux, les bénéfices sont purement fictifs, tout juste bons à partir en fumée après douze ou dix-huit mois.

On doit nourrir la croissance. En termes financiers, cela signifie que le développement d'une nouvelle entreprise nécessite l'apport, et non la ponction, de nouvelles ressources financières. La croissance exige plus de liquidités et plus de capitaux. Une nouvelle entreprise qui affiche un « bénéfice » se livre à une opération fictive : c'est une écriture comptable qui permet uniquement de solder les comptes. Sachant que la fiction en question est imposable dans la plupart des pays, il s'agit donc davantage d'une dette et d'une ponction financière que d'un « excédent ». Plus une nouvelle entreprise est saine, plus elle se développe rapidement, et plus ses besoins en financement sont importants. Ces nouvelles sociétés qui font la une des journaux et des bulletins d'informations boursières, ces jeunes entreprises qui affichent des « bénéfices records », ce sont elles qui risquent le plus de connaître de très graves difficultés deux ans plus tard.

Les nouvelles entreprises ont besoin d'analyses et de prévisions de *cash-flow*, comme elles ont besoin d'une gestion de trésorerie. Les nouveaux entrepreneurs américains ont appris que la gestion financière était indispensable à l'esprit d'entreprise : voilà la principale raison de la réussite sans précédent des nouvelles sociétés américaines au cours des dernières années (à l'exception notable des entreprises de haute technologie).

La gestion de trésorerie est assez facile quand on dispose de prévisions de *cash-flow* suffisamment fiables. « Fiables » veut dire qui tiennent compte des hypothèses les plus défavorables et non pas des cas de figure espérés. Il existe un vieux principe bancaire selon lequel les prévisions d'entrées et de sorties de trésorerie doivent supposer que les sorties se feront soixante jours avant la date prévue et les entrées soixante jours après. Le pire qui puisse arriver si parfois cette prévision s'avère exagérément pessimiste – c'est rarement le cas dans une nouvelle société en expansion – est de disposer d'un excédent temporaire de trésorerie.

Une nouvelle entreprise en plein développement doit connaître ses besoins en trésorerie douze mois à l'avance, à quelle date et pour quels emplois. Avec une année de délai, il devient presque toujours possible de se financer. À l'inverse, et même pour une nouvelle entreprise en bonne santé, trouver de l'argent en précipitation, pour faire face à une situation de « crise », n'est jamais facile et coûte toujours excessivement cher. La première conséquence est de détourner les personnages clés de l'entreprise de leurs responsabilités à un moment particulièrement critique. Ceux-ci vont passer plusieurs mois à dépenser tout leur temps et toute leur énergie d'un établissement financier à l'autre, échafaudant à chaque fois de nouvelles projections financières toutes aussi incertaines. Ils sont finalement contraints d'hypothéquer l'avenir à long terme de l'entreprise pour une échéance de trésorerie à quatre-vingt-dix jours. Quand ils peuvent enfin se consacrer à nouveau à l'entreprise, ils ont laissé passer d'importantes opportunités, définitivement envolées. Car c'est, presque par définition, lorsque la nouvelle entreprise est harcelée par des problèmes de trésorerie que les opportunités sont les plus intéressantes.

La nouvelle entreprise en expansion se développera plus vite que son plan financier. Selon un autre principe qui ne manque pas de justifications empiriques, le capital initial d'une nouvelle entreprise devient insuffisant à chaque fois que ses ventes (ou sa facturation) augmentent de 40 ou 50 %. À ce stade de développement, une nouvelle société a généralement besoin d'un nouveau plan financier. Au fil de l'expansion de l'entreprise, les sources de financement privé, qu'elles viennent des propriétaires, de leurs familles ou de l'extérieur, s'avèrent insuffisantes. La société doit avoir accès à des pools de financement beaucoup plus importants en s'adressant au marché financier, en trouvant un ou des partenaires auprès des sociétés bien établies, ou en trouvant de l'argent auprès des compagnies d'assurance et des caisses de retraite. Une nouvelle société dont le financement était assuré par ses fonds propres doit ensuite s'endetter à long terme, et réciproquement. Au fur et à mesure de son développement, l'infrastructure financière d'une entreprise devient toujours obsolète et constitue immanquablement un obstacle.

La nouvelle entreprise doit enfin planifier le système financier dont elle aura besoin pour gérer son développement. Le schéma est toujours le même : une nouvelle entreprise démarre avec un très bon produit, une excellente réputation sur le marché et d'excellentes perspectives de croissance. Quand, soudain, tout devient incontrôlable : les créances, les stocks, les coûts de fabrication, les coûts administratifs, le service, la distribution. Tout. Dès qu'un secteur ne peut plus être contrôlé, les autres lui emboîtent le pas. L'entreprise s'est développée plus vite que son système de contrôle. Le temps de reprendre les choses en main et l'on a perdu certains marchés, mécontenté certains clients (quand on ne s'en est pas fait des ennemis), et perdu la confiance de certains distributeurs. Pire, les employés, non sans raison, n'ont plus confiance en leurs dirigeants.

Un rythme d'expansion rapide rend immanquablement les systèmes de contrôle désuets. Une croissance de 40 à 50 % en volume semble constituer un seuil critique.

Il est difficile de reprendre le contrôle que l'on a laissé s'échapper. Il est toutefois relativement aisé de ne pas le perdre. Il convient tout d'abord d'étudier les secteurs critiques d'une entreprise donnée. Ce pourra être la qualité de la production dans une société, le service dans une autre, les créances et les stocks dans une troisième, ou encore les coûts de fabrication. On compte rarement plus de quatre ou cinq secteurs critiques dans une seule entreprise. (Les frais généraux d'administration et de direction devraient malgré tout être pris en compte. L'augmentation rapide et disproportionnée de la proportion de ressources absorbée par ces postes signifie que l'entreprise emploie plus de personnel dirigeant et administratif que ne le permet son rythme réel de croissance. C'est généralement le signe avant-coureur d'une perte de contrôle, le premier indice attestant que la structure et les méthodes de management ne sont plus adaptées à la tâche.)

Pour être à la hauteur de ses prévisions de croissance, une nouvelle entreprise doit mettre en œuvre aujourd'hui les systèmes de contrôle des secteurs critiques dont elle aura besoin dans les trois années à venir. Il ne s'agit pas de faire appel à des systèmes particulièrement sophistiqués, ni de s'inquiéter outre mesure de ne disposer que de chiffres approximatifs. L'important est que la direction connaisse l'existence de ces secteurs critiques, en soit régulièrement informée afin de pouvoir agir rapidement quand ce sera nécessaire. On évite généralement tout risque de confusion en prêtant suffisamment attention à l'évolution de ces secteurs clés. La nouvelle entreprise peut alors compter sur les systèmes de contrôle adéquats au moment opportun.

La prévoyance financière ne demande pas qu'on lui consacre beaucoup de temps, mais fait néanmoins appel à un important effort de réflexion. Les outils techniques sont largement disponibles ; ils sont étudiés par le menu dans la plupart des manuels de comptabilité de gestion. Mais ce travail devra être mené à bien par l'entreprise elle-même.

Constituer une équipe de direction

La nouvelle entreprise qui se sera imposée sur le marché adéquat et se sera dotée d'une bonne structure financière risque néanmoins de connaître une crise grave quelques années plus tard. Juste quand elle paraissait sur le point d'arriver à maturité, cette société prospère et bien installée rencontre des difficultés que personne ne semble comprendre. Les produits sont de première qualité, les perspectives sont excellentes, et malgré cela l'entreprise paraît incapable de se développer. La rentabilité, la qualité et tous les autres secteurs sont au point mort.

La raison est toujours la même : l'entreprise n'a pas la direction qu'elle devrait avoir. Elle s'est trop développée pour être dirigée par une personne, ou même deux, et doit avoir une équipe de direction au plus haut niveau. Si elle n'en a pas déjà une à ce stade, il est bien tard – et généralement trop tard – pour combler cette carence. Le mieux qu'on puisse lui souhaiter est de survivre à une telle situation. Elle risque fort d'en sortir handicapée à vie, ou, au minimum, de ne pas voir ses blessures se refermer avant longtemps. Le moral de l'entreprise est durement touché, les employés sont désabusés et deviennent cyniques. Les gens qui ont créé la société et en ont fait ce qu'elle est finissent presque toujours par en être évincés, réduits à l'amertume et au désenchantement.

Le remède est simple : constituer une équipe de direction *avant* que cela ne devienne indispensable. Cela ne peut se faire du jour au lendemain. Il leur faut longtemps avant de pouvoir fonctionner de façon satisfaisante. Une équipe de direction se construit sur la confiance et la compréhension mutuelles, ce qui demande des années. Au cours de ma carrière, trois ans fut approximativement le délai minimum.

Une petite entreprise en expansion n'a cependant pas les moyens de se doter d'une équipe de direction. Elle ne peut pas s'offrir une demi-douzaine de cadres aux titres ronflants et aux salaires correspondants. Dans une petite entreprise, un tout petit nombre de gens font tout et le font au fur et à mesure que cela se présente. Comment, dans ces conditions, réaliser la quadrature du cercle ?

La solution est relativement simple. Cela suppose néanmoins que les fondateurs de la nouvelle entreprise aient la volonté de créer une équipe de direction plutôt que de continuer à tout gérer par eux-mêmes. Si une ou deux personnes au plus haut niveau croient devoir tout faire par elles-mêmes, la crise au sein de l'organisation de l'entreprise est inévitable quelques mois, ou, au plus, quelques années plus tard.

Quand les indicateurs économiques objectifs d'une nouvelle entreprise (étude de marché ou analyse démographique, par exemple) indiquent que la société peut doubler de volume en l'espace de trois ou cinq ans, il est du devoir du ou des fondateurs de l'entreprise de constituer une équipe de direction qui deviendra vite indispensable. C'est en quelque sorte de la médecine préventive.

Cela suppose avant tout que les fondateurs et les principaux responsables de l'entreprise analysent les activités essentielles de leur société. Quels sont les domaines spécifiques dont dépendent la réussite et l'existence même de cette entreprise ? La plupart de ces domaines figureront sur toutes les listes, mais s'il y a des divergences et des désaccords (il devrait y en avoir sur un sujet aussi capital), ils devront être pris au sérieux. Chaque activité considérée comme essentielle par chacun des membres du groupe en question devra figurer sur la liste.

On ne les trouvera pas dans un livre. Les activités essentielles n'apparaîtront qu'à l'issue d'une analyse de l'entreprise concernée. Deux sociétés, qui aux yeux d'une personne extérieure sembleront appartenir à la même industrie et être engagées dans le même type d'activité, peuvent très bien aboutir à des conclusions très différentes. L'une placera en première position la production, et l'autre le service à la clientèle. Il n'y a que deux activités qui soient toujours au centre de l'organisation, commerciale ou non : la gestion du personnel et la gestion de l'argent. Le reste doit être déterminé par les membres de l'entreprise qui jugent leur propre organisation ainsi que leurs emplois, leurs valeurs et leurs objectifs.

L'étape suivante, pour chaque membre du groupe, consiste à se demander : « Quelles sont les tâches que j'accomplis correctement ? Et quelles sont celles que chacun de mes collègues exécute de façon satisfaisante ? » La plupart des gens s'entendront sur l'essentiel de leurs capacités, mais ici aussi, les désaccords devront être pris au sérieux.

Le moment est alors venu de se demander : « Quelles activités essentielles chacun de nous doit-il prendre sous sa responsabilité compte tenu de ses aptitudes particulières ? Quelle activité convient à quel responsable ? »

La constitution d'une équipe pourra ensuite commencer. Le fondateur devra dès lors s'abstenir de guider ses collègues et de prendre en charge leurs problèmes n'entrant pas dans le champ d'activité qui lui convient plus particulièrement. Ses principales capacités touchent peut-être aux nouveaux produits et aux nouvelles techniques, à moins que ce ne soit l'exploitation, la fabrication, la distribution ou les services. Peut-être est-il tout particulièrement compétent en matière financière, et peut-être quelqu'un d'autre sera plus efficace pour s'occuper des employés. Toutes les activités essentielles de l'entreprise doivent être confiées à quelqu'un qui a fait la preuve de ses capacités sur le terrain.

Il n'existe aucune règle pour dire qu'« un PDG doit s'occuper de ceci ou de cela ». Le PDG est, bien évidemment, la dernière instance qui détient l'ultime pouvoir de décision. Il doit pouvoir disposer de toutes les informations nécessaires pour faire face à cette ultime responsabilité. Le travail spécifique du PDG dépend malgré tout des besoins de l'entreprise et de la personnalité de l'individu en question. Tant qu'il se consacre à des activités clés, il fait son travail de PDG. Mais il est également chargé de veiller à ce que la réalisation de toutes les autres activités essentielles se déroule convenablement.

On doit enfin définir un ensemble d'objectifs pour chacun des secteurs considérés. Il s'agit de demander à chaque personne qui assume la responsabilité première d'une activité clé – développement de la production, personnel ou finance – : « Qu'est-ce que l'entreprise peut attendre de vous ? Quelles responsabilités peut-on vous confier ? Que cherchez-vous à réaliser et dans quel délai ? » Il ne s'agit, après tout, que de très élémentaires méthodes de management.

Il est, dans un premier temps, plus prudent de procéder de façon informelle pour la mise en place de l'équipe de direction. Une nouvelle entreprise en expansion n'a pas besoin de distribuer des titres, de faire des déclarations ou d'augmenter les rémunérations. Tout cela pourra attendre au moins une année, jusqu'à ce que l'on sache clairement si cette nouvelle organisation fonctionne et dans quelles conditions. Pendant ce délai, les membres de l'équipe auront beaucoup de choses à apprendre : leurs nouvelles responsabilités, les méthodes pour travailler ensemble, ce que l'on attend d'eux pour permettre au PDG et aux autres collaborateurs de faire leur travail. Quand, deux ou trois ans plus tard, l'entreprise en expansion a besoin d'une équipe dirigeante, elle en a déjà une.

Une entreprise qui ne prendrait pas les dispositions nécessaires pour se doter d'une direction adéquate n'aura plus les moyens d'assurer sa propre gestion bien avant qu'une équipe dirigeante ne devienne absolument indispensable. Le fondateur de la société sera tellement débordé que certaines tâches importantes ne pourront plus être menées à bien. L'entreprise peut alors prendre deux directions différentes. Ou bien le chef d'entreprise se concentre sur un ou deux secteurs qui l'intéressent et qui correspondent à ses compétences. Ce sont sans doute des secteurs clés mais ce ne sont pas les seuls et il ne reste plus personne pour s'occuper des autres. Deux ans plus tard, certaines activités essentielles ont été négligées et l'entreprise se trouve dans une situation désespérée. Ou bien le fondateur est consciencieux, et c'est encore pire. Il sait que le personnel et les finances sont les activités essentielles de l'entreprise dont il faut s'occuper. Ses compétences, qui lui ont permis de créer cette entreprise, touchent à la conception et à l'élaboration des nouveaux produits. Mais précisément parce qu'il est consciencieux, il s'occupe avant tout du personnel et des finances. Comme il n'est pas spécialement doué dans ces deux domaines, il réussit aussi mal dans l'un que dans l'autre. Il lui faut tellement de temps pour prendre une décision ou faire quoi que ce soit dans ces deux secteurs qu'il est contraint de négliger les domaines où il est vraiment compétent et indispensable à l'entreprise, à savoir dans l'élaboration de nouvelles techniques et de nouveaux produits. Trois ans plus tard, l'entreprise n'est plus qu'une coquille vide. Privée des produits dont elle a besoin, elle ne dispose pas non plus de la gestion du personnel et de la gestion financière qui lui sont tout aussi indispensables.

Dans le premier cas de figure, il sera encore possible de sauver l'entreprise, puisque après tout, elle dispose encore des produits. Mais son fondateur sera inévitablement écarté par celui qui pourra sauver la société. Dans le second cas, il est généralement impossible de sauver quoi que ce soit et l'entreprise doit être vendue ou liquidée.

Bien avant qu'elle n'atteigne le stade où l'équilibre d'une équipe de direction lui est indispensable, la nouvelle entreprise doit déjà en constituer une. Bien avant que la direction d'une seule personne soit devenue totalement incapable de gérer l'entreprise, la personne en question doit apprendre à travailler avec des collaborateurs, à leur faire confiance, mais aussi à les rendre responsables. Le fondateur doit apprendre à devenir le leader d'une équipe et non pas à jouer la « star » de l'entreprise entourée de ses « assistants ».

Quelle peut être ma contribution ?

La création d'une équipe de direction est sans doute l'étape la plus importante de la mise en œuvre d'un management d'entrepreneur au service de la nouvelle entreprise. Ce n'est malgré tout qu'un premier stade pour les fondateurs qui doivent encore étudier en détail quel peut être leur avenir au sein de l'entreprise.

Au fil de l'expansion de l'entreprise, les rôles et les rapports des fondateurs changent inexorablement. S'ils ne reconnaissent pas une telle évolution, les entrepreneurs condamnent l'entreprise à la paralysie, et peut-être même à la destruction.

Chaque fondateur-entrepreneur hoche de la tête et dit « amen ». Chacun peut citer l'histoire terrifiante d'autres entrepreneurs qui, n'ayant pas su évoluer en même temps que leur entreprise, ont fini par détruire leur affaire et eux avec. Et même parmi ceux qui reconnaissent qu'ils doivent prendre des mesures, très peu savent comment faire pour transformer leur rôle et leurs rapports au sein de l'entreprise. Ils ont tendance à se demander : « Qu'est-ce que j'aime faire ? » ou, au mieux : « Dans quels domaines puis-je être utile ? » La première question à se poser est : « Quels seront pour l'avenir les besoins *objectifs* de l'entreprise en matière de management ? » Dans le cas d'une nouvelle entreprise, l'entrepreneur doit se poser cette question à chaque fois que la société (ou le service public) se développe de manière significative, change d'orientation ou de caractère, c'est-à-dire change ses produits, ses services, ses marchés ou le type de gens dont elle a besoin.

La question suivante que doit se poser l'entrepreneur est : « Dans quels domaines suis-je compétent ? Parmi les différents besoins de l'entreprise, lesquels puis-je satisfaire, dans quels domaines puis-je vraiment faire autorité ? » C'est seulement après avoir répondu à ces deux questions qu'il pourra se demander : « Qu'est-ce que je souhaite réellement faire ? Est-ce quelque chose en quoi je crois réellement ? Suis-je prêt à lui consacrer des années de travail et peut-être le reste de ma vie ? Est-ce quelque chose de vraiment essentiel et indispensable pour l'entreprise ? »

La question des besoins de la nouvelle entreprise, des pouvoirs du fondateur-entrepreneur et de ses projets de réalisation peut trouver des réponses très différentes.

Edwin Land par exemple, l'inventeur du verre polaroïd et de l'appareil photographique utilisant ce procédé, a dirigé son entreprise pendant les douze ou quinze premières années, soit jusqu'au début des années 1950. La société commençant à se développer rapidement, Land mit en place une équipe de direction. Mais pour son cas personnel, il décida qu'il ne serait pas à sa place à la tête de l'entreprise. Son rôle, sa participation irremplaçable dans l'entreprise, se situait du côté de l'innovation scientifique. Land se construisit donc un laboratoire et devint le « directeur conseil » de la recherche fondamentale. Il laissa à d'autres la direction de l'entreprise et la gestion quotidienne de ses activités.

Ray Kroc, le fondateur de McDonald's, est arrivé à une conclusion comparable. Il resta président de l'entreprise jusqu'à sa mort, à quatre-vingts ans passés. Mais il mit en place une équipe de direction pour assurer la gestion de la société et prit pour lui-même le rôle de « conscience marketing » de l'entreprise. Peu de temps encore avant sa mort, il visitait deux ou trois restaurants McDonald's par semaine, vérifiait leur qualité, leur propreté et leur accueil. Mais avant tout autre chose, il observait les clients, parlait avec eux et les écoutait. Cela permit à l'entreprise d'opérer les changements nécessaires au maintien de sa position de leader sur l'industrie de la restauration rapide.

Ces interrogations ne trouvent pas toujours un « heureux dénouement ». Il arrive même qu'elles provoquent la décision de quitter l'entreprise.

C'est la conclusion à laquelle est arrivé le fondateur d'une des sociétés de services financiers les plus prospères des États-Unis. Il constitua une équipe de direction et quand vint le moment d'évaluer les besoins de l'entreprise et ses propres capacités, il ne trouva aucune concordance possible. Le fossé s'élargissait encore plus s'il comparait les besoins de l'entreprise et ce qu'il avait réellement envie de faire. « J'ai formé mon propre successeur pendant dix-huit mois jusqu'à ce qu'il puisse prendre la tête de l'entreprise et j'ai démissionné. » Depuis cette date, il a démarré trois nouvelles sociétés, dont aucune dans le milieu financier. Il en a fait des entreprises moyennes et les a ensuite quittées. Il veut développer de nouvelles entreprises mais n'aime pas en assurer la gestion. Il a accepté l'idée que lui et ses entreprises se porteraient beaucoup mieux s'ils se séparaient.

D'autres fondateurs d'entreprise, confrontés à la même situation, peuvent aboutir à des conclusions différentes. Ce fut le cas du fondateur d'une clinique médicale réputée, devenue un des leaders de sa spécialité. Cet établissement avait besoin d'un administrateur qui lui apporte des capitaux. Il était davantage enclin à travailler en tant que chercheur et clinicien. Mais il se découvrit des talents pour mobiliser des fonds et sentit qu'il pourrait devenir le PDG d'un grand établissement de santé. « Je me suis senti obligé, par rapport à mes associés et à l'entreprise que j'avais créée, de passer outre mes propres aspirations et d'accepter les responsabilités d'administrateur. Je ne l'aurais jamais fait si je n'avais pas eu les compétences nécessaires, et si mes conseillers et le conseil d'administration ne m'avaient tous confirmé que j'étais qualifié pour la tâche. »

« Quelle est ma place dans l'entreprise ? » Le fondateur-entrepreneur doit accepte de se poser cette question dès les premiers signes de réussite de son affaire, ou, au plus tard, quand elle cesse d'être une toute petite entreprise. Faute de quoi, il court droit au désastre. On peut d'ailleurs se poser ce problème bien avant. Il est même beaucoup mieux d'y penser *avant* de créer son entreprise.

C'est ce que fit Soichiro Honda, le fondateur de Honda Motor Company, quand il décida de créer une petite entreprise à l'époque la plus sombre de la défaite du Japon, au sortir de la Seconde Guerre mondiale. Il n'a pas créé son entreprise avant d'avoir trouvé l'homme qui pourrait devenir son partenaire et s'occuper de l'administration, des finances, de la distribution, du marketing, des ventes et du personnel. Car Soichiro Honda avait décidé que sa place était du côté des bureaux d'étude et de la production, et qu'il ne s'occuperait de rien d'autre. Cette décision a donné le jour à la société Honda.

L'exemple, plus ancien, d'Henry Ford paraît encore plus riche d'enseignements. Quand il décida de créer sa propre affaire en 1903, Henry Ford fit exactement ce que ferait Honda quarante ans plus tard : il ne commença rien avant d'avoir trouvé le partenaire qui s'occuperait des secteurs où il ne se sentait pas à l'aise : l'administration, les finances, la distribution, le marketing, les ventes et le personnel. À l'image de Soichiro Honda, Ford savait que sa place était dans les bureaux d'étude et les services de fabrication. Il avait donc décidé de se limiter à ces deux secteurs. L'homme qu'il trouva, James Couzens, contribua autant à la réussite de l'entreprise que Ford lui-même. Un grand nombre de politiques et de méthodes couramment attribuées à Henry Ford furent des idées de Couzens auxquelles Ford s'était tout d'abord opposé : le célèbre salaire de 5 dollars par jour en 1913, ou les politiques d'avant-garde en matière de distribution et de crédit. Les idées de Couzens se révélèrent d'ailleurs si efficaces qu'Henry Ford finit par en prendre ombrage et le força à démissionner en 1917. Couzens insistait sur le fait que le modèle T était devenu désuet, et sa proposition d'utiliser une partie des énormes bénéfices de la société pour trouver un successeur à ce modèle fut la goutte d'eau qui fit déborder le vase.

La société Ford se développa et ne cessa de prospérer jusqu'au jour de la démission de Couzens. En l'espace de quelques mois – dès qu'Henry Ford eut pris en main toutes les fonctions de direction, oubliant l'époque où il connaissait sa place au sein de l'entreprise –, la société aborda une longue phase de déclin. Henry Ford s'accrocha au modèle T pendant plus de dix années jusqu'à ce qu'il devienne littéralement invendable. Il fallut attendre trente ans après le départ de Couzens pour renverser cette tendance, quand, à la mort de son grand-père, le très jeune Henry Ford II reprit une société au bord de la faillite.

Prendre conseil à l'extérieur : une nécessité

Ces derniers exemples mettent l'accent sur un besoin indispensable du créateur d'une entreprise en pleine expansion : pouvoir demander conseil à une personne extérieure, indépendante et objective.

La nouvelle entreprise en développement n'a pas forcément besoin d'un « conseil d'administration » en bonne et due forme. Ce type d'assemblée ne procurera d'ailleurs généralement pas les conseils dont l'entrepreneur a besoin. Celui-ci doit pourtant trouver des gens avec qui il discutera des choix essentiels de l'entreprise et dont il écoutera les avis. On les trouvera rarement au sein même de l'entreprise. Quelqu'un doit pouvoir mettre en cause le jugement de l'entrepreneur sur les besoins de l'entreprise et l'évaluation de ses propres compétences. Quelqu'un qui n'est pas partie prenante doit poser des questions, discuter les choix et, surtout, faire sans cesse pression pour que les besoins essentiels à la survie de la nouvelle entreprise soient satisfaits : elle doit s'adapter au marché, faire montre de prévoyance financière et constituer une équipe de direction opérationnelle. C'est là l'ultime condition à l'organisation d'un management d'entrepreneur dans une entreprise nouvellement créée.

La nouvelle entreprise qui adoptera les politiques et les méthodes favorables à la mise en place de ce management d'entrepreneur deviendra ainsi une grande entreprise florissante.

Les techniques présentées dans ce chapitre sont souvent rejetées et même méprisées par un grand nombre de sociétés nouvellement créées, tout particulièrement par le secteur de la haute technologie. Il s'agit de techniques de management et « nous sommes des entrepreneurs ». L'irresponsabilité se cache derrière ce refus du formalisme. Il y a confusion entre le fond et la forme. On sait depuis longtemps qu'il ne peut y avoir de liberté en dehors de la loi, faute de quoi la liberté devient licence, dégénère en anarchie et cède bientôt la place à la tyrannie. C'est précisément parce que la société nouvellement créée doit non seulement préserver mais fortifier l'esprit d'entreprise qu'elle doit redoubler de prévoyance et de discipline. Elle doit se préparer à répondre aux demandes qui résulteront de son propre succès. Elle doit se montrer responsable, et c'est, en dernière analyse, l'esprit de responsabilité que le management d'entrepreneur procure à la nouvelle entreprise.

12
Les stratégies de l'entrepreneur

L A « STRATÉGIE DE L'ENTREPRISE » est récemment devenue une formule à la mode, avec l'appui d'un certain nombre d'ouvrages écrits sur la question. Je n'ai cependant jamais trouvé d'analyse des stratégies de l'esprit d'entreprise. Elles n'en sont pas moins importantes, distinctes et différentes.

Les stratégies d'entrepreneurs sont au nombre de quatre :

- Faire « au plus vite avec ce qu'il y a de mieux ».
- « Frapper là où ils ne sont pas. »
- Trouver et occuper une « niche écologique » spécialisée.
- Changer les caractéristiques économiques d'un produit, d'un marché ou d'une industrie.

Ces quatre stratégies ne s'excluent pas mutuellement. Un seul entrepreneur en combine souvent deux en une seule, et puise parfois dans trois catégories différentes. La séparation n'est pas non plus toujours très nette. Une même stratégie peut, par exemple, être classée dans la rubrique « Frapper là où ils ne sont pas » ou dans « Trouver et occuper une "niche écologique" spécialisée ». Chacune d'entre elles a malgré tout ses propres exigences. Chacune correspond à certaines catégories d'innovation et pas à d'autres. Chacune nécessite un comportement spécifique de l'entrepreneur. Chacune a ses limites, chacune comporte ses propres risques.

Vite et mieux

Faire « au plus vite avec ce qu'il y a de mieux » : c'est ainsi qu'un général de cavalerie nordiste expliquait ses victoires répétées pendant la guerre de Sécession. En suivant cette stratégie, l'entrepreneur vise le leadership, si ce n'est la domination d'un nouveau marché ou d'une nouvelle industrie. Faire « vite et mieux » ne signifie pas forcément créer immédiatement une grosse affaire, bien que ce soit souvent l'objectif recherché. Mais le but est, dès le départ, de s'assurer une position permanente de leader.

Faire « vite et mieux » semble considéré par beaucoup comme la stratégie d'entrepreneurs par excellence. À en croire les ouvrages réputés sur l'esprit d'entreprise, c'est même la seule. Un grand nombre d'entrepreneurs semblent partager cette opinion, tout particulièrement dans les secteurs de haute technologie.

Ils n'en ont pas moins tort. De nombreux entrepreneurs ont, en effet, adopté cette stratégie. Cependant, faire « vite et mieux » n'est même pas la stratégie dominante, et encore moins celle qui présente le moins de risques ou les meilleures chances de réussite. De toutes les stratégies d'entrepreneurs, c'est au contraire celle qui laisse le plus de prise au hasard. Elle ne pardonne pas, n'admet aucune erreur et n'accorde pas de coup d'essai.

Mais quand elle réussit, cette stratégie comble les plus grandes espérances.

Les exemples qui suivent présentent la teneur et les conditions d'application de cette stratégie.

Hoffmann-LaRoche est depuis de nombreuses années la plus grande société pharmaceutique du monde et, selon toute probabilité, la plus rentable. Ses origines sont pourtant des plus modestes : jusqu'en 1920, la petite société suisse de produits chimiques installée à Bâle qui fabriquait tant bien que mal quelques teintures textiles était totalement éclipsée par les grands producteurs allemands de teinture et par deux ou trois entreprises suisses de produits chimiques. C'est à cette date qu'elle misa sur la découverte des vitamines, alors que la communauté scientifique n'était pas encore tout à fait prête à accepter l'existence de ces substances. Elle acheta les brevets que personne d'autre ne voulait. Elle employa ceux qui avaient découvert ces vitamines en leur offrant des salaires plusieurs fois supérieurs à ceux qu'ils pouvaient espérer en tant que professeurs à l'université de Zurich, des salaires que même l'industrie n'avait jamais accordés. Et elle investit tout l'argent dont elle disposait et tous les capitaux qu'elle put emprunter dans la fabrication et la commercialisation de ces nouveaux produits.

Soixante ans plus tard, soit bien après la date d'expiration des brevets, Hoffmann-LaRoche détient toujours près de la moitié du marché mondial des vitamines, évalué à plusieurs milliards de dollars par an.

Du Pont adopta la même stratégie. Quand cette société obtint la première fibre entièrement synthétique, le nylon, après quinze ans de recherches difficiles et de multiples déboires, elle mobilisa immédiatement des moyens considérables, construisit d'énormes usines et se lança dans la publicité à grande échelle (Du Pont n'avait jamais eu besoin de faire de publicité pour des produits de consommation). Elle créa ce que nous appelons aujourd'hui l'industrie des plastiques.

Toutes les stratégies du « vite et mieux » ne cherchent pas nécessairement à créer une grande entreprise, bien qu'elles doivent toujours chercher à créer une activité qui dominera le marché. Ni la société 3M, installée à Saint Paul dans le Minnesota, ni Johnson & Johnson, le fabricant de produits de soins et d'hygiène, ne semblent adopter une politique délibérée d'innovation dans le but de créer une grande entreprise. Ces deux entreprises comptent pourtant parmi les innovateurs les plus féconds et les plus prospères. Elles sont à la recherche d'innovations qui permettront de créer non des sociétés géantes mais des entreprises moyennes, capables, néanmoins, de dominer leur marché.

C'est peut-être parce que la stratégie du « vite et mieux » doit chercher à créer quelque chose de radicalement nouveau et différent que les non-spécialistes et les gens venus de l'extérieur semblent réussir aussi bien que les experts, et même souvent mieux. Hoffmann-LaRoche, par exemple, ne doit pas sa stratégie à des chimistes mais à un musicien qui, marié à l'une des petites-filles du fondateur de l'entreprise, avait besoin de plus d'argent pour entretenir son orchestre que ne le permettaient les maigres dividendes de la société. Depuis ce jour, cette entreprise n'a plus été dirigée par des chimistes mais par des financiers.

Pour ne pas manquer sa cible, la stratégie du « vite et mieux » doit mettre en plein dans le mille. Aussi précise qu'un tir sur la Lune, une déviation d'une fraction de minute fait disparaître la fusée dans l'espace intersidéral, et après le lancement, la trajectoire est extrêmement difficile à corriger.

Cette stratégie demande donc une réflexion poussée et une analyse méticuleuse. L'entrepreneur qui, dans les romans populaires ou films d'Hollywood, se précipite pour mettre en pratique une « idée formidable » n'a aucune chance de parvenir à ses fins.

Il doit y avoir un seul but clairement défini sur lequel doivent converger tous les efforts entrepris. Et quand ceux-ci paraissent porter leurs fruits, l'innovateur doit être prêt à mobiliser massivement les ressources nécessaires.

C'est seulement quand l'innovation est devenue une activité prospère que commence réellement le travail. La stratégie du « vite et mieux » exige d'importants efforts, toujours soutenus, pour conserver sa position de leader. Faute de quoi on a seulement réussi à créer un marché pour un concurrent. Le leader doit dorénavant diriger son affaire plus fermement que jamais et doit continuer ses efforts d'innovation sur une grande échelle. Le budget de recherche doit être plus élevé *après* la mise en œuvre de l'innovation qu'avant. On doit trouver de nouvelles utilisations, identifier de nouveaux clients et les persuader d'essayer les nouveaux produits. L'entrepreneur qui a réussi à faire « au plus vite avec ce qu'il y a de mieux » doit, par-dessus tout, rendre ses produits ou ses processus obsolètes avant qu'un concurrent ne s'en charge pour lui. Le travail destiné à les remplacer doit commencer immédiatement avec la même concentration de moyens et les mêmes investissements de ressources qui ont conduit à la réussite initiale.

C'est également au leader qui a réussi « vite et mieux » de baisser systématiquement les prix de son produit ou de son processus. Garder des prix élevés est le meilleur moyen de protéger et d'encourager les concurrents potentiels.

La stratégie qui consiste à faire « au plus vite avec ce qu'il y a de mieux » est à ce point risquée que son taux d'échec particulièrement élevé est à l'origine d'une stratégie à part entière. Cette stratégie peut échouer par manque de volonté, par inadéquation des efforts engagés et parce qu'en dépit du succès d'une innovation, les ressources disponibles mises en œuvre pour exploiter la réussite en question restent insuffisantes. Si cette stratégie est extrêmement avantageuse en cas de succès, elle est bien trop risquée et bien trop complexe pour être employée à d'autres fins que les innovations les plus considérables. On peut, dans la plupart des cas, faire appel à d'autres stratégies qui sont préférables, non parce qu'elles comportent moins de risques, mais parce que la majorité des opportunités d'innovation ne permettent pas de justifier le coût, les efforts et les ressources indispensables à cette stratégie.

L'imitation créative

Un autre général de l'armée nordiste, vainqueur de nombreuses batailles au cours de la guerre de Sécession, a résumé deux stratégies d'entrepreneurs dans la formule : « Frappez là où ils ne sont pas ! » On peut les appeler « l'imitation créative » et le « judo de l'esprit d'entreprise ».

L'imitation créative est manifestement une expression contradictoire. Ce qui est créatif ne peut être qu'original, et s'il est une chose inaccessible à l'imitation, c'est bien l'originalité. L'expression convient pourtant parfaitement. Elle décrit une stratégie qui est en soi une imitation. Ce que fait l'entrepreneur a déjà été fait par quelqu'un d'autre. La part de création tient à ce que l'entrepreneur en question comprend mieux la valeur de l'innovation que ceux qui ont véritablement innové.

Le premier et le plus brillant utilisateur de cette stratégie est sans conteste IBM. Et le Japonais Hattori, dont les montres Seiko dominent le marché mondial, doit également sa suprématie à la stratégie de l'imitation créative.

IBM a construit une calculatrice ultra-rapide au début des années 1930 pour les calculs des astronomes de l'université Columbia de New York. Au milieu des années 1930, elle fabriqua une machine qui était déjà conçue comme un ordinateur pour les calculs astronomiques de l'université de Harvard. Quelques années plus tard, à la fin de la Seconde Guerre mondiale, IBM avait construit le premier véritable ordinateur, muni d'une « mémoire » et capable d'être « programmé ». Ce n'est toutefois pas un hasard si les livres d'histoire ne retiennent guère le nom d'IBM parmi les innovateurs de la science informatique. Car dès qu'il eut achevé son ordinateur le plus perfectionné en 1945 – le premier ordinateur montré au public dans une salle d'exposition du centre de New York où les visiteurs affluèrent en grand nombre –, IBM l'abandonna aussitôt au profit d'un modèle concurrent, l'ENIAC, élaboré à l'université de Pennsylvanie. L'ENIAC convenait en effet beaucoup mieux aux applications commerciales telles que la réalisation des fiches de paye, mais ses concepteurs ne s'en étaient pas rendu compte.

IBM a redéfini la structure de l'ENIAC pour qu'il puisse être fabriqué et réparé. Dès sa sortie sur le marché en 1953, la version IBM de l'ENIAC devint la norme en matière d'ordinateurs commerciaux gros systèmes multifonctionnels.

C'est bien un cas d'imitation créative. Il s'agit d'attendre jusqu'à ce que quelqu'un crée la nouveauté, qui restera « approximative ». On se met alors à l'ouvrage, et l'on obtient rapidement ce qui manquait à la nouveauté en question pour être véritablement utile, pour satisfaire le consommateur et réaliser quelque chose qu'il est prêt à payer. Devenue la norme, l'imitation créative peut ensuite dominer le marché.

Dès l'apparition des semi-conducteurs, toute l'industrie horlogère comprit qu'ils pourraient être utilisés pour faire fonctionner les montres de façon plus précise, plus fiable et meilleur marché que les mécanismes traditionnels. Les Suisses ont rapidement sorti un modèle de montre à quartz à affichage digital. Mais leurs investissements en horlogerie traditionnelle étaient si importants qu'ils décidèrent de n'introduire que progressivement les montres à quartz, sur une période assez longue pendant laquelle elles resteraient des produits de luxe.

La société Hattori fabriquait depuis longtemps des montres traditionnelles pour le marché japonais. Elle perçut l'opportunité qui se présentait et se lança dans l'imitation créative, sortit un modèle de montre à quartz à affichage digital qui imposa ses normes dans l'industrie horlogère. Le temps que les suisses se réveillent, il était déjà trop tard. Les montres Seiko dominaient le marché mondial et les fabricants suisses se retrouvaient presque éliminés.

Comme la stratégie du « vite et mieux », l'imitation créative vise la position de leader, ou même, la domination pure et simple du marché ou de l'industrie. Mais c'est une méthode beaucoup moins risquée. Quand l'imitateur entre en action, le marché est déjà en place et la nouveauté est acceptée. L'innovateur original ne peut généralement plus répondre à la demande tant elle est importante. On connaît, ou l'on peut connaître, les segmentations du marché. Les études de marché peuvent donc établir ce que les consommateurs achètent, comment ils achètent et selon quels critères.

L'innovateur original peut, bien entendu, réussir parfaitement au premier essai et fermer les portes de l'imitation créative. Un innovateur peut toujours faire exactement ce qui convient, comme Hoffmann-LaRoche avec les vitamines, Du Pont avec le nylon. Mais le nombre d'entrepreneurs qui réussissent sur la voie de l'imitation créative semble suggérer que les chances de voir un innovateur s'approprier le marché dès le premier essai ne sont pas excessivement élevées.

L'imitation créative exploite la réussite des autres. Il ne s'agit donc pas d'innovation au sens le plus courant du terme. L'imitateur créatif n'invente pas un produit ou un service. Il le perfectionne et redéfinit sa position sur le marché. Quelque chose ne va pas dans la manière dont il a été lancé ? Certaines caractéristiques font-elles défaut ? La segmentation du produit ou du service permet-elle d'adapter des versions légèrement différentes à des marchés légèrement distincts ? Faut-il redéfinir la position du produit sur le marché ? L'imitation créative apporte-t-elle quelque chose qui manquait ?

L'imitateur créatif considère le produit ou le service du point de vue du consommateur. L'imitation créative part du marché plutôt que du produit, et du consommateur plutôt que du producteur. Elle est orientée sur le marché et entraînée par lui.

L'imitation créative ne réussira pas en prenant les clients des premiers innovateurs qui ont créé un produit ou un service. Elle doit s'occuper des marchés que les innovateurs ont créés sans les traiter de façon adéquate. L'imitation créative cherche à satisfaire une demande qui existe déjà et non pas à en créer une nouvelle.

Cette stratégie comporte des risques spécifiques qui sont considérables. L'imitateur créatif est, par exemple, souvent tenté de fragmenter ses efforts pour essayer de protéger ses arrières. Un autre danger consiste à mal interpréter une tendance et à appliquer cette stratégie à un produit ou un service qui ne s'imposera pas sur le marché.

IBM est le tout premier praticien mondial de l'imitation créative. Sa façon d'aborder la question de l'automatisation du bureau illustre néanmoins les dangers de cette stratégie. IBM a imité avec succès toutes les grandes évolutions en ce domaine et détient le produit leader dans chaque secteur. Mais parce qu'ils sont issus d'un processus d'imitation, ses produits sont si divers et si peu compatibles les uns avec les autres qu'il est absolument impossible de concevoir l'automatisation d'un bureau intégré avec les différents modules IBM. On peut donc encore douter de la capacité d'IBM à conserver le leadership sur l'automatisation du bureau et proposer un système intégré. C'est pourtant là que se situera vraisemblablement le plus grand marché des années à venir. Voilà donc un risque inhérent à la stratégie de l'imitation créative : être *trop intelligent*.

L'imitation créative sera particulièrement efficace dans les techniques de pointe et ce pour une simple raison : les innovateurs en la matière ont toutes les chances d'être moins axés sur le marché que sur la technologie et sur le produit. Ils ont donc tendance à mal apprécier leur propre réussite, et n'arrivent ni à tirer profit ni à satisfaire la demande qu'ils ont eux-mêmes créée, laissant le champ libre aux « imitateurs ».

Le judo de l'esprit d'entreprise

Les laboratoires Bell ont inventé le transistor en 1947. Il apparut immédiatement que ce nouveau composant allait remplacer la lampe triode, tout particulièrement dans l'électronique grand public comme la radio ou la télévision encore toute récente. Tout le monde le savait, mais personne ne fit quoi que ce soit. Les grands fabricants – à l'époque presque tous américains – commencèrent à « étudier » le transistor. Le passage à ce nouveau composant fut programmé « pour les environs de 1970 ». Le transistor « ne serait pas prêt » avant cette date, affirmaient-ils. Sony était alors pratiquement inconnu au-delà des frontières du Japon et n'était même pas dans l'électronique grand public. Son président, Akio Morita, fut informé de cette découverte par la presse. Il se rendit aux États-Unis et acheta une licence d'exploitation aux laboratoires Bell pour une somme dérisoire, soit 25 000 dollars en tout et pour tout. Deux ans plus tard, Sony sortit la première radio à transistors portable qui pesait moins d'un cinquième du poids des radios à lampes disponibles sur le marché pour un tiers du prix. Trois ans plus tard, Sony dominait le marché américain des postes de radio bon marché et au bout de cinq ans, les Japonais dominaient le marché mondial.

C'est évidemment un cas classique de refus d'une réussite inattendue. Les Américains ont rejeté le transistor parce qu'il « n'avait pas été inventé ici », entendez par là qu'il n'avait pas été inventé par les leaders de l'industrie électrique et électronique, RCA et General Electric. C'est un cas typique de la fierté éprouvée par ceux qui ont choisi la difficulté. Les Américains étaient si fiers de leurs magnifiques postes de radio de l'époque, les récepteurs superhétérodynes qui étaient des merveilles de dextérité. Comparées à ceux-ci, les petites plaquettes de silicium leur paraissaient de qualité médiocre, et manquaient pour ainsi dire de dignité.

Mais la réussite de Sony n'est pas la fin de l'histoire. Comment expliquer que les Japonais aient répété la même stratégie une infinité de fois, avec toujours autant de succès et pour la plus grande surprise des Américains ? Les Japonais ont donc accumulé les succès en pratiquant le « judo de l'esprit d'entreprise » à l'encontre des Américains.

Ce fut également le cas de MCI et de Sprint qui tirèrent profit de la tarification du système Bell de la société ATT pour lui ravir une part importante de ses communications longue distance. Ce fut le cas de Rolm qui sut retourner les politiques du système Bell contre leurs auteurs pour prendre une part substantielle du marché des standards téléphoniques PBX. Ce fut le cas de Citibank qui créa une banque de dépôt en Allemagne, la Familienbank, et devint en quelques années la première institution de services financiers aux particuliers.

Les banques allemandes savaient parfaitement que la hausse du pouvoir d'achat des simples consommateurs en faisait des clients intéressants. Elles ont donc mis en œuvre un ensemble de services financiers, mais sans le vouloir vraiment. Elles estimaient que les particuliers ne constituaient pas un marché digne des grandes banques habituées aux entreprises et aux investissements à grande échelle. Les particuliers qui avaient vraiment besoin d'un compte en banque pouvaient s'adresser aux chèques postaux et aux caisses d'épargne.

Tous ces nouveaux venus – les Japonais, MCI, ROLM, Citibank – ont pratiqué le « judo de l'esprit d'entreprise ». De toutes les stratégies d'entrepreneurs cherchant à dominer un marché ou une industrie, c'est assurément la moins risquée et celle qui a le plus de chance de réussir.

Tous les policiers savent qu'un criminel endurci commettra toujours son forfait de la même manière. Il ouvrira un coffre-fort ou cambriolera une maison en utilisant toujours sa méthode qui laisse une « signature » aussi personnalisée qu'une empreinte, même si elle lui vaut d'être arrêté à chaque fois.

Mais il n'y a pas que les criminels qui soient attachés à leurs habitudes. Nous avons tous nos manies. Les industries et les entreprises ne font pas exception. La même habitude sera conservée même si elle fait perdre des marchés ou une position de leader. Les fabricants américains ont persisté dans des habitudes qui ont permis aux Japonais de leur ravir toute une série de marchés.

Lorsque le criminel est pris, il accepte rarement que ce soit ses manies qui l'aient trahi. Il trouvera au contraire toutes les excuses possibles qui lui permettront de conserver ces habitudes. Les entreprises trahies par leurs habitudes ne l'accepteront pas non plus et inventeront toutes sortes d'excuses. Les fabricants de composants électroniques américains mettent, par exemple, les succès nippons sur le compte du faible coût de la main-d'œuvre au Japon. Les rares constructeurs américains qui ont su s'adapter à la réalité, RCA et Magnavox dans le cas des téléviseurs, sont pourtant capables d'aligner des produits américains à des prix compétitifs avec les produits japonais et d'une qualité tout aussi concurrentielle malgré les salaires et les charges sociales versés par les entreprises. Pour expliquer la réussite de Citibank dans leur pays, les banques allemandes continuent d'invoquer les risques encourus par la Familienbank et qu'elles-mêmes ne voudraient pas prendre. Les prêts de la Familienbank subissent pourtant moins de pertes que les crédits des banques allemandes, et les conditions sont tout aussi strictes. Elles le savent parfaitement mais cela ne les empêche pas de trouver toutes sortes de justifications à leur échec et à la réussite de Citibank. C'est un cas typique qui permet de comprendre pourquoi la même stratégie, le même judo de l'esprit d'entreprise, peut être utilisé à l'infini.

On compte tout particulièrement cinq mauvaises habitudes extrêmement courantes qui permettent à des nouveaux venus de se catapulter en position de leader par-delà les entreprises pourtant bien établies.

1. La première est ce que l'argot américain appelle *NIH* (*Not Invented Here*). C'est l'arrogance qui conduit une entreprise ou une industrie à croire que « ce qui n'est pas inventé ici », ce qui ne vient pas de chez nous, ne peut être bon. C'est ainsi qu'une nouvelle invention comme le transistor fut rejetée par les industriels américains de l'électronique.

2. Deuxième mauvaise habitude : la tendance à « écrémer » le marché, c'est-à-dire à se concentrer sur les secteurs qui permettront de réaliser les plus gros profits.

C'est pour l'essentiel ce qui a fait de Rank Xerox une cible privilégiée pour les imitateurs japonais de ses photocopieurs. Xerox orienta toute sa stratégie sur les grands utilisateurs, ceux qui achèteraient en grand nombre les machines les plus performantes et les plus chères. Il n'a jamais refusé les autres, mais il n'est pas allé les chercher. Il ne lui sembla pas utile de leur fournir le même service après vente. C'est le mécontentement créé par le service après vente ou tout au moins par l'insuffisance de ce service qui a attiré les petits clients vers les produits concurrents.

Cet « écrémage » est une violation des principes élémentaires d'économie et de gestion. La sanction est toujours la perte du marché.

3. La troisième habitude, encore plus grave pour la santé de l'entreprise, est la référence à la « qualité ». La qualité ne correspond pas à ce que le fabricant met dans un produit ou un service, mais à ce que le client lui trouve et au prix qu'il est disposé à le payer. Contrairement à ce que croient tant d'industriels, un produit n'est pas « de qualité » parce qu'il est cher et difficile à fabriquer. C'est plutôt un signe d'incompétence. Les consommateurs paient pour ce qui leur est utile et ce qui a de la valeur à leurs yeux. Voilà le seul et unique critère de « qualité ».

4. Quatrième habitude très liée aux notions de « qualité » et d'« écrémage » : l'illusion du prix fort. Le prix fort est une invitation offerte aux concurrents.

Ce que le leader prend pour une augmentation de ses bénéfices est en fait une subvention accordée à un nouveau venu qui, en l'espace de quelques années, viendra prendre sa place. Les prix forts ne sont ni une aubaine ni un facteur de hausse des actions ou du rapport cours-bénéfices. Ils devraient au contraire apparaître comme une menace et un signe de vulnérabilité.

L'illusion de pouvoir augmenter ses bénéfices en pratiquant des prix élevés reste pourtant très largement répandue même si c'est une porte ouverte au judo de l'esprit d'entreprise.

5. Dernière mauvaise habitude caractéristique qui a provoqué la perte d'entreprises solidement établies (Xerox en est un bon exemple) : maximiser au lieu d'optimiser. Au fur et à mesure de l'expansion du marché, ces entreprises cherchent à satisfaire le maximum d'utilisateurs avec le même produit ou le même service.

Les Japonais qui sont venus concurrencer Xerox sur le marché des photocopieurs ont eux aussi adapté leur matériel à chaque catégorie d'utilisateur, le petit bureau par exemple, qu'il s'agisse de celui du dentiste, du médecin ou du directeur d'école. Ils n'ont pas essayé de s'aligner sur les spécifications dont les gens de Xerox étaient les plus fiers, à savoir la vitesse ou la netteté de la photocopie. Ils ont donné au petit bureau ce dont il avait le plus besoin, une machine simple et bon marché. Une fois leur place faite sur ce marché, ils se sont intéressés aux autres en adaptant leur produit pour satisfaire de façon optimale la demande de chaque nouveau segment.

Sony lui aussi s'est tout d'abord préoccupé de l'extrémité inférieure du marché en proposant des radios portables à bas prix avec une gamme de fréquence limitée. Une fois bien établi sur un segment de marché, il s'est attaqué aux suivants.

Le judo de l'esprit d'entreprise cherche en premier lieu à s'assurer une tête de pont négligée ou défendue sans trop y croire par les leaders du marché – à l'image du manque de réaction des Allemands lors de la création de la Familienbank par Citibank. Une fois cette position bien en main, c'est-à-dire une fois que les nouveaux venus disposent d'un marché et de recettes adéquates, ils peuvent entrer plus avant en « territoire ennemi » jusqu'à prendre le contrôle du marché tout entier. Ils appliquent la même stratégie à chaque nouvelle étape. Ils créent un produit ou un service spécifique et optimal pour chaque segment de marché. Les leaders en place ne les battent presque jamais à ce jeu et ne changent presque jamais d'attitude avant d'avoir perdu leur suprématie.

Cette stratégie requiert une certaine part d'innovation authentique. Elle ne parvient généralement pas à proposer le même produit ou le même service à un moindre coût. On doit pouvoir le distinguer du produit ou du service qui existe déjà.

En d'autres termes, les nouveaux venus ne doivent donc pas se contenter de faire aussi bien que le leader en place en proposant des prix inférieurs ou un meilleur service. Ils doivent proposer quelque chose de différent.

Comme la stratégie du « vite et mieux » ou l'imitation créative, le judo de l'esprit d'entreprise vise la position de leader et, au bout du compte, la suprématie. Mais il ne réussira pas en concurrençant les leaders là où ils s'attendent à trouver de la concurrence. Le judo de l'esprit d'entreprise « frappe là où ils ne sont pas ».

Le droit de péage

Les stratégies d'entrepreneur examinées jusqu'à maintenant visaient toutes la position de leader, si ce n'est la domination pure et simple, d'un marché ou d'un secteur. La stratégie de la « niche écologique » recherche le contrôle. Les stratégies précédentes permettaient de positionner une entreprise sur un marché ou dans une industrie. Celle de la niche écologique tente d'exercer un quasi-monopole sur un secteur bien déterminé. Les trois premières étaient des stratégies concurrentielles, celle-ci souhaite protéger totalement de la concurrence ceux qui l'emploient avec succès. Les champions de la stratégie du « vite et mieux », de l'imitation créative et du judo de l'esprit d'entreprise deviennent de grandes sociétés et de grands noms qui pénètrent parfois dans tous les foyers. Les stratégies qui marchent en matière de niche écologique empochent l'argent et n'ont que faire de la gloire. Ils se complaisent dans l'anonymat. Pour les meilleurs d'entre eux, le but est de passer tellement inaperçu, malgré le rôle capital de leur produit dans un processus donné, que personne ne risquera de venir empiéter sur leur terrain.

On compte trois stratégies différentes, chacune avec ses conditions, ses limites et ses risques particuliers :

- le droit de péage ;
- la compétence spécialisée ;
- le marché spécialisé.

La société Alcon a mis au point un enzyme permettant d'éliminer une réaction opératoire qui allait à contre-courant du rythme et de la logique même de l'opération de la cataracte. Une fois cet enzyme inventé et breveté, on put lui appliquer un droit de péage. Aucun chirurgien ne pouvait plus se passer de ce produit, et quel que fût le prix demandé par Alcon, le coût supplémentaire restait insignifiant par rapport au coût global de chaque opération. Il est peu probable qu'un chirurgien ou qu'un hôpital se soient jamais renseignés à l'avance sur son prix. L'ensemble du marché de ce produit spécifique était si réduit (peut-être 50 millions de dollars à l'échelle mondiale) qu'il était manifestement inutile de chercher à créer un produit concurrent. la baisse du prix de l'enzyme en question n'aurait pas permis une seule opération supplémentaire. Un concurrent potentiel n'aurait pu que baisser le prix pour tout le monde sans en tirer aucun profit personnel.

Pouvoir appliquer un droit de péage est donc la meilleure situation que puisse espérer une entreprise. Mais cette stratégie comporte également des conditions très précises. Le produit doit être indispensable au processus de fonctionnement ou de production. Le risque de ne pas l'utiliser – de perdre un œil – doit être infiniment supérieur au coût du produit. Le marché doit être si limité que le premier à l'occuper en devient le maître. Ce doit être une véritable niche écologique, qu'une seule espèce occupe totalement et qui est suffisamment petite et discrète pour ne pas attirer de rivaux.

Ce type de situation n'est pas facile à trouver et fait généralement pendant à une contradiction. Dans le cas de l'enzyme d'Alcon, la contradiction se situe au niveau du rythme ou de la logique du procédé.

Le droit de péage comporte également des limites strictes et des risques importants. C'est fondamentalement une situation statique.

Une fois la niche écologique occupée, les possibilités d'expansion sont très limitées. Une entreprise dans cette situation ne peut rien faire pour développer son activité ou mieux la contrôler. Quel que soit sa qualité ou son prix, la demande de ce produit dépendra de la demande de la production ou du processus auxquels il contribue.

Une fois atteint l'objectif du droit de péage, l'entreprise atteint sa pleine maturité. Elle ne se développe qu'à la vitesse de croissance des utilisateurs terminaux de ses produits. Mais elle peut dégringoler rapidement. Elle peut être périmée du jour au lendemain si quelqu'un d'autre trouve une manière différente de répondre au même besoin.

L'utilisateur du droit de péage ne doit jamais abuser de son monopole. Il ne doit jamais devenir ce que les Allemands appellent un « *Raubritter* », un « seigneur-malandrin » qui dévalisait les malheureux voyageurs forcés de s'aventurer dans le défilé situé près de son château. Il ne doit pas profiter de son monopole pour exploiter, escroquer ou maltraiter ses clients. Faute de quoi, ces derniers mettront un autre fournisseur sur l'affaire ou trouveront des substituts qu'ils pourront mieux contrôler.

Les compétences spécialisées

Tout le monde connaît les grandes marques d'automobiles. Mais peu de gens connaissent les entreprises qui fournissent les équipements électriques et le matériel d'éclairage de leurs modèles. Elles sont pourtant encore moins nombreuses que les constructeurs automobiles : le groupe Delco de General Motors aux États-Unis, Bosch en Allemagne, Lucas en Angleterre, etc.

Une fois que ces sociétés ont pris le contrôle d'un créneau de compétences spécialisées, elles le gardent. À la différence des entreprises qui ont recours au droit de péage, ces sociétés évoluent dans un domaine d'activité relativement large. Ce créneau de compétences spécialisées reste néanmoins unique. Ces entreprises ont pu l'occuper en développant très tôt des techniques de haut niveau. Un entrepreneur allemand s'était déjà constitué un créneau spécialisé dans le domaine des guides touristiques que l'on appelle encore par son nom, « Baedeker ».

Ces exemples montrent que la date de mise en œuvre est un facteur essentiel de la réussite d'un créneau de compétences spécialisées. Il doit se constituer au tout début d'une nouvelle industrie, d'une nouvelle coutume, d'un nouveau marché, d'une nouvelle tendance. Karl

Baedeker publia son premier guide de voyage en 1828, c'est-à-dire dès que les premiers bateaux à vapeur naviguant sur le Rhin ont permis aux classes moyennes de faire du tourisme. Il eut le marché tout à lui jusqu'à ce que la Première Guerre mondiale rende la présence de livres allemands inacceptable dans les autres pays occidentaux.

Trouver un créneau de compétences spécialisées demande toujours d'apporter quelque chose de nouveau, suppose une véritable innovation. Il y avait déjà des guides de voyage avant Baedeker. Mais ils se limitaient aux questions culturelles, aux églises, aux curiosités, etc. Pour ce qui était des détails pratiques, des hôtels, du prix des fiacres, des distances et des pourboires, le milord anglais s'en remettait entièrement à son guide-accompagnateur. Les classes moyennes n'avaient pas de guide à leur disposition et ce fut l'opportunité saisie par Baedeker. Quand il eut établi quelles étaient les informations nécessaires aux voyageurs, comment se les procurer et comment les présenter (la disposition qu'il adopta est encore largement utilisée par les guides actuels), personne n'aurait eu intérêt à renouveler l'investissement de Baedeker pour mettre en place un système concurrent.

Un créneau de compétences spécialisées représente une opportunité exceptionnelle dans les premières étapes d'une innovation importante. Les exemples sont innombrables. Il n'y eut pendant de longues années que deux constructeurs américains d'hélices d'avion, qui avaient tous deux commencé avant la Première Guerre mondiale.

Trouver un créneau de compétences spécialisées est rarement le fruit du hasard. C'est toujours le résultat d'une recherche systématique des opportunités d'innovation. L'entrepreneur cherche, dans chaque cas particulier, le lieu propice à la mise en œuvre d'une compétence spécialisée qui procurera une position dominante et exclusive à une nouvelle activité.

Robert Bosch passa des années à étudier le secteur de l'automobile avant de positionner sa nouvelle entreprise pour qu'elle prenne immédiatement la tête de son secteur d'activité. La société Hamilton Propeller, qui resta pendant longtemps le leader de la construction des hélices d'avion aux États-Unis, était le résultat de recherches systématiques conduites aux premiers jours de la navigation aérienne. Baedeker fit l'essai de plusieurs services proposés aux touristes avant de décider de créer les guides qui l'ont rendu célèbre.

La première constatation est donc que les débuts d'une nouvelle industrie, d'un nouveau marché, d'une innovation importante, offrent toujours l'opportunité d'une recherche systématique de compétences spécialisées, et généralement le temps de créer un domaine exclusif de qualification.

La seconde remarque est qu'un créneau de compétences spécialisées suppose l'existence de compétences exclusives et distinctes. Les pionniers de l'automobile étaient tous sans exception des mécaniciens. Ils connaissaient bien le travail des métaux et le fonctionnement des moteurs. Mais ils ignoraient tout de l'électricité. Cette discipline demandait des connaissances théoriques qu'ils n'avaient pas et ne savaient pas comment apprendre. Il y avait bien d'autres éditeurs à l'époque de Baedeker, mais un guide de voyage, qui demande d'aller rassembler sur place un volume considérable d'informations détaillées et constamment renouvelées par une équipe d'enquêteurs itinérants, dépassait de loin leurs compétences.

Une entreprise qui vient occuper un créneau de compétences spécialisées ne risque guère de voir son activité menacée par ses clients ou ses fournisseurs. Aucun de ceux-là ne veut se lancer dans quelque chose qui est aussi étranger à ses qualifications et à sa nature.

Troisième remarque : une entreprise qui occupe un créneau de compétences spécialisées doit constamment travailler à améliorer ses compétences. Elle doit conserver son avance. Elle doit sans arrêt chercher à rendre ses propres produits obsolètes. Les premiers constructeurs automobiles reprochaient à Delco (Dayton) ou à Bosch (Stuttgart) de toujours les bousculer. Ces sociétés avaient mis au point des systèmes d'allumage qui étaient nettement en avance sur la technique automobile de l'époque, sur les souhaits, les exigences et les possibilités des clients tels que les imaginaient les industriels, et sur les techniques de montage des constructeurs.

Si le créneau de compétences spécialisées a des avantages, il a également des limites considérables. La première est de mettre des œillères à ceux qui l'occupent. Pour conserver leur position dominante, ils doivent apprendre à ne regarder ni à droite ni à gauche, mais uniquement dans le champ étroit de leur spécialisation.

Seconde limite importante : celui qui occupe un créneau de compétences spécialisées dépend le plus souvent d'une autre personne pour la commercialisation de son produit ou de son service. Il devient le maillon d'une chaîne. Toute la force des entreprises d'électricité automobile réside dans le fait que le client ignore jusqu'à leur existence. Mais c'est aussi leur faiblesse.

Le plus grand danger qui menace un fabricant spécialisé est de voir sa spécialité ne plus en être une et se généraliser.

Le créneau de compétences spécialisées, comme toutes les « niches écologiques », est donc limité dans l'espace et dans le temps. La biologie nous apprend que les espèces qui occupent une niche écologique s'adaptent difficilement même aux plus petits changements de l'environnement extérieur. Cela vaut aussi pour les espèces spécialisées de l'esprit d'entreprise. Mais ces limites étant admises, le créneau de compétences spécialisées constitue une position extrêmement avantageuse. C'est sans doute la stratégie la plus intéressante quand il s'agit d'un nouveau marché, d'une nouvelle industrie ou d'une nouvelle technologie en pleine expansion. Rares sont les constructeurs automobiles des années 1920 qui sont encore en selle, alors même que les fabricants de matériel d'électricité automobile sont toujours là. Une fois occupé et convenablement entretenu, le créneau de compétences spécialisées protège de la concurrence, précisément parce que les acheteurs d'automobiles ne savent pas et ne veulent pas savoir qui fabrique les phares ou les freins. Aucun d'eux ne s'avisera donc d'aller en chercher d'autres. Quand le nom de Baedeker est devenu synonyme de guide touristique, il y avait peu de risques que d'autres cherchent à investir la place, du moins avant que le marché ne change radicalement. Dans le cadre d'une nouvelle technologie, d'une nouvelle industrie ou d'un nouveau marché, la compétence spécialisée est la stratégie qui offre le rapport optimal entre l'opportunité et le risque d'échec.

Le marché spécialisé

La principale différence qui existe entre un créneau de compétences spécialisées et un marché spécialisé est que le premier se construit autour d'un produit ou d'un service tandis que le second s'appuie sur la connaissance approfondie d'un marché déterminé. Pour le reste, ces deux stratégies sont parfaitement comparables.

Deux entreprises moyennes, l'une située au nord de l'Angleterre et l'autre au Danemark, fournissent l'énorme majorité des fours à gâteaux secs et à biscuits salés achetés dans l'ensemble des pays non communistes. Pendant plusieurs dizaines d'années, le monopole des traveller's chèques fut aux mains de deux anciennes agences de voyage, Thomas Cook en Europe et American Express aux États-Unis.

La construction des fours de boulangerie industrielle ne pose, me dit-on, aucune difficulté technique particulière. Il existe des dizaines d'entreprises qui pourraient les construire aussi bien que ces deux sociétés anglaise et danoise. Mais celles-ci connaissent le marché. Elles connaissent toutes les grandes entreprises de boulangerie et toutes ces entreprises les connaissent. Le marché n'est tout simplement pas assez grand et assez attirant pour que l'on essaye de concurrencer ces deux-là, tant qu'elles donnent satisfaction. De la même façon, les traveller's chèques étaient un secteur de tout repos jusqu'à l'après-guerre et le début de l'industrie des voyages. C'est un secteur particulièrement rentable puisque l'émetteur, Thomas Cook ou American Express, dispose de l'argent remis en échange des chèques et réalise des intérêts sur cette somme jusqu'à ce que l'acheteur encaisse son chèque, soit parfois plusieurs mois après la date d'achat. Mais le marché n'était pas assez grand pour attirer d'autres concurrents. Les traveller's chèques demandent, en outre, une infrastructure à l'échelle mondiale que Thomas Cook et American Express devaient entretenir pour assurer le service proposé à leurs clients, infrastructure que personne d'autre n'avait de raison de reproduire à cette époque.

Trouver un marché spécialisé suppose que l'on étudie une innovation en se demandant si elle ouvre des opportunités pour constituer un créneau exclusif et comment l'occuper avant tout le monde. Les traveller's chèques n'étaient pas une grande « invention ». Ce n'est fondamentalement rien d'autre qu'une lettre de crédit comme il en existe depuis plusieurs centaines d'années. La nouveauté était que ces chèques étaient pour la première fois proposés sous une forme standard, d'abord aux clients de Thomas Cook et d'American Express, puis au grand public. On pouvait donc les encaisser partout où ces agences avaient un bureau ou un représentant. Cela leur conférait beaucoup d'intérêt pour les touristes qui ne voulaient pas emporter trop d'argent liquide sur eux et n'avaient pas les relations bancaires suffisantes pour avoir le droit d'utiliser des lettres de crédit.

Les premiers fours de boulangerie ne faisaient pas appel à des techniques particulièrement sophistiquées et les fours construits aujourd'hui n'utilisent aucune technique de pointe. Les deux leaders de ce marché ont simplement compris que la cuisson des petits gâteaux et des biscuits salés était en train de se déplacer du four de la ménagère à celui de la boulangerie industrielle. Ils ont très sérieusement étudié ce dont l'entreprise de boulangerie avait besoin pour que ses clients, les épiceries et les supermarchés, puissent à leur tour vendre ces biscuits à la ménagère. Ces nouveaux fours n'étaient donc pas le résultat de recherches techniques mais d'études de marché. La technique était accessible à tous.

Le marché spécialisé répond aux mêmes conditions que les compétences spécialisées : une analyse systématique d'une nouvelle tendance, d'une nouvelle industrie, d'un nouveau marché ; une innovation spécifique, ne serait-ce qu'une simple modification comme le passage de la lettre de crédit au traveller's chèque ; un travail constant d'amélioration du produit et tout particulièrement du service, afin de conserver sa position de leader.

Les limites sont aussi les mêmes. La réussite est ce qui menace le plus un créneau sur un marché spécialisé. Le plus grand danger pour un marché spécialisé est de devenir un marché de masse.

Le traveller's chèque est aujourd'hui un produit courant et très concurrentiel parce que le voyage est devenu un marché de masse.

Il en va de même des parfums. Coty, une entreprise française, a créé l'industrie moderne de la parfumerie en comprenant le changement d'attitude amorcé par la Première Guerre mondiale à l'égard des cosmétiques. Ces produits de beauté que seules les « femmes faciles » auparavant utilisaient ouvertement étaient devenus parfaitement acceptés et respectables. Au milieu des années 1920, Coty s'était construit un véritable monopole des deux côtés de l'Atlantique. Les cosmétiques sont restés un marché spécialisé, réservé aux plus riches, jusqu'en 1929, avant de littéralement exploser pendant la crise des années 1930 pour devenir un authentique marché de masse. Il s'est également segmenté en un secteur de luxe (caractérisé par des prix élevés, une distribution et une présentation spéciales) et un secteur populaire de marques bon marché vendues dans les supermarchés, les magasins de mode et les drugstores. Le marché spécialisé dominé par Coty disparut en l'espace de quelques années. S'adapter à la production de masse des cosmétiques ou devenir l'un des grands parfumeurs de luxe : Coty ne put se résoudre à faire un choix et tenta de persister sur un marché qui n'existait plus. Il n'a cessé d'aller à la dérive depuis lors.

Créer de l'utilité

L'objectif des stratégies d'entrepreneur examinées jusqu'ici était d'introduire une innovation. Dans ce chapitre, la stratégie elle-même est l'innovation. Le produit ou le service qu'elle véhicule existe peut-être depuis longtemps. Mais cette stratégie a transformé ce service existant et déjà ancien en quelque chose de nouveau. Elle a changé son utilité, sa valeur et ses caractéristiques économiques. S'il n'y a pas de modification physique, il y a bien quelque chose de nouveau et de différent sur le plan économique.

Les stratégies examinées dans ce chapitre ont un point commun : elles créent un consommateur, ce qui est le but ultime de l'entreprise et de l'activité économique en général. Elles atteignent cet objectif de quatre façons différentes :

- en créant de l'utilité ;
- en agissant sur les prix ;
- en s'adaptant aux réalités économiques et sociales du consommateur ;
- en proposant au consommateur ce qui a de la valeur à ses yeux.

La notion de prix n'intervient, en règle générale, pratiquement pas dans la création d'utilité. Cette stratégie consiste à donner aux consommateurs le moyen de faire ce qui correspond à *leur intérêt*, en se demandant : « Qu'est-ce qui représente vraiment un *service*, qu'est-ce qui est vraiment *utile* pour le consommateur ? »

Toutes les jeunes mariées américaines souhaitent avoir un service de porcelaine chinoise. Le service entier représente un cadeau bien trop coûteux. Les gens qui veulent offrir un cadeau de mariage ne savent pas quelles pièces la jeune mariée a déjà et lesquelles lui manquent. Ils finissent le plus souvent par lui offrir quelque chose d'autre. En d'autres termes, la demande est là mais l'utilité fait défaut. Un fabricant de vaisselle, la société Lennox China, saisit l'opportunité d'innovation qui se présentait. Elle reprit le système traditionnel de la « liste de mariage » en l'adaptant à ses propres produits. La future jeune mariée choisit un marchand de vaisselle à qui elle précise quel service de porcelaine Lennox elle désire et quelles sont les personnes susceptibles de lui offrir un cadeau de mariage. Le marchand en question demande alors à ces personnes combien elles veulent y mettre et en déduit : « Vous pouvez lui offrir deux tasses à café avec soucoupes » ou au contraire, « Elle a déjà des tasses à café mais elle a besoin d'assiettes à dessert ». Résultat : la mariée est heureuse, celui qui lui offre un cadeau aussi, et la société Lennox China encore plus.

Là encore, pas de traces de haute technologie ou de brevets d'invention, mais simplement une attention portée aux besoins du client. La liste de mariage, malgré toute sa simplicité, ou peut-être grâce à elle, a fait de Lennox China le fabricant de porcelaine le plus réputé et l'une des entreprises moyennes de fabrication qui a le meilleur rythme d'expansion des États-Unis.

Agir sur les prix

Le portrait de King Gillette, imprimé sur l'emballage de chaque lame de rasoir Gillette vendue aux quatre coins de la planète, fut pendant de nombreuses années le personnage américain le plus célèbre du monde entier. Des millions d'hommes utilisaient des lames Gillette tous les matins.

L'invention du rasoir de sûreté ne date pourtant pas de King Gillette. Des dizaines d'autres modèles furent brevetés à la fin du 19e siècle.

Le rasoir de sûreté de Gillette n'était pas mieux que beaucoup d'autres et son coût de production était nettement plus élevé. Mais Gillette ne « vendait » pas son rasoir, il le « donnait » à 55 cents au détail ou 20 cents au prix de gros, soit à guère plus d'un cinquième de son coût de fabrication. Mais ce rasoir était conçu pour n'accepter que ses propres lames dont le coût de fabrication était inférieur à 1 cent l'unité. Gillette les vendait 5 cents pièce. Et sachant que ces lames pouvaient être utilisées six ou sept fois, elles permettaient donc de se raser pour moins de 1 cent, soit moins d'un dixième du prix d'une visite chez le barbier.

Gillette décida d'agir sur le prix de ce que le consommateur achète, à savoir le rasage, et non sur ce que le fabricant lui vend. Au bout du compte, ce client captif dépensa peut-être plus en achetant un rasoir Gillette qu'en choisissant un autre rasoir à 5 dollars avec des lames à 1 ou 2 cents. Les clients de Gillette le savaient certainement, les consommateurs sont plus intelligents que ne le pensait Ralph Nader ou les agences de publicité. Mais les prix de Gillette leur parurent logiques. Ils payaient un rasage et non un rasoir. Il était, en outre, beaucoup plus agréable et beaucoup moins dangereux de se raser avec un rasoir et des lames Gillette qu'avec le traditionnel rasoir à main. C'était aussi beaucoup moins cher que d'aller chez le barbier du quartier.

Une des raisons pour lesquelles les brevets des machines à photocopier ont atterri dans une petite entreprise totalement inconnue de Rochester, dont le nom à l'époque était l'Haloid Company, et non chez un grand fabricant de matériel d'imprimerie, est qu'aucun de ces grands fabricants ne crut à la possibilité de vendre des photocopieurs. Leurs calculs évaluaient le prix de vente de ces machines à 4 000 dollars l'unité. Personne n'allait dépenser une telle somme pour un photocopieur quand le papier carbone ne coûtait presque rien. Une entreprise ne peut dépenser 4 000 dollars sans faire une demande d'engagement de dépense qui doit remonter jusqu'au conseil d'administration. Cette demande doit être accompagnée d'un calcul de rentabilité de l'investissement. Tout ceci paraît inimaginable pour un gadget destiné à aider la secrétaire. L'Haloid Company – aujourd'hui Xerox – travailla encore sur les caractéristiques techniques pour mettre au point la version définitive de son photocopieur. Mais le plus grand apport de l'Haloid Company fut dans le domaine des prix. Elle décida de ne pas vendre la machine, mais ce qu'elle faisait : des photocopies. À 5 ou 10 cents la copie, c'est de la menue monnaie que la secrétaire peut dépenser sans l'autorisation préalable de la hiérarchie. Fixer le prix de la photocopieuse à 5 cents la copie, voilà la véritable « innovation ».

La plupart des fournisseurs, y compris les institutions de service public, ne pensent jamais à la tarification comme à une stratégie. C'est pourtant le système de prix qui permet au consommateur de payer ce qu'il achète – un rasage, une photocopie – et non ce que le fournisseur produit. On paye naturellement la même somme au bout du compte. Mais la façon de payer est adaptée aux besoins et aux réalités concrètes du consommateur. La structure de la tarification correspond à ce que le consommateur achète réellement. Le prix correspond à la valeur que lui accorde le client et non au coût supporté par le fournisseur.

S'adapter aux réalités concrètes de la clientèle

Le leadership mondial de l'entreprise américaine General Electric sur le marché des grandes turbines à vapeur tient à l'analyse systématique des réalités concrètes de sa clientèle à laquelle s'est livrée cette société dans les années précédant la Première Guerre mondiale. Les turbines à vapeur, à la différence des moteurs à vapeur et à pistons qu'elles remplacèrent à l'heure de l'énergie électrique, sont des dispositifs complexes. Leur conception exige un degré élevé de technicité, leur construction et leur installation supposent un haut niveau de qualification inaccessible à une entreprise de production électrique. Celle-ci achète une grande turbine à vapeur tous les cinq ou dix ans quand elle construit une nouvelle centrale. Mais les qualifications doivent être constamment entretenues. Le constructeur doit par conséquent organiser une structure de service-conseil considérable.

General Electric découvrit rapidement que les clients ne pouvaient payer ces services. D'après la législation américaine, les commissions d'État chargées des services publics (eau, gaz, électricité) auraient dû prendre en charge ce type de dépenses. Mais lesdites commissions estimèrent que les sociétés concernées devaient être en mesure d'assurer elles-mêmes ce travail. Par ailleurs, les commissions chargées des services publics n'auraient pas autorisé General Electric à comptabiliser le coût de ces services dans le prix de vente des turbines. Une turbine à vapeur peut fonctionner pendant de longues années mais les ailettes de rotation doivent être changées relativement souvent, tous les cinq ou sept ans. Ces ailettes doivent être fabriquées par celui qui a construit la turbine. General Electric a donc créé la toute première organisation mondiale d'ingénierie-conseil pour les centrales électriques. Elle s'est toutefois bien gardée de parler de conseil en ingénierie. Le service, gratuit, fut baptisé « ventes de matériel ». Les turbines de General Electric ne valaient pas plus cher que celles de ses concurrents. Mais le coût supplémentaire du service-conseil, plus un bénéfice substantiel, était facturé lors du remplacement des ailettes. Dans les dix ans qui ont suivi, tous les autres fabricants de turbines ont compris et adopté ce système. Mais General Electric était devenu le leader du marché.

C'est une conception comparable d'adaptation des produits et des processus aux réalités concrètes du consommateur qui a conduit, bien plus tôt, dans les années 1840, à l'invention de l'achat à tempérament. Cyrus McCormick fut l'un des nombreux constructeurs américains de moissonneuses dont le pays avait à l'évidence grand besoin. Il découvrit cependant, comme les autres inventeurs de ce type de machines, qu'il ne pouvait pas vendre son produit. Les agriculteurs américains ne disposaient pas d'un pouvoir d'achat suffisant. Tout le monde reconnaissait qu'une moissonneuse pourrait être amortie en deux ou trois saisons, mais il n'y avait pas un seul banquier pour prêter une telle somme à un fermier. McCormick proposa un système de traites payables sur trois ans grâce aux bénéfices tirés des futures récoltes. L'agriculteur avait enfin les moyens d'acheter une moissonneuse, et c'est exactement ce qu'il fit.

Les industriels – comme les économistes, les psychologues et les moralistes – se réfèrent souvent à la notion de « consommateur irrationnel ». Mais il n'existe rien de tel, il n'y a que des « producteurs paresseux » dit un vieux dicton. Le comportement du consommateur doit être supposé rationnel, même si sa conception de la réalité est souvent très différente de celle du producteur.

Vendre ce qui a de la valeur pour le client

La dernière stratégie d'innovation consiste à vendre ce qui a de la valeur aux yeux du client et non le « produit » fabriqué par l'industriel.

Ce n'est en fait qu'un prolongement de la stratégie précédente qui considérait que la réalité du consommateur fait partie intégrante du produit qu'il achète.

Une entreprise moyenne du Midwest américain fournit plus de la moitié de l'ensemble des lubrifiants spéciaux utilisés pour les engins de construction et de grands travaux : bulldozers ou excavateurs pour construire des autoroutes, équipement lourd pour enlever les couches supérieures des mines à ciel ouvert, énormes camions qui transportent le charbon sorti des mines, etc. Cette entreprise est en concurrence avec certaines des plus grandes compagnies pétrolières, qui peuvent mobiliser des bataillons entiers d'experts en produits lubrifiants. Elle leur tient tête non en vendant de l'huile de graissage mais en fournissant une garantie. Ce n'est pas le lubrifiant qui a de la valeur pour l'entrepreneur de travaux publics, c'est d'avoir un matériel qui fonctionne. Chaque heure perdue à cause d'un engin en panne lui coûte beaucoup plus cher que toute l'huile achetée dans une année entière. Les sanctions financières sont extrêmement lourdes pour les entrepreneurs qui ne tiennent pas les délais prévus. Ils ne peuvent cependant obtenir les contrats qu'en calculant les temps d'exécution au plus serré et en se battant contre la montre. Le producteur de lubrifiants du Midwest offre à l'entrepreneur d'analyser les besoins d'entretien de son parc de matériel. Il lui propose ensuite un contrat d'entretien avec un tarif d'abonnement annuel. Ce contrat garantit aux signataires que leur matériel ne restera pas en panne plus d'un certain nombre d'heures par an pour des questions de lubrification. Inutile de préciser que le contrat prévoit l'utilisation exclusive des lubrifiants du producteur en question. Mais ce n'est pas ce qu'achètent les entrepreneurs. Ils achètent la chose qui a le plus de valeur à leurs yeux, à savoir la garantie de bon fonctionnement de leur matériel.

On trouvera certainement ces exemples trop « évidents ». N'importe quelle personne un tant soit peu intelligente aurait sans aucun doute adopté les mêmes stratégies. « Les profits ne découlent pas d'une inégalité d'intelligence mais d'une différence de stupidité », aurait dit un jour David Ricardo, le père de l'économie systématique. Ces stratégies ne fonctionnent pas parce qu'elles sont intelligentes mais parce que la plupart des producteurs (de biens ou de services, les entreprises privées ou les services publics) n'y pensent pas. Elles fonctionnent précisément parce qu'elles sont « évidentes ». Pourquoi sont-elles donc si exceptionnelles ? Ne suffit-il pas de se demander ce que le consommateur achète vraiment pour remporter la victoire ? Et peut-on parler de victoire quand personne d'autre n'est dans la course ? Comment expliquer une telle situation ?

Une première raison nous est fournie par les économistes et leur concept de valeur. Tous les livres d'économie expliquent que le consommateur n'achète pas un « produit » mais ce que ce produit lui permet de réaliser. Ces mêmes ouvrages abandonnent ensuite toute autre considération que le seul « prix » du produit, défini comme « ce que le consommateur paye en échange d'une unité de produit ou de service ». Ce que l'acheteur peut réaliser avec ce produit n'est plus jamais pris en compte. Les producteurs de biens et de services ont malheureusement tendance à suivre le raisonnement des économistes.

Il est parfaitement exact de dire : « Un produit A vaut X dollars. » Il est tout aussi juste de déclarer : « Nous devons gagner Y dollars en échange de ce produit pour couvrir nos coûts de production, rentabiliser les capitaux investis et, par là même, dégager un bénéfice convenable. » Il est en revanche totalement erroné d'en déduire : « Le client doit donc payer la somme globale de Y dollars pour chaque unité de produit A achetée. » Le raisonnement exact devrait être : « Ce que le client paye pour chaque unité de produit doit représenter Y dollars *pour nous*. Mais la façon dont chaque client choisit de payer dépend de ce qui lui paraît le plus juste, de la satisfaction que lui procure ce produit et de son adéquation à la réalité de chacun. Cela dépend de sa conception de la *valeur*. »

Le prix n'est pas la fixation du prix, et ce n'est pas non plus la « valeur ».

« Tout cela n'est que le b a ba du marketing » protesteront, avec raison, la plupart des lecteurs. Ce n'est en effet *rien d'autre* que des notions élémentaires de marketing, à commencer par la notion d'utilité pour le client, les réalités concrètes de la clientèle, ce que le client achète réellement et ce qui a de la valeur à ses yeux. C'est bien du marketing et rien que cela. Mais pourquoi si peu de producteurs semblent-ils disposés à appliquer ces notions de marketing prêchées et enseignées depuis quarante ans, je ne saurais l'expliquer. Il demeure néanmoins que tous ceux qui veulent fonder leur stratégie en appliquant ces concepts ont toutes les chances de devenir, rapidement et presque sans aucun risque, les leaders d'un marché ou d'une industrie.

Deuxième partie

L'INDIVIDU

13
L'efficacité, cela s'apprend

ÊTRE EFFICACE, c'est le boulot du travailleur du savoir. Qu'il s'active dans une entreprise, un hôpital, une administration ou un syndicat, dans une université ou dans les forces armées, on attend avant tout d'un travailleur du savoir qu'il fasse *ce qu'il faut faire*. En un mot, qu'il soit efficace.

Pourtant, dans ce genre d'emplois, les gens très efficaces brillent par leur absence. L'intelligence, une intelligence parfois brillante, oui, on la rencontre. L'imagination n'est pas rare non plus chez les travailleurs du savoir. Le niveau de leurs connaissances est souvent élevé. Mais on ne voit guère de corrélation entre l'efficacité d'un homme et son intelligence, son imagination ou son savoir. Les gens brillants sont souvent étonnamment inefficaces ; ils ne réalisent pas que leurs lumineuses intuitions n'assurent pas par elles-mêmes le succès. On ne leur a jamais appris que les idées ne se concrétisent que par un travail acharné et systématique. Réciproquement, on trouve dans toutes les organisations un certain nombre de tâcherons efficaces. Tandis que d'autres se lancent, l'air affairé, dans l'agitation que les gens très intelligents confondent si souvent avec la soi-disant créativité, ces bûcheurs mettent un pied devant l'autre et arrivent les premiers, comme la tortue de la fable.

L'intelligence, l'imagination et le savoir sont des ressources essentielles, mais seule l'efficacité les convertit en résultats. Laissées à elles-mêmes, elles ne font que freiner les progrès possibles.

Nécessité de l'efficacité

Tout cela devrait être évident. Pourquoi donc, alors, prête-t-on si peu d'attention à l'efficacité, à une époque où l'on publie des montagnes de livres sur tous les autres aspects du travail des cadres ?

Une première raison, c'est que l'efficacité constitue la technique spécifique du travailleur du savoir, et que jusqu'à présent on ne rencontrait qu'une poignée de ceux-ci dans les organisations.

Au travailleur manuel, on ne demande que du rendement, c'est-à-dire la capacité de faire les choses comme il faut plutôt que de faire ce qu'il faut faire. Un ouvrier, on peut toujours le juger en termes de qualité et de quantité d'une production bien définie et discrète – une paire de chaussures par exemple. Depuis un siècle, on a appris à mesurer le rendement et la qualité du travail manuel – au point que l'on a pu accroître formidablement le rendement des ouvriers.

Auparavant, le travailleur manuel prédominait dans toutes les organisations, qu'il fût ouvrier spécialisé sur machine ou soldat d'infanterie. L'efficacité ne concernait que peu de gens, seulement les autorités qui donnaient les ordres. Dans l'ensemble des travailleurs, les chefs occupaient une place si réduite que l'on pouvait considérer, à tort ou à raison, leur efficacité comme allant de soi. On comptait comme sur une ressource « naturelle » sur ces quelques représentants de l'aventure humaine qui, d'une façon ou d'une autre, savaient déjà ce que nous autres devons apprendre à grand peine.

Dans le passé, seule une faible fraction des travailleurs du savoir faisaient partie d'une organisation. La plupart travaillaient à leur compte dans les professions libérales, avec au maximum un assistant. Leur efficacité, ou leur manque d'efficacité, ne concernait qu'eux-mêmes, n'affectait qu'eux-mêmes.

Mais dans le monde d'aujourd'hui, c'est la grande organisation du savoir qui prédomine. La société moderne se compose de grandes institutions organisées. Dans chacune d'elles, les forces armées comprises, le centre de gravité s'est déplacé vers le travailleur du savoir, celui qui se sert de ce qu'il a entre les oreilles, et non plus de la force de ses muscles ou de l'habileté de ses mains. De plus en plus, on trouve dans les organisations des gens formés à utiliser le savoir, la théorie et les concepts et non plus leur force physique ou leur habileté manuelle – et ces gens sont efficaces dans la mesure où ils peuvent apporter leur contribution à l'organisation.

L'efficacité, on ne peut plus la considérer aujourd'hui comme allant de soi, on ne peut plus la tenir pour secondaire.

L'imposant système de normes et de tests que l'on a mis au point pour le travail manuel – de l'organisation scientifique du travail au contrôle de qualité – n'est d'aucune utilité pour le travailleur du savoir. Peu de choses déplaisent davantage au Seigneur, en raison de leur inefficacité, qu'un bureau d'études sortant à toute vitesse de magnifiques bleus d'un mauvais produit. Travailler à ce *qu'il faut*, voilà ce qui fait l'efficacité du travailleur du savoir, et cela ne se mesure pas selon les mêmes critères que le travail manuel.

Un travailleur du savoir ne se contrôle pas de près et en détail. On peut seulement l'assister. Il doit se commander lui-même pour obtenir de lui-même performance et contribution, c'est-à-dire efficacité.

Le magazine *The New Yorker* a publié un dessin à ce sujet. Sur la porte d'un bureau, on peut lire : Charles Smith, directeur général des ventes, savons Ajax. Les murs sont nus, à l'exception d'un grand tableau intimant : Pensez. Un homme, les pieds sur son bureau, envoie des ronds de fumée au plafond. Deux vieux employés passent par là : « Oui, dit l'un, mais comment être sûr que Smith pense au savon ? »

C'est vrai, on n'est jamais sûr de ce que pense un travailleur du savoir – et pourtant penser est sa tâche spécifique ; c'est ce qu'il « fait ».

La motivation du travailleur du savoir dépend de l'efficacité qu'il déploie, du résultat qu'il obtient. Si son travail n'est pas efficace, son engagement va bientôt faiblir et il passera sa journée l'œil fixé sur la pendule.

Le travailleur du savoir ne produit pas une chose efficace par elle-même. Sa production n'est pas matérielle – paire de chaussures, fossé ou pièce détachée. Ce qu'il produit, c'est du savoir, des idées, de l'information. Par eux-mêmes, ces « produits » n'ont pas d'usage ; quelqu'un d'autre, un autre travailleur du savoir, doit les assimiler et les convertir en produit pour leur donner réalité. Les connaissances les plus vastes, si on ne les applique pas à l'action et au comportement, restent des données dépourvues de sens. Le travailleur du savoir, par conséquent, doit faire quelque chose que ne fait pas le travailleur manuel : il doit produire de l'efficacité. Sa valeur ne réside pas dans l'utilité inhérente à sa production, comme si c'était une bonne paire de chaussures.

Le travailleur du savoir est aujourd'hui le seul facteur de production par lequel les sociétés et les économies hautement développées – les États-Unis, l'Europe occidentale, le Japon et, de plus en plus, l'Union soviétique – obtiennent et maintiennent leur compétitivité.

Qu'est-ce qu'un cadre ?

Dans l'organisation d'aujourd'hui, tout travailleur du savoir est un « cadre » (parfois « supérieur ») lorsque, du fait de sa position ou de ses connaissances, il porte la responsabilité d'une contribution affectant matériellement la performance de cette organisation et ses résultats. Ce peut être, dans une entreprise, la capacité de sortir un produit nouveau, ou d'occuper une part plus grande d'un certain marché ; ou bien, dans un hôpital, les soins fournis aux patients, etc. Ce cadre ne se contente pas d'exécuter des ordres, il doit prendre des décisions, se savoir responsable de sa contribution, et il est supposé, en raison de son savoir, être mieux équipé que quiconque pour prendre la bonne décision. Il peut être désavoué, rétrogradé ou licencié, mais tant qu'il occupe son poste les objectifs, les normes et la contribution restent sous son autorité.

La meilleure illustration de cela, on la trouve dans l'interview donnée par un jeune capitaine d'infanterie en service dans la jungle du Vietnam. « Dans des situations aussi confuses, lui demande le journaliste, comment pouvez-vous exercer votre commandement ? » « Je ne suis ici, répond le capitaine, que pour être le responsable. Si mes hommes ne savent pas quoi faire quand ils tombent sur l'ennemi, je suis trop loin pour le leur dire. Mon job, c'est de m'assurer qu'ils le savent. Ce qu'ils feront, cela dépendra de la situation, et ils en seront seuls juges. La responsabilité continue de m'appartenir, mais la décision revient à celui qui est au contact. »

Dans une guerre de guérilla, chaque soldat est un cadre.

Le travail du savoir ne se définit ni quantitativement, ni par son coût. Il se définit par ses résultats. Et là, le nombre des subordonnés ou l'importance accordée au poste ne donnent pas d'indications évidentes.

Dans un service d'études de marché, le résultat – ce supplément d'intuition, d'imagination et de qualité du travail qui assurera à l'entreprise croissance rapide et réussite – dépend peut-être de l'importance de l'effectif. S'il en est ainsi, on n'aura pas trop de deux cents employés. Mais il se pourrait aussi que le chef du service soit débordé par les problèmes que soulèvent l'activité et les rapports personnels de deux cents personnes. Qu'il se noie dans le « management », et n'ait plus de temps à consacrer à la recherche et aux décisions fondamentales. Trop occupé à vérifier des chiffres, il ne se demandera plus jamais « Qu'entendons-nous exactement quand nous parlons de "notre" marché ? » Et du coup, il risquera d'ignorer des changements importants, de nature à précipiter le déclin de sa compagnie.

Mais un chercheur isolé, sans entourage suffisant, peut aussi se révéler improductif. Son savoir et sa vision peuvent peut-être favoriser la prospérité de l'entreprise, mais il peut aussi se perdre dans des détails – les notes en bas de page que les universitaires prennent trop souvent pour de la vraie recherche –, ne plus rien voir ni entendre, et penser encore moins.

Au cœur de toutes nos organisations du savoir, nous voyons des hommes qui ne dirigent personne et qui pourtant sont des cadres. Il est rare, certes, de rencontrer des situations comme celle de la jungle vietnamienne, où chaque membre du groupe peut être appelé à n'importe quel moment à prendre une décision impliquant la vie ou la mort des autres. Mais le chimiste du laboratoire de recherche qui choisit de poursuivre telle expérience plutôt que telle autre prend une décision entrepreuriale qui détermine l'avenir de sa compagnie. C'est peut-être le directeur de la recherche, mais cela peut être aussi – et même souvent – un chimiste sans la moindre responsabilité gestionnaire, voire un quasi-débutant. De même, le choix de ce qu'il convient de considérer en comptabilité comme le « résultat » peut être fait par un directeur chevronné, mais aussi par un junior. Et ainsi de suite, dans tous les secteurs de la grande organisation contemporaine.

J'appelle cadres ces travailleurs du savoir, managers ou spécialistes qui sont normalement appelés, en raison de leur position ou de leur savoir, à prendre des décisions dont les conséquences se font sentir sur la performance et les résultats de l'ensemble. Ce qu'on ne réalise guère, cependant, c'est le grand nombre des personnes qui ont à prendre aujourd'hui ce genre de décisions dans la plus banale des organisations – entreprise, administration, laboratoire ou hôpital. Car l'autorité conférée par le savoir et certainement aussi légitime que l'autorité hiérarchique. Bien plus, leurs décisions sont de la *même nature* que celles de la direction générale.

Le plus modeste des décisionnaires, on le sait désormais, peut accomplir la même tâche que le PDG de l'entreprise ou le directeur de la grande administration, à savoir planifier, organiser, intégrer, motiver, évaluer. Son champ d'action peut être plus étroit, mais dans ce champ il agit en tant que cadre.

De même, tout décisionnaire remplit le même genre de tâche que le PDG ou le directeur. Sa mouvance peut être très resserrée, mais c'est un cadre, même si son nom et sa fonction ne figurent pas dans l'organigramme.

Et qu'il soit PDG ou débutant, son devoir est d'être efficace.

Quatre contraintes pour un cadre

Dans la situation du travailleur du savoir, en pratique, l'efficacité qu'on exige de lui est extrêmement difficile à atteindre. S'il ne la recherche pas avec constance, les contraintes du réel démontreront vite son inutilité.

Cette situation comporte en effet quatre grandes contraintes dont il n'a pas le contrôle. Chacune de ces contraintes est inhérente à l'organisation elle-même et à son travail quotidien. Le travailleur du savoir n'a d'autre choix que de coopérer avec l'inévitable. Et chacune de ces contraintes le pousse vers la non-performance, l'absence de résultats.

1. Le temps du cadre ne lui appartient pas. Si l'on cherche à définir un cadre opérationnellement (c'est-à-dire par les activités qu'il exerce), tout ce qu'on peut dire, c'est qu'il est le prisonnier de l'organisation. N'importe qui peut empiéter sur son temps, personne ne s'en privera, et on ne voit pas très bien ce qu'il peut y faire. Il peut par exemple, passer sa tête dans la porte et dire, comme un médecin à son infirmière : « Je ne veux voir personne pendant une demi-heure » mais au même moment le téléphone sonnera, et il devra répondre à un client important, à un haut fonctionnaire de la ville ou à son patron. Et la demi-heure y passera.

2. Le cadre ne peut pas s'empêcher de « fonctionner », aussi longtemps qu'il n'a pas pris l'initiative de modifier l'environnement dans lequel il vit et travaille. Or il est rare que cet environnement lui délivre un message clair, encore moins lui indique quel est son vrai problème. Pour un médecin, c'est simple : l'essentiel est la douleur du malade, parce que rien d'autre ne compte pour celui-ci. Mais l'univers

du cadre est bien plus complexe. Quel événement est important et significatif, quel autre est sans intérêt, l'événement ne l'indique pas de lui-même. Ce ne sont même pas des symptômes, au sens où le récit du malade apporte des indications au médecin.

Si le cadre laisse au flot des événements le soin de déterminer ce qu'il fait, ce sur quoi il travaille, ce qu'il doit prendre au sérieux, il perd son temps à « fonctionner ». C'est sans doute une excellente personne, mais il va à coup sûr gaspiller son savoir et ses capacités et perdre le peu d'efficacité qu'il avait. Ce qui lui manque, ce sont des critères rattachant son travail à ce qui est vraiment important – la contribution, les résultats – critères qu'on ne distingue pas dans le flot des événements.

3. La troisième contrainte génératrice d'inefficacité, c'est que le cadre appartient à une *organisation*. De ce fait, il n'est efficace que si et quand d'autres personnes font usage de sa contribution. L'organisation est un moyen de multiplier les forces de l'individu. Elle s'empare de son savoir et en fait la ressource, la motivation et la vision d'autres travailleurs du savoir. Les travailleurs du savoir tombent rarement en phase, justement parce qu'ils sont des travailleurs du savoir. Chacun a son propre talent, ses propres préoccupations. Celui-ci peut se consacrer à la fiscalité ou à la bactériologie, et s'intéresser par ailleurs à la formation des futurs fonctionnaires de la ville ; cet autre raffinera les détails du contrôle de gestion et se penchera sur l'économie hospitalière ou sur la législation communale. Chacun doit pouvoir utiliser la production d'autres travailleurs du savoir.

En général, les gens les plus importants pour un cadre ne sont pas ceux sur lesquels il exerce un contrôle direct. Ce sont des gens des autres secteurs, situés à son niveau dans l'organigramme. Ou encore ses supérieurs. Tant qu'il n'aura pas le contact avec eux, qu'il n'aura pas apporté une contribution utile à leur travail, le cadre isolé n'aura aucune efficacité.

4. Dernière contrainte : le cadre existe *à l'intérieur* de son organisation.

Qu'il travaille au sein d'une entreprise, d'un laboratoire de recherche, d'une administration, d'une grande université ou de l'armée de l'air, la réalité immédiate et close, pour un cadre, c'est son organisation. Il ne perçoit le monde extérieur, s'il le perçoit, qu'au travers de lunettes épaisses et déformantes. Ce qui s'y passe, il ne le connaît pas souvent directement, mais par l'intermédiaire de rapports filtrés par l'organisation, autrement dit par des documents déjà prédigérés et hautement abstraits qui lui imposent une certaine façon de voir les choses, celle de l'organisation.

Or, en réalité, les résultats ne se trouvent pas au sein de l'organisation ; ils sont tous à l'extérieur. Une entreprise, par exemple, n'a qu'un seul résultat, c'est le client, celui qui convertit les dépenses et les efforts de l'entreprise en chiffre d'affaires et en profit par sa décision d'échanger son pouvoir d'achat contre les produits ou services qu'elle lui propose.

Tout ce qu'on trouve au sein de l'organisation, ce sont des efforts et des coûts. Parler de « centres de profit », comme on le fait d'habitude, n'est qu'un euphémisme poli. En réalité, il s'agit de centres d'effort. Moins une organisation doit faire d'efforts pour produire des résultats, mieux elle répond à sa vocation. Que cent mille travailleurs soient nécessaires pour produire l'acier ou les automobiles qu'attend le marché, ce n'est qu'une imperfection manifeste de l'ingénierie. Moins elle emploie d'hommes, moins elle s'active sur elle-même, plus l'organisation approche de la perfection en termes de sa seule raison d'être – le service rendu à son entourage.

Une organisation n'est pas une fin en soi, comme l'est un animal, dont la seule fonction utile est de perpétuer l'espèce ; c'est un organe de la société, qui satisfait à sa vocation grâce à la contribution qu'elle apporte au monde extérieur. Malheureusement, plus une organisation grandit dans une prospérité apparente, plus sa vie intérieure dévore l'intérêt, l'énergie et les capacités de ses cadres, en ignorant leurs responsabilités réelles envers l'extérieur, c'est-à-dire leur véritable tâche.

Ce danger est encore accru aujourd'hui par l'avènement de l'ordinateur et des nouvelles technologies de l'information. L'ordinateur est un crétin mécanique, capable seulement de manipuler des données chiffrées – avec, certes, rapidité, exactitude et précision. Il va moudre par conséquent des volumes énormes d'information, quantifiées, auparavant inaccessibles. Mais on ne peut quantifier, en gros, que ce qui se passe à l'intérieur de l'organisation – les coûts, la production, les statistiques médicales de l'hôpital ou les compte rendus de formation. Les événements extérieurs significatifs, eux, se présentent rarement sous une forme quantifiable, ou alors beaucoup trop tard pour être utilisables.

Ce n'est pas que nos capacités de collecte des informations extérieures retardent par rapport aux possibilités techniques des ordinateurs. Si ce n'était que cela, il suffirait d'un effort statistique supplémentaire, et l'ordinateur lui-même serait alors d'un grand secours. Non, le problème, c'est que les événements importants et significatifs survenant dans le monde extérieur sont le plus souvent qualitatifs, non quantifiables. Ce ne sont pas encore des « faits ». Car qu'est-ce qu'un fait, après tout ? Un événement que quelqu'un a défini, classifié, et surtout jugé digne d'intérêt. Pour pouvoir quantifier, il faut d'abord disposer d'un concept, c'est-à-dire avoir extrait de l'infini fatras des phénomènes un aspect particulier qu'on puisse nommer et, finalement, mesurer.

Les événements extérieurs vraiment importants ne sont pas les tendances, mais les changements de tendance. C'est cela qui détermine finalement le succès ou l'échec d'une organisation et de ses efforts. Mais ces changements, il faut les percevoir, on ne peut pas les compter, les définir et les classifier. Les segmentations s'accompagnent toujours des chiffres qu'on en attend, comme dans le cas de l'Edsel*. Mais les chiffres ne correspondent plus au comportement réel des gens.

L'ordinateur est une machine logique, et c'est là sa force – mais aussi sa limite. Les événements extérieurs importants ne peuvent s'exprimer sous une forme qu'un ordinateur (ou tout autre système logique) puisse traiter. L'homme, lui, sans être particulièrement logique, a de l'intuition – c'est ce qui fait sa force.

Le risque, c'est que les cadres finissent par mépriser l'information et les signaux qu'on ne peut pas formuler dans le langage et selon la logique de l'ordinateur. Qu'ils deviennent aveugles à tout ce qui est perception (c'est-à-dire aux événements), au seul profit des faits (définis, eux, après l'événement). L'énorme volume des faits informatisés pourrait ainsi nous fermer l'accès à la réalité.

En fin de compte, l'ordinateur – potentiellement l'outil de management le plus utile, et de loin – devrait attirer l'attention des cadres sur leur isolement, et libérer leur temps pour qu'ils s'occupent davantage de l'extérieur. À court terme, cependant, ils sont exposés à une maladie grave, la « computerite » aiguë.

L'ordinateur n'a fait que révéler une situation qui existait avant lui. De toute évidence, un cadre vit et travaille au sein d'une organisation. S'il ne fait pas un effort conscient pour percevoir le monde extérieur, l'univers clos où il vit cachera à ses yeux la véritable réalité.

Ces quatre contraintes, le cadre ne saurait les changer. Elles sont les conditions mêmes de son existence. Mais il doit comprendre qu'il

---

* Un modèle de voiture Ford, lancé à grand bruit, qui fut un échec commercial.

risque de ne servir à rien s'il ne consent pas d'efforts pour apprendre l'efficacité.

Les promesses de l'efficacité

Augmenter son efficacité, cela pourrait bien être la seule façon possible d'améliorer de façon significative la performance du travailleur du savoir, ses réalisations et sa satisfaction.

En bien des postes, on peut certainement employer des personnes plus talentueuses et plus compétentes. Je crois cependant qu'il ne faut pas attendre davantage des hommes sur ces deux points ; nous sommes déjà parvenus à un niveau où chercher à aller plus loin serait foncièrement impossible, ou en tout cas foncièrement improductif. On ne va pas se mettre à former une race de surhommes. Il va falloir gérer nos organisations avec les hommes et les femmes tels qu'ils sont.

Les livres qui traitent des ressources humaines, par exemple, nous proposent sérieusement un profil d'« homme à tout faire » pour le manager de demain. Un cadre supérieur, disent-ils, devrait posséder des capacités extraordinaires pour l'analyse et la prise de décision. Il devrait exceller dans les rapports humains, maîtriser l'organisation et les relations de pouvoir, être bon en mathématiques, avoir des talents artistiques et une imagination créative. Ce que l'on cherche, semble-t-il, c'est un génie universel – or les génies universels ne courent pas les rues. Une expérience millénaire montre au contraire que l'humanité se compose essentiellement de bons à rien. Il va donc nous falloir équiper nos organisations de personnes qui, au mieux, excellent dans une seule de ces qualités, et qui, très vraisemblablement, témoignent d'un grave déficit dans toutes les autres.

Nous devons apprendre à organiser nos entreprises de façon à bien utiliser les personnes compétentes dans telle ou telle activité importante, mais on ne peut espérer atteindre les performances souhaitables en durcissant nos exigences pour tous, encore moins en recrutant des super-doués universels. Nous devrons élargir la gamme des aptitudes en fournissant aux hommes de meilleurs outils, non en espérant un saut quantique soudain de leurs talents innés.

Il en va de même plus ou moins, avec le savoir. Si pressant que soit notre besoin d'un personnel plus savant, l'effort qu'il faudrait faire pour le former valablement pourrait bien se révéler hors de proportion.

Lorsque fut inventée la recherche opérationnelle, plusieurs jeunes spécialistes ont formulé les normes auxquelles devraient satisfaire leurs successeurs. Elles décrivaient un savant universel, capable d'accomplir une œuvre majeure et originale dans tous les domaines du savoir. À en croire l'une de ces études, le spécialiste en recherche opérationnelle devait posséder des connaissances avancées dans pas moins de soixante-deux disciplines scientifiques et littéraires. À supposer qu'une telle personne existât, je crains fort qu'on n'ait gaspillé ses talents en lui faisant étudier platement l'évolution des stocks ou les plans de production.

Des programmes de formation beaucoup moins ambitieux exigent néanmoins des managers des connaissances diversifiées dans une masse de domaines, tels que la comptabilité et la gestion du personnel, le marketing, la tarification et l'analyse économique, les sciences du comportement comme la psychologie, et les sciences naturelles comme la physique, la biologie ou la géologie. Sans compter les compétences concernant la dynamique de la technologie moderne, les complexités de l'économie mondiale et le labyrinthe des sciences politiques.

Chacun de ces domaines de connaissances est immense, trop vaste en vérité même pour qui s'y consacre entièrement. Les universitaires, eux, se spécialisent dans un étroit secteur et ne prétendent pas en savoir davantage sur l'ensemble qu'un simple exécutant.

Je ne dis pas qu'il ne soit pas bon d'avoir quelques lumières fondamentales sur chacune de ces sciences. Une faiblesse des jeunes gens de l'élite actuelle – que ce soit dans les affaires, la médecine ou la politique – c'est qu'ils se contentent de creuser leur étroite spécialité et n'ont que mépris pour les autres. Sans doute un comptable n'a-t-il pas besoin de savoir en détail en quoi consistent les relations publiques, ni un ingénieur comment lancer un nouveau produit. Mais ils se doivent à tout le moins de savoir de quoi il s'agit, de quoi il retourne, à quoi cela sert. Pour être un bon urologue, pas besoin de connaître la psychiatrie, mais il n'est pas inutile de savoir de quoi s'occupent les psychiatres. Pas besoin d'être savant en droit international pour bien travailler au ministère de l'Agriculture, mais une teinture de politique étrangère peut éviter de se lancer dans un protectionnisme dommageable.

En aucune façon il ne s'agit là, cependant, de former des experts universels, aussi rares, probablement, que les génies universels. L'objectif, c'est de mieux utiliser les personnes compétentes dans un domaine particulier, et cela signifie accroître leur efficacité. Quand on ne peut pas se procurer davantage d'une certaine ressource, il reste à en obtenir un meilleur rendement. L'efficacité, c'est l'outil permettant de tirer davantage de ressources données en talents et en savoir.

L'efficacité doit donc avoir la priorité, parce que l'organisation en a besoin ; plus encore parce qu'elle est l'outil des cadres, qu'elle leur ouvre le chemin des réalisations et de la performance.

Peut-on apprendre l'efficacité ?

Si l'efficacité était un don inné, comme l'oreille musicale ou le talent de peindre, nous serions mal partis. Seule une petite minorité, nous le savons, vient au monde avec de pareils dons. On en serait réduit à sélectionner très tôt les personnes ayant un potentiel d'efficacité élevé et à les former du mieux possible à cultiver ce talent, mais on ne trouverait pas ainsi les nombreux cadres dont a besoin la société moderne. En vérité, si l'efficacité était un don, notre civilisation serait très vulnérable, sinon invivable. Car une civilisation de grandes organisations dépend de l'existence de cadres nombreux, capables de tenir leur place avec des dons minimaux pour l'efficacité.

Si, cependant, l'efficacité peut s'apprendre, alors se posent des questions : En quoi consiste-t-elle exactement ? Que faut-il en apprendre ? Et comment ? Est-ce un savoir – pouvant être enseigné de façon systématique et conceptuelle ? Est-ce une aptitude que l'on acquiert, à la manière d'un apprenti ? Ou est-ce une pratique que l'on assimile sur le tas, en répétant sans cesse les mêmes exercices élémentaires ?

Il y a longtemps que je me pose ces questions. En tant que consultant, j'ai travaillé avec des cadres dans de nombreuses organisations. La notion d'efficacité m'a paru essentielle pour deux raisons. D'abord un consultant, qui par définition n'a d'autre autorité que celle que lui confère son savoir, doit lui-même se montrer efficace, sinon il n'est rien. Ensuite le consultant le plus efficace ne peut aboutir à rien sans l'aide du personnel de son client. C'est l'efficacité de ces cadres, en dernière analyse, qui fait que le consultant obtient des résultats, et n'apparaît pas seulement comme un « centre de coûts », ou, au mieux, comme le fou du roi.

J'ai vite appris que la « personnalité » efficace, cela n'existe pas. Les personnes efficaces que j'ai rencontrées différaient du tout au tout par leurs tempéraments et leurs capacités, par ce qu'ils faisaient et leur façon de le faire, par leur personnalité, leur savoir, leurs intérêts – en fait par tout ce qui distingue une créature humaine d'une autre. Tout ce qu'ils avaient en commun, c'était leur aptitude à faire ce qu'il faut faire.

Parmi les personnes efficaces que j'ai rencontrées et avec qui j'ai travaillé, il y avait des extravertis et des individus distants et réservés, certains même mortellement timides. Les uns étaient des excentriques, d'autres des conformistes péniblement corrects. Des gros et des maigres. Des soucieux et des bons vivants. Les uns buvaient solidement, face à de stricts abstinents. Il y avait des hommes charmants et chaleureux, d'autres sans plus de personnalité qu'un maquereau congelé. Un petit nombre aurait pu se prévaloir d'une réputation de leader, mais il y avait aussi des hommes sans qualité, qui passeraient inaperçus dans une foule. Des érudits et des bûcheurs, mais aussi des quasi-illettrés. Certains s'intéressaient à toutes sortes de choses, d'autres ne connaissaient rien d'autre que leur petit secteur étroit et ne cherchaient pas davantage. Il y en avait de concentrés sur eux-mêmes, voire carrément égoïstes, mais d'autres aussi débordaient de générosité de cœur et d'esprit. Des hommes qui ne vivaient que pour leur travail et d'autres versés dans d'autres intérêts – le bénévolat, leur paroisse, la poésie chinoise ou la musique moderne. Parmi les gens efficaces que j'ai rencontrés, il y avait des adeptes de la logique et de l'analyse, et d'autres qui comptaient surtout sur leur flair et leur intuition. Des hommes qui prenaient leurs décisions facilement, d'autres qui souffraient mille morts avant de lever le petit doigt.

Bref, les gens efficaces diffèrent entre eux autant que les médecins, les maîtres d'école ou les violonistes. Ils sont en vérité aussi variés que les gens inefficaces, et ne s'en distinguent ni par leur type, ni par leur personnalité, ni par leurs talents. Ce qu'ils ont en commun, ce sont les pratiques qui les rendent efficaces, quels qu'ils soient et quoi qu'ils fassent. Et ces pratiques sont les mêmes partout, qu'ils travaillent dans une entreprise, une administration, qu'ils gèrent un hôpital ou dirigent une université.

Et par ailleurs tous les gens que j'ai pu observer et qui ne respectaient pas ces pratiques, quels qu'aient été leur intelligence, leur application, leur imagination ou leur savoir, tous péchaient par manque d'efficacité.

Autrement dit, l'efficacité est une habitude, c'est-à-dire un ensemble de pratiques ; et les pratiques, cela s'apprend. Une pratique c'est simple, trompeusement simple ; même un enfant de sept ans peut la comprendre sans difficulté. Mais elle est aussi excessivement difficile à bien poursuivre. Il faut se l'inculquer à la façon dont on apprend la table de multiplication, en la répétant jusqu'à l'écœurement, jusqu'à ce que « 6 x 6 = 36 » soit devenu un réflexe conditionné, une habitude profondément enracinée. Une pratique s'apprend en pratiquant, pratiquant, pratiquant encore et toujours.

Quand j'étais petit, mon vieux professeur de piano ne me disait rien d'autre, dans son exaspération : « Tu ne joueras jamais Mozart aussi bien qu'Arthur Schnabel, mais rien au monde ne peut t'empêcher de faire des gammes aussi bien que lui. » Ce qu'il oubliait d'ajouter – probablement parce que c'était évident à ses yeux – c'est que le plus grand pianiste ne peut jouer Mozart divinement s'il n'a pas fait ses gammes, s'il ne les refait pas tous les jours.

Bref, il n'y a aucune raison qu'un individu normalement doué ne puisse atteindre à l'efficacité, dans n'importe quel domaine. Il se pourrait que la grande maîtrise lui échappe, car pour cela il faut un talent particulier ; mais pour être efficace, la compétence suffit. Et pour être compétent, faire ses gammes.

14
Se concentrer sur sa contribution

L'HOMME EFFICACE se concentre sur sa contribution. Il détache ses yeux de sa tâche, regarde dehors, plus haut, vers des objectifs, et se demande : « Que puis-je apporter qui améliore de façon significative la performance et les résultats de l'institution où je sers ? » Son souci, c'est sa responsabilité.

Cette attitude est la clé de son efficacité dans son propre travail (son contenu, son niveau, ses normes et ses conséquences), dans ses relations avec les autres (ses supérieurs, ses collègues et ses subordonnés) et dans l'usage qu'il fait de ses outils de cadre (réunions et rapports, par exemple).

La grande majorité des gens regardent vers le bas. Ils s'intéressent à l'effort plutôt qu'au résultat. Ils se préoccupent de ce que l'organisation et leurs supérieurs leur « doivent » et devraient faire pour eux. Et surtout, ils sont obsédés par leur autorité, celle qu'ils « se doivent d'avoir ». Résultat, ils se condamnent à l'inefficacité.

Lorsqu'il entreprend un nouveau client, le patron d'une grande firme de conseil commence toujours par contacter un par un les cadres supérieurs de l'entreprise. Il bavarde avec eux à propos de leur fonction, de l'organisation de la compagnie, de son histoire et de son personnel, et enfin leur demande (rarement, toutefois, en ces termes) : « Et *vous*, que faites-vous pour justifier votre salaire ? ». La plupart, raconte-t-il, répondent : « Je dirige le service comptabilité » ou « Je suis responsable de la force de vente. » Assez souvent, il s'entend dire : « J'ai huit cent cinquante personnes sous mes ordres. » Bien peu, cependant, répondent : « Mon job est de fournir aux patrons l'information qui leur est nécessaire pour prendre les bonnes décisions » ou « J'ai la responsabilité de découvrir quels produits le client désirera demain » ou encore « Je dois réfléchir et préparer les décisions qui vont incomber bientôt au PDG. »

Celui qui se concentre sur ses efforts et met en avant son autorité hiérarchique est un subordonné, quels que soient son titre et son rang. Celui qui se concentre sur sa contribution et assume la responsabilité des résultats, lui, si jeunot soit-il, est un « dirigeant » au sens le plus littéral du terme. Il se tient pour débiteur de la performance d'ensemble de l'entreprise.

L'engagement personnel

Quand on se concentre sur sa contribution, on porte moins d'attention à sa spécialité, à ses petits talents, au service qu'on dirige, et on s'intéresse à la performance de l'ensemble. On observe le monde extérieur, là où se produisent les résultats. On aura probablement à réfléchir aux rapports existant entre les talents, la spécialité qu'on possède, la fonction qu'on exerce, le service qu'on dirige et l'organisation elle-même avec tous ses projets. On en viendra ainsi à penser à l'usager, au client, au patient – raison d'être ultime de l'organisation et de sa production, qu'il s'agisse de biens matériels, de politique de l'État ou de soins médicaux. Du coup, ce qu'on fait va changer matériellement, et la façon de le faire se modifier.

Une importante agence scientifique de l'État américain en a fait l'expérience voici quelques années. Son directeur des publications, en poste depuis la création de l'agence dans les années 1930, venait de prendre sa retraite. Ce n'était pas un scientifique, ni un rédacteur très qualifié. On reprochait souvent à ses publications de manquer de brillant professionnel. Et voilà qu'on le remplace par un rédacteur scientifique accompli. Aussitôt, les revues revêtent un aspect très « pro » – et la communauté scientifique à laquelle elles sont destinées cesse de les lire. Pourquoi ? Un universitaire de grand renom, qui avait travaillé assidûment avec l'agence pendant de longues années, l'expliqua à son directeur : « L'ancien éditeur écrivait *pour* nous ; le nouveau, lui, écrit *contre* nous. »

L'ancien éditeur s'était posé la bonne question : « Comment puis-je contribuer aux résultats de l'agence ? » Sa réponse avait été : « Je peux intéresser à notre travail les jeunes scientifiques de l'extérieur, leur donner envie de venir travailler avec nous. » Il avait ainsi mis l'accent sur les grands problèmes, les grandes décisions de l'agence, et même les grandes controverses qui s'y développaient. Plus d'une fois, cela lui avait valu les reproches de son directeur, mais le vieux bonhomme n'en avait pas démordu : « Ce qui fait la valeur de nos publications, ce n'est pas qu'elles nous plaisent, c'est le nombre et la qualité des jeunes qui postulent pour un emploi. »

Se demander « Que puis-je apporter comme contribution ? » c'est se mettre à la recherche de son potentiel en jachère. Et ce que l'on considère comme une excellente performance n'est souvent que le pâle reflet du véritable potentiel de contribution d'un homme.

Le travailleur du savoir qui ne se demande pas « Quelle peut être ma contribution ? » non seulement vise trop bas, mais vise vraisemblablement à côté de la plaque. Surtout, il se fait une idée trop étroite de son rôle.

Le mot de contribution peut avoir des sens divers. Toute organisation, en effet, demande des performances dans trois grands domaines : ses résultats directs, la création et la réaffirmation de ses valeurs, la formation et la promotion des hommes pour l'avenir. Si la performance manque sur l'un de ces points, elle déclinera et elle mourra. Chaque travailleur du savoir doit donc apporter sa contribution dans ces trois domaines, mais selon une hiérarchie qui peut varier considérablement en fonction de son savoir et de sa position, ainsi que des besoins de l'organisation.

Le résultat direct d'une organisation est en général parfaitement clair. Pour une entreprise, ce sont ses résultats économiques, chiffre d'affaires et profits ; pour un hôpital, les soins donnés aux malades, ainsi de suite. Mais parfois même le résultat direct n'est pas totalement dépourvu d'ambiguïté. Et si la confusion règne quant à ce qu'il doit être, autant ne pas parler de résultat.

Le résultat direct prime. Dans le métabolisme d'une organisation, il joue le même rôle que la nourriture pour le corps humain. Mais une organisation doit aussi s'attacher à la création de valeurs et à leur réaffirmation constante, tout comme le corps humain a besoin de vitamines et de sels minéraux. Il lui faut quelque chose à « promouvoir », sinon elle dégénère, victime de désorganisation, de confusion et de paralysie. Pour une entreprise, cela peut consister dans un leadership technique, ou, comme dans le cas de Sears, Roebuck, à imaginer les produits et services convenant à la famille américaine et à les lui procurer au prix le plus bas et dans la qualité la meilleure.

La quête de valeurs, comme le résultat direct, n'est pas dépourvue d'ambiguïté.

Le ministère de l'Agriculture des États-Unis a été déchiré pendant de nombreuses années entre deux engagements fondamentalement incompatibles – l'un envers la productivité agricole, l'autre envers l'exploitation familiale, considérée comme « l'épine dorsale » de la nation. Le premier poussait le pays vers une agriculture industrielle, fortement mécanisée et industrialisée – fondamentalement vers un système capitaliste à vaste échelle; le second prêchait nostalgiquement en faveur d'un prolétariat rural peu productif. Mais comme la politique adoptée (du moins jusqu'à une date récente) hésitait entre ces deux valeurs, elle n'a réussi qu'à dépenser en vain des sommes prodigieuses.

Dernier point : l'organisation se définit dans une large mesure comme un moyen de dépasser les limites que la mort impose à la contribution individuelle. Si elle est incapable de se perpétuer, elle a échoué. Elle doit par conséquent se procurer aujourd'hui les hommes et les femmes capables de la diriger demain. Elle doit renouveler son capital humain, améliorer constamment sa ressource humaine. La prochaine génération doit tenir pour assuré que la génération présente a accompli sa lourde tâche; elle pourra alors, montée sur les épaules de ses prédécesseurs, arrêter à son tour un objectif encore plus haut pour la génération qui la suivra.

Une organisation qui se contente de maintenir à leurs niveaux actuels sa vision, son excellence, ses talents, a perdu sa capacité d'adaptation. Et comme la seule chose sûre dans les affaires humaines, c'est le changement, elle ne survivra pas dans un avenir forcément différent d'aujourd'hui.

L'obsession de la contribution est, à elle seule, un outil puissant pour la promotion des hommes. Les gens s'adaptent aux exigences qu'on leur impose. Quiconque s'attache à sa contribution relève du même coup le niveau des préoccupations de ceux avec qui il travaille.

Un directeur d'hôpital, récemment nommé, tenait sa première réunion de direction. Un problème assez délicat venait d'être résolu, à la satisfaction de tous, lorsque l'une des personnes présentes demanda soudain : « Est-ce que l'infirmière Bryan serait d'accord ? » Du coup, le débat fut relancé, jusqu'à ce qu'une autre solution, beaucoup plus ambitieuse, eut été forgée.

L'infirmière Bryan, apprit le nouveau directeur, avait travaillé longtemps à l'hôpital. Elle ne s'était pas distinguée particulièrement, n'avait pas été nommée surveillante. Mais chaque fois qu'une décision médicale allait être prise dans son service, elle demandait : « Est-ce là ce que nous pouvons faire de mieux pour ce malade ? » Ses patients se portaient mieux et récupéraient plus vite. Au fil des ans, tout l'hôpital avait fini par adopter ce qu'on appelait la règle de l'infirmière Bryan – se demander : « Apportons-nous vraiment la meilleure contribution à la vocation de notre établissement ? »

L'infirmière Bryan avait pris sa retraite depuis plus de dix ans, mais son exigence continuait d'inspirer des gens qui, par leur formation et leur position, étaient ses supérieurs.

S'attacher à la contribution, c'est s'attacher à l'efficacité responsable. Quiconque oublie cela s'escroque lui-même, filoute son organisation et triche avec ses collègues.

Pour un travailleur du savoir, la cause d'échec la plus fréquente est l'incapacité, ou le refus, de changer lui-même quand il change de poste. S'il continue d'agir comme il le faisait – avec succès – avant d'être promu, il va se casser la figure presque à coup sûr. Le changement ne porte pas seulement sur les résultats auxquels il doit contribuer ; il porte aussi sur l'importance relative des trois dimensions de cette contribution. Si notre travailleur du savoir ne comprend pas cela, il fera maladroitement du mauvais travail – même s'il continue de produire ce qui était, à son ancien poste, du bon travail exécuté dans les règles de l'art.

Contribution des savoirs

Pour un travailleur du savoir, il est essentiel de se concentrer sur sa contribution. C'est le seul moyen pour lui de se rendre utile.

Le travailleur du savoir ne produit pas des « choses » ; il produit des idées, de l'information, des concepts. De plus, c'est en général un spécialiste ; il ne peut donc se montrer efficace que s'il a appris à faire une chose très bien, c'est-à-dire s'il s'est spécialisé. Mais une spécialité est en soi réductrice et stérile ; ce qu'elle produit doit être mis en rapport avec ce que produisent d'autres spécialistes pour aboutir à des résultats.

Il ne s'agit donc pas de fabriquer des spécialistes, mais de permettre à chacun d'eux d'être efficace dans sa spécialité. Cela veut dire que le spécialiste doit savoir exactement qui utilisera sa production, et ce que cet homme, de son côté, doit savoir et comprendre pour faire un usage efficace de sa production fragmentaire.

On attend normalement d'un spécialiste du savoir qu'il se sente responsable d'être compris. Postuler que le profane doit faire l'effort de comprendre le spécialiste, ou en est capable, c'est d'une arrogance vulgaire, comme de ne s'exprimer exprès qu'à l'intention d'une poignée d'autres spécialistes, ses pairs. Même à l'université, ou dans un centre de recherche, cette attitude – hélas trop fréquente de nos jours – condamne l'expert à être inutile, transforme son savoir en pédanterie. Quand on veut être un cadre – c'est-à-dire être tenu responsable de sa contribution – on doit s'arranger pour que son « produit », autrement dit son savoir, soit exploitable.

Tout travailleur du savoir efficace a compris cela. En visant vers le haut, il est amené peu à peu à découvrir ce qu'attendent les autres, comment ils voient les choses et comment ils les comprennent. Quelqu'un d'efficace passera son temps à interroger les autres membres de l'organisation, ses supérieurs, ses subordonnés et surtout ses collègues des autres secteurs, à leur demander « Quelle doit être ma contribution pour que *la vôtre* contribue utilement ? Si vous avez besoin de ceci ou de cela, pourquoi et sous quelle forme le voulez-vous ? »

Le cadre qui assume la responsabilité de sa contribution rattachera son étroit domaine à une vue d'ensemble. Il est peut-être incapable par lui-même d'intégrer différents domaines de savoir en un seul, mais il a compris qu'il doit connaître suffisamment les besoins, les orientations, les limites et les conceptions des autres pour qu'ils puissent faire bon usage de son propre travail. Même si cela ne le conduit pas à apprécier la richesse et la passion que recèle la diversité, cela l'immunisera contre l'arrogance du savant – cette maladie dégénérative qui détruit le savoir, le prive de sa beauté et de son efficacité.

Les bonnes relations humaines

Ce n'est pas parce qu'il est un « bon garçon » qu'un travailleur du savoir entretient de bonnes relations humaines dans son organisation ; c'est parce qu'il se concentre sur deux choses, sa contribution dans le travail et ses relations avec les autres. C'est ainsi que ces relations sont productives – et l'efficacité est la seule définition valable des bonnes relations humaines. Les sentiments chaleureux et les propos aimables ne servent à rien, ne sont que le camouflage d'une attitude déplorable s'ils ne couronnent pas une relation entièrement déterminée, avant tout, par le travail à accomplir. À l'inverse, une engueulade de temps en temps ne nuira pas à une relation par ailleurs productive pour toutes les personnes concernées.

S'attacher à la contribution suffit à donner aux relations humaines leur pleine efficacité, à travers leurs quatre exigences fondamentales :

- la communication ;
- le travail d'équipe ;
- le progrès personnel ;
- le progrès d'autrui.

1. Depuis vingt ans ou plus, la communication est au centre des préoccupations du management. Dans les entreprises, les administrations, les forces armées, les hôpitaux, bref dans toutes les grandes institutions de la société moderne, on lui attache la plus grande importance.

À ce jour, les résultats sont assez minces. Dans l'ensemble, la communication est tout aussi pauvre aujourd'hui qu'elle l'était il y a vingt ou trente ans, quand pour la première fois on s'est aperçu qu'une bonne communication constituait un besoin insatisfait de l'organisation moderne. Maintenant, on commence à comprendre pourquoi l'effort considérable consenti dans ce domaine n'a pas pu produire de résultats.

On a bâti la communication du haut (le management) vers le bas (les salariés), du supérieur vers l'inférieur. Or la communication ne fonctionne pas, en pratique, si elle se limite à cette seule orientation. C'est ce que nous ont enseigné les recherches sur la perception et la théorie des communications. Plus le supérieur déploie d'efforts pour dire quelque chose à ses subordonnés, et plus il risque, vraisemblablement, d'être mal compris. L'inférieur entendra ce qu'il s'attend à entendre, non ce qu'on lui dira effectivement.

Le travailleur du savoir qui s'estime responsable de sa contribution dans son propre travail, lui, va exiger la même chose, en principe, de ses subordonnés. Il va leur demander : « De quelle contribution l'organisation et moi-même, votre supérieur, devons-nous vous tenir pour responsable ? Que pouvons-nous attendre de vous ? Comment utiliser au mieux votre savoir et vos talents ? » Et c'est alors que la communication devient possible, et même facile.

Après que le subordonné a bien compris quelle contribution on attend de lui, il appartient au supérieur, bien sûr, c'est son droit et sa responsabilité, d'estimer la valeur de cette contribution. Selon ma propre expérience, les objectifs que le subordonné se fixe à lui-même ne correspondent presque jamais à ce que voulait son supérieur. Autrement dit, les employés et les débutants voient les choses sous un tout autre angle. Et plus ils sont capables, désireux d'assumer des responsabilités, plus aussi la façon dont ils perçoivent la réalité et les opportunités qu'elle offre diffère des conceptions de leur supérieur ou de l'entreprise. Or la moindre divergence entre leur point de vue et les préjugés de la hiérarchie va éclater en pleine lumière.

Lequel des deux a raison, cela n'a guère d'importance. Car l'essentiel est déjà atteint : une communication efficace, exposée en des termes porteurs de sens.

2. Quand on se concentre sur sa contribution, la communication comporte des à-côtés qui rendent possible le travail d'équipe.

Se poser la question : « Qui va devoir utiliser ma production pour qu'elle devienne efficace ? » montre immédiatement l'importance des gens situés en dehors de votre ligne d'autorité, supérieurs ou inférieurs, donneurs ou receveurs. Elle souligne ce qu'est en réalité une organisation du savoir : le travail efficace, en fait, y est accompli dans et par des équipes composées d'hommes de savoirs et de talents divers. Ces personnes doivent accepter de travailler ensemble en fonction de la logique de la situation et de la tâche à accomplir, plutôt que selon un système juridique formel.

Dans un hôpital, par exemple – la plus complexe, peut-être, des organisations modernes du savoir – les infirmières, les diététiciens, les kinésithérapeutes, les techniciens du matériel médical et radiographique, les pharmaciens, les pathologistes et une foule d'autres spécialistes doivent travailler ensemble sur le même patient, sous un minimum de contrôle supervisant l'ensemble. Il est pourtant essentiel qu'ils collaborent à un but commun, selon un plan général d'action – l'indication de traitement du médecin. En termes de structure organisationnelle, chacun de ces spécialistes de la santé dépend de son chef et opère dans un domaine de savoir particulier ; c'est un « professionnel ». Mais chacun doit aussi informer tous les autres de l'évolution de la situation, de la condition et des besoins du patient. Sinon tous leurs efforts feront plus de mal que de bien.

Dans un hôpital où il est devenu habituel de se concentrer sur la contribution, pareil travail en équipe ne soulève guère de difficultés.

Dans d'autres hôpitaux au contraire cette communication latérale, cette auto-organisation spontanée en équipes de travail concentrées sur le résultat fait défaut en dépit d'efforts frénétiques de coordination et d'information par toutes sortes de comités, de réunions, de bulletins, de sermons et le reste.

3. Le progrès individuel dépend dans une large mesure de l'attention apportée à la contribution.

L'homme qui se demande « Quelle contribution essentielle puis-je apporter à la performance de mon organisation ? » se demande en fait « Quels progrès personnels dois-je accomplir ? Quels savoirs, quels talents dois-je acquérir pour apporter la contribution que je dois ? Quelles ressources dois-je mettre en œuvre ? Quelles normes dois-je me fixer ? »

4. En se concentrant sur sa contribution, le cadre incite aussi les autres à progresser, ses subordonnés, ses collègues comme ses supérieurs. Car les normes qu'il adopte ne lui sont pas personnelles, elles répondent aux exigences de la tâche à accomplir. Elles sont du même coup une incitation à l'excellence, aux aspirations élevées, aux objectifs ambitieux, aux travaux de grande portée.

On ne sait pas grand chose au sujet du développement personnel, mais on sait au moins ceci : les gens en général, et les travailleurs du savoir en particulier, se grandissent en fonction des exigences qu'ils s'imposent. Ils progressent en visant ce qu'ils considèrent comme le succès et la réalisation de soi. S'ils exigent peu d'eux-mêmes, ils resteront des avortons. S'ils exigent beaucoup, ils deviendront des géants, sans avoir à déployer davantage d'efforts que les autres.

15
Comment se gérer soi-même

De plus en plus, les hommes et les femmes qui travaillent – et surtout la totalité des travailleurs du savoir – vont avoir à *se gérer eux-mêmes*. Ils devront se situer là où ils pourront fournir la contribution la plus grande. Ils devront apprendre à assurer leur propre développement. Ils devront apprendre à rester jeunes et mentalement alertes pendant cinquante ans de vie active. Ils devront apprendre comment et quand changer d'activité, et donc analyser leur activité présente.

Les travailleurs du savoir vivront probablement plus longtemps que l'organisation qui les emploie. Même s'ils retardent le plus possible leur entrée dans la vie active – en passant par exemple un doctorat à près de trente ans –, ils vivront probablement, dans les pays développés, octogénaires. Et ils devront probablement continuer de travailler, au moins à temps partiel, jusqu'à soixante-quinze ans au moins. Autrement dit, la vie active, notamment pour les travailleurs du savoir, va durer en moyenne une cinquantaine d'années. Or l'espérance de vie moyenne d'une entreprise performante ne dépasse pas trente ans, et sans doute moins dans une ère aussi troublée que celle que nous connaissons. De plus en plus, donc, les travailleurs, et notamment les travailleurs du savoir, vont vivre plus longtemps que leur employeur ;

ils doivent se préparer à connaître plus d'un métier, plus d'une mission, plus d'une carrière.

Quels sont mes points forts ?

La plupart des gens croient savoir pour quoi ils sont doués. En général, ils se trompent. Le plus souvent, ils savent ce pour quoi ils ne *sont pas* doués – et même là, ils se trompent encore souvent. Et pourtant, on ne réussit que sur ses points forts. On n'est jamais performant avec ce qu'on ne fait pas bien, ou qu'on ne sait pas faire du tout.

Pour la grande majorité des gens, il y a quelques dizaines d'années, peu importait de connaître ses points forts. On tenait son métier, sa profession, de naissance. Le fils du paysan faisait un paysan. S'il n'était pas doué pour le métier, c'était l'échec. Le fils d'artisan, de même, devenait artisan, et ainsi de suite. Mais aujourd'hui on peut choisir. Les gens doivent donc connaître leurs points forts, afin de savoir où est leur place.

Il n'y a qu'un moyen de répondre à cette question : *l'analyse de feedback*. Chaque fois que vous prenez une décision importante, chaque fois que vous entreprenez quelque chose, notez ce que vous en espérez. Et neuf ou douze mois plus tard, confrontez le résultat obtenu à vos attentes. Personnellement, c'est ce que je fais depuis quinze ou vingt ans. Chaque fois, j'ai été surpris. Comme tous les gens qui en ont fait autant.

En très peu de temps, deux ou trois ans peut-être, cette procédure simple vous montrera d'abord où sont vos points forts – et c'est sans doute là le plus important de la connaissance de soi. Elle vous montrera aussi pourquoi, dans ce que vous faites ou ne faites pas, vous ne parvenez pas à obtenir le meilleur rendement de vos points forts. Elle vous signalera les points sur lesquels vous n'êtes pas particulièrement compétent. Enfin, elle vous montrera ceux pour lesquels vous êtes le plus démuni et ne pouvez pas obtenir de résultats.

Après l'analyse de *feed-back*, il convient de formuler plusieurs *conclusions pour l'action*.

La première, et la plus importante : *concentrez-vous sur vos points forts*. Placez-vous là où ils peuvent le mieux produire performance et résultats.

Deuxièmement : *travaillez à améliorer vos points forts*. L'analyse de *feed-back* révèle vite sur quels points on doit perfectionner ses dons ou acquérir un savoir nouveau. Elle montre sur quels points les dons et les savoirs ne sont plus adéquats et doivent être mis à jour. Elle révèle enfin les lacunes que peut receler votre savoir.

Et en général, on peut toujours acquérir suffisamment de compétence ou de savoir pour échapper à l'incompétence totale.

Troisième conclusion, particulièrement importante : l'analyse de *feed-back* permet de *détecter rapidement les domaines où l'arrogance intellectuelle engendre une ignorance mutilante*. Beaucoup trop de gens, surtout ceux qui sont très forts dans un domaine précis, méprisent le savoir qui ne ressortit pas à leur spécialité, ou bien croient qu'être « brillant » peut remplacer le savoir. L'analyse de *feed-back* leur démontrera que si la performance n'est pas au rendez-vous, c'est tout simplement qu'ils n'en savent pas assez, ou bien qu'ils ont méprisé les savoirs différents des leurs.

Autre importante conclusion pour l'action : on va corriger ses *mauvaises habitudes* – tout ce qu'on fait, ou qu'on ne fait pas, et qui paralyse l'efficacité et la performance. L'analyse de *feed-back* va les révéler rapidement.

L'analyse pourra montrer aussi qu'on a échoué par manque de *bonnes manières*. Les gens brillants – surtout les jeunes – oublient souvent que les bonnes manières sont « l'huile dans les rouages » de toute organisation.

Une autre conclusion pour l'action tirée de l'analyse de *feed-back* indique ce qu'il *ne faut pas* faire.

En confrontant les résultats aux attentes, on verra vite où l'on ne doit même pas essayer de faire quoi que ce soit. On verra les points où on manque du minimum de dons nécessaire – et, pour chacun de nous, ces points sont nombreux. Peu de gens, trop peu certes, possèdent ne serait-ce qu'un seul talent ou une seule connaissance de grande qualité ; mais nous présentons tous un nombre infini d'insuffisances, où nous n'avons aucun talent, aucune compétence, et peu de chance de nous montrer au mieux médiocres. Sur ces points-là, personne, et surtout pas un travailleur du savoir, ne doit accepter d'assumer un travail, un emploi, une mission.

Dernière conclusion pour l'action : *consacrer le moins d'efforts possibles à s'améliorer dans les domaines où notre compétence est faible*. Se concentrer, au contraire, sur les domaines où l'on dispose d'une forte compétence et d'un solide talent. Il faut beaucoup plus d'énergie et de travail pour passer de l'incompétence à la médiocrité que pour passer d'une bonne performance à l'excellence. Et pourtant, la plupart des gens – ainsi que la plupart des enseignants et des organisations – s'efforcent de transformer des incompétents en médiocres. Alors que toute l'énergie, les ressources – et le temps – disponibles devraient aller à faire d'une personne compétente une star.

Comment est-ce que je m'y prends ?

Voilà une question aussi importante, surtout pour les travailleurs du savoir, que la question des points forts.

En fait, elle est peut-être encore plus importante. Il est curieux de constater combien peu de gens savent *comment* ils font ce qu'ils font. Au contraire : la plupart d'entre nous ne savons même pas que d'autres gens s'y prennent autrement que nous. Notre façon de travailler n'est pas la leur, tout simplement. Il y a là une quasi-certitude de non-performance.

Comme les points forts, la façon de s'y prendre est le propre de chaque *individu*. Cela fait partie de sa *personnalité*. Que cette personnalité soit « innée » ou « acquise », elle s'est formée à coup sûr avant que la personne ne commence à travailler. Et *la façon de faire* de chacun est une « donnée », de même que *ses aptitudes* à ceci ou à cela sont des « données ». On peut la modifier, mais on ne peut sans doute pas la changer radicalement – en tout cas, ce sera difficile. Et de même que les résultats obtenus par quelqu'un dépendent de ses *aptitudes*, ils dépendent aussi *de la façon* dont il s'y prend.

L'analyse de *feed-back* peut révéler que quelque chose est défectueux dans la façon dont quelqu'un travaille. Mais elle trouvera rarement la cause. Pourtant, ce n'est normalement pas très difficile de la trouver. Il suffit de quelques années d'expérience. C'est alors qu'on peut se poser la question – et trouver rapidement la réponse – de savoir *comment* on s'y prend. Car en général, quelques traits banals de la personnalité suffisent à déterminer le plus ou moins bon résultat obtenu par l'intéressé.

Concernant la façon de travailler, la première chose à savoir, c'est : suis-je un œil ou une oreille ? Or, peu de gens le savent, certains sont plutôt doués pour lire, d'autres pour écouter, mais très peu sont capables des deux. Encore moins peuvent dire à quelle catégorie ils appartiennent. Quelques exemples montreront l'inconvénient qu'il y a à ne pas le savoir.

La deuxième chose à savoir au sujet des façons de faire, c'est comment on *apprend*. Là, cela peut être encore pire qu'avec le problème œil ou oreille. Car toutes les écoles, partout, sont organisées en fonction de la conviction qu'il n'y a qu'une seule bonne façon d'apprendre, et que c'est la même pour tout le monde.

Voici un exemple d'une des façons dont les gens apprennent.

Beethoven a laissé d'innombrables carnets de notes. Pourtant, il reconnaissait qu'il n'y jetait pas les yeux quand il composait. « Alors, pourquoi prendre des notes ? » lui demanda-t-on. Réponse : « Si je ne note pas une idée, je l'oublie tout de suite. Si je la note dans mon calepin, je ne l'oublie jamais, et je n'ai jamais besoin de la relire. »

Il existe probablement une demi-douzaine de façons différentes de s'instruire. Certains apprennent en prenant plein de notes, comme Beethoven. Alfred Sloan, lui, ne prenait jamais de notes en réunion. Certains forment leurs idées en s'écoutant parler. Certains en écrivant, d'autres en mettant la main à la pâte. Un jour, j'ai fait une enquête (informelle) parmi des professeurs américains auteurs de manuels très appréciés. Tous m'ont dit : « La raison pour laquelle j'enseigne, c'est de m'entendre parler. Alors seulement je peux me mettre à écrire. »

À la recherche de soi-même, c'est là un élément facile à repérer. Quand je demande aux gens comment ils apprennent, la plupart connaissent la réponse. Mais quand je poursuis en leur demandant s'ils agissent en conséquence, ce n'est plus la même chose. Pourtant, agir en fonction de ce talent particulier est la clé de la performance ; ou plutôt, agir sans en tenir compte, c'est se condamner à l'impuissance.

« Comment est-ce que je m'y prends ? » « Comment est-ce que j'apprends ? » sont les deux questions majeures à se poser. Mais ce ne sont aucunement les seules. Pour la bonne gestion de soi-même, il faut aussi se demander : « Est-ce que je m'entends bien avec les autres, ou suis-je un solitaire ? » Et si la première réponse est la bonne : « Quel type de relations favorise cette bonne entente ? »

Certains ont un meilleur rendement au sein d'une équipe. Certains travaillent mieux comme conseillers. Certains obtiennent d'excellents résultats comme entraîneurs ou comme mentors, d'autres en sont parfaitement incapables.

Toujours dans l'étude de soi-même, il importe de savoir si l'on tient le coup en période de *stress*, ou si l'on a besoin d'un environnement stable et prévisible. Et aussi de savoir si l'on préfère travailler comme le petit rouage d'une grande organisation, ou au contraire dans une petite entreprise. Peu de gens sont efficaces dans les deux situations. Le plus souvent, ceux qui ont bien réussi dans une grosse boîte – disons General Electric ou CitiBank – échouent misérablement quand ils se retrouvent dans une petite entreprise. Et ceux qui ont eu de brillants résultats dans une petite entreprise échouent lamentablement quand ils prennent un poste dans une grande.

Autre question cruciale : « Suis-je plus efficace comme décisionnaire ou comme conseiller ? » Beaucoup de gens sont de bon conseil mais ne peuvent supporter le fardeau et la pression de la décision. Un certain nombre d'autres, au contraire, ont besoin d'un conseiller près d'eux pour s'obliger à réfléchir ; mais ils sont capables de prendre seuls la décision et d'agir avec rapidité, assurance et courage.

Soit dit en passant, voilà une des raisons pour lesquelles le numéro deux d'une entreprise échoue souvent lorsqu'il accède au poste suprême. Le sommet appartient aux décisionnaires. Les bons décisionnaires prennent souvent comme adjoint et conseiller quelqu'un en qui ils ont confiance – et qui, c'est vrai, se montre remarquable à ce poste. Mais quand il est promu numéro un, c'est l'échec. Il sait bien quelle décision il faut prendre, mais il n'est pas capable d'en porter la responsabilité.

Conclusion pour l'action : là encore, *n'essayez pas de changer ce que vous êtes* – ça ne marchera probablement pas. Mais travaillez, longuement, à vous améliorer dans le sens de vos qualités. Et ne cherchez pas à vous lancer dans quoi que ce soit où vous n'êtes pas bon, ou pas très bon.

Quelles sont mes valeurs ?

Pour bien se gérer soi-même, on doit enfin se demander : « Quelles sont mes valeurs ? »

Les entreprises doivent posséder des valeurs. Mais les gens aussi. Pour être efficace, il faut que vos propres valeurs soient compatibles avec celles de l'entreprise qui vous emploie. Il n'est pas nécessaire qu'elles coïncident étroitement, mais elles doivent être assez proches pour pouvoir coexister. Sinon vous serez frustré, et vous n'obtiendrez pas de résultats.

Il y a rarement conflit entre les points forts d'une personne et la façon dont elle travaille. Les deux sont complémentaires. Mais il peut y avoir conflit entre les points forts et les valeurs. Ce que vous faites bien, même très bien, et avec succès, ne cadre pas avec vos valeurs. Vous n'avez pas l'impression d'être utile, et votre travail ne paraît pas mériter que vous lui consacriez votre vie, voire seulement une bonne partie de votre vie.

Puis-je ajouter une observation personnelle ? Moi aussi, j'ai dû choisir, il y a bien longtemps, entre un travail où je réussissais bien et mes valeurs. Vers 1935, j'étais un brillant banquier d'affaires à Londres, et cela convenait clairement à mes aptitudes. Pourtant, je ne voyais pas l'utilité de passer mon temps à gérer des capitaux. Mes valeurs, je le compris, me portaient davantage vers les hommes que vers l'argent. Et cela ne m'intéressait pas d'être le cadavre le plus riche du cimetière. Je n'avais pas d'argent, pas de perspective, et on était en pleine crise. J'ai pourtant démissionné – et j'ai bien fait.

Autrement dit, les valeurs sont l'épreuve ultime, elles doivent l'être.

Où est ma place ?

Quand on a répondu aux trois questions – « Quels sont mes points forts ? Comment est-ce que je m'y prends ? Quelles sont mes valeurs ? » –, on doit pouvoir choisir, surtout si l'on est un travailleur du savoir, la place qui nous appartient.

Pour la plupart des gens, ce n'est pas une décision qu'on puisse prendre au début de sa carrière.

Mais la plupart d'entre nous, et notamment les plus doués, n'ont pas idée de leur vocation avant vingt-cinq ans au moins. À cet âge-là pourtant, on devrait déjà connaître ses points forts, sa façon de travailler et ses valeurs.

C'est alors qu'on peut et qu'on doit décider où est sa place. Ou plutôt, on doit pouvoir décider ou elle *n'est pas*. Quiconque a compris qu'il n'est pas à l'aise dans la grande entreprise doit savoir dire non quand on lui offre ce genre de situation. Quiconque a compris qu'il n'est pas un décideur doit savoir dire non si on lui propose une mission comportant cette responsabilité.

Mais quand on connaît la réponse à ces trois questions, alors, face à une opportunité, une offre, une mission, on peut répondre : « D'accord, je suis preneur. Mais voici la façon dont je vais opérer. Voici comment ma tâche doit être bâtie. Voici quelles relations j'entends avoir. Voici le genre de résultats que vous pouvez attendre de moi, et dans quel délai, parce que *voici ce que je suis* ».

Les carrières réussies ne sont pas planifiées. Ce sont celles de gens qui ont su saisir l'occasion, parce qu'ils connaissaient leurs points forts, leur façon de travailler et leurs valeurs. Savoir où est sa place, cela transforme des gens ordinaires – travailleurs, compétents, mais pas particulièrement brillants – en champions de leur catégorie.

16
Gérer son temps

Quand on parle de ses tâches avec un travailleur du savoir, on commence en général par lui conseiller de planifier son travail. Cela semble une évidence. Le malheur, c'est que cela marche rarement. Le plan reste toujours à l'état de bonnes intentions sur le papier. Il aboutit rarement dans les faits.

Le travailleur du savoir efficace, à ce que j'ai pu constater, ne commence pas par étudier ses tâches. Il commence par le temps dont il dispose. Il ne commence pas par dresser un plan, mais par étudier à quoi il passe effectivement son temps. Il s'efforce ensuite de le gérer, et d'en éliminer les moments improductifs. Finalement il répartit le temps disponible en périodes continues, les plus longues possibles. Procéder ainsi en trois étapes :

- noter le temps disponible ;
- le gérer ;
- le consolider ;

c'est la base de l'efficacité d'un cadre.

Les gens efficaces savent que le temps est le facteur limitant. Les limites de tout processus de production sont fixées par la ressource la plus rare, et dans le processus que l'on appelle « réalisation », cette ressource c'est le temps.

Le temps est quelque chose d'unique. On ne saurait l'acheter, le louer, le prêter ou s'en procurer davantage d'une manière ou d'une autre.

L'offre de temps est parfaitement inélastique. Quelle que soit la demande, l'offre n'augmentera pas. Ce n'est pas une affaire de courbe de prix ou d'utilité marginale. De plus, le temps est totalement périssable et ne peut pas se stocker. La journée d'hier est passée pour toujours et ne reviendra jamais. Le temps, par conséquent, est toujours d'une extraordinaire rareté.

Il n'existe aucun ersatz du temps. On peut toujours, dans certaines limites, substituer une ressource matérielle à une autre, l'aluminium au cuivre par exemple, ou le capital au travail humain. On peut déployer davantage de savoir ou de force physique. Mais rien ne peut remplacer le temps.

Tout ce qu'on peut faire demande du temps. C'est la seule chose véritablement incontournable. Toute action se situe dans le temps et consomme du temps. Et pourtant, la plupart des gens tiennent cette ressource unique, irremplaçable et nécessaire pour librement disponible. Rien ne distingue davantage un cadre efficace, peut-être, que le soin jaloux qu'il prend de son temps.

L'être humain est mal équipé pour gérer son temps. Dans l'obscurité la plus profonde, la plupart des gens conservent leur perception de l'espace, mais même avec la lumière allumée on est incapable d'estimer le temps écoulé après quelques heures passées dans un endroit clos. La plupart des gens le sous-estimeront ou le surestimeront grossièrement.

La mémoire ne suffit donc pas pour mesurer le temps.

Il m'est arrivé de demander à des cadres très fiers de leur mémoire de mettre sur le papier à quoi, selon eux, ils passaient leur temps. Puis, pendant quelques semaines ou quelques mois, ils s'imposaient de noter concrètement leur emploi du temps. Je ressortais alors la première estimation, pour leur faire constater le peu de concordance entre celle-ci et la réalité.

Un certain PDG était convaincu que son temps se partageait, en gros, en trois parties : un tiers passé avec les dirigeants de son entreprise, un tiers avec ses gros clients et un tiers consacré aux nécessités sociales. Un relevé précis établi sur six semaines lui montra clairement que rien de cela n'était exact ; ce n'était que la façon dont il *croyait devoir* passer son temps – et sa mémoire, avec son obligeance coutumière, l'avait convaincu qu'il en était bien ainsi. En fait, l'enregistrement montrait que la plupart du temps il servait en quelque sorte de boîte aux lettres, notant les commandes des clients qu'il connaissait personnellement et les transmettant lui-même à l'usine par téléphone. Bien sûr, la plupart des commandes parvenaient directement de toute façon et son intervention ne pouvait que les retarder. Quand sa secrétaire lui remit le relevé de son emploi du temps, il n'en crut pas ses yeux. Elle dut renouveler deux ou trois fois l'exercice pour le convaincre que sa mémoire ne recoupait en rien son activité réelle.

Pour être efficace, il faut donc savoir gérer son temps, et d'abord savoir à quoi il passe réellement.

À quoi passe le temps

On est poussé constamment à faire de son temps un usage improductif et inutile. Tout travailleur du savoir, qu'il soit cadre ou non, en dépense une bonne partie sans en tirer la moindre contribution. Le gaspillage est inévitable. Plus on est haut placé dans l'organisation, plus celle-ci se montrera dévoreuse de son temps.

Le PDG d'une grande entreprise me racontait un jour que pendant deux ans il n'avait pas dîné chez lui une seule fois, sauf à Noël et au jour de l'An. Toutes ses soirées avaient été consacrées à des réceptions officielles, qui lui prenaient des heures. Pourtant, il ne voyait pas comment faire autrement. Tantôt il s'agissait d'honorer un employé prenant sa retraite après cinquante ans de service, tantôt de recevoir le gouverneur d'un des États où se situaient ses usines, mais il lui fallait être là, les mondanités faisaient partie de sa tâche. Il ne se faisait aucune illusion sur l'utilité de ces dîners, pour la compagnie ou pour lui-même, son plaisir ou sa promotion. Mais il devait être là et faire bonne figure.

Tous les travailleurs du savoir connaissent les mêmes pertes de temps. Lorsqu'un bon client l'appelle au téléphone, le directeur des ventes ne peut pas répondre « je suis occupé ». Il doit prêter une oreille complaisante, même si l'autre veut l'entretenir du tournoi de bridge auquel il a participé le samedi précédent ou des chances de sa fille d'intégrer une bonne université. Le directeur de l'hôpital doit assister à toutes les réunions de travail des médecins, des infirmières, des techniciens et autres groupes, sinon ceux-ci se sentiront offensés. Le haut fonctionnaire a intérêt à écouter le député qui souhaite être inscrit rapidement sur la liste rouge ou dans l'annuaire administratif. Et ainsi de suite, sans arrêt.

Les petits employés ne sont pas indemnes non plus. Eux aussi voient leur temps dévoré par des demandes qui n'ajoutent rien à leur productivité, et pourtant ne peuvent pas être rejetées.

À tous les postes, une grande partie du temps est donc perdue à des occupations soi-disant incontournables, mais qui ne contribuent à rien, ou presque.

La plupart des tâches d'un travailleur du savoir demandent pas mal de temps, si l'on vise un minimum d'efficacité. Ne pas leur consacrer ce minimum sans s'interrompre, c'est du gaspillage pur et simple. On n'aboutit à rien et il faut repartir à zéro.

Rédiger un rapport, par exemple, peut demander six ou huit heures, rien que pour le premier jet. Il ne sert à rien d'y consacrer un quart d'heure par jour pendant trois semaines : on n'aura finalement qu'une page couverte de quelques griffonnages. Si au contraire on ferme la porte, on décroche le téléphone et on s'attelle au travail pendant six ou huit heures sans interruption, on a une bonne chance d'en sortir avec ce que j'appelle le « brouillon zéro » – celui qui précède la version numéro un. À partir de là, oui, on peut le retravailler par petites touches, réécrire, corriger chapitre par chapitre, paragraphe par paragraphe, phrase par phrase.

Une expérience de laboratoire, c'est la même chose. Il faut bien disposer de cinq à douze heures d'une seule traite pour monter le matériel et faire au moins un premier essai. Si l'on est interrompu, il faut tout recommencer.

Pour être efficace, tout travailleur du savoir, surtout si c'est un cadre, doit donc pouvoir disposer librement de larges plages de temps. Des petits bouts de temps grappillés çà et là ne serviront à rien, même si au total ils représentent beaucoup d'heures.

Cela est particulièrement vrai du temps qu'on passe à travailler avec les autres – fonction essentielle, bien sûr, d'un cadre. Les gens vous prennent du temps, dévorent votre temps.

Consacrer quelques minutes à quelqu'un ne sert à rien. Si l'on veut aboutir à quoi que ce soit, il faut y passer tout le temps nécessaire. Le travailleur du savoir qui se figure pouvoir arrêter en un quart d'heure les plans, l'orientation et la performance de l'un de ses subordonnés – beaucoup le croient, effectivement – se met le doigt dans l'œil. S'il veut parvenir à un véritable résultat, il lui faudra probablement une heure, voire beaucoup plus. Et infiniment plus encore s'il veut établir entre eux une relation humaine.

Les relations avec d'autres travailleurs du savoir prennent encore davantage de temps. Quelle qu'en soit la raison – parce qu'entre vous il n'y a pas de barrière de classe, que l'autorité hiérarchique ne joue pas, ou simplement que vous vous prenez davantage au sérieux – un autre travailleur du savoir vous prendra beaucoup plus de temps qu'un ouvrier n'en prend à son supérieur ou à ses camarades. De plus, comme le travail du cadre ne peut pas se mesurer comme celui de l'ouvrier, on ne peut pas dire en quelques mots simples à un travailleur du savoir s'il fait ce qu'il a à faire et s'il le fait bien. À un ouvrier, on peut dire : « la norme est de cinquante pièces à l'heure, et tu n'en sors que quarante-deux » ; avec un travailleur du savoir, il faut s'asseoir tranquillement, discuter avec lui de ce qu'il y a à faire et pourquoi, avant même de savoir s'il travaille convenablement ou pas. Et cela dévore du temps.

Comme le travailleur du savoir est son propre patron, il doit comprendre ce que l'on attend de lui, et pourquoi. Il doit comprendre aussi ce que font les gens qui utilisent sa production de savoir. Il y faut beaucoup de discussions, d'information, d'instructions, activités qui prennent du temps. Et contrairement à ce qu'on pense généralement, ce temps est pris non seulement au supérieur, mais aussi aux collègues.

Pour obtenir de lui performance et résultats, le travailleur du savoir doit s'intéresser aux objectifs de performance de son organisation. Cela exige qu'il retire à son travail du temps pour le consacrer aux résultats, et qu'il sorte de sa spécialité pour considérer le monde extérieur, seul lieu où se réalise sa performance.

Chaque fois que, dans une grande organisation, un travailleur du savoir est performant, c'est qu'un dirigeant lui consacre un certain temps à intervalle régulier, même si c'est un débutant, et lui demande : « Qu'est-ce que nous, la direction générale, devons savoir de votre travail ? Que souhaitez-vous me dire au sujet de l'organisation ? Voyez-vous des opportunités qui restent inexploitées ? Des dangers auxquels nous serions aveugles ? Et en gros, que souhaitez-vous apprendre de moi concernant l'organisation ? »

Pareil échange décontracté est une bonne chose aussi bien pour une administration que pour une entreprise, un laboratoire de recherche ou un État-major militaire. À défaut, le travailleur du savoir perd son enthousiasme et devient un tâcheron, ou bien concentre ses énergies sur sa spécialité et ignore les possibilités et les besoins de l'organisation. Mais ces discussions prennent beaucoup de temps, surtout si l'on veut les mener sans hâte, à l'aise. L'interlocuteur doit avoir le sentiment qu'on a « tout le temps ». En fait, beaucoup de choses aboutiront rapidement, mais il faudra consacrer beaucoup de temps à certains points, et sans être interrompu.

Faire de la relation de travail une relation personnelle prend du temps. Si l'on veut aller plus vite, il y aura des frottements. Toute organisation, cependant, repose sur un mix des deux. Plus les gens passeront de temps ensemble, ne serait-ce qu'à leurs rapports personnels, moins ils pourront en consacrer à leur travail, leurs réalisations, leurs résultats.

Le travailleur du savoir aura d'autant moins de temps à lui que l'organisation sera plus grande ; il sera donc d'autant plus important qu'il sache bien à quoi passe son temps, et comment gérer le peu qu'il lui reste.

Plus il y a de monde dans un organisation et plus il faut prendre de décisions les concernant. Mais si on prend ces décisions trop vite, on risque fort de se tromper. Une bonne décision sur les personnes demande un temps étonnant. Et ce qu'elle implique n'apparaît clairement qu'après plusieurs occurrences.

Les travailleurs du savoir, dans les pays industrialisés d'aujourd'hui, n'ont pas à se demander à quoi consacrer leurs loisirs. Au contraire, ils travaillent tous un grand nombre d'heures et ont plus de choses à faire que de temps à y consacrer. Et cette pénurie de temps ne peut sans doute que s'aggraver. La raison en est qu'un standard de vie élevé présuppose une économie d'innovation et de changement, et qu'innovation et changement prennent aux cadres énormément de temps. Tout ce qu'on peut penser ou faire en peu de temps, c'est repenser ce qu'on savait déjà et faire ce qu'on a toujours fait.

Diagnostic du temps

Cela fait presque un siècle qu'on a compris qu'il fallait enregistrer le temps pour savoir à quoi il passait et pour essayer de le gérer. Du moins en ce qui concerne le travail manuel, qualifié ou non ; c'est aux environs de 1900 que l'organisation scientifique du travail a mesuré pour la première fois le temps nécessaire à la production d'une pièce donnée. Aujourd'hui il n'est guère de pays, si arriéré soit-il dans ses méthodes industrielles, qui ne chronomètre systématiquement les opérations des travailleurs manuels.

Mais on a appliqué ce savoir là où ce n'est pas tellement important, c'est-à-dire là où l'économie de temps se traduit seulement dans le rendement et les coûts. En revanche, on ne l'a pas appliqué là où c'était le plus important, c'est-à-dire là où l'économie porte sur le temps lui-même : aux travailleurs du savoir, et notamment aux cadres. Là, le bon emploi du temps retentit sur l'efficacité et sur les résultats.

Le premier pas en direction de l'efficacité consiste par conséquent à noter l'emploi effectif qui est fait du temps. Par quel moyen, cela ne nous concerne pas ici. Certains cadres tiennent eux-mêmes leur agenda ; d'autres, comme le PDG dont il est question plus haut, le font tenir par leur secrétaire. L'important est que ce soit fait, et en « temps réel », c'est-à-dire sur le champ, sans attendre et sans se fier à sa mémoire.

Un bon nombre de personnes efficaces tiennent un pareil agenda en permanence et le consultent régulièrement chaque mois. Au minimum, elles le tiendront trois ou quatre semaines de suite deux fois par an, à intervalles réguliers. Au vu de chaque relevé, on remaniera son emploi du temps – pour s'apercevoir inévitablement, six mois plus tard, qu'on s'est laissé aller à perdre son temps à des broutilles.

Avec la pratique l'emploi du temps s'améliore, mais pour pallier aux dérives il faut un effort constant. L'étape suivante consiste donc en une gestion systématique du temps. Il faut débusquer les activités improductives, dévoreuses de temps, et les éliminer dans la mesure du possible. Pour cela, se poser un certain nombre de questions, bases du diagnostic :

1. D'abord, tâcher d'identifier et d'éliminer les occupations qui ne servent rigoureusement à rien, qu'à perdre son temps sans le moindre résultat. À cet effet, se demander au sujet de *toutes* les activités notées dans l'agenda : « Que se serait-il passé si je n'avais pas fait cela ? » Et si la réponse est « rien », la seule conclusion possible, évidemment, c'est d'y renoncer.

Les gens actifs se livrent à un nombre étonnant d'activités dont ils pourraient se passer. Par exemple les innombrables allocutions, dîners, réunion de comités ou de conseils qui leur prennent un temps inadmissible, où ils s'ennuient ou se sentent inefficaces, mais qu'ils supportent néanmoins tout au long de l'année comme une plaie d'Égypte tombée du ciel. La seule chose à faire, là, c'est de savoir dire non si l'activité en question n'apporte rien à l'organisation, à l'auditoire ou à soi-même.

Le PDG mentionné plus haut, qui dînait dehors tous les soirs, finit par constater en y réfléchissant que pour un tiers au moins de ces réceptions l'un ou l'autre des cadres supérieurs de l'entreprise aurait très bien fait l'affaire. Il s'aperçut même, à son grand dépit, que dans beaucoup de cas ses hôtes ne souhaitaient même pas sa présence. Ils l'invitaient par politesse mais s'attendaient bien à ce qu'il s'esquive, et se trouvaient fort embarrassés quand il acceptait l'invitation.

Je n'ai jamais rencontré de travailleur du savoir, quel que soit son rang, qui ne puisse jeter au panier le quart des obligations inscrites à son agenda sans que personne s'en aperçoive.

2. Question suivante : « Parmi les activités inscrites à mon agenda, lesquelles pourraient être exécutées aussi bien, sinon mieux, par quelqu'un d'autre ? »

Notre PDG mondain constata bientôt qu'un autre tiers de ses obligations pouvait être refilé à l'un de ses collègues ; tout ce que souhaitaient les hôtes, c'était d'avoir un représentant de l'entreprise sur leur liste d'invitations. Pour moi, je n'ai jamais trouvé de travailleur du savoir qui, procédant à l'analyse de son agenda, n'ait acquis très vite l'habitude de confier à d'autres tout ce qu'il ne devait pas faire personnellement. Un seul coup d'œil suffit à constater clairement qu'on n'a jamais assez de temps pour faire ce qu'on estime important, qu'on désire faire soi-même et qu'on s'est engagé à faire. Le seul moyen de s'en tirer, c'est de confier à d'autres tout ce qui peut leur être confié.

Parler de « délégation », comme on le fait d'habitude, est un terme impropre. Mais se débarrasser de tout ce qu'un autre peut faire, de façon à se consacrer totalement à son travail sans avoir besoin de déléguer – c'est ainsi qu'on améliore son efficacité.

3. Une cause fréquente de perte de temps, qu'un cadre est en mesure de contrôler et d'éliminer, c'est le temps qu'il fait perdre aux autres.

Les symptômes de ce gaspillage ne manquent pas, mais il existe une façon simple de le repérer : c'est de poser la question autour de soi. Les gens efficaces savent demander systématiquement aux autres, sans fausse timidité : « M'arrive-t-il de vous faire perdre votre temps sans utilité pour votre contribution ? » Agir ainsi, sans craindre d'entendre la vérité, c'est la marque d'un cadre efficace.

Un cadre peut s'acquitter productivement de sa tâche tout en faisant perdre beaucoup de temps à quelqu'un d'autre.

Le directeur financier d'une grande entreprise s'était parfaitement rendu compte que les réunions tenues dans son bureau lui faisaient perdre beaucoup de son temps, parce qu'il convoquait tous ses subordonnés à chaque réunion, quel qu'en fût l'ordre du jour. Naturellement, la réunion s'éternisait ; comme chacun des participants croyait devoir manifester son intérêt, tous posaient au moins une question – la plupart sans rapport avec le sujet – et les réunions n'en finissaient pas. Ce que notre directeur ne savait pas – tant qu'il ne s'en fût pas enquis – c'est que ses subordonnés eux aussi avaient l'impression de perdre leur temps. Conscient de la grande importance que chacun attachait à son statut, au besoin d'être « au courant », il craignait, s'il tenait un seul homme à l'écart, que celui-ci se sentît blessé et boycotté.

Maintenant, il a trouvé un autre moyen de répondre à leur inquiétude. Il envoie à tous un formulaire pré-imprimé et rempli par ses soins, ainsi rédigé : « Je demande à MM. [Smith, Jones et Robinson] de se retrouver avec moi [mercredi à 3 heures] dans [la salle de réunion du quatrième] pour discuter [du budget d'investissement de l'an prochain]. Venez aussi si vous pensez que l'information vous concerne ou si vous avez quelque chose à dire. De toute façon, vous recevrez un compte rendu détaillé de la réunion et des décisions prises, et vous voudrez bien me communiquer vos commentaires. »

Avant, la réunion retenait une douzaine de personnes tout un après-midi ; depuis, trois personnes et une secrétaire chargée du compte rendu s'en acquittent en moins d'une heure. Et personne ne se sent tenu à l'écart.

Nombre de travailleurs du savoir sont conscient de perdre ainsi leur temps sans nécessité, mais ils ont peur de tailler dans le vif. Ils craignent que quelque chose leur échappe. Sans doute un oubli peut arriver, mais il est facile à corriger. Si l'on va trop loin, on s'en apercevra bien vite.

La preuve qu'il ne faut pas craindre de sabrer dans son agenda, c'est l'extraordinaire efficacité à laquelle parviennent certaines personnes très malades ou sévèrement handicapées. Un cas exemplaire est celui de Harry Hopkins, le conseiller particulier du président Roosevelt pendant la Seconde Guerre mondiale. C'était un homme fini, presque un moribond, chaque pas lui était une épreuve, il ne pouvait travailler que quelques heures un jour sur deux. Obligé ainsi de tout laisser tomber, à l'exception des questions réellement vitales, il n'était pas inefficace pour autant, au contraire : Churchill l'appelait « Monsieur Cœur du Problème », et il a abattu plus de besogne que quiconque à Washington pendant la guerre.

À la recherche du temps perdu

Les trois questions-diagnostic ci-dessus concernent les activités improductives et mangeuses de temps sur lesquelles le travailleur du savoir peut agir. Tous devraient se les poser. Mais les managers doivent s'inquiéter aussi des pertes de temps qui résultent d'une gestion médiocre et d'une organisation déficiente. Une gestion médiocre fait perdre du temps à tout le monde, et d'abord aux managers. Voici quatre exemples pour illustrer ce point.

1. Première cause de perte de temps : le désordre organisationnel et l'imprévoyance. Symptôme : la « crise » récurrente, qui éclate régulièrement tous les ans. Une crise que l'on rencontre une seconde fois ne devrait plus jamais avoir lieu.

Exemple : la crise de l'inventaire annuel. Qu'on puisse désormais, grâce à l'ordinateur, la surmonter mieux qu'avant – à grand peine et à grand coût – il n'y a guère là de quoi se vanter.

Une crise qui se renouvelle devrait toujours avoir été prévue ; on peut alors la prévenir, ou la banaliser et la faire traiter par n'importe qui. La définition de ce qu'on appelle « une routine », c'est que celle-ci permet à des personnes non qualifiées, sans jugement, d'accomplir ce qui était réservé auparavant à des génies, parce qu'elle formalise en un processus pas à pas systématique, ce qu'un homme très capable a appris en résolvant la crise précédente.

Ce genre de crise peut s'attaquer à tous, pas seulement aux échelons inférieurs de l'organisation.

Une entreprise assez importante en connaissait une chaque année aux environs du 1er décembre. Elle avait une activité très saisonnière, faible au dernier trimestre, et donc difficilement prévisible. La direction s'entêtait néanmoins à donner une prévision de ses résultats dans son rapport intérimaire, à mi-exercice. Trois mois plus tard, la panique s'installait et on ne savait plus quoi inventer pour accomplir finalement les prévisions de la direction. Pendant trois ou quatre semaines, plus personne ne pensait à autre chose. La solution pourtant était simple, il suffisait d'un trait de plume : au lieu de prévoir un chiffre d'affaires et un bénéfice précis pour la fin d'année, la direction indique maintenant des fourchettes. Tout le monde s'en satisfait, les cadres, les actionnaires et les milieux financiers. Non seulement la crise de fin d'année a disparu, mais les résultats du quatrième trimestre se sont améliorés, parce que les cadres ne perdent plus leur temps à aligner les résultats sur les prévisions.

Avant que Robert McNamara fut nommé secrétaire à la défense en 1961, le système militaire américain connaissant ainsi une crise de la dernière minute quand approchait le 30 juin, terme de l'année budgétaire. Tous les cadres du ministère, civils ou militaires, cherchaient désespérément quoi dépenser pour utiliser les crédits annuels votés par le Congrès, dans la crainte, s'ils n'y parvenaient pas, de devoir rendre l'argent (le plan soviétique connaît aussi, chroniquement, cette folie dépensière de fin d'exercice). La crise était pourtant parfaitement inutile, comme McNamara s'en aperçut immédiatement : la loi, depuis toujours, permettait de placer sur un compte intérimaire les sommes non dépensées, mais toujours utilisables.

La crise récurrente n'est qu'un symptôme de je-m'en-foutisme et de paresse.

Voici quelques années, à mes débuts de consultant, j'ai appris comment distinguer sans connaissances particulières une usine bien gérée d'une usine mal gérée. Une usine bien gérée respire la tranquillité. S'il y règne une atmosphère de drame, si on y raconte au visiteur une « épopée industrielle », c'est qu'elle est mal gérée. Dans la première, on s'ennuie ; rien d'intéressant ne s'y passe, parce que les crises sont anticipées et traitées routinièrement. Les seules décisions « héroïques » qu'on y prend sont celles qui ont pour but de préparer l'avenir, non d'éponger les erreurs du passé.

2. Le temps perdu l'est souvent à cause d'un sureffectif.

Il peut arriver, c'est vrai, qu'une équipe soit trop peu fournie pour accomplir sa tâche, et que celle-ci en souffre, parfois gravement. Mais ce n'est pas le plus fréquent. Le plus souvent, c'est le sureffectif qui entraîne l'inefficacité, parce que les gens passent leur temps à « interagir » plutôt qu'à travailler.

Un symptôme ne trompe pas. Si la personne la plus ancienne du groupe – surtout, naturellement, si elle le dirige – consacre plus d'une petite partie de son temps, disons dix pour cent, aux questions de « relations humaines », aux querelles et aux frictions, aux conflits juridiques et aux problèmes de coopération, etc., c'est presque certainement que l'effectif est trop nombreux. Les gens se marchent sur les pieds ; ils gênent la performance, au lieu de la favoriser. Dans un groupe maigre, chacun a la place de se remuer sans se cogner aux autres et peut travailler sans devoir constamment s'expliquer.

3. Autre cause de perte de temps, une mauvaise organisation. Symptôme : la multiplication des réunions.

Par définition, les réunions sont autant de concessions faites à une organisation déficiente. Car de deux choses l'une : ou on se rencontre, ou on travaille. On ne peut pas faire les deux en même temps. Dans la structure idéale (c'est un rêve, bien sûr, car le monde change sans arrêt), il n'y aurait pas de réunions. Chacun saurait ce qu'il doit savoir pour faire son boulot et disposerait de toutes les ressources nécessaires. On se réunit parce que des gens occupant des emplois différents ont besoin de coopérer pour remplir une certaine tâche.

En tout cas, les réunions doivent être l'exception, non la règle. Une organisation où tout le monde se réunit tout le temps est une organisation où personne ne produit rien. Chaque fois que les agendas montrent de la dégénérescence graisseuse – que les gens, par exemple, passent plus du quart de leur horaire en réunions – il y a perte de temps par mauvaise organisation.

En règle générale, un travailleur du savoir ne devrait jamais se permettre que les réunions prennent la plus grande partie de son temps. Un excès de réunions est le signe certain d'une médiocre conception des postes et d'une mauvaise organisation des tâches : le travail qui devrait revenir à un seul poste et constituer sa seule tâche est réparti entre plusieurs postes et émietté en plusieurs tâches. La responsabilité est diffuse, et l'information n'est pas adressée à ceux qui en ont besoin.

4. Dernière cause de perte de temps : les dysfonctionnements de l'information.

Depuis des années, le directeur d'un grand hôpital était assailli de coups de téléphone de médecins le priant de trouver un lit pour l'un de leurs patients. Le service des admissions « savait » qu'aucun lit n'était disponible, et pourtant le directeur finissait toujours par en trouver un. Pourquoi ? Simplement parce que les admissions n'étaient pas immédiatement informées lorsqu'un malade était renvoyé chez lui. La surveillante, elle, le savait, ainsi bien sûr que la caisse qui présentait la facture à la sortie. Mais le service des admissions, lui, recevait un « état des lits » établi le lendemain à cinq heures du matin, alors que la grande majorité des sortants étaient partis la veille juste après la visite du médecin. La solution n'exigeait aucun génie : il suffisait d'envoyer aux admissions une copie carbone du bon de sortie adressé par la surveillante à la caisse.

Les pertes de temps provoquées par les sureffectifs, la mauvaise organisation ou les dysfonctionnements de l'information peuvent parfois trouver vite un remède. D'autres fois, il faudra travailler longuement et patiemment à les corriger. Mais les résultats sont alors sensationnels – en temps gagné tout spécialement.

Consolider le « temps discrétionnaire »

Le cadre qui note et analyse son emploi du temps, puis s'efforce de le gérer, peut alors mesurer combien il peut en consacrer à ses tâches importantes – quel est son temps « discrétionnaire », ce qui reste disponible pour effectuer une véritable contribution.

Ce ne sera sans doute pas énorme, quelque ardeur ait-il apporté à la chasse au temps perdu.

Plus haut est son rang hiérarchique, et moins le travailleur du savoir peut contrôler effectivement le temps qu'il affecte à sa contribution. Plus grande est l'organisation, et plus il doit passer de temps à la maintenir simplement en état de marche, au lieu de la faire fonctionner et produire.

Les personnes efficaces savent par conséquent qu'elles doivent consolider leur temps discrétionnaire. Qu'il leur faut garder de grandes plages disponibles, car des petits bouts de temps ne servent à rien. Le quart d'une journée de travail peut suffire normalement à traiter les problèmes importants, à condition d'être consolidé en périodes assez grandes ; mais même les trois quarts resteront improductifs s'ils consistent en quarts d'heure ou demi-heures dispersés au long de la journée.

Le stade suprême de la gestion du temps consiste donc à consolider la marge que l'enregistrement et l'analyse ont montrée normalement disponible et sous le contrôle de l'intéressé.

Il y a bien des moyens d'y parvenir. Certains, les cadres les plus anciens en général, restent travailler chez eux un jour par semaine ; c'est le cas notamment des journalistes et des chercheurs scientifiques. D'autres concentrent les activités opérationnelles – réunions, inspections, enquêtes, etc. – sur deux jours, par exemple le lundi et le vendredi, et bloquent les matinées des autres jours pour travailler continûment aux grands problèmes.

Mais la méthode adoptée importe moins que l'intention. La plupart des gens s'en tirent en s'efforçant de traiter à la suite les questions secondaires, les moins productives, en réservant en quelque sorte un espace libre entre deux séries. Mais cela ne mène pas très loin. On continue de donner la priorité, dans sa tête et dans son agenda, aux choses les moins importantes, celles qu'il faut bien régler même si leur contribution est faible. Résultat, toute demande nouvelle sera vraisemblablement satisfaite aux dépens du temps discrétionnaire et des tâches qu'on devrait lui réserver. Au bout de quelques jours ou quelques semaines, le temps discrétionnaire aura sombré corps et biens, grignoté par de nouvelles crises, de nouvelles urgences, de nouvelles futilités.

Toutes les personnes efficaces travaillent constamment à gérer leur temps. Non seulement elles l'enregistrent en continu et l'analysent périodiquement, mais elles se fixent des dates-butoirs pour leurs activités importantes, en fonction de l'estimation du temps discrétionnaire dont elles disposent.

Un homme extrêmement efficace de mes relations tient ainsi deux listes, l'une des choses urgentes qu'il doit faire, l'autre des choses déplaisantes, chacune affectée d'une date-butoir. Quand il constate que la limite est dépassée, il sait que son emploi du temps est en train de lui échapper.

Le temps est la ressource la plus rare ; si on ne le gère pas, rien d'autre ne peut être géré. De plus, analyser son temps est la manière la plus accessible et cependant la plus systématique d'analyser son travail et de réfléchir à ce qu'il comporte de véritablement important.

« Connais-toi toi-même », l'antique précepte de sagesse, n'est pas à la portée de tous les mortels. Mais tous peuvent suivre le conseil « Connais le temps qui t'appartient », qui leur ouvrira le chemin de la contribution et de l'efficacité.

17
Les décisions efficaces

LES PERSONNES EFFICACES ne prennent pas beaucoup de décisions. Elles se concentrent sur les plus importantes. Plutôt que de « résoudre des problèmes », elles s'efforcent de penser stratégie, vue d'ensemble. Les quelques décisions importantes, elles tâchent de les aborder au niveau conceptuel le plus élevé. Dans une situation donnée, elles recherchent les constantes. La rapidité du processus de décision ne les impressionne donc pas tellement ; au contraire, elles voient dans la virtuosité à manipuler des masses de données le symptôme d'une pensée négligée. Elles veulent savoir de quoi il s'agit vraiment, à quelles réalités sous-jacentes elles ont à faire face. Elles s'attachent au résultat, non à la technique, préfèrent se montrer sérieuses qu'astucieuses.

Les gens efficaces savent dans quel cas une décision doit s'appuyer sur des principes et dans lequel il faut la prendre avec pragmatisme, en fonction des données immédiates. La décision la plus délicate, ils le savent, consiste à séparer le bon compromis du mauvais, et ils ont appris comment distinguer l'un de l'autre. Ils savent que l'étape la plus longue du processus ne consiste pas à prendre la décision, mais à mettre celle-ci en application. Tant qu'une décision n'a pas « dégénéré » en travail, ce n'est pas une décision, c'est au mieux une bonne intention. Qu'est-ce que cela signifie ? Que si la décision doit se situer au niveau conceptuel le plus élevé, l'action, elle, doit être menée aussi près que possible du terrain et être aussi simple que possible.

Le moins connu des grands dirigeants industriels américains, Theodore Vail, fut peut-être aussi le décisionnaire le plus efficace de toute l'histoire économique du pays. PDG du Bell Telephone System de 1910 (un peu avant) aux années 1920, Vail en a fait la plus grande compagnie privée du monde, et l'une des plus prospères entreprises de croissance.

Alfred Sloan Jr, qui a fait, lui, de la General Motors la plus grande machine industrielle du monde, a atteint le sommet en 1922, quand la carrière de Vail touchait à sa fin. C'était un homme très différent du premier, et l'époque aussi était différente. Mais la décision à laquelle le nom de Sloan reste attaché pour toujours, l'organisation décentralisée de la General Motors, est du même style que celle qu'avait prise Theodore Vail chez Bell Telephone.

Comme Sloan l'a raconté dans son livre *My Years with General Motors*, la compagnie se présentait en 1922 comme une fédération lâche regroupant des barons quasi-indépendants. Chacun de ceux-ci dirigeait une entreprise qui, peu d'années auparavant, était encore sa propriété personnelle – et continuait de la gérer comme si elle lui appartenait.

En prenant après la fusion la tête de la compagnie, Sloan comprit qu'il n'avait pas à résoudre un problème spécifique et à court terme, mais un problème générique, celui du *big business*.

Le processus de décision

L'importance des décisions prises par Vail et Sloan ne tient pas à leur nouveauté, ni aux controverses qu'elles ont soulevé. Elle découle de cinq traits principaux :

1. Ils ont compris clairement que leur problème était générique, qu'il ne serait résolu qu'en recourant à une règle générale, à un principe.

2. Ils ont défini les caractéristiques que la solution recherchée devait revêtir, les « conditions aux limites ».

3. Ils ont réfléchi à fond à ce qui serait *bon*, à la solution qui satisferait pleinement les dites caractéristiques, *avant* de porter leur atten-

tion sur les compromis, les adaptations et les concessions qu'ils allaient devoir faire pour que la décision soit acceptable.

4. Ils ont intégré à leur décision l'action qui devrait s'ensuivre.

5. Ils ont prévu aussi l'effet en retour qui validerait l'efficacité de la décision une fois mise à l'épreuve des faits.

Tels sont les *éléments* d'un processus de décision efficace.

Quatre types de circonstances

Les questions que se pose le décisionnaire efficace sont d'abord : Ai-je affaire à une situation générique, ou à un cas exceptionnel ? L'événement s'est-il répété souvent, ou résulte-t-il d'une circonstance particulière, à traiter comme telle ? Le générique, il faut le traiter par une règle générale, un principe ; le circonstanciel, on ne peut que le traiter en tant que tel, lorsqu'il survient.

En toute rigueur, il convient de distinguer non pas deux, mais quatre types de situations différents.

Il y a d'abord le véritable problème générique, dont l'événement circonstanciel n'est qu'un symptôme.

La plupart des problèmes que rencontre un cadre dans son travail sont de cette nature. Les problèmes de stocks, par exemple, n'appellent pas des « décisions » dans l'entreprise, mais des adaptations. C'est un problème générique. Il en va de même, encore plus, avec le quotidien de la production.

En général, les responsables de la production et de la sécurité doivent résoudre des centaines de problèmes chaque mois. Mais quand on en fait l'analyse, on constate que la plupart ne sont que des symptômes – des manifestations d'une réalité fondamentale sous-jacente. L'ingénieur ou le contrôleur travaillant dans son coin d'usine ne peut pas s'en rendre compte. Il observera régulièrement, par exemple, des fuites aux joints des canalisations chaudes, mais le problème générique n'apparaîtra qu'en analysant pendant plusieurs mois la charge totale de l'unité. On constatera alors que les températures et les pressions sont trop élevées pour l'équipement existant et qu'il convient de renforcer toutes les liaisons de tuyauterie. Tant que cela ne sera pas fait, les responsables perdront énormément de temps à colmater des fuites, sans maîtriser réellement la situation.

Il y a aussi le problème qui ne se pose qu'une seule fois dans telle ou telle entreprise, mais qui en réalité est bien un problème générique.

La compagnie à qui une autre firme, plus grande, fait une offre de fusion ne recevra plus jamais une telle proposition si elle accepte la première. Pour cette compagnie-là, son comité exécutif et ses cadres, la situation est unique. Mais c'est aussi, bien sûr, une situation générique, que l'on retrouve sans cesse ailleurs. Décider si on va l'accepter ou non exige que l'on recoure à quelques règles générales. Et que l'on jette un regard sur l'expérience des autres.

Ensuite, il y a l'événement véritablement unique, exceptionnel.

La panne énergétique qui a plongé dans l'obscurité, en novembre 1965, tout le Nord-Est américain, du Saint-Laurent à Washington, était un accident parfaitement exceptionnel, à en croire les premières explications données. De même que la tragédie de la Thalidomide, qui a vu naître tant de bébés mal formés au début des années 1960. La probabilité de ces événements, nous disait-on, est de un contre dix millions ou cent millions. Un tel enchaînement de dysfonctionnements n'a pas plus de chances de se reproduire que, par exemple, la désintégration atomique de la chaise où je suis assis.

Les événements véritablement uniques, cependant, arrivent rarement. S'il s'en produit un malgré tout, il convient de se demander : S'agit-il vraiment d'une exception, ou de la première manifestation d'une réalité d'un nouveau genre ?

Dans ce dernier cas l'on a affaire à la quatrième et dernière catégorie d'événements relevant du processus de décision.

Nous savons bien, par exemple, que la panne énergétique du Nord-Est comme la tragédie de la Thalidomide n'étaient que les premières occurrences de dysfonctionnements susceptibles de se renouveler, compte tenu de l'évolution des techniques modernes, si l'on n'y apporte pas de solutions génériques.

Tout événement non strictement unique appelle donc une solution générique. Il demande l'application d'une règle générale, d'une politique, d'un principe. Une fois le bon principe mis au point, toute manifestation de la même situation peut se traiter pragmatiquement, c'est-à-dire en appliquant la règle au cas particulier. L'événement strictement unique, lui, doit être traité à part ; on ne saurait définir une règle pour l'exceptionnel.

Le décisionnaire efficace prend tout son temps pour déterminer avec laquelle de ces quatre situations il est aux prises. Il sait qu'il prendra une mauvaise décision si son choix n'est pas le bon.

L'erreur la plus fréquente, et de loin, consiste à traiter une situation générique comme s'il s'agissait d'une série d'événements uniques, autrement dit d'agir pragmatiquement par manque de vue d'ensemble, de principe. Cela conduit inévitablement à la frustration et à l'impuissance.

Caractéristiques de la décision

Le deuxième élément important du processus de décision, c'est une description claire du résultat à obtenir. Quels objectifs la décision doit-elle viser ? Quels buts minimaux atteindre ? À quelles conditions doit-elle satisfaire ce que les scientifiques appellent « conditions aux limites » ? Pour être efficace, une décision doit répondre à de telles conditions ; elle doit être cohérente avec sa visée.

Plus les conditions aux limites seront énoncées avec concision et clarté, et plus la décision aura de chances d'être efficace, d'accomplir ce pour quoi elle a été prise. Réciproquement, des conditions aux limites mal définies priveront presque à coup sûr la décision de toute efficacité, aussi brillante qu'ait été sa formulation.

La question des limites est généralement posée sous la forme suivante : À quel niveau se situent les minima indispensables pour résoudre le problème ? Lorsque Alfred Sloan prit le commandement de la General Motors en 1922 en supprimant l'autonomie des chefs de division, il s'était probablement demandé, lui : Est-il possible de répondre dans les conditions actuelles aux nécessités de l'entreprise ? Et sa réponse, à l'évidence, avait été négative. Les conditions aux limites de son problème exigeaient vigueur et responsabilité de la part des principaux dirigeants, mais aussi l'unité du contrôle central. Elles appelaient la solution d'un problème structurel, non un arrangement entre personnalités différentes. Et c'est ainsi, en retour, que sa solution a pu tenir.

La personne efficace sait que toute décision qui ne satisfait pas aux conditions aux limites est inefficace et inappropriée. Elle pourrait même se révéler pire qu'une décision satisfaisant à des conditions aux limites erronées. Certes, elles sont toutes deux mauvaises ; mais la seconde peut être récupérée, elle reste une décision efficace. La première, au contraire, n'engendrera que des ennuis.

En fait, y voir clair sur les conditions aux limites est indispensable pour savoir si une décision doit être abandonnée. Mais c'est nécessaire aussi pour identifier entre toutes les décisions possibles la plus dangereuse : celle qui pourrait – simple possibilité – bien marcher à condition que tout aille bien par ailleurs. Une décision de cette sorte paraît marquée au coin du bon sens ; mais si l'on réfléchit aux spécifications qu'elle doit satisfaire, on constate toujours qu'elles sont incompatibles entre elles. Il n'est pas impossible qu'elle soit couronnée de succès, c'est seulement extrêmement improbable. L'ennui, avec les miracles, ce n'est pas après tout qu'ils se produisent si rarement, c'est qu'on ne puisse pas compter sur eux.

L'exemple parfait est donné par la décision du président Kennedy ordonnant en 1961 le débarquement de la baie des Cochons. Une spécification consistait évidemment à renverser Castro. Mais en même temps il y avait une autre spécification : ne pas laisser penser que les forces des États-Unis intervenaient dans une autre république d'Amérique. Que la seconde spécification fut absurde, que personne au monde n'ait pu voir un seul instant dans l'opération un soulèvement spontané des Cubains, cela n'entrait pas dans son raisonnement. Pour les dirigeants politiques américains en place, une apparence de non-intervention paraissait une condition légitime, voire nécessaire, mais les deux spécifications n'auraient été compatibles que si l'île tout entière s'était soulevée immédiatement contre Castro, paralysant complètement l'armée cubaine. Cela n'était peut-être pas impossible, mais en tout cas fort improbable dans un État policier. Il fallait donc abandonner complètement le projet, ou bien alors mettre en action toute la puissance américaine afin de réussir le débarquement.

Que l'erreur du président Kennedy soit due, comme il l'a affirmé, au fait qu'il ait « écouté les experts », ce n'est pas lui manquer de respect que de le contredire. L'erreur fut de ne pas réfléchir clairement aux conditions aux limites que la décision devait satisfaire, de refuser d'affronter une réalité déplaisante, à savoir que prendre une décision répondant à deux spécifications différentes et fondamentalement incompatibles ce n'est pas décider, c'est attendre un miracle.

Pour autant, on ne saurait tirer uniquement des « faits » les spécifications, les conditions aux limites d'une décision importante. Il y faut aussi du jugement, de la prise de risque.

Tout le monde peut prendre une mauvaise décision – en fait, tout le monde en prendra une un jour. Mais personne n'est obligé de prendre une décision qui, à l'évidence, ne satisfait pas les conditions aux limites.

La bonne décision

On doit commencer par chercher ce qui est bon, plutôt que ce qui est acceptable (et encore moins qui a raison), précisément parce qu'à la fin on devra toujours accepter un compromis. Si l'on ne sait pas ce qui est bon, compte tenu des spécifications et des conditions aux limites, on ne saura pas distinguer le bon compromis du mauvais – et on finira par accepter le mauvais.

J'ai appris cela en 1944 à l'occasion de ma première mission importante de consultant, l'étude de la structure et de la politique de management de la General Motors Corporation. Alfred Sloan Jr, alors président et directeur général de la compagnie, me convoqua dès le début dans son bureau pour m'avertir : « Je ne vous dirai pas quoi étudier, quoi écrire et à quelles conclusions aboutir. Ça, c'est votre tâche. Je vous donne une seule instruction : écrire ce que vous croyez bon, comme vous l'entendez. Ne vous souciez pas de notre réaction. Ne vous demandez pas si cela nous plaira ou pas. Et surtout ne vous préoccupez pas des compromis qui pourraient se révéler nécessaires pour faire adopter vos recommandations. Pas un seul cadre dans cette compagnie n'ignore comment on peut faire tous les compromis imaginables, et cela sans avoir besoin de vous le demander. Mais aucun ne pourra faire le *bon* compromis si vous ne lui avez pas dit auparavant ce qui est bon. » Tout cadre aux prises avec une décision devrait tenir ces paroles écrites devant lui en lettres de feu.

Car il existe deux sortes de compromis. La première est exprimée par le vieux proverbe : la moitié d'un pain vaut mieux que pas de pain du tout. La seconde se trouve dans le jugement de Salomon, fondé sur cette évidence que la moitié d'un bébé vaut moins que pas de bébé du tout. Dans le premier cas, les conditions aux limites restent satisfaites : la fonction du pain est de nourrir, et un demi-pain reste une nourriture. Un demi-bébé, en revanche, ne satisfait pas les conditions aux limites, car un demi-bébé n'est pas un enfant vivant et plein de promesses, c'est un cadavre coupé en deux.

Cela ne sert à rien, c'est perdre son temps que de se demander ce qui est acceptable, et ce qu'on ferait mieux de taire afin de ne pas provoquer de résistance. Les craintes qu'on cultive ne se réalisent jamais, et les objections auxquelles on n'a pas pensé éclatent soudain et créent des obstacles quasi-insurmontables. Autrement dit, on n'a pas intérêt à se demander pour commencer : Qu'est-ce qui est acceptable ? Si on se lance sur cette question, on perd généralement de vue les choses importantes et toute chance d'aboutir à une solution efficace – et surtout à la bonne solution.

Passer à l'action

Convertir la décision en action : tel est le quatrième élément du processus de décision. Réfléchir aux conditions aux limites est l'étape la plus difficile, mais convertir la décision en une action efficace est en général celle qui prend le plus de temps. Pourtant, une décision n'aura d'efficacité que si elle s'inscrit dès le début dans une action.

En fait, une décision n'est pas réellement prise tant que quelqu'un n'a pas reçu la charge et la responsabilité de la réaliser par étapes spécifiques. Dans le cas contraire, elle reste du domaine des bonnes intentions.

C'est une erreur qu'on voit souvent dans les chartes politiques, les déclarations d'intentions des entreprises : elles oublient de dire comment elles vont passer à l'action. Personne n'est spécifiquement chargé de les traduire en faits. Pas étonnant si le personnel les juge avec cynisme, soupçonnant la direction de n'en vouloir rien faire en réalité.

Convertir une décision en action exige que l'on réponde à quelques questions précises : Qui doit avoir à connaître de cette décision ? Quelle action faut-il entreprendre ? Qui doit en être chargé ? Et que doit être cette action, si on veut que les personnes en charge soient *capables* de la mener ? On néglige trop souvent la première et la dernière question – avec des résultats désastreux.

Une histoire devenue légendaire parmi les spécialistes de recherche opérationnelle illustre bien l'importance de la première question – qui doit avoir à connaître de la décision ? Voici plusieurs années, une grande entreprise d'équipements industriels décida de cesser de produire un certain modèle. Il s'agissait d'un modèle standard depuis des années dans une ligne de machines-outils, et il y en avait encore beaucoup en service. On décida par conséquent de continuer à le vendre pendant trois ans aux possesseurs du vieil équipement, à titre de remplacement, puis de cesser de le fabriquer et de le vendre. Les commandes de ce modèle-là baissaient depuis des années, mais elles rebondirent d'un coup parce que les usagers voulaient se prémunir pour le jour où il ne serait plus disponible. Personne, cependant, ne s'était posé la question n° 1, et personne par conséquent n'avait averti l'employé chargé d'acheter les pièces entrant dans la fabrication de la machine ; il avait pour instruction d'en acheter dans une proportion donnée avec les ventes courantes – et ces instructions ne furent pas modifiées. Lorsque finalement on arrêta la fabrication du modèle, la compagnie avait en stock suffisamment de pièces pour soutenir la production pendant encore huit ou dix ans – stock qui affecta lourdement son bilan.

L'effet en retour

La décision doit finalement prévoir un *feed-back*, une information en retour destinée à tester en permanence, sous la leçon des événements, les attentes qu'elle avait suscitées.

Les décisions sont prises par des hommes, et les hommes sont faillibles ; dans le meilleur cas, leurs œuvres ne durent pas longtemps ; la décision la meilleure a de grandes chances de se révéler finalement mauvaise, et la plus efficace finira par être obsolète.

Lorsque le général Eisenhower fut élu président des États-Unis, son prédécesseur Harry Truman remarqua : « Pauvre Ike ! Quand il était général, il donnait des ordres et ceux-ci étaient exécutés. Maintenant il va s'installer dans un grand bureau, il va donner un ordre et du diable si quelque chose va en résulter. »

Pourquoi « du diable » ? Un président n'a pas moins d'autorité qu'un général. Mais les organisations militaires ont expérimenté depuis longtemps la futilité de la plupart des ordres, et ont organisé l'information en retour qui les assurera de leur exécution. Elles savent depuis longtemps qu'aller se rendre compte par soi-même est le meilleur des *feed-backs*. Les rapports – tout ce sur quoi un président peut s'appuyer d'habitude – ne servent pas à grand chose. Toutes les armées du monde savent depuis longtemps qu'un officier, après avoir donné un ordre, va constater de ses propres yeux s'il a été exécuté. Au minimum il enverra l'un de ses adjoints, mais ne se fiera jamais aux informations données par le destinataire de l'ordre. Non qu'il n'ait pas confiance en lui, mais l'expérience lui a appris à se méfier des communications.

C'est pour cette raison qu'on attend d'un chef de bataillon qu'il aille goûter la soupe servie à ses hommes. Bien sûr, il pourrait lire le menu et se faire apporter tel ou tel plat, mais non : il faut qu'il aille au mess et prélève un échantillon dans la marmite du simple soldat.

Depuis l'avènement de l'ordinateur tout cela est encore plus important, parce que le décisionnaire, selon toute vraisemblance, va se trouver encore plus loin du théâtre de l'action. S'il ne reconnaît pas comme allant de soi qu'il vaut mieux pour lui aller voir sur place, il sera de plus en plus coupé de la réalité. Tout ce que peut faire un ordinateur, c'est traiter des abstractions. Et on ne peut se fier aux abstractions qu'en les confrontant constamment aux réalités concrètes, sous peine qu'elles ne vous égarent.

Aller se rendre compte par soi-même est aussi la meilleure façon, sinon la seule, de vérifier si les hypothèses sous-tendant la décision sont toujours valides, ou bien sont devenues obsolètes et doivent être repensées. Et il faut toujours s'attendre à ce qu'une hypothèse, tôt ou tard, devienne obsolète. La réalité ne se tient jamais tranquille bien longtemps.

Il est nécessaire d'organiser l'information pour obtenir l'effet en retour. Les rapports et les chiffres sont utiles, mais à moins de bâtir son feed-back par confrontation directe avec la réalité – c'est-à-dire de s'imposer la discipline d'aller voir par soi-même – on se condamne à un dogmatisme stérile, et donc à l'inefficacité.

Les opinions viennent avant les faits

Une décision, c'est un jugement. Un choix entre plusieurs possibilités – rarement un choix entre le bien et le mal. Au mieux, un choix entre « presque bon » et « probablement mauvais », mais plus souvent un choix entre deux voies d'action dont aucune ne peut être démontrée meilleure que l'autre.

Beaucoup de livres traitant de la prise de décision conseillent de trouver d'abord les faits. Mais les décideurs efficaces savent qu'on ne part pas de faits, on part d'opinions. Celles-ci, bien sûr, ne sont rien d'autre que des hypothèses non vérifiées, et donc sans valeur tant qu'elles n'auront pas été confrontées à la réalité. Pour déterminer ce qu'est un fait, il faut d'abord choisir des critères de pertinence, concernant notamment l'instrument de mesure approprié. Tel est le pivot de toute décision efficace, et en général son côté le plus controversé.

Dernier point : la décision efficace ne découle pas d'un consensus sur les faits, comme le soutiennent tant d'auteurs. L'accord sous-tendant la bonne décision naît de l'affrontement d'opinions divergentes, de leur conflit, et d'un examen approfondi de possibilités concurrentes.

Recueillir d'abord les faits, ce n'est pas possible. Le fait n'existe pas tant qu'on n'a pas défini ses critères de pertinence. Un événement n'est pas en soi un fait.

Les gens partent inévitablement d'une opinion ; leur demander de rechercher d'abord les faits n'est même pas souhaitable. Ils ne manqueront pas de faire ce que chacun, de toute façon, n'a que trop tendance à faire : chercher les faits corroborant la conclusion à laquelle ils sont déjà parvenus. Et personne n'a jamais manqué de trouver les faits dont il a besoin. Le bon statisticien le sait, et se méfie de tous les chiffres : l'homme qui les a trouvés, il peut le connaître ou non, mais dans les deux cas il est suspect.

La seule méthode rigoureuse, la seule qui nous permette de mettre une hypothèse à l'épreuve de la réalité, se fonde sur la conviction que les opinions viennent en premier, et que c'est très bien ainsi. C'est la seule façon de voir qu'on part d'hypothèses non vérifiées – le seul point de départ valable, en management comme en sciences. Les hypothèses, on sait quoi en faire : on ne les discute pas, on les teste. On découvre alors lesquelles tiennent le coup et méritent donc d'être prises sérieusement en considération, et lesquelles sont éliminées dès la première observation expérimentale.

L'homme efficace encourage l'expression des opinions. Mais il demande aussi à ceux qui les expriment de réfléchir à ce que l'« expérience » – c'est-à-dire l'affrontement de leur opinion avec la réalité – devrait démontrer. Il demande par conséquent : Qu'avons-nous besoin de savoir pour tester la validité de cette hypothèse ? Quels faits pourraient venir corroborer cette opinion ? Et il crée l'habitude – en lui et chez ses collègues – de penser à ce qui doit être examiné, étudié, testé, et de le dire. Il exige de quiconque formule une opinion qu'il prenne la responsabilité de définir les données factuelles à rechercher, celles auxquelles on peut s'attendre.

Ici, la question cruciale est sans doute : Quel est le critère de pertinence ? Le plus souvent, il dépend de l'instrument de mesure approprié à l'objet du débat et à la décision en préparation. Chaque fois que l'on analyse la façon dont a été prise une décision réellement efficace, réellement bonne, on constate que la recherche de cet instrument a demandé beaucoup de réflexion et de travail.

Le décisionnaire efficace présume que la façon traditionnelle de mesurer n'est pas la bonne. Si elle l'était, il n'y aurait pas dans la plupart des cas besoin d'une décision : un simple ajustement suffirait. La façon traditionnelle de mesurer reflète une décision passée. Si l'on éprouve le besoin de la changer, c'est normalement l'indication qu'elle n'est plus pertinente.

Là encore, la meilleure méthode pour repérer la bonne façon de mesurer c'est d'y aller voir et de chercher le *feed-back* dont il est question plus haut – l'effet en retour précédant la décision.

Dans la plupart des problèmes se rapportant au personnel, les événements se mesurent en « moyennes », telles que le nombre moyen d'accidents ayant donné lieu à absence pour cent salariés, le pourcentage moyen d'absentéisme sur l'effectif total ou le pourcentage des congés-maladie. Mais le cadre qui va voir par lui-même constatera vite qu'il a besoin d'un instrument de mesure différent. Les moyennes sont utiles à la compagnie d'assurances, mais ne font pas sens pour les décisions portant sur la gestion du personnel, et sont en réalité trompeuses.

La grande majorité de tous les accidents se produisent dans un ou deux endroits de l'usine. L'essentiel de l'absentéisme est le fait d'un seul service. Même les absences pour maladie, on le sait maintenant, ne se distribuent pas comme une moyenne, mais sont concentrées sur une petite partie du personnel, par exemple les jeunes femmes célibataires. Une action qui s'appuierait sur des moyennes – par exemple la campagne traditionnelle de sécurité – ne produirait pas les résultats souhaités, et pourrait même aggraver les choses.

Repérer l'instrument de mesure approprié, ce n'est donc pas un exercice de mathématiques. C'est un jugement comportant une prise de risque.

Chaque fois qu'on doit prononcer un jugement, il convient de disposer d'alternatives entre lesquelles choisir. Un jugement qui ne peut s'énoncer que par oui ou par non, ce n'est pas un jugement du tout. On ne peut espérer découvrir le véritable enjeu que si diverses possibilités sont en présence.

Les personnes efficaces, par conséquent, s'attachent à disposer de méthodes de mesure alternatives – de façon à pouvoir choisir celle qui convient.

Cultiver les désaccords

Tant qu'il ne dispose pas de solutions alternatives, l'esprit est enfermé.

C'est principalement pour cette raison qu'un décisionnaire efficace néglige le deuxième commandement des manuels traitant de la prise de décision – créer le consensus – et s'efforce au contraire de provoquer dissensions et désaccords.

Le genre de décisions que doit prendre un cadre ne s'adoptent pas par acclamations. Elles n'acquièrent leur poids que précédées d'un débat entre vues opposées, d'un dialogue entre points de vues différents, d'un choix entre divers jugements. La règle numéro un, en matière de prise de décision, c'est qu'on ne décide rien tant qu'il n'y a pas eu désaccord.

Devant l'un de ses comités de direction, on raconte qu'Alfred Sloan s'était ainsi exprimé : « Messieurs, je tiens pour acquis que vous êtes complètement d'accord sur la présente décision. » Et chacun d'approuver du bonnet. « Alors, poursuivit M. Sloan, je suggère que nous reprenions la discussion lors de notre prochaine réunion, afin de nous donner le temps de trouver des arguments contre et peut-être de mieux comprendre de quoi il s'agit exactement. »

Sloan, c'est sûr, ne se décidait pas « à l'intuition ». Il insistait toujours sur la nécessité de mettre les idées à l'épreuve des faits, de ne pas commencer par la conclusion puis de chercher les faits qui la confortent. Mais il savait aussi qu'une bonne décision vient après l'expression de désaccords sur la question envisagée.

Pourquoi attacher tant d'importance aux désaccords ? Pour trois raisons.

Premièrement, c'est le seul garde-fou empêchant le décisionnaire de tomber prisonnier de l'organisation. Chacun, en effet, attend quelque chose de lui. Chacun plaide sa propre cause – parfois avec une parfaite bonne foi – cherchant à incliner la décision en sa faveur. C'est vrai aussi bien pour le président des États-Unis que pour l'ingénieur débutant proposant une modification de dessin. La seule façon d'éviter la prison des plaidoyers égoïstes et des idées préconçues, c'est de s'assurer de désaccords argumentés, documentés, réfléchis.

Deuxièmement, le désaccord seul peut fournir des alternatives à une décision. Or une décision sans alternative ressemble au coup de dés désespéré d'un joueur, si bien pesée soit-elle en apparence. Il reste toujours très probable qu'elle se révèle mauvaise – soit parce qu'elle était mauvaise dès le début, soit que les circonstances l'aient rendue telle. Si, au cours du processus de prise de décision, on a réfléchi à diverses autres possibilités, on pourra se retourner, retomber sur quelque chose qui a déjà été pensé, étudié, compris. En l'absence d'alternative, on en sera réduit à patauger tristement lorsque la réalité aura mis la décision en échec.

Enfin et surtout, on a besoin du désaccord pour stimuler les imaginations. On n'a pas forcément besoin d'imagination pour trouver la solution à un problème. Mais cela ne vaut que pour les mathématiciens. Dans toutes les matières où règne l'incertitude – et c'est de celles-là que traitent les cadres, qu'ils relèvent de la sphère politique, économique, sociale ou militaire – on a besoin de solutions « créatives », capables de créer une situation nouvelle. Cela veut dire qu'on a besoin d'imagination – d'une nouvelle manière, différente, de percevoir et de comprendre les choses.

L'imagination de qualité, j'en conviens, est une ressource peu abondante. Pas aussi rare, cependant, qu'on le croit généralement, mais elle a besoin en tout cas d'être stimulée et mise au défi, sous peine de rester virtuelle et inemployée. Le désaccord, surtout si on l'oblige à s'exprimer de façon raisonnée, réfléchie, documentée, constitue à mon avis le stimulus le plus efficace.

Le décisionnaire efficace, par conséquent, organise les désaccords. Cela l'empêche de se faire coincer par des idées plausibles, mais fausses ou incomplètes. Cela lui fournit des alternatives entre lesquelles choisir avant de décider, l'aide à sortir du brouillard lorsque la décision se révèle inefficace ou erronée à l'exécution. Et cela stimule les imaginations, la sienne et celles de ses collègues. Le désaccord fabrique de l'exact avec du plausible, et la bonne décision avec la connaissance exacte.

Le décisionnaire efficace n'estime pas d'entrée de jeu que telle action proposée est la bonne, et que toutes les autres sont par conséquent mauvaises. Ni que l'autre a tort et que lui a raison. Il commence par chercher pourquoi d'autres que lui ne sont pas d'accord.

Les gens efficaces savent, bien sûr, que le monde est plein d'imbéciles et de faiseurs d'histoires. Mais ils ne croient pas pour autant qu'être en désaccord avec ce qu'ils considèrent, eux, comme clair et évident soit le fait d'un idiot ou d'un mauvais esprit. Ils savent qu'à moins de preuve contraire il convient de tenir le dissident pour quelqu'un de raisonnablement intelligent et impartial. Si celui-ci aboutit néanmoins à une conclusion à l'évidence erronée, c'est parce que, faut-il croire, il voit la réalité d'une façon différente et s'est attaqué à un autre problème. L'homme efficace se demande toujours, par conséquent : Qu'est-ce que ce type a bien pu voir, en supposant après tout sa position tenable, rationnelle, intelligente ? L'homme efficace se soucie d'abord de *comprendre*. C'est alors seulement qu'il tâche de distinguer le bon du mauvais.

Dans un bon cabinet d'avocats, on demande au débutant frais émoulu de la faculté de préparer la meilleure plaidoirie possible pour l'adversaire. Ce n'est pas seulement la chose intelligente à faire avant d'établir le dossier de son propre client (on peut imaginer, après tout, que l'avocat d'en face connaît son métier lui aussi); c'est aussi la meilleure formation pour un jeune avocat. Cela le dissuade de penser « Je sais que j'ai raison » et l'oblige à réfléchir à ce que l'autre partie doit savoir, considérer ou tenir pour probable pour former sa propre conviction. Cela lui montre comment voir les deux dossiers comme des alternatives. Alors seulement pourra-t-il comprendre réellement la cause qu'il doit défendre, et démontrer au tribunal que la sienne, d'alternative, est meilleure que celle de l'autre partie.

Une décision est-elle vraiment nécessaire ?

Finalement, il reste au décisionnaire efficace à se demander : Une décision est-elle réellement nécessaire ? Parmi toutes les possibilités il y a toujours celle de ne rien faire.

Décider est un acte chirurgical, une intervention sur le système, et comporte par conséquent un risque de choc. On ne prend pas une décision inutile, pas plus qu'un bon chirurgien n'intervient si ce n'est pas nécessaire. Les décisionnaires comme les chirurgiens ont des styles différents, certains sont plus radicaux ou plus conservateurs que d'autres, mais tous sont en gros d'accord sur ce point.

Il faut prendre une décision lorsque la situation risque de dégénérer si on ne fait rien. Le même raisonnement s'applique face à une opportunité. Si l'occasion est intéressante, et risque de disparaître si l'on n'agit pas avec décision, alors on agit – et du même coup on modifie radicalement la situation.

À l'inverse, il existe des situations dont on peut penser sans optimisme excessif qu'elles se résoudront d'elles-mêmes si on ne fait rien. La question est alors : Que se passera-t-il si on ne bouge pas ? Si la réponse est que cela va s'arranger tout seul, on ne s'en mêlera pas. De même lorsqu'on a un ennui sans grande importance, peu susceptible de modifier sensiblement la situation.

Ils sont rares, les cadres qui comprennent cela. Un contrôleur de gestion qui préconise, dans une situation financière désespérée, une réduction drastique des coûts, se montrera rarement incapable de négliger des erreurs mineures qui ne font rien à l'affaire. Il aura vu, par exemple, que les dépenses ont dérivé principalement dans le service des ventes et de la distribution et travaillera efficacement et intelligemment à les réduire, mais il va se discréditer, lui et tout son travail, en tempêtant parce que dans une usine par ailleurs efficace et bien gérée il a repéré deux ou trois vieux employés qui ne servent plus à grand chose. Si on lui objecte que licencier ces quelques semi-retraités ne changera rien, il rejettera l'argument comme immoral : « Les autres acceptent des sacrifices, dira-t-il, pourquoi cette usine-là devrait-elle ignorer l'impératif d'efficacité ? »

Quand tout sera terminé, l'organisation oubliera vite qu'il a sauvé l'entreprise, mais tous se souviendront, et à juste titre, de la vendetta menée contre ces pauvres diables. Le droit romain disait déjà, il y a deux mille ans, *de minimis non curat praetor* (le magistrat ne s'occupe pas des bagatelles) – mais nombre de décisionnaires ignorent encore ce précepte.

La grande majorité des décisions se situent entre ces deux cas extrêmes. Le problème qui se pose ne va pas se régler tout seul, mais ne va pas dégénérer non plus, sans doute, en affection maligne. L'opportunité qui se présente n'apporte qu'une amélioration, à défaut d'une réelle innovation, mais elle reste assez intéressante. Autrement dit si on ne fait rien on n'en mourra pas, mais si on agit on s'en trouvera peut-être mieux.

En pareil cas, le décisionnaire efficace compare l'effort nécessaire, et les risques de l'action, aux risques de l'inaction. Aucune formule magique ne donne la bonne solution, mais devant un cas concret les consignes à observer sont en général assez nettes pour que la décision soit facile. Voici ces lignes de conduite :

- Agir si, au total, le bénéfice attendu dépasse largement le coût et le risque.
- Agir ou ne pas agir, mais ne pas esquiver la question ni recourir à une cote mal taillée.

Le chirurgien qui n'enlève que la moitié des amygdales ou de l'appendice risque autant une infection ou un choc que s'il avait fait son travail jusqu'au bout. Et il n'a pas soigné le malade, au contraire, il a aggravé sa condition. Ou il opère, ou il n'opère pas. De même, le décisionnaire efficace agit, ou n'agit pas. Il n'agit pas à moitié. Cela, c'est à coup sûr une erreur, et la seule façon certaine de ne pas satisfaire aux spécifications minimales, aux conditions aux limites minimales.

Et voilà. La décision est maintenant prête. On a examiné attentivement les spécifications, exploré les alternatives, pesé les risques et les avantages. On sait tout. Dès lors, raisonnablement, le type d'action à entreprendre apparaît clairement. Parvenue à ce point, la décision se prend véritablement « toute seule ».

Et c'est souvent à ce moment-là que la plupart des décisions achoppent. Soudain, il paraît évident qu'elle ne va pas être agréable, populaire, facile. Qu'elle demande autant de courage que de jugement. Il n'y a pas de raison intrinsèque que les médicaments aient si mauvais goût – mais en général ils l'ont, quand ils sont efficaces. De même, il n'y a pas de raison intrinsèque que les décisions soient déplaisantes – mais la plupart le sont, quand elles sont utiles.

Il y a une chose que le travailleur du savoir efficace, dans ce cas, doit savoir éviter, c'est de céder à la clameur « Faisons une autre étude ». Cela, c'est le recours du poltron, et le poltron connaîtra mille morts, tandis que le brave n'en connaît qu'une. Devant l'objection, le cadre efficace se demande : Y a-t-il la moindre raison de penser qu'une étude de plus produise quoi que ce soit de nouveau ? Que ce nouveau a des chances d'être pertinent ? Et si la réponse est « non » – cas général – le décisionnaire efficace n'autorise pas une autre étude. Il ne gaspille pas le temps de gens valables afin de camoufler sa propre indécision.

Mais en même temps il ne va pas précipiter sa décision avant d'être sûr de bien la comprendre. Comme tout adulte raisonnable et expérimenté, il a appris à prêter attention à ce que Socrate appelait son « démon » – la voix intérieure qui murmure au plus profond de lui : « Fais attention. » On ne renonce pas à faire ce qu'il faut pour la seule raison que c'est difficile, désagréable ou effrayant. Mais on doit s'abstenir, ne serait-ce qu'un moment, si on se trouve mal à l'aise, troublé, soucieux sans trop savoir pourquoi. « Je m'arrête toujours quand les choses me paraissent floues », c'est ce que dit l'un des meilleurs décisionnaires que je connaisse.

Neuf fois sur dix, on constatera que cette gêne tient à quelque détail stupide. Mais la dixième fois, on réalise soudain qu'on a négligé la donnée la plus importante du problème, qu'on a fait une gaffe élémentaire ou qu'on a mal jugé, sur un point ou sur un autre. La dixième fois, on se réveille subitement au milieu de la nuit et on réalise – comme Sherlock Holmes dans la fameuse nouvelle – que « la chose la plus importante, c'est que le chien des Baskerville n'a pas aboyé ».

Cela dit, le décisionnaire efficace n'attend pas longtemps – quelques jours, au plus quelques semaines. Si durant ce délai le « démon » n'a rien dit, alors il agit avec rapidité et énergie, que cela lui plaise ou pas.

Le travailleur du savoir n'est pas payé pour faire ce qui lui plaît. Il est payé pour faire ce qu'il faut faire – le plus souvent dans le cadre de sa fonction spécifique, qui est de prendre des décisions efficaces.

Il en résulte que la prise de décision ne peut plus rester l'apanage du très petit groupe de la direction générale. D'une façon ou d'une autre, tous les travailleurs du savoir dans l'organisation, ou presque tous, devront soit devenir eux-mêmes des décisionnaires, soit jouer au moins un rôle actif, intelligent et autonome dans le processus de décision. Ce qui était naguère une fonction hautement spécialisée, exercée par un organisme étroit et généralement clairement défini – les autres se coulant dans le moule des habitudes et des usages – devient rapidement la tâche normale, voire quotidienne, de chaque unité particulière dans la nouvelle institution sociale, l'organisation à grande échelle du savoir. De plus en plus, l'aptitude à prendre des décisions efficaces détermine l'efficacité pure et simple de chaque travailleur du savoir, du moins s'il occupe une position de responsabilité.

18
Des communications qui fonctionnent

AUJOURD'HUI ON OBSERVE plus de tentatives de communication que jamais, plus d'occasions de parler aux autres, et une indigestion de moyens inimaginables pour les hommes qui, aux environs de la Première Guerre mondiale, ont commencé à travailler sur les problèmes de la communication au sein des organisations. Dans toutes les institutions – entreprises, forces armées, administrations, hôpitaux, universités, centres de recherche – la gestion de la communication est devenue la préoccupation de tous, dirigeants et chercheurs. Dans aucun autre domaine on n'a vu autant d'hommes et de femmes intelligents travailler plus dur et avec plus de conviction que ces psychologues, experts en relations humaines, gestionnaires et étudiants en management qui se consacrent à l'amélioration de la communication dans nos grandes institutions.

Et pourtant la communication est restée aussi insaisissable que la licorne. Le niveau de bruit s'est élevé si vite que personne n'écoute plus personne dans tout ce babillage. On communique réellement de moins en moins, c'est clair.

En accumulant ainsi les erreurs, nous avons appris quatre choses fondamentales :

- Communiquer, c'est percevoir.
- Communiquer c'est répondre à des attentes.
- Communiquer, c'est exprimer des exigences.
- La communication et l'information sont deux choses différentes, voire opposées, même si elles sont interdépendantes.

Communication égale perception, attentes et exigences

Une devinette ancienne, chère à toutes sortes de mystiques – les bouddhistes Zen, les Soufis de l'Islam, les rabbins du Talmud – demande : y a-t-il un son dans la forêt, si un arbre s'abat et que personne ne soit là pour l'entendre ? La bonne réponse, on le sait maintenant, est non. Il y a, certes, des ondes sonores, mais pas de son s'il n'y a personne pour le percevoir. Le son est créé par la perception. Le son, c'est de la communication.

Voilà, semble-t-il, un lieu commun. Après tout, les anciens mystiques le savaient déjà, eux aussi, et le disaient. Pourtant, les implications de cette idée plutôt banale vont fort loin.

Dans le *Phédon* de Platon – qui, entre autres choses, est aussi le plus ancien traité de rhétorique – Socrate souligne qu'il faut parler aux gens avec des mots ressortissant de leur propre expérience, des métaphores de charpentier quand on parle aux charpentiers et ainsi de suite. On ne peut communiquer que dans le langage de l'auditeur, avec ses mots. Et ses mots doivent être tirés de son expérience. Il ne sert donc pas à grand chose d'expliquer aux gens le sens des mots ; ils ne seront pas capables de les entendre s'ils n'en ont pas l'expérience. Ces mots-là, ils dépassent tout simplement leur capacité de perception.

Pour communiquer, quel que soit le medium, la première question à se poser est donc : Cette communication est-elle à la portée de la perception du destinataire ? Peut-il la recevoir ?

On réalise rarement que le réel comporte plusieurs dimensions, qu'une chose qui nous semble parfaitement évidente, nettement validée par notre expérience émotionnelle, a aussi des dimensions totalement différentes, des « arrière-plans » et des « à-côtés », qui engendrent donc des perceptions entièrement différentes. Rappelez-vous l'histoire populaire des aveugles et de l'éléphant : chacun, se heurtant à l'étrange bête, tâte l'une de ses parties, qui une jambe, qui sa trompe, qui son cuir, en tire une conclusion totalement différente et s'y tient avec entêtement. C'est là une métaphore de l'humaine condition. Il n'existe aucune possibilité de communication tant qu'on ne l'a pas comprise, tant que celui qui a tâté le cuir de l'éléphant ne se sera pas adressé à son voisin et n'aura pas tâté la jambe à son tour. Autrement dit, il est impossible de communiquer sans savoir d'abord ce que le destinataire de la communication est capable de voir, et pourquoi. Car c'est lui le véritable communicateur.

En règle générale, on perçoit ce qu'on s'attend à percevoir. On voit, en gros, ce qu'on s'attend à voir, et on entend ce qu'on est préparé à entendre. Que l'inattendu soit dérangeant, ce n'est pas l'important, contrairement à ce qu'on pense dans les milieux de la communication et de la politique. L'important, c'est qu'en général l'inattendu n'est pas perçu du tout. Il n'est ni vu, ni entendu, il est ignoré. Ou encore il est mal compris, c'est-à-dire mal-entendu, mal-vu, parce que contraire aux attentes.

L'esprit humain s'efforce de faire entrer ses impressions et ses stimuli dans le cadre de ses attentes. Il résiste vigoureusement à toute tentative de le faire « changer d'idée », c'est-à-dire de le faire percevoir ce à quoi il ne s'attend pas, ou ne pas percevoir ce qu'il s'attend à percevoir. Bien sûr, on peut attirer son attention sur le fait que sa perception est contraire à ses attentes. Mais pour cela, il faut comprendre au préalable à quoi il s'attend, et émettre alors un signal sans ambiguïté – « cela est différent » – autrement dit un choc brisant la continuité.

Avant de pouvoir communiquer nous devons donc savoir ce que le destinataire s'attend à entendre et voir. Alors seulement pourra-t-on s'appuyer sur ses attentes, sur ce qu'elles sont – ou bien recourir au « choc de l'aliénation », provoquer un « éveil » qui brisera les dites attentes et l'obligera à réaliser que l'inattendu est arrivé.

Un phénomène bien connu de tous les éditeurs de journaux, c'est l'attention étonnante que le lecteur porte aux « entre-filets », ces petits textes de trois à cinq lignes qu'on intercale pour équilibrer une mise en page, et qui reprennent une information d'importance secondaire sans grand rapport avec le sujet de l'article. C'est souvent la seule chose qu'il retient. Quel besoin a-t-on de savoir qu'à une certaine époque un duc avait lancé la mode de porter des bas de couleur différente à chaque jambe ? Ou d'apprendre où et quand on a utilisé pour la première fois de la levure à pâtisserie ? Il ne fait pourtant aucun doute que ces amuse-gueule farfelus sont lus, et surtout retenus beaucoup mieux que le reste du journal, sauf peut-être les gros titres annonçant une catastrophe. Pourquoi ? Parce que les entre-filets n'exigent rien du lecteur. S'il se souvient d'eux, c'est parce qu'ils sont sans rapport avec le reste.

Autrement dit, la communication formule toujours des exigences. Elle demande toujours au destinataire de devenir quelqu'un, de faire quelque chose, de croire quelque chose. Elle fait toujours appel à une motivation. Si elle répond aux aspirations, aux valeurs, aux desseins du destinataire, alors elle a du pouvoir. Si elle va à l'encontre de ses aspirations, de ses valeurs et de ses motivations, elle ne sera probablement pas reçue du tout, ou, au mieux, rencontrera une forte opposition.

Sans doute la communication, au mieux de ses forces, peut provoquer une « conversion », c'est-à-dire un changement de la personnalité, de ses valeurs, de ses croyances, de ses aspirations. Mais c'est là un événement existentiel rare, contre lequel les forces psychologiques profondes de l'être humain sont solidement organisées. Dieu lui-même, dit la Bible, a dû frapper d'abord Saül de cécité avant d'en faire l'apôtre Paul. Une communication visant la conversion du destinataire exige sa reddition sans condition.

Communication et information

Si communication égale perception, information égale raison logique. En tant que telle, une information est une forme pure, dépourvue de sens. Elle est impersonnelle, et non interpersonnelle. Plus elle est débarrassée de composants humains, c'est-à-dire de choses comme les émotions et les valeurs, les attentes et les perceptions, et plus elle devient valide et fiable. Plus, en fait, elle devient réellement informative.

L'information présuppose la communication. L'information est toujours codée. Pour qu'elle soit reçue, et surtout utilisée, il faut que son destinataire possède et comprenne le code. Il faut d'abord s'être mis d'accord là-dessus, donc avoir communiqué au moins un peu.

Autrement dit, de la communication peut avoir lieu sans forcément échange d'information. En vérité, il se pourrait même que les communications les plus réussies passent par une simple expérience partagée, sans qu'il soit besoin d'une expression rationnelle. La perception a la primauté sur l'information.

Communiquer vers le bas et vers le haut

Maintenant, qu'est-ce que notre savoir et notre expérience nous ont appris au sujet de la communication dans les organisations, des raisons de nos échecs, et des conditions à remplir pour réussir ?

Pendant des siècles, on a pratiqué la communication « vers le bas ». Mais cela ne peut pas marcher, quelque effort et quelque intelligence y mettrions-nous. Cela ne peut pas marcher, d'abord, parce qu'en ce cas la communication se focalise sur ce que *nous* voulons dire. Autrement dit, cela suppose que seul l'émetteur communique.

Il n'en découle pas, loin de là, que les cadres peuvent cesser d'être clairs dans ce qu'ils disent ou qu'ils écrivent. Mais cela signifie qu'avant de se préoccuper de la manière, il faut savoir ce qu'on veut dire. Et cela, on ne le découvre pas en « causant » avec son interlocuteur, si éloquent soit-on.

Mais se contenter d'« écouter », cela ne marche pas non plus. L'École des relations humaines d'Elton Mayo a dénoncé, voici quarante ans, l'échec de la conception traditionnelle de la communication. L'écoute était le remède qu'il préconisait. Au lieu de dire ce que « nous » voulons faire pour « y arriver », le cadre doit commencer par découvrir ce que ses subordonnés veulent savoir, ce qui les intéresse, bref ce à quoi ils sont réceptifs. Cette recommandation reste classique aujourd'hui dans les relations humaines, même si elle est rarement suivie.

Certes, l'écoute est un préalable à la communication. Mais elle ne suffit pas, et ne produit rien à elle seule. Elle suppose que le supérieur va comprendre ce qu'on lui raconte, autrement dit que le subordonné sait communiquer. Mais on ne voit pas pourquoi celui-ci pourrait réussir ce dont son supérieur est incapable. En fait, il n'y a aucune raison de le supposer.

Ce n'est pas pour dire qu'écouter ne sert à rien, pas plus qu'on aurait tort, compte tenu de l'impuissance des communications « vers le bas », de renoncer à bien écrire, à dire les choses clairement et simplement et à parler le langage de ceux à qui on s'adresse plutôt que son jargon personnel. En fait, comprendre que la communication doit fonctionner « vers le haut » – ou plutôt qu'elle doit se préoccuper du destinataire plutôt que de l'émetteur, comme le sous-entend le concept d'écoute – c'est absolument sain et vital. Mais l'écoute n'est que le point de départ.

Davantage d'information, et d'une information meilleure, cela ne résoud pas le problème de la communication, ne comble pas le fossé. Tout au contraire, plus il y a d'information et plus on a besoin d'une communication fonctionnelle et efficace. Autrement dit plus il y a d'information et plus le fossé de la communication risque d'être profond.

Management par objectifs

Que peut-on dire de constructif à propos de la communication ? Peut-on y faire quoi que ce soit ?

Pour qu'elle fonctionne, il faut instaurer d'abord le management par objectifs. Cela suppose que le subordonné ait réfléchi à la contribution essentielle qu'il doit apporter à l'organisation, ou à son unité au sein de l'organisation, celle dont il sera tenu responsable, et qu'il ait fait part de ses conclusions à son supérieur.

Ce que le subordonné va conclure alors, c'est rarement ce que son supérieur attend de lui. En fait, le premier objectif de cet exercice est justement de faire ressortir les divergences d'appréciation entre le supérieur et le subordonné. Mais alors ces divergences sont localisées, et définies en termes compris par les deux parties. Réaliser qu'on voit la même réalité sous deux angles différents, c'est déjà, en soi, communiquer.

Le management par objectifs donne au destinataire visé – le subordonné, en l'occurrence – accès à une expérience qui va lui permettre de comprendre. Il lui ouvre l'esprit à la réalité des prises de décision, au problème des priorités, au dilemme entre ce qu'on aimerait faire et ce qu'exige la situation, et surtout à la responsabilité du décisionnaire. Il ne voit sans doute pas la situation de la même façon que son supérieur – en fait, il ne le souhaite pas et n'y arrivera pas. Mais il accédera à la compréhension de la complexité des choses, il comprendra que cette complexité n'est pas le fait de son supérieur, mais le propre de la situation où il se trouve.

Tous les exemples cités dans ce chapitre illustrent la principale leçon que nous avons tirée de nos rencontres avec la communication, de tous nos travaux sur l'apprentissage, la mémoire et la perception, et qui est largement une expérience d'échec : il n'y a pas de communication sans une expérience partagée.

Il ne peut pas y avoir de communication si on la conçoit comme allant d'un « moi » à un « toi ». La communication ne fonctionne

qu'entre le membre d'un « nous » et un autre membre. Communiquer
– c'est peut-être là la vraie leçon de notre échec, et la vraie mesure du
besoin de communication – ce n'est pas un *moyen* à la disposition de
l'organisation, c'est le *mode* même de l'organisation.

19
Le leadership, c'est un travail

Aujourd'hui, le leadership est à la mode. « Nous souhaitons que vous nous organisiez un séminaire sur la façon dont on acquiert du charisme » m'a demandé – très sérieusement – la directrice des relations humaines d'une grande banque.

Livres, articles et conférences se multiplient à propos du leadership et des qualités du leader. Tout PDG, semble-t-il, doit prendre l'allure d'un fringant général de la cavalerie sudiste ou d'un Elvis Presley de conseil d'administration.

Le leadership, bien sûr, cela compte pour un dirigeant. Mais hélas, c'est bien autre chose que ce qu'on appelle de ce mot. Cela n'a pas grand chose à voir avec les « qualités du leader » ou le « charisme ». C'est quelque chose de banal, de terne et d'ennuyeux. Sa nature profonde, c'est la performance.

D'abord, le leadership n'est pas bon ou désirable en soi. Ce n'est qu'un moyen ; pour quelle fin, telle est la question.

L'histoire ne connaît pas de leaders plus charismatiques que la triade du 20e siècle, Staline, Hitler et Mao – trois mauvais bergers qui ont infligé à l'humanité les pires souffrances. Mais le leadership efficace ne dépend pas du charisme. Dwight Eisenhower, George Marshall et Harry Truman furent des dirigeants singulièrement efficaces, et pourtant ils n'avaient pas plus de charisme qu'un hareng saur. Pas plus que Konrad Adenauer, le chancelier qui a reconstruit l'Allemagne après la Seconde Guerre mondiale. On n'imagine pas personnalité moins charismatique que celle d'Abraham Lincoln, le péquenot fruste et efflanqué de 1860. Et on prêtait bien peu de charisme au Winston Churchill de l'entre-deux-guerres, amer, vaincu, presque brisé ; l'important, c'est qu'à la fin on s'aperçut qu'il avait eu raison.

En réalité, c'est le charisme qui cause la perte des dirigeants. Il les rend inflexibles, convaincus de leur infaillibilité, incapables de changer. C'est ce qui est arrivé à Staline, Hitler et Mao ; et c'est un lieu commun des historiens de reconnaître que seule sa mort précoce a sauvé Alexandre le Grand de l'échec.

Le charisme d'un leader ne suffit pas à garantir son efficacité. John Kennedy a peut-être été l'occupant de la Maison blanche le plus charismatique de tous, et pourtant peu de présidents ont été moins productifs que lui.

Les « qualités de leader », la « personnalité de leader », cela n'existe pas non plus. Franklin Roosevelt, Winston Churchill, George Marshall, Dwight Eisenhower, Bernard Montgomery et Douglas MacArthur furent des leaders extrêmement efficaces – et extrêmement populaires – de la Seconde Guerre mondiale. Aucun n'affichait les mêmes « qualités » ou « traits de personnalité » que les autres.

Travail, responsabilité, confiance méritée

Qu'est-ce donc que le leadership, si ce n'est pas le charisme, ni un ensemble de traits personnels ? La première chose à en dire, c'est que le leadership est d'abord un travail – comme l'ont répété sans cesse les plus charismatiques des leaders, Jules César par exemple, le général MacArthur ou le *Field Marshal* Montgomery, et aussi, pour prendre un exemple dans le milieu des affaires, Alfred Sloan, l'homme qui a bâti et dirigé la General Motors de 1920 à 1955.

À la base du leadership efficace, on trouve une réflexion approfondie sur la mission de l'organisation, sa définition et sa formulation, claire et accessible à tous. Le leader fixe les buts à atteindre, les priorités, il énonce les règles et veille à leur respect. Il passe des compromis, naturellement ; le leader efficace sait bien, malheureusement, qu'il n'est pas le maître de l'univers (seuls les mauvais guides, les Staline, Hitler ou Mao, entretiennent cette illusion). Mais avant d'accepter un compromis, il a réfléchi à ce qui est bon et désirable. Avant tout, le leader est comme une trompette qui rend un son clair.

Ce qui distingue le bon leader du mauvais guide, ce sont ses objectifs. À quoi se voit son efficacité ? Au fait que les compromis qu'il passe sous la contrainte des réalités – de l'environnement politique, économique, financier, humain – sont compatibles avec sa mission et ses objectifs, et ne l'en éloignent pas ; à ce qu'il tient fermement à quelques principes de base (en donnant lui-même l'exemple), à ce que pour lui les règles ne sont pas matière à plaisanterie. C'est ainsi qu'il se fera écouter, qu'il aura auprès de lui des collaborateurs et non des exécutants hypocrites.

Une autre exigence, c'est de considérer le leadership comme une responsabilité, non comme un grade ou un privilège. Le leader efficace est rarement permissif, mais quand les choses vont mal – et cela arrive tout le temps – il ne rejette pas le blâme sur les autres. Winston Churchill est un modèle de leadership exercé grâce à une claire définition des missions et des objectifs ; le général George Marshall, chef d'état-major américain durant la seconde guerre mondiale, un modèle de leadership acquis par l'exercice de sa responsabilité. Quant à Harry Truman, sa devise rustique « pas un rond de plus » vaut toutes les définitions du bon leader.

Mais précisément parce qu'il sait que c'est lui l'ultime responsable, et personne d'autre, le leader efficace ne craint pas d'avoir des collègues et des subordonnés solides. Les mauvais guides, eux, n'en veulent pas, et déclenchent sans cesse des purges, mais le leader efficace souhaite avoir des associés forts, les encourage, les secoue et même se montre fier d'eux. Parce qu'il se considère comme le responsable ultime des erreurs qu'ils peuvent commettre, il considère aussi leurs succès comme les siens, non comme une menace à son endroit. Personnellement, un leader peut être vaniteux – le général MacArthur l'était à un degré pathologique – ou au contraire fort humble – Lincoln et Truman l'étaient, au point de frôler le complexe d'infériorité. Mais tous les trois entendaient s'entourer de personnalités compétentes, indépendantes, sûres d'elles-mêmes ; tous encourageaient leurs collègues et leurs subordonnés, les couvraient de louanges et de promotions. Bien que d'une personnalité très différente, Ike Eisenhower procédait de même lorsqu'il exerçait le commandement suprême en Europe.

Il y a un risque, bien sûr, et le leader efficace le connaît bien : toute personne compétente a de l'ambition. Mais ce risque est bien moindre que celui d'être servi par des médiocres. Le plus grave reproche qu'on puisse lui faire, il le sait aussi, c'est que son organisation s'écroule dès qu'il la quitte, comme la Russie à la mort de Staline, ou comme il arrive trop souvent dans les entreprises. Sa tâche suprême, le leader efficace en est convaincu, est de susciter les énergies humaines, de créer une vision.

La troisième qualité du leader efficace, c'est de mériter la confiance. Sans cela, il n'aura pas de disciples – et la seule définition valable du leader, c'est qu'il a des disciples. Pour faire confiance à un leader, il n'est pas besoin de l'aimer, ni d'être d'accord avec lui. La confiance, c'est le sentiment que votre interlocuteur croit à ce qu'il dit, qu'il possède cette vertu démodée qu'on nomme intégrité. L'action que mène un leader doit être en harmonie, ou au minimum compatible, avec ses convictions déclarées. Le leadership efficace – là encore, selon une sagesse fort ancienne – ne s'acquiert pas en se montrant intelligent, mais en étant d'abord conséquent avec soi-même.

Après que j'eus exposé ces idées au téléphone à ma directrice des relations humaines, il se fit un grand silence. Finalement, elle marmonna : « Mais tout cela, sur les qualités du manager efficace, on le savait depuis longtemps… »

Précisément !

20
Les principes de l'innovation

TOUS LES MÉDECINS qui ont suffisamment de pratique ont connu des cas de « guérison miraculeuse » : des patients souffrant de maladies « terminales » se rétablissent de façon soudaine, parfois spontanément, parfois après être allés voir un guérisseur, après avoir suivi un régime absurde ou s'être mis à dormir le jour et à rester éveillés la nuit. Seuls les sectaires nient encore l'existence de cas de ce genre sous prétexte qu'ils ne sont pas « scientifiques ». Leur réalité est indéniable. Aucun médecin ne songera pour autant à introduire les guérisons miraculeuses dans les manuels de médecine ou à les enseigner à ses étudiants. Ces cas ne peuvent pas être reproduits, ne peuvent pas s'enseigner ou s'apprendre. Ils sont aussi extrêmement rares ; l'écrasante majorité des patients atteints de maladies terminales sont condamnés à mourir.

Pratique de l'innovation

Il existe, de la même façon, des cas d'innovation qui ne proviennent pas des facteurs décrits dans les chapitres précédents, des innovations qui ne sont pas formées de façon organisée, motivée et systématique.

Certains innovateurs ont été « inspirés par leur muse », leurs innovations sont le fruit d'un « éclair de génie » et non pas le résultat de recherches longues, difficiles et soigneusement organisées. Mais de telles innovations ne peuvent pas être reproduites, on ne peut ni les enseigner ni les apprendre. On ne connaît aucune méthode pour apprendre à devenir un génie.

Mais aussi, contrairement aux croyances attachées à la poésie de l'invention et de l'innovation, les « éclairs de génie » sont excessivement rares. Pire, je n'en connais aucun qui soit devenu une innovation. Ils ne dépassent jamais le stade de l'idée exceptionnelle.

Une « Pratique de l'innovation » ne peut présenter que des innovations répondant à un but précis, issues d'une analyse systématique et de recherches sérieuses. Ce sont d'ailleurs les seules qui méritent d'être présentées et étudiées. Elles représentent certainement au moins 90 % de l'ensemble des innovations efficaces. Et pour être efficace, l'innovateur exceptionnel devra, comme dans les autres domaines, parfaitement connaître et maîtriser sa discipline.

Quels sont donc les principes de l'innovation, la quintessence de cette discipline ? Il y a un ensemble de choses à faire, et d'autres qu'il vaut mieux ne pas faire. Il existe en plus ce que j'appellerai des « conditions ».

Les cinq commandements de l'innovation

1. L'innovation systématique et motivée commence par l'analyse des opportunités, par l'examen de ce que j'ai appelé les sept facteurs d'innovation. Des facteurs différents auront une importance variable dans des domaines et à des moments distincts :

- les succès inattendus et les échecs inattendus, ainsi que ceux de la concurrence ;
- les absurdités, particulièrement dans le processus, qu'il soit de production ou de distribution, ainsi que celles du comportement du client ;
- les besoins du processus ;
- les changements dans l'industrie et la structure du marché ;
- les changements démographiques ;
- les changements de sens et de sensibilité ;
- les nouvelles connaissances.

Tous les facteurs d'innovation doivent être analysés et étudiés de façon systématique. Il ne suffit pas d'être à leur écoute. Cette recherche doit être organisée de façon permanente et systématique.

2. L'innovation est à la fois conceptuelle et sensible. Le second commandement de l'innovation est donc d'aller voir par soi-même, de poser des questions, d'écouter les autres. On ne pourra jamais trop insister sur cet élément. Les innovateurs qui réussissent se servent de leurs deux hémisphères cérébraux : ils regardent les chiffres et ils observent les gens. Ils déduisent de façon analytique ce qu'une innovation doit apporter pour répondre à une opportunité. Puis ils vont voir les clients, les utilisateurs, se rendre compte de leur attente, de leurs jugements de valeur et de leurs besoins.

Le degré de réceptivité peut être perçu, comme peuvent l'être les jugements de valeur. On peut percevoir qu'un système donné ne correspond pas aux attentes, aux habitudes, aux comportements de ceux qui l'utilisent. On peut alors se demander : « Quelle doit être l'innovation qui leur donnera *l'envie* de l'utiliser et le sentiment que c'est bien *leur* intérêt ? » Ne pas se poser cette question revient à prendre le risque de présenter une bonne innovation sous une forme inappropriée.

3. Pour être efficace, une innovation doit être simple et viser un objectif précis. Elle ne doit chercher à réaliser qu'une seule chose. Aller au-delà, c'est prendre le risque de la confusion. Une innovation qui n'est pas simple ne fonctionnera pas. Tout ce qui est nouveau rencontre des difficultés. S'il s'agit d'un système complexe, on ne trouvera pas de solution, on ne pourra pas le réparer. Toutes les innovations efficaces sont extraordinairement simples. Le plus grand compliment pour un innovateur est d'entendre dire : « C'est tellement évident ! Pourquoi n'y ai-je pas pensé moi-même ? »

Même l'innovation qui crée de nouvelles utilisations et de nouveaux marchés doit viser un objectif clair et spécifique. Cet objectif doit être de satisfaire un besoin précis et de produire un effet spécifique.

4. Les innovations efficaces démarrent modestement. Ce ne sont pas des réalisations grandioses. Elles cherchent à atteindre un objectif spécifique. Permettre à un véhicule de tirer de l'électricité quand il se déplace sur des rails, par exemple. Cette innovation a donné jour au tramway électrique. Ou, ce qui paraît être une idée élémentaire, mettre le même nombre d'allumettes dans chaque boîte (cinquante à

l'époque) pour permettre un remplissage automatique des boîtes. Cette idée donna à ses auteurs suédois un monopole mondial pendant près d'un demi-siècle. Les innovations grandioses qui veulent « révolutionner l'industrie » ont peu de chances de fonctionner.

Les innovations fonctionneront mieux si elles démarrent à petite échelle, c'est-à-dire si elles demandent moins d'argent, moins d'effectifs et un marché limité. Dans le cas contraire, on n'a jamais le temps d'opérer les ajustements et les changements indispensables pour qu'une innovation réussisse. Les innovations qui débutent sont rarement mieux « qu'à peine passables ». Et les changements indispensables ne pourront être effectués que sur une petite échelle, et si les exigences financières et d'effectifs restent modestes.

5. Dernier commandement : pour réussir, une innovation doit chercher à dominer le marché. Elle ne doit pas forcément chercher à devenir une « grosse affaire ». On ne peut d'ailleurs jamais prévoir si une innovation donnée deviendra une entreprise importante ou une réalisation modeste. Mais ne pas chercher à dominer le marché, c'est prendre le risque de ne pas innover suffisamment et de ne pas être capable de s'imposer. Les stratégies varient considérablement entre celles qui ont pour but d'occuper un petit créneau dans un processus ou sur un marché et celles qui cherchent à dominer un secteur ou un marché. Mais les stratégies d'entrepreneurs, c'est-à-dire les stratégies qui exploitent une innovation, doivent viser la suprématie dans un environnement donné. Faute de quoi, elles ne réussiront qu'à offrir une opportunité à la concurrence.

Les interdits

Il existe également un ensemble de choses à ne pas faire.

1. Tout d'abord, ne pas chercher à faire « trop intelligent ». La réalisation d'une innovation est appelée à être confiée à des gens simples, et à partir d'une certaine envergure, à des crétins et à des sots. L'incompétence est la seule matière première, toujours abondante, qui ne viendra jamais à manquer. Ce qui est trop intelligent est presque toujours voué à l'échec, que ce soit au niveau de la conception ou de l'exécution.

2. Ne pas se diversifier, ne pas se disperser, ne pas essayer de faire trop de choses à la fois. C'est évidemment un corollaire du commandement : viser un objectif précis. Les innovations qui s'écartent de leur

origine ont toutes les chances de devenir diffuses, de rester au stade des idées et de ne pas devenir de véritables innovations. L'origine n'est pas forcément une nouvelle technique ou une nouvelle connaissance. Ce peut être le marché. La connaissance du marché unifie mieux l'entreprise que les techniques ou les connaissances nouvelles, quelle que soit l'entreprise concernée, société privée ou service public. Les efforts d'innovation doivent être unis par un point commun s'ils ne veulent pas partir dans toutes les directions. Une innovation a besoin de l'énergie concentrée d'un effort unifié. Il faut aussi que les gens qui la mettent en œuvre se comprennent. Cela suppose également une unité, un point commun, qui sont compromis par la diversité et la dispersion.

3. Ne pas innover pour l'avenir mais pour le présent. Une innovation peut avoir une influence à long terme, peut ne pas atteindre sa pleine maturité avant une vingtaine d'années.

Il ne suffit pas de pouvoir dire : « Dans vingt-cinq ans, il y aura tellement de gens âgés qu'ils auront besoin de ceci ou de cela. » On doit pouvoir affirmer : « Il y a suffisamment de gens âgés aujourd'hui pour que ceci ou cela leur apporte un véritable changement. Bien sûr, le temps joue en notre faveur, et dans vingt-cinq ans, ils seront beaucoup plus nombreux à faire la différence. » Si elle ne trouve aucune application dans l'immédiat, une innovation reste au stade de « l'idée géniale », comme les dessins de Léonard de Vinci. De plus, très peu d'entre nous possèdent le génie de Léonard de Vinci ou peuvent compter sur leurs seuls cahiers de dessin pour devenir immortels.

Le premier innovateur qui comprit parfaitement le sens de cet « interdit » fut sans doute Edison. Tous les autres inventeurs dans le domaine de l'électricité ont commencé à travailler vers 1860-1865 sur ce qui allait un jour devenir l'ampoule électrique. Edison attendit dix ans, jusqu'à ce que les connaissances nécessaires soient disponibles. Avant cela, travailler sur l'ampoule électrique appartenait au futur et non pas au présent. Mais quand la connaissance devint disponible – c'est-à-dire quand l'existence d'une ampoule électrique devint possible –, Edison mobilisa toute son énergie et organisa une équipe extraordinairement compétente pour se concentrer sur cette opportunité d'innovation pendant deux ans.

Certaines innovations nécessitent de longs délais de mise en œuvre. En recherche pharmaceutique par exemple, dix années de recherches et de développement d'un projet n'est ni inhabituel ni particulièrement long. Malgré cela, aucune société pharmaceutique ne songerait à démarrer des programmes de recherches pour la découverte d'un médicament qui n'aurait pas d'application immédiate et ne pourrait pas être utilisé pour des besoins thérapeutiques déjà existants.

Trois conditions

Il reste encore trois conditions, toutes très évidentes, et pourtant souvent négligées.

1. *L'innovation est le fruit d'un travail*, qui fait donc appel à un savoir et demande souvent beaucoup d'ingéniosité. Il existe manifestement des gens dont le talent d'innovateur dans un domaine donné est supérieur au nôtre. Les innovateurs travaillent d'ailleurs rarement dans plus d'un secteur. Malgré son sens extraordinaire de l'innovation, Edison n'a jamais travaillé que dans le domaine de l'électricité. Un innovateur dans le milieu financier, Citibank à New York par exemple, a peu de chances de lancer des innovations dans le secteur de la distribution ou de la santé. L'innovation, comme n'importe quel autre travail, demande du talent, de l'ingéniosité et une certaine prédisposition. Puis quand tout a été dit et accompli, l'innovation devient une tâche difficile, motivée, au service d'un objectif précis qui exige beaucoup de rapidité, d'obstination et d'engagement. Sans eux, le talent, l'ingéniosité, le savoir-faire ne servent à rien.

2. *Pour réussir, les innovateurs doivent compter sur leurs propres forces*. Les innovateurs qui réussissent envisagent toutes sortes d'opportunités. Mais il leur faut un jour se demander : « Laquelle de toutes ces opportunités est réellement dans *mes* cordes, convient véritablement à *cette* entreprise, met en jeu des compétences où j'ai déjà fait mes preuves ? » De ce point de vue, l'innovation n'est évidemment pas différente d'une autre forme de travail. Mais les risques liés à l'innovation, la valeur attachée aux connaissances et aux résultats obtenus font qu'il est peut-être encore plus important de compter sur ses propres capacités. Dans l'innovation, comme dans toute nouvelle entreprise, doit exister une prédisposition naturelle. Une affaire ne pourra pas fonctionner dans un domaine que l'on ne respecte pas vraiment. Aucune société de produits pharmaceutiques – dirigée comme il se doit par des scientifiques donnant toute l'image de sérieux qui convient à leur fonction – n'a jamais réussi dans un domaine aussi « frivole » que les rouges à lèvres ou la parfumerie. Les innovateurs

doivent eux aussi vibrer en sympathie avec l'opportunité d'innovation choisie. Ils doivent la juger digne d'intérêt et parfaitement logique. Sans quoi ils n'accepteront pas de lui consacrer le travail difficile, assidu et souvent frustrant qui est indispensable au succès de toute innovation.

3. *L'innovation a un impact sur l'économie et sur la société.* Elle provoque un changement dans le comportement des clients, des professeurs, des agriculteurs, des ophtalmologistes, des gens en général. Elle peut aussi exercer une influence sur le processus, c'est-à-dire sur la manière de travailler et de produire. L'innovation doit donc toujours être proche du marché, orientée dans sa direction et entraînée par lui.

L'innovateur conservateur

J'ai assisté il y a un an ou deux à une conférence universitaire sur l'esprit d'entreprise où étaient invités un certain nombre de psychologues. Bien que leurs interventions aient été en désaccord sur tous les autres points, ils s'accordèrent pour reconnaître l'existence d'une « personnalité d'entrepreneur » caractérisée par une « propension à prendre des risques ».

On demanda ensuite à un entrepreneur réputé, qui a transformé une innovation fondée sur un besoin structurel en une importante entreprise mondiale en l'espace de vingt-cinq ans, de présenter ses remarques. « Je suis déconcerté par vos interventions, a-t-il déclaré. Je pense connaître plus d'entrepreneurs et d'innovateurs couronnés de succès que n'importe qui, à commencer par moi-même. Mais je n'ai jamais rencontré de "personnalité d'entrepreneur". Ceux que je connais et qui ont réussi ont une chose, et une seule, en commun : ils *ne prennent pas* de risques. Ils essayent de définir les risques qu'ils devront prendre et cherchent à les minimiser le plus possible. Sinon, aucun d'entre nous n'aurait pu réussir. Quant à moi, si j'avais voulu "prendre des risques", je me serais lancé dans l'immobilier, dans le commerce, ou je serais devenu peintre comme le voulait ma mère. »

Cela « colle » parfaitement avec ma propre expérience, et je connais moi-même un bon nombre d'entrepreneurs et d'innovateurs qui ont réussi. Aucun d'entre eux n'a de « propension à prendre des risques ».

La représentation courante de « l'innovateur » – à mi-chemin entre la psychologie de bazar et l'imagerie hollywoodienne – en fait les descendants de Superman et des Chevaliers de la Table Ronde. La plupart d'entre eux sont pourtant des personnages très peu romantiques, plus enclins à passer des heures sur une projection de marge brute d'autofinancement qu'à partir à la recherche de nouveaux « risques ».

Bien évidemment, l'innovation comporte des risques. Mais prendre sa voiture pour aller chez le boulanger également. Toute activité économique est par définition une activité « à haut risque ». Et défendre le passé – c'est-à-dire ne pas innover – est beaucoup plus risqué que de préparer l'avenir. Les innovateurs que je connais réussissent dans la mesure où ils définissent et limitent les risques. Ils réussissent dans la mesure où ils analysent systématiquement les facteurs d'innovation, mettent le doigt sur une opportunité et savent l'exploiter. Cela s'applique tout aussi bien aux opportunités présentant peu de risques, clairement définies, qui permettront de tirer profit d'un événement imprévu ou d'un besoin structurel, qu'à des opportunités présentant des risques bien plus grands mais toujours identifiables, comme une innovation fondée sur des connaissances nouvelles.

Les innovateurs qui réussissent sont des conservateurs, ils n'ont pas le choix. Ils ne recherchent pas les « risques », ils visent « l'opportunité ».

21
La seconde moitié de votre vie

ON L'A VU : pour la première fois dans l'histoire de l'homme, chacun peut s'attendre à vivre plus longtemps que l'entreprise qui l'emploie. D'où un défi absolument nouveau : que faire de la seconde moitié de sa vie ?

Impossible de croire que l'entreprise où vous travaillez à trente ans sera encore là quand vous en aurez soixante. D'ailleurs, passer quarante ou cinquante ans dans le même genre d'occupation, c'est beaucoup trop long pour la plupart des gens. Ils dépérissent, s'ennuient, perdent tout plaisir de travailler, se retirent dans leur coquille et deviennent un fardeau pour eux-mêmes et pour l'entourage.

Ce n'est pas forcément vrai des très grands créateurs. Claude Monet (1840-1926), le plus célèbre des impressionnistes, produisait encore des chefs-d'œuvre à plus de quatre-vingts ans, et travaillait douze heures par jour bien qu'il fût presque aveugle. Pablo Picasso (1881-1973), sans doute le peintre le plus célèbre après les impressionnistes, a peint jusqu'à sa mort à plus de quatre-vingt-dix ans, et inaugurait encore un nouveau style à soixante-dix ans. Le violoncelliste espagnol Pablo Casals (1876-1973), le plus grand virtuose de ce siècle, étudiait une nouvelle partition et la répétait jusqu'au jour de sa mort, à l'âge de quatre-vingt-dix-sept ans. Mais ce sont là des exceptions extrêmement rares. Ni Max Planck (1858-1947) ni Albert Einstein (1879-1955), les deux géants de la physique moderne, n'ont beaucoup produit après quarante ans. Planck a parcouru *deux* carrières supplémentaires : après 1918 (il avait soixante ans), il a réorganisé la science allemande. Après avoir été chassé par les nazis, il s'est remis à la tâche à la fin de la guerre, à presque quatre-vingt-dix ans. Einstein, lui, a cessé de travailler après quarante ans, se contentant de son statut de « grand homme ».

On parle beaucoup de nos jours, parmi les cadres, de la crise autour de la quarantaine. C'est de l'ennui qu'il s'agit. Vers quarante-cinq ans, la plupart des cadres dirigeants ont atteint le sommet de leur carrière, et ils le savent. Après vingt ans passés à faire à peu près la même chose, ils sont devenus très bons. Mais ils n'apprennent plus rien ; ils n'apportent plus rien ; et ils n'espèrent plus trouver encore dans leur job excitation ou satisfaction.

Les ouvriers qui ont travaillé pendant quarante ans – dans une aciérie par exemple, ou à conduire une locomotive – sont fatigués, physiquement et mentalement, bien avant d'avoir atteint la limite normale de leur espérance de vie, et même bien avant l'âge de la retraite. Ils sont « finis ». S'ils survivent – car leur espérance de vie atteint désormais les soixante-quinze ans – ils sont trop heureux de passer leurs dernières dix ou quinze années à ne rien faire, à la pêche, au golf, ou à bricoler. Mais les travailleurs du savoir, eux, ne sont pas « finis ». Ils sont parfaitement capables de fonctionner, en dépit de quelques gémissements. Et pourtant, le travail qui leur paraissait si excitant à trente ans est devenu d'un ennui mortel lorsqu'ils en ont cinquante, et encore quinze ou vingt ans d'activité possible devant eux.

Se gérer soi-même impliquera désormais, par conséquent, qu'on se prépare pour la seconde moitié de sa vie.

Trois solutions pour la deuxième moitié de votre vie

Il y a trois solutions.

La première, c'est de se lancer effectivement dans une seconde carrière différente de la première (comme Max Planck). Il peut suffire pour cela de passer d'un certain type d'organisation à un autre.

C'est le cas d'un certain nombre de cadres moyens américains qui, vers quarante-cinq ou quarante-huit ans, lorsque les enfants ont grandi et que les droits à la retraite sont acquis, vont travailler pour un hôpital, une université ou telle autre organisation à but non lucratif. Dans beaucoup de cas, ils y font le même travail que dans leur ancien poste. Le contrôleur de gestion dans la division d'un grand groupe devient, par exemple, contrôleur dans un hôpital de taille moyenne. Mais certains aussi, en nombre croissant, adoptent une activité différente.

On voit aussi aux États-Unis des femmes qui ont travaillé une vingtaine d'années dans le privé ou dans le public, y ont accédé à une position de cadre et qui, à quarante-cinq ans, leurs enfants élevés, intègrent une faculté de droit et, trois ou quatre ans plus tard, ouvrent un cabinet d'avocat (à temps partiel) dans leur petite ville.

On va rencontrer de plus en plus de ces gens inaugurant une seconde carrière après avoir obtenu un succès modeste dans la première. Ils ont des capacités incontestables, comme le contrôleur de gestion ci-dessus. Ils savent travailler. Ils ont besoin de chaleur humaine – et la maison leur semble vide depuis que les enfants sont partis. Gagner de l'argent ne leur déplaît pas. Mais surtout, ils ont besoin d'un défi.

La deuxième solution – que faire de la seconde moitié de votre vie ? –, c'est d'embrasser une carrière *parallèle*.

Un grand nombre de gens – de plus en plus – qui ont réussi dans leur première carrière conservent la place qu'ils ont occupée pendant vingt ou vingt-cinq ans. Beaucoup continuent d'y travailler quarante ou cinquante heures par semaine et de percevoir leur salaire. Certains passent d'un horaire à temps plein au temps partiel, ou bien se font consultants. Mais ils se lancent aussi dans un job parallèle – qui, souvent, leur prend jusqu'à dix heures par semaine de plus – en général dans une organisation à but non lucratif.

Enfin, il y a une troisième solution, celle de l'entrepreneur social. Il s'agit des personnes qui ont très bien réussi dans leur première profession, comme homme d'affaires, médecin, consultant ou professeur d'université. Ils aiment leur travail, mais il ne les sollicite plus. Dans la plupart des cas, ils continuent de faire le métier dont ils ont l'habitude, mais en lui consacrant de moins en moins de temps. Et ils se lancent dans un autre métier, généralement dans une activité à but non lucratif.

Les gens qui savent gérer leur « seconde moitié » resteront sans doute une minorité. La majorité continueront sur leur lancée, renfermés dans leur coquille, à s'ennuyer à des travaux routiniers et à compter les jours les séparant de la retraite. Mais c'est cette minorité – celle des personnes qui voient dans l'allongement de l'espérance de vie une opportunité bonne à saisir, pour eux-mêmes et pour la société – qui va fournir les leaders et les modèles. Ce sont eux qui vont écrire les *success stories*.

Pour réussir cette seconde moitié de la vie, toutefois, il y a une condition : c'est de s'y être préparé longtemps à l'avance.

Lorsqu'on a constaté pour la première fois, il y a une trentaine d'années, que la durée de la vie active allait augmenter très vite, nombre d'observateurs (à commencer par moi) ont pensé qu'en Amérique, les retraités se porteraient volontaires pour les institutions à but non lucratif. Cela ne s'est pas produit. Si l'on n'a pas pris l'habitude du bénévolat avant quarante ans, on ne le fera pas après soixante ans.

De même, tous les entrepreneurs sociaux que je connais ont inauguré leur seconde occupation bien avant d'avoir atteint le sommet dans leur premier emploi. Un juriste célèbre a commencé de conseiller bénévolement les écoles de son État aux environs de trente-cinq ans. Il a été élu au conseil à quarante ans. À cinquante ans, ayant amassé une solide fortune, il a lancé sa propre entreprise, qui construit et gère des écoles modèles. Il continue cependant à travailler presque à plein temps comme conseiller principal de la très grande entreprise qu'il avait contribué à créer à ses débuts.

Pour le travailleur du savoir soucieux de se gérer soi-même, il y a encore une autre raison d'adopter une seconde occupation, et cela le plus tôt possible. C'est qu'on ne peut espérer vivre très longtemps sans rencontrer une grosse déception dans sa vie privée ou dans son travail. C'est le cas de cet ingénieur compétent qui, vers quarante-deux ans, ne reçoit pas la promotion à laquelle il s'attend. Ou du professeur de lycée parvenue au même âge, qui n'obtient pas le poste souhaité dans une grande université – bien qu'étant parfaitement qualifiée pour cela – et se rend compte qu'elle terminera sa carrière dans l'établissement où elle a débuté. Il y a les tragédies de la vie privée, divorce, perte d'un enfant.

Avoir dans ces cas-là une seconde occupation importante – pas seulement un hobby – cela peut faire toute la différence. L'ingénieur qui a raté sa promotion sait maintenant que sa carrière ne sera pas une réussite. Mais dans son activité extérieure – par exemple comme trésorier de sa paroisse – il a obtenu des résultats et en prépare d'autres. Si votre foyer se brise, vous pouvez retrouver de la chaleur humaine dans une activité extérieure.

Cela comptera de plus en plus dans une société où tout tourne autour du *succès*.

Historiquement, cela n'a pas toujours été le cas. L'immense majorité des gens n'attendaient rien d'autre que de rester à leur « vraie place », comme le dit une vieille prière anglaise. Si mobilité il y avait, c'était vers le bas. Le succès était une notion pratiquement inconnue.

Dans la société du savoir, tout le monde vise le succès. Mais c'est bien sûr impossible. Pour la plupart des gens, réussir signifie au mieux ne pas échouer. Car là où il y a chance de succès, il y a aussi risque d'échec. Pour chaque individu — et pour sa famille — il est donc d'une importance vitale d'occuper un domaine où il apporte sa contribution, sa marque, où il est *quelqu'un*. Un deuxième domaine — seconde carrière, carrière parallèle, entreprise sociale — qui lui donne l'occasion de faire figure de leader, d'être respecté, d'accéder au succès.

Révolution pour les individus

Les changements, les défis qui s'attachent à la gestion de soi-même peuvent paraître évidents, sinon élémentaires, par rapport aux changements et aux défis décrits dans les chapitres précédents. Et les solutions paraissent aller de soi, au point de frôler la naïveté.

Se gérer soi-même, c'est une *révolution* dans les affaires humaines. Cela exige de la part des hommes, et notamment des travailleurs du savoir, qu'ils fassent des choses nouvelles, sans précédent. En fait, cela exige que tout travailleur du savoir *pense* et se comporte comme *un patron*. Cela suppose un virage à 180 degrés dans les pensées et les actes de la plupart d'entre nous — même ceux de la jeune génération — dans ce que nous tenons encore pour assuré dans nos façons de penser et d'agir. Après tout, les travailleurs du savoir ne sont pas apparus depuis plus d'une génération (j'ai moi-même inventé l'expression « travailleur du savoir » il y a seulement trente ans).

Mais la transition du travailleur manuel, qui fait ce qu'on lui dit de faire (« on » pouvant être un patron, ou la tâche elle-même), au travailleur du savoir, qui doit se gérer lui-même, jette aussi un grand défi aux structures sociales. Car toutes les sociétés existantes, même les plus individualistes, reposent encore sur deux grands principes, fussent-ils subconscients : que les entreprises durent plus longtemps que les hommes, et que la plupart de ceux-ci restent où ils sont. La gestion de soi-même, au contraire, découle des deux *réalités* inverses : à savoir que les travailleurs vivront vraisemblablement plus longtemps que leur entreprise, et que les travailleurs du savoir bénéficient de la mobilité.

Aux États-Unis, la *mobilité* est acceptée. Mais même là, le fait que les travailleurs vivent plus longtemps que leur entreprise – et doivent se préparer par conséquent à une *seconde moitié de leur vie différente* de la première – constitue une révolution à laquelle personne, ou presque, n'est préparé. Pas plus que n'y sont prêtes les institutions existantes, par exemple les systèmes de retraite. Quant aux autres pays développés, l'*immobilité* y reste la norme acceptée. On l'appelle « stabilité ».

En Allemagne, par exemple, jusqu'à une époque récente, la mobilité prenait fin dès l'âge de dix ans, ou, au mieux, de seize ans. Un enfant qui n'entrait pas au *Gymnasium* à dix ans perdait toute chance d'intégrer un jour l'université. Et pour la grande majorité qui n'entraient pas au *Gymnasium*, l'apprentissage les destinait irrévocablement et irréversiblement, vers quinze ou seize ans, à être mécanicien, employé de banque ou cuisinier pour le restant de leurs jours. Passer comme apprenti d'une profession à une autre ne se faisait jamais, même si ce n'était pas formellement interdit.

Transformation de chaque société

La société développée où ce défi sera le plus vivement ressenti, et où le changement sera le plus difficile, c'est celle qui a connu les plus grands succès depuis un demi-siècle : le Japon. Les succès du Japon – sans précédent dans l'histoire – reposaient largement sur l'*immobilité organisée* de l'emploi à vie. Avec l'emploi à vie, c'est l'entreprise qui gère l'individu. Et cela suppose, bien entendu, que l'individu n'ait pas le choix. Il est « géré ».

Je souhaite vivement que le Japon trouve la solution qui *préservera* la stabilité, le sens communautaire et l'harmonie sociale que lui procurait l'emploi à vie, tout en instaurant la mobilité qu'implique le travail du savoir, et dont le travailleur du savoir a besoin. L'enjeu dépasse de beaucoup la société japonaise et son équilibre civique. Si le Japon trouve la solution, il sera pour tous un modèle – car, dans tout pays, la société ne peut bien fonctionner sans cohésion. Mais s'il y parvient, ce sera un Japon bien différent de celui d'aujourd'hui.

Au reste, il en va de même pour tous les pays développés. L'émergence du travailleur du savoir, qui *peut* et qui *doit* se gérer soi-même, va transformer toutes les sociétés.

22
L'Homme instruit

LE SAVOIR N'EST PAS, comme l'argent, quelque chose d'impersonnel. Il n'est pas enfermé dans un livre, dans une banque de données ou dans un logiciel. Tous ces objets contiennent seulement de l'information. Le savoir, lui, est toujours incarné dans une personne, enseigné et appris par une personne, utilisé, bien ou mal, par une personne. L'avènement de la société du savoir place donc la personne au centre de tout. Et il crée de nouveaux défis, soulève de nouveaux problèmes, ignorés jusqu'à présent, concernant cette figure maîtresse de la société du savoir, l'Homme instruit.

Dans les sociétés précédentes, la culture était un ornement – la *Kultur* dont parlent les Allemands avec un sentiment mêlé de révérence et de dérision. Mais dans la société du savoir, l'Homme instruit est l'emblème, le symbole, le porte-drapeau. Il est – pour parler en sociologue – l'archétype de cette société. C'est lui qui détermine sa capacité à progresser. Mais aussi c'est lui qui en incarne les valeurs, les croyances, les engagements. Si, au Moyen Âge, le chevalier *était* la société, si le bourgeois *était* la société sous le capitalisme, l'Homme instruit *sera* la société lorsque le savoir y sera devenu la principale ressource.

Dans ces conditions, le fait même d'être instruit n'aura plus la même signification. L'éducation non plus. Savoir ce qu'est exactement un Homme instruit deviendra, on peut le penser, un problème crucial. Le savoir étant devenu la ressource principale, l'Homme instruit doit affronter de nouvelles exigences, de nouveaux défis, de nouvelles responsabilités. Car désormais *c'est lui qui compte*.

Depuis dix ou quinze ans, l'Université américaine connaît un débat animé, parfois houleux, à ce sujet. Le personnage de l'Homme instruit devrait-il exister ? Le peut-il ? Et en tout cas, qu'est-ce que l'« éducation » ?

Une équipe hétéroclite de marxistes prolongés, de féministes acharnées et autre « antis » soutient que l'Homme instruit n'existe pas. Ce sont les nouveaux nihilistes, les « déconstructionnistes ». D'autres, du même bord, pensent qu'il peut seulement exister des « hommes instruits » (au pluriel), du fait que chaque sexe, chaque groupe ethnique, chaque race, chaque minorité exige une culture séparée et donc un « homme instruit » différent – en fait, isolationniste. Comme la plupart sont des humanistes, on ne trouve pas encore parmi eux l'écho de la « physique aryenne » de Hitler, de la « génétique marxiste » de Staline ou de la « psychologie communiste » du président Mao. Mais les arguments de ces anti-traditionalistes rappellent ceux du totalitarisme. Leur cible est la même : l'universalisme, et son concept clé, qu'on l'appelle Homme instruit comme en Occident ou *bunjin* en Chine ou au Japon.

Le camp opposé – que l'on pourrait appeler celui des véritables humanistes – rejette aussi le système éducatif actuel, mais parce qu'à leur avis celui-ci ne sait plus produire un Homme instruit universel. Ils demandent qu'on revienne à l'éducation classique du 19ᵉ siècle, aux « arts libéraux », au *Gebildete Mensch* allemand. Ils ne vont pas jusqu'à reprendre la thèse lancée voici cinquante ans à l'université de Chicago par Robert Hutchins et Mortimer Adler, selon laquelle le savoir tient en quelques « grands livres ». Mais ce sont les héritiers directs du « retour à la prémodernité » de Hutchins et Adler.

Les uns comme les autres, hélas, ont tort.

Au cœur de la société du savoir

Au cœur de la société du savoir, il y a bien le concept d'Homme instruit. Ce concept devra être universel, précisément parce que la société du savoir est une société de *savoirs*, qu'elle recouvre tout – l'argent, l'économie, les carrières, les techniques, les problématiques, et d'abord l'information – et qu'elle a besoin par conséquent d'une force unificatrice. Elle a besoin d'un groupe leader capable de fédérer les traditions locales, particulières, distinctes, dans un engagement pour des valeurs communes, dans un concept commun d'excellence et dans le respect de tous pour chacun.

Ainsi, la société postcapitaliste, la société du savoir, demande exactement le contraire de ce que proposent les déconstructionnistes, les féministes radicaux et les anti-occidentaux. Elle exige cette chose même qu'ils rejettent totalement : l'Homme instruit universel.

Mais l'Homme instruit dont a besoin la société du savoir diffère aussi profondément de l'idéal pour lequel combattent les humanistes. Ceux-ci dénoncent à juste titre la folie de leurs adversaires, de ceux qui voudraient répudier la grande tradition de sagesse, de beauté, de savoir qui constitue l'héritage de l'humanité. Mais jeter un pont vers le passé ne suffit pas, et les humanistes ne proposent rien de plus. L'Homme instruit doit être en mesure, par son savoir, de peser sur le présent, voire de modeler l'avenir. Rien, dans les thèses humanistes, ne l'y prépare. En réalité, tout souci de l'avenir en est absent. Or sans cette préoccupation, la grande tradition n'est plus qu'une poussiéreuse boutique d'antiquaire.

Dans son roman *Le Jeu des perles de verre* (1943) Hermann Hesse a décrit par anticipation le monde que souhaitent les humanistes – et son échec. On y voit une confrérie d'intellectuels, d'artistes et d'humanistes qui vivent dans un splendide isolement et se consacrent à l'antique tradition de beauté et de sagesse. Mais le héros du livre, le maître accompli du petit groupe, décide à la fin de revenir à la réalité polluée, grossière, vulgaire, agitée, déchirée, avide – parce que ses valeurs ne sont que de la fausse monnaie si elles ne trouvent pas un écho dans le monde réel.

Ce que Hesse avait prévu il y a plus de cinquante ans est en train de se réaliser. L'éducation libérale, l'*Allgemeine Bildung* sont en crise parce qu'elles sont devenues un « jeu des perles de verre » que les élèves les plus brillants abandonnent pour la réalité grossière, vulgaire et avide. Les bons esprits apprécient toujours les humanités, autant que leurs aïeux qui passaient leurs diplômes avant la Grande Guerre. Pour les générations passées, l'éducation libérale, l'*Allgemeine Bildung* qu'ils avaient reçue, gardait son sens la vie entière. Elle était constitutive de leur identité. Elle avait encore du sens pour beaucoup de membres de cette génération, la mienne, qui fréquentait l'université avant la Seconde Guerre mondiale – même s'ils eurent vite oublié le latin et le grec qu'ils avaient appris. Mais l'étudiant d'aujourd'hui, quelques années après ses examens, pense ceci : « Ce que je me suis donné tant de mal pour apprendre n'a aucun sens ; cela n'a aucun rapport avec ce que je fais, avec ce qui m'intéresse, avec ce que je veux devenir. » Ils continuent de vouloir que leurs enfants fréquentent les bons établissements, Princeton ou Carleton, Oxbridge, l'université de Tokyo, le lycée ou le *Gymnasium* – surtout pour des raisons de statut social et de perspectives d'avenir. Mais pour mener leur propre vie, ils répudient l'éducation libérale et l'*Allgemeine Bildung*. Ils répudient le modèle humaniste de l'Homme instruit. Parce que l'éducation libérale ne leur permet pas de comprendre la réalité, et encore moins de la maîtriser.

Dans ce débat, les deux adversaires sont à côté de la plaque. La société postcapitaliste, plus qu'aucune autre, a besoin de l'Homme instruit. Il lui est indispensable d'avoir accès aux grands legs du passé. En fait, ce legs du passé comporte bien plus de choses que n'en veulent conserver les humanistes. Pour eux, il s'agit principalement de la « civilisation occidentale », de la « tradition judéo-chrétienne ». Bref, de la culture du 19e siècle. L'Homme instruit qu'il nous faut maintenant devra pouvoir apprécier d'autres grandes cultures ou traditions : la peinture et la céramique chinoise, japonaise, coréenne ; les philosophes et les grandes religions de l'Orient ; et l'Islam, en tant que religion et que culture. Son éducation devra en outre se fonder beaucoup moins que celle des humanistes sur les livres. Il devra être formé autant à l'observation qu'à l'analyse.

La tradition occidentale continuera de figurer au cœur de la formation de l'Homme instruit, ne serait-ce que pour qu'il puisse avoir prise sur le présent, et aussi sur l'avenir. L'avenir sera peut-être « post-occidental », peut-être « anti-occidental », il ne pourra pas être « non occidental ». La civilisation matérielle et ses savoirs – la science, les machines et les techniques, la production, l'économie, la monnaie, la finance et la banque – reposent sur des fondations occidentales. Rien de tout cela ne peut fonctionner si l'on ne comprend pas et si l'on n'accepte pas les idées et la tradition de l'Occident.

Aujourd'hui, le mouvement le plus profondément anti-occidental n'est pas l'Islam fondamentaliste. C'est l'insurrection du Sentier lumineux au Pérou – tentative désespérée des descendants des Incas d'annuler la conquête espagnole, de ressusciter les langages quechua et aymara des anciens Indiens et de rejeter les Européens et leur culture maudite à la mer. Or le Sentier lumineux se finance en cultivant la coca pour les drogués de New York et de Los Angeles. Son arme favorite n'est pas la fronde des Incas. C'est la voiture piégée.

L'Homme instruit de demain devra s'attendre à vivre dans un monde globalisé, qui sera un monde occidentalisé. Mais aussi le monde où il vivra sera de plus en plus tribalisé. L'Homme instruit devra être un « citoyen du monde » – dans sa vision, avec son horizon et son information. Mais il devra aussi s'abreuver à ses sources locales et, en échange, nourrir et enrichir sa propre culture locale.

Société du savoir et société des organisations

La société postcapitaliste est à la fois une société du savoir et une société des organisations, chacune dépendant de l'autre et cependant différente d'elle par ses concepts, ses perspectives, ses valeurs. Les Hommes instruits, on l'a vu, exerceront en quasi-totalité leur savoir au sein d'une organisation. L'Homme instruit devra par conséquent être prêt à vivre et à travailler en recourant simultanément à deux cultures, celle de l'intellectuel, centrée sur le langage et les idées, et celle du manager, centrée sur les hommes et le travail.

Les intellectuels ont besoin de l'organisation comme d'un outil ; elle leur permet d'exercer leur *technê*, leur savoir spécialisé. Les managers considèrent le savoir comme le moyen d'améliorer les performances de l'organisation. Ils ont raison tous les deux. Leurs points de vue s'opposent, mais ils s'opposent comme deux pôles indissociables, non contradictoires. Chacun a besoin de l'autre. Le chercheur scientifique a besoin de l'organisateur, et réciproquement. Si l'un l'emporte sur l'autre, on ne peut qu'aboutir à l'impuissance et à une frustration générale. L'intellectuel, s'il n'est pas complété par le manager, crée un monde où chacun fait ce qu'il veut mais où personne ne fait rien. Le monde du manager, s'il n'est pas complété par l'intellectuel, devient une bureaucratie, la grisaille abrutissante où règne l'« homme de l'organisation ». Mais s'ils trouvent leur équilibre, alors peuvent naître la créativité et l'ordre, le sens de la mission et de l'accomplissement.

Un certain nombre de membres de la société postcapitaliste vivront et travailleront en pratiquant effectivement et simultanément les deux cultures. Un plus grand nombre encore pourraient – et devraient – avoir l'occasion, dans leur travail, d'entrer en contact avec les deux cultures, par exemple en changeant d'emploi au début de leur carrière, en passant d'un poste de technicien à un poste de manager :

le jeune ingénieur informaticien, par exemple, viendrait diriger un projet ou animer une équipe, le jeune professeur viendrait travailler deux ans à temps partiel dans les services administratifs de l'université. En assumant en outre une tâche bénévole dans le secteur social, le jeune travailleur, dans la même perspective d'équilibre, trouvera l'occasion de découvrir, de connaître et de respecter les deux mondes, celui de l'intellectuel et celui du manager.

Dans la société postcapitaliste, tous les hommes instruits devront faire l'effort de *comprendre* les deux cultures.

Les *technê* et l'Homme instruit

Aux yeux de l'Homme instruit du 19e siècle, les *technê* ne constituaient pas un savoir. Certes, on les enseignait à l'université. Elles étaient devenues des « disciplines ». Leurs adeptes n'étaient ni des marchands ni des artisans, mais des « membres d'une profession ». Mais leurs connaissances ne relevaient pas de l'éducation libérale ou de l'*Allgemeine Bildung*, elles ne relevaient donc pas du savoir.

Il y a longtemps que l'université sanctionne les *technê* par ses diplômes : depuis le 13e siècle en Europe pour le droit et la médecine. En Amérique, en Europe continentale – pas en Angleterre – les diplômes d'ingénieurs, créés par la France napoléonienne juste avant 1800, ont été reconnus très tôt par la société. La plupart des gens considérés comme « instruits » gagnaient leur vie en pratiquant une *technê*, que ce soit comme juristes, médecins, ingénieurs, géologues, et, de plus en plus, comme hommes d'affaires (en fait, seuls les anglais conservaient leur estime au *gentleman* oisif). Mais ces emplois, ces professions n'étaient pour chacun d'eux qu'un moyen de gagner sa vie ; ils n'étaient pas « leur vie ».

Sortis de leurs bureaux, les spécialistes des *technê* ne s'entretenaient jamais de leur travail, ni même de leur discipline. Parler « boutique » était méprisable ; les Allemands ricanaient à propos du *Fachsimpeln*, les Français étaient plus critiques encore. Quiconque s'y laissait aller était considéré comme un rustre et un casse-pieds. La bonne société le rayait bien vite de ses listes d'invitation.

Mais maintenant que les *technê* sont devenus des savoirs, elles doivent être intégrées au savoir. Elles doivent être portées à l'actif de l'Homme instruit. C'est parce que l'éducation libérale qu'ils ont reçue avec plaisir au lycée et à l'université ne satisfait pas ce besoin, qu'elle n'en est pas capable, qu'elle refuse même d'essayer, que les étudiants la répudient aujourd'hui au bout de peu d'années. Ils se sentent abandonnés, trahis, et à juste titre. Une éducation libérale, une *Allgemeine Bildung* qui n'intègre pas les savoirs dans l'univers du savoir n'est ni libérale, ni une *Bildung*. Elle faillit à son premier devoir, qui est d'instaurer entre les hommes la compréhension mutuelle, le « discours universel » sans lequel aucune civilisation ne peut exister. Au lieu d'unir, ce genre d'éducation divise.

L'appareil mathématique qui se déploie dans de nombreux savoirs n'est pas ce dont nous avons besoin. Inutile de l'acquérir, nous serons sans doute trop spécialisés pour cela. Ce qu'il nous faut, ce qui définira l'Homme instruit dans la société du savoir, c'est la capacité de *comprendre* les savoirs. De quoi s'agit-il ? Ce savoir particulier, à quoi vise-t-il ? Quel est son objet essentiel ? Sur quelles théories repose-t-il ? Quelles découvertes y a-t-on faites ? Quelles sont ses zones obscures, ses problèmes, ses défis ?

Faire des savoirs le chemin du savoir

Si ces questions restent sans réponse, les savoirs deviendront stériles – ils cesseront, en vérité, d'être des savoirs. Ils se réduiront à une arrogance intellectuelle improductive. Car dans chacun des savoirs spécialisés, les grandes découvertes proviennent d'une autre spécialité, différente, d'un autre savoir.

L'économie et la météorologie sont bouleversées actuellement par les nouvelles mathématiques de la théorie du chaos. La géologie est modifiée en profondeur par la physique de la matière, l'archéologie par l'identification génétique de l'ADN, l'histoire par les analyses et les moyens de la psychologie, de la statistique et de la technologie. L'Américain James Buchanan (né en 1919) a reçu en 1986 le prix Nobel d'économie pour avoir appliqué aux faits politiques les acquis récents de la théorie économique, et avoir renversé du même coup les postulats et les théories sur lesquels les politologues fondent leurs travaux depuis plus d'un siècle.

Les détenteurs de ces savoirs, les spécialistes, doivent prendre la responsabilité de se faire *comprendre*, eux et le domaine qu'ils connaissent. Les médias – magazines, cinéma, télévision – ont là un rôle essentiel à jouer, mais ils ne peuvent pas tout faire. Pas plus qu'aucune autre méthode de vulgarisation. Les savoirs doivent être assimilés comme ils sont en réalité : sérieux, rigoureux, exigeants. Cela suppose que, dans chaque spécialité, les leaders – à commencer par les professeurs les plus éminents – se considèrent comme responsables de la diffusion de leur propre savoir et acceptent les servitudes que cela implique.

Dans la société du savoir, il n'existe pas de « savoir-roi ». Tous les savoirs sont également estimables, tous, comme disait saint Bonaventure, le grand philosophe médiéval, conduisent également à la vérité. Mais les détenteurs de ces savoirs ont la responsabilité de montrer le chemin, d'en faire des voies d'accès au savoir. Collectivement, ils tiennent le savoir en tutelle.

Le capitalisme régnait depuis plus d'un siècle lorsque Karl Marx, dans *Le Capital* (premier volume publié en 1867), l'identifia comme une structure sociale bien définie. Le terme même de « capitalisme » ne fut lancé que trente ans plus tard, bien après la mort de Marx. Ce ne serait donc pas seulement extrêmement présomptueux d'essayer d'écrire aujourd'hui *Le Savoir* ; ce serait en outre risiblement prématuré. Tout ce qu'on peut essayer – tout ce qu'essaie le présent ouvrage – c'est de décrire l'état de la société et des structures politiques alors qu'elles commencent tout juste d'émerger de l'ère du capitalisme (qui fut aussi, bien sûr, l'ère du socialisme).

Mais on peut espérer que, dans une centaine d'années, on pourra s'attaquer à un tel ouvrage, et même qu'un livre intitulé *Savoir* (tout court) sera écrit. Cela signifierait que nous aurions alors franchi avec succès la transition dans laquelle nous sommes embarqués. Ce serait folie de décrire aujourd'hui par avance la société du savoir, comme c'eut été folie en 1776 – l'année de la Révolution américaine, de l'ouvrage d'Adam Smith sur la *Richesse des nations* et de la machine à vapeur de James Watt – de prédire la société que Marx allait décrire cent ans plus tard, et comme ce fut folie de sa part, à l'époque du capitalisme victorien, de prédire « avec une infaillibilité scientifique » la société dans laquelle nous vivons aujourd'hui.

Mais on peut cependant annoncer une chose : le changement le plus important à attendre, c'est celui qui portera sur le savoir, ses formes, son contenu, sa signification, sa responsabilité – et sur ce que cela signifie d'être un Homme instruit.

Troisième partie

LA SOCIÉTÉ

23
Un siècle de transformation sociale : émergence d'une société du savoir

Aucun siècle, dans l'histoire de l'humanité, n'a connu de transformations sociales aussi nombreuses et aussi radicales que celui qui vient de s'achever. Je considère pour ma part que ces mutations en constitueront l'événement le plus marquant et l'héritage le plus durable. En cette dernière décennie, dans les pays développés où règne l'économie de marché – il n'y vivait que le cinquième de la population du globe, mais ils servent de modèle au reste du monde – le travail et la main-d'œuvre, la société et les régimes politiques diffèrent *qualitativement* et *quantitativement* non seulement de ceux des premières années du 20ᵉ siècle, mais aussi de tout ce que l'histoire humaine a connu jusqu'ici ; ils en diffèrent par leur configuration, leurs processus, leurs problèmes et leurs structures.

Au cours des périodes antérieures, des transformations sociales plus lentes et de bien moindre envergure ont provoqué de violentes crises intellectuelles et spirituelles, des révoltes et des guerres civiles. Par contre, les transformations extrêmes de ce siècle n'ont causé que peu d'émoi. Elles se sont accomplies avec un minimum de frictions et de troubles ; les universitaires, la presse et le public eux-mêmes ne leur ont d'ailleurs consacré que bien peu d'attention.

Le 20ᵉ siècle, qui a vu se succéder guerres mondiales et guerres civiles, tortures de masse, purifications ethniques et génocides, a certes été le plus cruel et le plus violent de l'histoire de l'humanité. Rétrospectivement, il semble évident que toutes ces tueries, toutes ces horreurs infligées à la race humaine par les *Weltbeglücker* – individus qui prétendent établir le paradis sur terre en éliminant les non conformistes, les dissidents, ceux qui leur résistent, qu'ils soient bourgeois, Juifs, koulaks ou intellectuels – n'étaient justement que tueries et horreurs, elles n'avaient pas de sens. Hitler, Staline et Mao, les trois mauvais génies de notre temps, ont détruit ; mais ils n'ont rien créé.

En vérité, si ce siècle prouve quelque chose, c'est bel et bien la futilité de la politique. Les tenants les plus dogmatiques du déterminisme historique eux-mêmes auraient du mal à prouver que les transformations sociales qui l'ont marqué sont le résultat des événements politiques qui ont fait les gros titres ou à expliquer, à l'inverse, que les seconds ont été causés par les premières. Ces transformations sociales, semblables aux puissants courants qui traversent les océans en profondeur, bien en dessous de leur surface houleuse, ont en vérité un effet durable et même permanent. Ce sont elles, et non pas le tumulte apparent, qui ont transformé la société et l'économie, la collectivité et l'organisation de la cité.

Paysans et domestiques

Avant la Première Guerre mondiale, les paysans formaient, dans tous les pays du monde, le groupe humain le plus nombreux.

Il y a quatre-vingts ans, à la veille de cette guerre mondiale, il semblait évident que les pays développés – à la seule exception de l'Amérique du Nord – seraient de moins en moins capables de subvenir à leurs besoins alimentaires et devraient par conséquent avoir recours à des importations de produits agricoles en provenance de zones peu développées ou industrialisées.

Aujourd'hui, le Japon reste le seul gros importateur de produits agricoles parmi les grands pays industrialisés. Et il pourrait en être autrement – la faiblesse de sa production agricole résulte largement d'une politique de subvention de la culture du riz qui empêche le pays de développer une agriculture moderne et productive. Tous les autres pays développés du monde libre se trouvent aujourd'hui, malgré leurs populations urbaines en pleine croissance, à la tête de surplus alimentaires. La production agricole y représente plusieurs fois les volumes récoltés il y a quatre-vingts ans – aux États-Unis, elle a été multipliée par dix.

Pourtant, dans tous ces pays d'économie de marché – y compris le Japon – la population rurale ne constitue aujourd'hui que 5 %, au plus, de la population active totale, c'est-à-dire le dixième de la proportion atteinte il y a quatre-vingts ans.

Autour de 1900, le second groupe le plus nombreux, tant en valeur absolue que par rapport à la population active, était, dans tous les pays développés, constitué par les domestiques. On les considérait alors comme faisant partie du paysage, au même titre que les fermiers. Le recensement britannique de 1910 définit la petite bourgeoisie comme l'ensemble des foyers en employant moins de trois. Si la population rurale avait décliné régulièrement tout au long du 19e siècle, par rapport à l'ensemble de la population et par rapport à la population active, le nombre des employés de maison, lui, n'avait cessé d'augmenter régulièrement, tant en valeur absolue qu'en pourcentage, jusqu'à la Première Guerre mondiale. Aujourd'hui, dans les pays développés, les domestiques « logés, nourris, blanchis » ont pratiquement disparu. Peu de personnes nées après la Seconde Guerre, c'est-à-dire de moins de cinquante ans, en ont vu ailleurs que dans les vieux films ou au théâtre.

Les paysans et les domestiques composaient les groupes sociaux non seulement les plus nombreux, mais aussi les plus anciens. Ensemble ils formèrent, à travers les siècles, le socle de l'économie et de la société, le fondement de la civilisation.

Grandeur et décadence de la classe ouvrière

L'une des raisons, sans doute la principale, du peu de troubles suscité par ces changements de société, c'est qu'en 1900 une nouvelle classe sociale, celle des ouvriers de l'industrie – le « prolétariat » de Karl Marx –, était désormais socialement dominante. Et elle hantait, et fascinait à la fois, la société contemporaine, qui en faisait une obsession psychologique.

Si la classe ouvrière est devenue la « question sociale » de 1900, c'est qu'elle constituait historiquement la seule classe inférieure à pouvoir s'organiser de façon durable.

Aucune classe n'a connu une ascension plus rapide que la classe ouvrière, ni un déclin plus spectaculaire.

En 1883, l'année de la mort de Marx, les « prolétaires » n'étaient encore qu'une minorité des ouvriers de l'industrie. La majorité d'entre eux travaillaient dans de petits ateliers artisanaux, qui en employaient chacun vingt ou trente au plus.

Au début du 20e siècle, ouvrier était devenu synonyme d'opérateur de machine dans des usines qui employaient des centaines, voire des milliers de personnes. Ces hommes étaient bel et bien les prolétaires de Marx, dépourvus de prestige social, de pouvoir politique, économique et surtout de pouvoir d'achat.

En 1900 – et même en 1913 – les ouvriers ne bénéficiaient ni de retraite, ni de congés payés, ni d'assurance maladie – sauf en Allemagne – ni d'indemnisation en cas de chômage, ni de la moindre sécurité du travail, ni d'heures supplémentaires ; s'ils travaillaient le dimanche, ou de nuit, ils étaient payés au tarif normal. L'une des premières lois adoptées, en 1884, en Autriche, pour limiter la durée du travail, fixe la journée de travail à *onze* heures, six jours par semaine. En 1913, les ouvriers travaillaient partout au minimum trois mille heures par an. Les syndicats ouvriers étaient encore officiellement proscrits, au mieux tolérés. Mais les ouvriers avaient fait la preuve de leur capacité à s'organiser. Ils avaient démontré leur aptitude à adopter un comportement de « classe ».

Au cours des années 1950 les ouvriers formaient le groupe le plus nombreux dans tous les pays développés, y compris les pays communistes ; mais ils n'ont été réellement majoritaires qu'en temps de guerre. Entre temps, ils avaient acquis une respectabilité incontestable. Dans tous les pays développés du monde libre, ils faisaient désormais partie des « classes moyennes ». Ils bénéficiaient d'une grande sécurité de l'emploi, de retraites, de longs congés payés, d'une assurance-chômage généreuse ou de « l'emploi à vie ». Surtout, ils jouissaient désormais d'un pouvoir politique. Il n'y a pas qu'en Grande-Bretagne que les syndicats étaient considérés comme « le véritable gouvernement », détenant plus de pouvoir que le Premier ministre et le Parlement.

Néanmoins, en 1990, les ouvriers et leurs syndicats se trouvaient tous deux irrémédiablement sur le déclin. En nombre, ils ne représentaient plus qu'un groupe marginal. Les cols bleus, opérateurs ou manutentionnaires, avaient représenté les deux cinquièmes de la population active américaine vers 1950 – au début des années 1990, ils n'en représentaient plus que moins du cinquième, proportion comparable à celle du début du 20e siècle, au seuil de leur ascension météorique. Dans les autres pays développés du monde libre, le déclin de la classe ouvrière avait d'abord été plus lent, mais à partir de 1980, il s'est accéléré partout. En l'an 2000 ou 2010, dans tous les pays industrialisés d'économie de marché, la main-d'œuvre industrielle non qualifiée ne constituera plus que le dixième ou au maximum le huitième de la population active. Le pouvoir syndical a reculé parallèlement. Alors que dans les années 1950 et 1960, le syndicat anglais des mineurs brisait les Premiers ministres comme du petit bois, Margaret Thatcher, dans les années 1980, a remporté élection sur élection en montrant ouvertement le peu de cas qu'elle faisait des syndicats et en s'attaquant à leur pouvoir politique et à leurs privilèges. Les cols bleus et leurs syndicats suivent la voie tracée par les paysans.

La place qu'ils ont occupée est déjà prise par les « techniciens », qui travaillent à la fois de leurs mains et en utilisant leur savoir théorique. J'en prendrai pour exemple les techniciens informatiques ou ceux qui sont spécialisés dans les métiers paramédicaux, comme les techniciens auxiliaires, les kinésithérapeutes, les techniciens de laboratoire, etc. ; ce groupe enregistre depuis 1980 la croissance la plus rapide de toute la population active américaine.

Au lieu de former une « classe », c'est-à-dire un ensemble cohérent, identifiable, défini, conscient de son appartenance, les cols bleus ne seront peut-être bientôt plus qu'un « groupe de pression » parmi d'autres.

Contrairement aux prédictions des marxistes et des syndicalistes, la montée de la classe ouvrière n'a pas déstabilisé la société. Au contraire, elle apparaît comme *l'événement social le plus stabilisateur du siècle*. C'est en effet grâce à elle que la diminution considérable de la population rurale et la disparition pure et simple des domestiques ne se sont pas accompagnées de crises sociales.

Pour un paysan ou un domestique, le travail en usine constituait une chance. De fait, c'était historiquement la première occasion donnée à l'homme d'améliorer nettement son sort sans émigrer. Dans les pays développés d'économie de marché, toutes les générations qui se sont succédé depuis cent à cent cinquante ans ont pu tabler sur une nette amélioration de leur condition par rapport à la génération précédente. La principale raison en est que les paysans et les domestiques avaient la possibilité d'entrer dans le monde ouvrier et le faisaient.

Comme les ouvriers étaient concentrés par groupes, car ils travaillaient dans de vastes usines et non plus chez eux ou dans de petits ateliers, on a pu s'acharner à améliorer systématiquement leur *produc-*

tivité. À partir de 1881, deux ans avant la mort de Marx, l'étude systématique des postes de travail, des opérations et des outils a permis d'augmenter la productivité du travail manuel, qui consiste à fabriquer des objets ou à les déplacer, de 3 à 4 % par an ; on a ainsi réussi à multiplier par cinquante la production par ouvrier en cent ans. C'est là-dessus que reposent toutes les conquêtes économiques et sociales réalisées au cours de cette période. Et contrairement à ce que « tout le monde savait » au 19e siècle – non seulement Marx, mais aussi les « conservateurs », tels J.P. Morgan, Bismarck et Disraeli – pratiquement tous ces gains ont profité à la classe ouvrière ; la moitié sous forme d'une forte diminution de la durée du travail (allant de 40 % au Japon à 50 % en Allemagne) et la moitié sous forme d'une augmentation des salaires réels de la main-d'œuvre ouvrière, qui se sont multipliés par vingt-cinq.

Il existait donc de fort bonnes raisons pour que le développement de la classe ouvrière soit pacifique et non pas violent, voire « révolutionnaire ». Comment expliquer que son déclin se soit avéré tout aussi pacifique et ne se soit accompagné pratiquement d'aucune perturbation ou protestation sociale, d'aucun bouleversement sérieux, au moins aux États-Unis ?

L'essor du travailleur du savoir

L'essor de la « classe » qui succède au prolétariat ne constitue pas une chance, mais un défi pour les ouvriers. Le nouveau groupe appelé à dominer la société est celui des « travailleurs du savoir ». Les travailleurs du savoir composent le tiers, voire davantage, de la population active aux États-Unis, proportion que la classe ouvrière n'a jamais dépassée, sauf en temps de guerre. En majorité, ils seront au moins aussi bien payés que les ouvriers, sinon mieux. Et les nouveaux postes offrent à l'individu des opportunités autrement plus intéressantes.

Mais – et c'est un grand mais – ces nouveaux postes exigent presque toujours des qualifications que le travailleur manuel ne possède pas et peut difficilement acquérir. Ils supposent en effet un certain bagage intellectuel et la capacité d'acquérir et d'appliquer des connaissances théoriques et analytiques, ainsi qu'une conception du travail et un état d'esprit différents. Et surtout, ils requièrent de développer une nouvelle habitude : celle d'apprendre en permanence.

Il en résulte que les ouvriers du secteur industriel qui perdent leur emploi ne sont pas en mesure de passer au travail fondé sur le savoir ou aux services aussi facilement que les paysans ou les domestiques ayant perdu leur emploi sont passés au travail en usine.

Même dans les localités entièrement dominées par une ou deux usines de production de masse – les villes de l'acier en Pennsylvanie occidentale ou à l'est de l'Ohio, par exemple, ou celles de l'automobile comme Flint, dans le Michigan, le taux de chômage parmi les hommes et les femmes adultes non noirs a retrouvé en quelques années des niveaux à peine supérieurs à la moyenne nationale. C'est-à-dire à peine supérieurs au taux normal de « plein emploi » américain. On n'a pas assisté à une radicalisation de la classe ouvrière américaine.

La seule explication, c'est que pour l'ensemble de la main-d'œuvre non qualifiée et non noire, cette évolution avait beau être négative, menaçante et douloureuse, ce n'était pas une surprise. Psychologiquement – en termes de valeurs, sans doute plus que d'émotions – l'ouvrier américain acceptait l'idée que les nouveaux emplois supposent d'avoir poursuivi des études; et que le savoir serait désormais mieux payé que le travail manuel, qualifié ou non.

L'un des facteurs qui ont peut-être joué en ce sens est sans doute le *Bill of Rights* des GIs au lendemain de la Seconde Guerre mondiale, qui offrait à tous les soldats de retour à la vie civile la possibilité de poursuivre des études supérieures et a par conséquent établi que la possession d'une formation intellectuelle constituait dorénavant la norme, faute de laquelle on se trouvait en position d'infériorité. La mise en place du service militaire, qui allait être maintenu durant trente-cinq ans, a certainement aussi joué un rôle. En effet, la plupart des adultes américains du sexe masculin nés entre 1920 et 1950, c'est-à-dire l'immense majorité des adultes d'aujourd'hui, a passé plusieurs années sous les drapeaux, et l'armée les a obligés à acquérir une formation correspondant à des études secondaires s'ils ne l'avaient pas déjà reçue. Quoi qu'il en soit, aux États-Unis, le passage du travail non qualifié au travail fondé sur le savoir a été largement accepté – sauf dans la communauté noire – comme nécessaire, ou au moins inévitable.

En 1990, cette évolution était largement accomplie aux États-Unis. Dans les autres nations développées du monde libre, en Europe occidentale et septentrionale et au Japon, elle ne faisait que commencer. Il semble clair, cependant, qu'elle s'y réalisera plus vite. Sera-t-elle, comme de ce côté de l'Atlantique, accompagnée de peu de troubles et d'agitation sociale ? Ou au contraire, l'Amérique fera-t-elle une nouvelle fois figure d'exception, comme elle l'a déjà fait à plusieurs reprises au cours de son histoire sociale, tout particulièrement en ce qui concerne les relations avec le travail ? Au Japon, la supériorité de la culture et des intellectuels est généralement reconnue, de sorte que le déclin des emplois ouvriers devrait être considéré comme souhaitable, exactement comme aux États-Unis, et peut-être même davantage. Soulignons à ce propos que la classe ouvrière s'est constituée relativement récemment au pays du soleil levant, ce n'est que bien après la Seconde Guerre mondiale qu'elle a dépassé en nombre les paysans et les domestiques. En revanche, on peut se demander si la transition s'opérera aussi facilement dans les pays européens industrialisés comme le Royaume-Uni, l'Allemagne, la France, la Belgique, l'Italie du Nord, etc., qui ont connu une « culture ouvrière » et une classe ouvrière et fière de l'être depuis plus d'un siècle et où, malgré l'accumulation de preuves du contraire, on continue à croire profondément que le travail manuel industriel, et non pas le travail intellectuel, crée de la richesse. L'Europe réagira-t-elle de la même manière que les Noirs américains ? Question manifestement cruciale, dont la réponse déterminera largement l'avenir social et économique des pays européens concernés. Nous en connaîtrons la réponse au cours de la prochaine décennie.

La société du savoir qui est en train de naître

Les travailleurs du savoir ne seront pas majoritaires dans la société du savoir, mais dans nombre de pays, sans doute même dans la plupart des pays développés, ils constitueront le groupe le plus nombreux au sein de la population en général et de la population active en particulier. Même, d'ailleurs, si d'autres groupes les dépassent par les effectifs, ce sont eux qui conféreront à la société nouvelle son caractère et son profil humain. Ce sont eux qui la dirigeront. Ils ne formeront pas forcément la classe *gouvernante*, mais à coup sûr la classe *dominante* de la nouvelle société. En outre, leurs caractéristiques, leur position sociale, leurs valeurs et leurs attentes les démarqueront nettement de tout autre groupe ayant historiquement occupé la position gouvernante, voire dominante des sociétés précédentes.

Il convient d'abord de souligner que le travailleur du savoir accède au monde du travail, à son poste et à sa position sociale grâce à sa *formation intellectuelle*.

La première conséquence en est que les études se trouveront au cœur même de la société du savoir, et que l'enseignement en sera l'institution la plus importante. Quelles connaissances tout le monde doit-il posséder ? Quelles matières faut-il enseigner à tous, en respectant quels équilibres ? Peut-on parler de « qualité » de l'enseignement et de son contenu ? Toutes ces questions revêtiront nécessairement une importance vitale pour la société du savoir, elles constitueront des options politiques cruciales. Je pense pouvoir prédire sans trop de risque que l'acquisition et la transmission du savoir en viendront à supplanter le rôle de l'acquisition et de la distribution de la propriété et des revenus au cours des deux ou trois siècles qu'il est convenu d'appeler l'ère du capitalisme.

On peut aussi prédire sans grand risque d'erreur que le contenu de l'enseignement sera redéfini.

La société du savoir deviendra inéluctablement beaucoup plus concurrentielle que tout ce que nous avons connu jusqu'à aujourd'hui. La raison se révèle fort simple : comme la connaissance sera désormais universellement accessible, il n'y aura pas d'excuses pour ne pas réussir. Il n'y aura plus de pays « pauvres », il n'y aura que des pays ignorants. Cette vérité nouvelle s'appliquera à chaque entreprise, chaque secteur industriel, chaque organisation, quelle que soit sa nature. Elle s'appliquera également à chaque personne. En fait, les sociétés développées sont d'ores et déjà infiniment plus compétitives au niveau individuel que ne l'étaient les sociétés du début du siècle, sans parler de celles du 18e et du 19e siècles. La plupart des gens ne bénéficiaient alors d'aucune opportunité de s'élever hors de la « classe » où ils étaient nés, la plupart suivaient les traces de leur père, professionnellement et par la position sociale.

Les travailleurs du savoir, pour leur part, seront, par définition, spécialisés, qu'ils maîtrisent peu ou beaucoup de connaissances relativement frustres ou avancées. Une connaissance appliquée ne sert que lorsqu'elle est spécialisée. À dire vrai, plus elle est spécialisée, plus elle est utile.

La nécessité, pour les travailleurs du savoir, d'appartenir à une organisation, me semble tout aussi importante. Elle seule peut en effet leur apporter la continuité, condition de leur efficacité. Elle seule, surtout, peut convertir leurs connaissances spécialisées en performance.

En soi, le savoir spécialisé n'apporte pas la performance. Un chirurgien n'intervient à bon escient qu'une fois le diagnostic correctement posé, et ce n'est ni sa tâche, ni sa compétence. Un spécialiste en études de marché fournit des données, rien de plus. Pour les convertir en informations et à plus forte raison les intégrer dans le processus de décision, il faut qu'interviennent des collaborateurs de la direction commerciale, du marketing, de la production et enfin du service après-vente. Un historien, lui, peut fort bien travailler en solitaire, tant qu'il se contente de conduire sa recherche et de rédiger ses ouvrages. En revanche, lorsqu'il s'agit de former ses étudiants, il doit obligatoirement faire appel à des collègues travaillant sur d'autres disciplines – des littéraires, des mathématiciens ou à des confrères s'intéressant à d'autres périodes de l'histoire. Cela suppose que le spécialiste ait accès à une organisation.

Comment ? En qualité de consultant, par exemple, ou de prestataire de services spécialisés. Mais, pour la majorité des travailleurs du savoir, ce sera comme employé d'une organisation, à plein temps ou à temps partiel ; quant à l'organisation elle-même, il peut s'agir d'un service public, d'un hôpital, d'une université, d'une entreprise ou d'un syndicat, il existe des myriades de structures. Dans la société du savoir, ce n'est pas l'individu qui joue le plus grand rôle. Chaque personne, à la vérité, fait bien plus figure de centre de coût que de performance. C'est l'organisation qui accomplit les tâches.

La société de l'employé

La société du savoir est une *société de l'employé*. La société traditionnelle, celle qui a précédé la Révolution industrielle et le développement de la classe ouvrière, n'était pas composée uniquement d'indépendants. Thomas Jefferson rêvait d'une société de petits agriculteurs indépendants, chacun étant propriétaire de sa ferme et l'exploitant sans autre aide que celle de sa femme et de ses enfants, mais c'est resté du domaine de l'utopie. Historiquement, la plupart des hommes ont toujours vécu dans la dépendance de quelqu'un d'autre – mais pas d'une organisation. Ils travaillaient pour leur propriétaire ; à la ferme, comme esclaves, serfs, ou journaliers ; à l'atelier, comme compagnons ou apprentis ; au magasin, comme vendeurs ; chez un particulier, comme valet de pied ou bonne à tout faire, etc. Ils travaillaient pour un « maître ». Et lorsque les usines ont commencé à employer les premiers ouvriers, eux aussi ont travaillé pour un « maître ».

Dans *Temps difficiles*, le grand roman de Dickens, les ouvriers travaillent pour leur « propriétaire », pas pour « l'usine ». C'est seulement vers la fin du siècle que l'usine a évincé le propriétaire en qualité d'employeur. Et ce n'est qu'au cours du 20e siècle que l'entreprise a supplanté l'usine à son tour, et que le « maître » a été remplacé par le « patron », qui, quatre-vingt-dix-neuf fois sur cent, en a un à son tour.

Les travailleurs du savoir seront à la fois « employés », en ce sens qu'ils auront un « patron », et « patrons », en ce sens qu'ils auront des « employés ».

Autrefois, la science sociale ne connaissait pas les organisations, elle ne les connaît, globalement, toujours pas. La première à mériter véritablement le sens moderne du mot, à être considérée comme un prototype et non une exception, c'est certainement l'entreprise moderne, telle que nous la connaissons depuis 1870. Voilà la raison pour laquelle, aujourd'hui encore, quand on pense « management », organe de direction spécifique à l'organisation, on pense au « management d'entreprise ».

L'émergence de la société du savoir a entraîné celle de la société des organisations. Nous travaillons presque tous dans et pour une organisation, nous en dépendons, car elle nous permet d'être efficace et de gagner notre vie. Soit elle nous emploie, nous faisons partie de son personnel ; soit nous sommes ses prestataires de services – en qualité d'avocat, par exemple, ou de transporteur. De plus en plus, ces prestataires de services forment eux-mêmes des organisations. Le premier cabinet regroupant plusieurs avocats a été créé aux États-Unis il y a un peu plus d'un siècle – jusqu'alors, ceux-ci avaient toujours exercé leur métier en travailleurs indépendants. C'est ce qu'ils ont d'ailleurs continué à faire en Europe jusqu'au lendemain de la Seconde Guerre mondiale. Aujourd'hui, les cabinets d'avocats, de plus en plus grands, traitent la majorité des affaires. La médecine, au moins aux États-Unis, connaît une évolution comparable. La société du savoir est une société des organisations dans laquelle pratiquement toutes les tâches sociales sont exécutées dans et par une organisation.

La plupart des travailleurs du savoir passeront la plus grande partie, si ce n'est la totalité de leur vie professionnelle comme « employés ». Néanmoins, le sens du mot a changé, pas seulement en anglais, mais aussi en allemand, en espagnol et en japonais.

Individuellement, ils dépendent de leur poste – ils touchent un salaire ou un traitement, on les recrute et on peut les licencier. Aux yeux de la loi donc, chacun d'entre eux est un « employé ». Collectivement cependant, ce sont les seuls « capitalistes » ; chaque jour davantage, il s'avère en effet qu'ils sont propriétaires des moyens de production, grâce à leurs fonds de pension et à leurs autres formes d'épargne (aux États-Unis, les fonds mutuels). Dans les économies traditionnelles (pas seulement les économies marxistes, tant s'en faut), on distingue très nettement les revenus salariaux – destinés à la consommation – des capitaux. La théorie sociale de la société industrielle est largement fondée, d'une façon ou d'une autre, sur les rapports qui s'établissent entre les deux, qu'ils soient conflictuels ou marqués par un équilibre nécessaire et salutaire. Dans la société du savoir, la distinction s'estompe jusqu'à disparaître. Les fonds de pension sont des « salaires différés », ce sont donc des revenus salariaux. Ils constituent cependant la principale, quand ce n'est pas la seule, source de capital pour la société du savoir.

Plus important peut-être, dans cette société nouvelle, les employés, c'est-à-dire les travailleurs du savoir, possèdent aussi les outils de production. Les prolétaires, eux, comme Marx eut le mérite de le souligner, ne les possédaient, ni ne pouvaient les posséder, c'est la raison pour laquelle ils étaient « aliénés ». Il s'avérait absolument impossible, expliquait Marx, qu'un ouvrier soit propriétaire de sa machine à vapeur et puisse l'emmener avec lui quand il allait travailler ailleurs. Il fallait nécessairement que le capitaliste possède la machine et la contrôle. Le véritable investissement dans la société du savoir, ce n'est plus celui qui a servi à financer machines et outils, mais bien celui qui a financé l'acquisition des connaissances détenues par le travailleur du savoir. Sans elles, les machines, aussi avancées et perfectionnées qu'elles soient, ne peuvent être productives.

L'ouvrier de l'ère industrielle avait infiniment plus besoin du capitaliste que ce dernier n'avait besoin de lui, c'est le fondement de l'idée de Marx – probablement une de ses plus graves erreurs – selon laquelle il y aurait toujours un surplus d'ouvriers, « une armée industrielle de réserve », de telle sorte que les salaires ne s'élèveraient jamais au-dessus du niveau de subsistance. Dans la société du savoir, l'hypothèse la plus vraisemblable – certainement en tous cas celle que doivent retenir toutes les organisations – est au contraire qu'elles ont infiniment plus besoin du travailleur du savoir qu'il n'a besoin d'elles. Il revient à l'organisation de « vendre » les opportunités qu'elle offre à des travailleurs du savoir, afin d'en attirer un nombre suffisant, d'une qualité supérieure. Une sorte de relation d'interdépendance est en train de se créer, le collaborateur se renseignant de son côté sur les besoins de l'organisation, tandis que celle-ci devra connaître les siens, ses exigences et ses attentes.

Une autre conclusion s'impose : puisque la société du savoir est automatiquement une société d'organisations, son organe distinctif et central est le *management*.

Lorsque ce terme a commencé à être utilisé, il ne s'appliquait qu'au domaine de l'entreprise. La seconde moitié du 20e siècle nous a enseigné que le management est l'organe distinctif de toutes les organisations. Elles en ont toutes besoin – qu'elles utilisent le mot ou non. Tous les cadres et dirigeants font les mêmes choses, quelle que soit la nature de leur affaire ou de leur organisation. Leur rôle consiste toujours à rassembler des hommes, qui détiennent chacun des connaissances différentes, afin de leur faire réaliser quelque chose ensemble. Il leur faut toujours s'arranger pour que les forces de leurs hommes aboutissent à une performance productive, et que leurs faiblesses ne se fassent pas ressentir. Tous doivent réfléchir à ce que l'on considérera comme des « résultats » dans leur organisation, tous doivent en définir les objectifs. Tous sont tenus de repenser régulièrement ce que j'appelle la logique d'entreprise, c'est-à-dire de remettre en cause les hypothèses sur lesquelles l'organisation fonde sa performance et son action, ainsi que celles sur lesquelles elle s'appuie pour décider ce qu'elle ne veut pas faire. Toutes ont besoin d'un organe de réflexion qui étudie les stratégies, autrement dit les moyens à mettre en œuvre pour que les objectifs de l'organisation soient réalisés. Toutes doivent définir les valeurs de l'organisation, son système de récompenses et de punitions, son esprit, sa culture. Dans toutes les organisations, les responsables doivent maîtriser le management en tant que travail et discipline, mais ils doivent aussi connaître à fond et bien comprendre l'organisation elle-même, ses objectifs, ses valeurs, ses compétences clés, son environnement et ses marchés.

Le management, en tant que *pratique*, est extrêmement ancien. Pour moi, le manager qui a le mieux réussi dans l'histoire du monde, c'est l'Égyptien qui, il y a 4 700 ans, a le premier conçu la pyramide, sans aucun précédent, en a réalisé les plans et l'a construite en un temps record. Contrairement à tout autre ouvrage réalisé par l'homme à la même époque, la première pyramide tient encore debout. En revanche, en tant que *discipline*, le management n'a qu'une cinquantaine d'années. On a commencé à en observer quelques signes précurseurs au moment de la Première Guerre mondiale. Il n'est vraiment né qu'à la Seconde Guerre mondiale, et encore, restait, à l'époque, cantonné aux États-Unis. Depuis, c'est la nouvelle fonction qui s'est développée le plus vite, de même que son étude constitue la discipline qui se développe le plus vite. Aucune fonction n'a connu un tel essor au cours des cinquante à soixante dernières années. Aucune, en tout cas, n'a connu une extension mondiale aussi rapide.

Dans les écoles de gestion, on enseigne encore le management comme un ensemble de techniques, la budgétisation, par exemple. Mais, de même qu'une analyse de laboratoire, pour importante qu'elle soit, ne constitue pas l'essence de la médecine, de même les techniques et les procédures du management n'en sont pas l'essence. Rendre les connaissances productives, voilà l'essence du management. Autrement dit, le management est une fonction sociale et, dans sa pratique, authentiquement un « art libéral ».

Le secteur social

Les collectivités de naguère – famille, village, paroisse, etc. – ont quasiment disparu dans la société du savoir. L'organisation, nouvelle entité d'intégration sociale, les a largement supplantées. Si l'appartenance à telle ou telle communauté relevait du hasard, l'appartenance à une organisation est, elle, volontaire. La collectivité revendiquait la personne tout entière, tandis que l'organisation ne constitue qu'un moyen au service des fins de la personne, un outil. Voilà deux siècles que l'on polémique, surtout en Occident, sur la question de savoir si les communautés sont un organisme ou simplement une extension de la personne. La question ne se pose pas pour la nouvelle organisation ; c'est manifestement une création humaine, une technique sociale.

Dans ces conditions, à qui revient-il d'assumer les tâches sociales ? Il y a deux cents ans, dans toutes les sociétés, une communauté locale s'en chargeait, essentiellement, bien sûr, la famille. Aujourd'hui, les anciennes communautés ont pratiquement cessé de jouer leur rôle traditionnel. Elles n'en seraient d'ailleurs plus capables, puisqu'elles ne sont plus en mesure de contrôler leurs membres, ni même de les retenir. Les gens ne restent plus là où ils sont nés, ni géographiquement, ni même socialement. Par définition, une société du savoir est une société mobile. Toutes les fonctions sociales qu'assumaient les anciennes communautés, bien ou mal – souvent de façon très médiocre, à la vérité – supposaient une certaine permanence individuelle et familiale. « On ne choisit pas sa famille », affirme un vieil adage, l'appartenance à telle ou telle communauté, comme nous l'avons vu, était imposée par le destin. Rompre ces liens signifiait devenir vagabond, voire hors-la-loi. Or l'essence de la société du savoir est la mobilité, en termes d'habitat, d'occupation, d'appartenance.

Cette mobilité se traduit par une multiplication des problèmes sociaux. Les gens n'ont plus de « racines », plus de quartier. Leurs voisins ne sont plus au courant du moindre de leurs faits et gestes, plus personne ne décide à leur place ce qu'ils peuvent avoir comme « ennuis ». La société du savoir, par définition, est compétitive ; le savoir étant accessible à tous, chacun doit se placer, progresser, montrer de l'ambition. Elle offre la possibilité de réussir à un nombre de personnes beaucoup plus grand que par le passé. Par conséquent, et par définition, nombreux seront aussi les laissés pour compte, ou du moins ceux qui ne parviendront qu'à la seconde place. Si la mise en œuvre du savoir a enrichi les sociétés développées de façon spectaculaire, dépassant les espoirs les plus fous de n'importe quelle société antérieure, les échecs, qu'ils se traduisent par la pauvreté ou l'alcoolisme, la délinquance juvénile ou la toxicomanie, semblent symptomatiques d'une faillite de la société. Autrefois, il allait de soi que tout le monde ne pouvait pas réussir. Dans la société du savoir, non seulement les échecs heurtent notre sens de la justice, mais ils mettent en cause la compétence de la société et l'idée qu'elle se fait d'elle-même.

Dès lors, qui assume les tâches sociales dans la société du savoir ? On ne peut plus les ignorer ; pourtant, comme nous venons de le voir, la communauté traditionnelle n'est plus en mesure d'y faire face.

Deux réponses contradictoires ont été apportées au cours du siècle. Toutes deux se sont avérées erronées.

La première remonte à la fin du siècle dernier, au moment où, vers 1880, l'Allemagne de Bismarck fit timidement les premiers pas vers l'État-providence. L'idée directrice consistait à affirmer qu'il revient aux gouvernements de résoudre les problèmes sociaux, car ils pouvaient et devaient en assumer la responsabilité. La plupart des gens continuent vraisemblablement à accepter cette solution, surtout dans les pays occidentaux développés – même s'ils n'y croient plus tout à fait. Elle n'a, hélas, pas résisté à l'épreuve des faits. Depuis la Seconde Guerre mondiale, l'État-providence a partout transformé les gouvernements modernes en monstres bureaucratiques. Dans tous les pays industrialisés, le versement des prestations sociales, c'est-à-dire le paiement de toutes sortes de services, absorbe l'essentiel des budgets. Pourtant la société, loin de s'en trouver mieux, voit les problèmes sociaux se multiplier. Le gouvernement a, certes, une vocation sociale évidente – il doit déterminer la politique à suivre, fixer les normes et, dans une grande mesure, contribuer au financement de l'effort social. En revanche, il a prouvé de façon éclatante son incompétence quasi totale pour *gérer* les services sociaux. Et aujourd'hui, nous savons pourquoi.

J'ai été le premier à conceptualiser l'autre contradiction, dès 1942, dans *The Future of Industrial Man*. J'y expliquais que la nouvelle organisation – à l'époque, c'était la grande entreprise – devrait à l'avenir servir de communauté à l'individu, qui y trouverait à la fois sa fonction et son rang ; je pensais que c'était sur le terrain, dans les ateliers et les bureaux, que l'on devrait résoudre les problèmes sociaux. Au Japon d'ailleurs – mais cela n'a pas le moindre lien avec mes modestes thèses – les très grands employeurs, entreprises ou administrations, ont effectivement tenté de tenir lieu de « communauté » à leurs salariés. L'emploi « à vie » n'en est qu'une facette ; le logement, la protection médicale, les vacances, tout était fourni par l'entreprise, surtout dans les grands groupes ; tout concordait donc à montrer au salarié que son employeur lui tenait désormais lieu de communauté, succédant dans ce rôle au village et à la famille d'hier. Hélas, cette formule-là non plus n'a pas fonctionné.

Il s'avère aujourd'hui nécessaire, surtout dans les pays occidentaux, de faire participer les salariés au gouvernement de la communauté d'entreprise. D'où la notion moderne de responsabilisation, qui ressemble beaucoup à ce dont je parlais il y a cinquante ans. Mais cela ne crée pas une communauté, ni les structures qui permettront à la société du savoir d'assumer ses responsabilités sociales. En réalité, qu'il s'agisse de l'enseignement ou de la santé, de s'attaquer aux tares d'une société riche et développée, comme l'alcool ou la drogue, ou aux problèmes liés à l'incompétence et à l'irresponsabilité qui sévissent dans la « sous-classe » urbaine aux États-Unis – tous ces problèmes échappent à la compétence des employeurs.

Le rôle d'employeur appartient, et continuera d'appartenir à l'organisation. Le rapport que cette dernière entretient avec l'individu se distingue de l'appartenance à une communauté, lien indissoluble et à double sens.

La flexibilité de l'emploi conditionne leur survie. Dans le même temps, on constate que ceux qui détiennent des connaissances avancées considèrent de plus en plus l'organisation comme l'instrument qui doit leur permettre d'accomplir leurs propres objectifs. Par conséquent, même au Japon, ils ont de plus en plus souvent tendance à rejeter toute tentative d'embrigadement dans une organisation qui tiendrait lieu de communauté. Ils refusent qu'elle les contrôle, qu'elle leur demande de s'engager pour la vie, ou de subordonner leurs propres aspirations à ses objectifs et à ses valeurs. C'est inévitable, car les détenteurs du savoir, comme nous l'avons vu plus haut, possèdent leur propre « outil de production » ; ils jouissent donc de la liberté d'aller saisir les meilleures opportunités de se réaliser, progresser et exploiter au mieux leurs connaissances, où qu'elles se présentent.

Par conséquent, ce n'est ni l'État ni l'employeur qui doivent prendre en charge les défis sociaux de la société du savoir. C'est le *secteur social*, une entité nouvelle et distincte.

De plus en plus souvent, ces organisations ont une seconde mission importante : *elles créent de la citoyenneté*. La société et la cité modernes sont aujourd'hui si complexes et si immenses que la citoyenneté, autrement dit la participation responsable, n'est plus possible. En tant que citoyens, tout ce que nous pouvons faire, c'est de voter de temps en temps et de payer régulièrement nos impôts.

En revanche, en œuvrant volontairement pour une institution du secteur social, l'individu peut à nouveau faire une différence.

Il y a quarante ans, le concept de l'homme se consacrant corps et âme à son entreprise prévalait – rien ne s'est avéré faux plus vite. À la vérité, plus vous avez de satisfactions professionnelles grâce au travail du savoir, plus vous avez besoin d'une sphère d'activité communautaire distincte.

Le nouveau pluralisme

L'émergence de l'ère des organisations aboutit à une remise en cause du rôle de l'État. On confie de plus en plus souvent les tâches sociales à des organisations individuelles, chacune ayant vocation à en accomplir une et une seule, qu'il s'agisse d'éducation, de santé, ou du nettoyage des rues. D'où le pluralisme croissant de nos sociétés. Nos théories sociales et politiques considèrent pourtant toujours l'État comme le seul et unique détenteur du pouvoir. Il est vrai que, depuis le 14e siècle, l'histoire et la politique occidentales n'ont tendu, pendant cinq siècles, qu'à détruire, ou au moins désarmer, tous les autres. Ce mouvement a culminé au 18e et au 19e siècles. À cette époque en effet, tous les vestiges des institutions antérieures qui pouvaient encore lui faire concurrence, comme les universités ou les églises, ont été nationalisés et leur personnel fonctionnarisé. C'est alors, dès le milieu du 19e siècle, que de nouveaux centres de pouvoir ont surgi, à commencer par l'entreprise moderne, qui a vu le jour vers 1870. Depuis lors, de nouvelles organisations n'ont cessé de se créer.

Dans le pluralisme d'antan, le féodalisme de l'Europe médiévale, ou sous l'ère Edo du Japon au 17ᵉ et au 18ᵉ siècles, toutes les organisations pluralistes, que ce soit les barons dans l'Angleterre de la Guerre des Deux-Roses ou le *daimyo* – le seigneur local du Japon de l'ère Edo – tentaient de garder la maîtrise de tout ce qui se passait au sein de leur communauté ; ou au moins d'empêcher qui que ce soit d'autre d'exercer son autorité sur les affaires ou les institutions de leur domaine.

Mais à l'ère des organisations, chacune des nouvelles institutions ne s'occupe que de ce qui touche à sa vocation et à sa mission, sans prétendre exercer le moindre pouvoir sur autre chose. Mais aussi sans assumer la responsabilité de quoi que ce soit d'autre. *Dès lors, qui assume la responsabilité du bien commun ?*

Tel a toujours été le problème, jamais résolu, du pluralisme, qui se pose aujourd'hui sous des formes nouvelles. Jusqu'à présent, on imposait des limites à ces institutions en leur interdisant d'empiéter, dans le cadre de leur mission, de leur fonction et de leur intérêt, sur le domaine public ou de contrevenir à la politique de l'État. Toutes les lois adoptées aux États-Unis contre la discrimination (fondée sur la race, le sexe, l'âge, l'éducation, la santé, etc.) au cours des quarante dernières années interdisent les comportements socialement indésirables. Mais la question de la « responsabilité sociale » de ces institutions se pose de plus en plus. Que doivent-elles faire – en dehors de leur propre mission, pour *promouvoir* le bien commun ? Il s'agit là, bien que nul ne semble s'en rendre compte, d'une demande de retour au pluralisme à l'ancienne. Cela revient en effet à réclamer de confier une partie du « pouvoir public aux mains du privé ».

L'exemple du système scolaire américain démontre très clairement que cette tendance peut menacer sérieusement le fonctionnement des nouvelles organisations.

Le nouveau pluralisme n'a pas encore répondu à une question que l'ancien avait déjà laissée sans réponse : qui se charge du bien commun quand les institutions dominantes de la société se cantonnent chacune à leur domaine ? À cela s'ajoute une nouvelle question : comment maintenir la capacité de performance des nouvelles institutions tout en maintenant la cohésion de la société ? La mise en place d'un secteur social fort et fonctionnel revêt donc une double importance. Tout porte à croire que ce secteur social jouera un rôle de plus en plus décisif quant à la performance, sinon à la cohésion, de la société du savoir.

Dès que le savoir est devenu la ressource économique clé, l'intégration des intérêts et celle du pluralisme de la cité moderne ont commencé à s'effriter. Les intérêts non économiques prennent de plus en plus de place au sein du nouveau pluralisme, on voit se multiplier des organisations vouées à des « intérêts particuliers » ou à « une seule cause ». En revanche, on ne peut plus dire que la politique consiste uniquement à déterminer « qui reçoit quoi, quand et comment », elle doit aujourd'hui se préoccuper de valeurs, chacune étant considérée comme un absolu. Impossible, par exemple, d'ignorer le conflit entre le « droit à la vie » de l'embryon et le droit de la femme à disposer de son corps comme elle l'entend et donc d'avorter si elle le souhaite. Impossible d'ignorer l'environnement; ou la nécessité de rétablir l'égalité au bénéfice des groupes qui se plaignent d'être opprimés ou de faire l'objet de discrimination. On le voit, aucun de ces problèmes n'est d'ordre économique; ils relèvent tous, fondamentalement, de l'ordre moral.

On peut toujours parvenir à un compromis quand il s'agit d'intérêts économiques, d'où l'avantage de fonder dessus la politique. Le vieux dicton « une demi-miche de pain, c'est encore du pain », n'a rien perdu de sa pertinence. En revanche, le demi-bébé issu du jugement de Salomon n'est plus un enfant, mais un petit cadavre mutilé. Aucun compromis ne s'avère possible, dans l'ordre moral. Pour un écologiste, « la moitié d'une espèce en voie de disparition », c'est une espèce éteinte.

Voilà qui aggrave considérablement la crise du gouvernement moderne. Les journaux et les commentateurs continuent de présenter en termes économiques ce qui se passe à Washington, Londres, Bonn ou Tokyo. Mais les groupes de pression qui tentent d'influer sur les politiques gouvernementales ne représentent plus exclusivement des intérêts économiques. Ils se battent aussi pour ou contre des mesures auxquelles ils attachent une valeur morale, spirituelle ou culturelle. Chacune de ces préoccupations, représentée par une nouvelle organisation, prétend incarner un absolu. Partager leur miche de pain, ce n'est pas transiger mais trahir.

Ainsi, la société des organisations n'est-elle pas mue par une seule force d'intégration grâce à laquelle les organisations isolées au sein de la société et de la communauté se regrouperaient pour former des coalitions. Les partis politiques traditionnels – qui constituent peut-être les créations politiques les plus réussies du 19e siècle ne peuvent plus intégrer des groupes et des points de vue divergents en une commune poursuite du pouvoir. Au lieu de cela, ils sont le théâtre de luttes à couteaux tirés entre les groupes qui les composent, chacun luttant pour une victoire écrasante, en vue de la reddition sans condition de l'ennemi.

Cet état de choses soulève à nouveau la question de savoir comment l'État peut fonctionner. Dans les pays où la tradition d'une puissante bureaucratie reste fortement implantée, comme le Japon, l'Allemagne et la France, l'administration continue à tenter de cimenter l'État. Mais, même dans ces pays, la cohésion du gouvernement se trouve de plus en plus affaiblie par les intérêts particuliers, essentiellement d'ordre moral et non économique.

Depuis Machiavel, la science politique s'est concentrée sur la conquête et l'exercice du pouvoir. Machiavel et, après lui, les politologues et les hommes politiques, sont tous partis du principe qu'une fois qu'un gouvernement a conquis le pouvoir, il peut fonctionner. Désormais, il va falloir se demander quelles sont les fonctions que le gouvernement, et lui seul, peut et doit exécuter, et ensuite comment l'État doit s'organiser de façon à s'acquitter correctement de ses fonctions dans une société des organisations.

Le 21e siècle sera certainement encore marqué par des bouleversements et des difficultés d'ordre social, économique et politique, au moins pour les premières décennies. L'ère des transformations sociales n'est pas achevée. Les défis qui se préparent seront peut-être plus terrifiants et plus graves que ceux qu'ont entraîné les transformations sociales déjà opérées au 20e siècle.

Mais, avant de nous pencher sur les problèmes que nous réserve l'avenir, il nous faut résoudre ceux auxquels nous sommes déjà confrontés ; *ce sont des tâches prioritaires.*

Si le 20e siècle a été une période de transformations sociales, il faudra que le 21e siècle soit celui des innovations sociales et politiques.

24
Une société d'entrepreneurs

Chaque génération a besoin d'une nouvelle révolution, déclarait Thomas Jefferson à la fin de son existence. Bien qu'ultra-conservateur, Goethe, grand poète allemand contemporain de Jefferson, exprima la même idée à la fin de sa vie en écrivant :

> *Vernunft wird Unsinn*
> *Wohltat, Plage.*
> (La raison devient non-sens,
> Les bienfaits, des fléaux.)

Jefferson et Goethe traduisaient chacun à leur manière la déception de leur génération vis-à-vis de l'héritage des Lumières et de la Révolution française. Mais ce désenchantement pourrait tout aussi bien s'appliquer, cent cinquante ans plus tard, à l'héritage de notre époque, à cette promesse éclatante que fut l'État-providence. Créé par l'Allemagne impériale pour les indigents et les plus défavorisés, il est aujourd'hui « un droit pour tous » et un fardeau de plus en plus lourd à supporter pour tous ceux qui produisent. Qu'ils atteignent ou non leurs objectifs, les systèmes, les institutions, les politiques se perpétuent, tout comme les produits, les processus et les services. Les mécanismes peuvent encore fonctionner. Mais les hypothèses qui leur ont donné le jour ne sont plus fondées. C'est par exemple le cas des données démographiques qui ont présidé à l'élaboration des systèmes de retraites et d'assurance-maladie dans tous les pays développés au cours de ce siècle. C'est ainsi qu'en vérité, la raison est devenue non-sens et les bienfaits, des fléaux.

Mais nous avons appris depuis l'époque de Jefferson que les « révolutions » ne constituent pas le bon remède. On ne peut ni les prédire, ni les diriger, ni les contrôler. Elles donnent le pouvoir à qui il ne faudrait pas. Pire, elles aboutissent – et c'est prévisible – à l'opposé de leurs promesses. Quelques années après la mort de Jefferson en 1826, le grand analyste de l'État et de la politique, Alexis de Tocqueville, remarquait comment les révolutions ne détruisent pas les prisons des régimes précédents mais, au contraire, les agrandissent. Tocqueville démontra que l'héritage le plus durable de la Révolution française a été le resserrement des chaînes qui entravaient la France prérévolutionnaire : la soumission du pays tout entier à une bureaucratie incontrôlée et incontrôlable, la centralisation à Paris de toute la vie politique, intellectuelle, artistique et économique du pays. Les plus grands effets de la Révolution russe furent l'asservissement renouvelé des paysans, la toute-puissance de la police secrète, et la mise en place d'une bureaucratie rigide, corrompue et étouffante. C'est précisément contre ces marques distinctes du régime tsariste que les libéraux et les révolutionnaires s'étaient, à juste titre, révoltés. On pourrait dire la même chose de la sinistre « révolution culturelle » de la Chine de Mao.

Nous savons de nos jours que la « révolution » est une illusion, sans doute l'illusion la plus universelle du 19e siècle, un mythe frappé désormais du plus grand discrédit. Nous savons que la révolution n'est pas un accomplissement, l'aube d'un jour nouveau. Elle résulte du déclin sénile, de la banqueroute des idées et des institutions, de l'échec du renouvellement.

Nous savons aussi, cependant, que les théories, les valeurs et toutes les réalisations de l'esprit et du travail humain vieillissent, se raidissent, deviennent obsolètes et se changent en « fléaux ».

L'innovation et l'esprit d'entreprise sont donc aussi nécessaires à la société qu'à l'économie, à l'entreprise qu'au service public. C'est précisément parce que l'innovation et l'esprit d'entreprise ne sont pas des démarches « totalisantes », mais procèdent au contraire par étapes successives, créant ici un produit, là une politique et ailleurs un service public ; c'est parce qu'elles ne sont pas programmées à l'avance mais s'adaptent à telle opportunité et à tel besoin ; parce que ce sont des expériences qui disparaîtront si elles ne produisent pas les résultats escomptés ; parce que ce sont des voies pragmatiques et non dogmatiques, des projets modestes et non grandioses ; c'est pour toutes ces raisons qu'elles ont les meilleures chances de donner à une société, une économie, une industrie, un service public ou une entreprise les moyens d'un fonctionnement souple et apte au renouvellement. Elles permettent de réaliser la révolution promise à chaque génération par Thomas Jefferson, mais sans massacre, sans guerre civile, sans camps de concentration et sans catastrophe économique. Elles garantissent au contraire la détermination, la direction et le contrôle d'une telle entreprise.

Nous avons besoin d'une société d'entrepreneurs, d'une société pour laquelle l'innovation et l'esprit d'entreprise constituent un phénomène normal, régulier et continu. Le management est devenu l'instrument spécifique de toutes les institutions contemporaines et fait partie intégrante de notre société d'organisations. L'innovation et l'esprit d'entreprise doivent, de la même façon, constituer une activité essentielle et pleinement intégrée au fonctionnement de nos organisations, de notre économie et de notre société.

Cela suppose que les responsables de toutes les formes d'institutions fassent de l'innovation et de l'esprit d'entreprise une activité normale, quotidienne et permanente, une pratique appliquée à leur propre travail et à celui de leur organisation.

La planification ne marche pas

La première des choses à faire à propos des politiques publiques et des mesures gouvernementales indispensables à une société d'entrepreneur est de définir celles qui ne fonctionneront pas, puisque ce sont précisément celles-ci qui ont la faveur de notre époque.

La « planification » au sens général du terme est totalement incompatible avec une société et une économie d'entrepreneurs. L'innovation doit certes répondre à un but précis et l'esprit d'entreprise doit être organisé et dirigé. Mais l'innovation, elle, doit, presque par définition, être décentralisée, autonome, spécifique et micro-économique. Elle doit commencer de façon modeste, expérimentale et souple. Les opportunités d'innovation se situent généralement au plus près des événements. On ne les trouvera pas au milieu des grands agrégats qu'utilise nécessairement le planificateur, mais dans leurs formes anormales: dans l'imprévu, la contradiction, la différence entre le verre moitié plein et le verre moitié vide, dans le point faible d'un processus. Le temps que ces anomalies soient repérées par le planificateur parce qu'elles apparaissent « significatives sur le plan statistique » et il est déjà trop tard. Les opportunités d'innovation ne viennent pas avec la tempête, mais avec le frémissement d'un vent léger.

L'abandon systématique

Les vingt dernières années ont été le théâtre d'un changement de perception et de vision du monde qui constitue un véritable bouleversement. On semble en effet avoir pris conscience que les politiques gouvernementales et les administrations publiques n'étaient pas d'essence divine mais au contraire bien trop humaines. La seule chose absolument certaine à leur égard est donc qu'elles sont appelées à se périmer assez rapidement. La pratique politique repose encore sur la croyance ancestrale selon laquelle tout ce que fait l'État reste à jamais inscrit dans la nature de la société humaine. Il n'existe donc jusqu'à maintenant aucun mécanisme au niveau de l'État qui permette de se débarrasser de ce qui est vieux, désuet et de tout ce qui n'est plus productif.

Plus exactement, ce qui existe à l'heure actuelle ne fonctionne pas encore. Les États-Unis ont récemment adopté une série de lois très strictes qui prévoient un délai déterminé au bout duquel une loi ou une administration deviennent caduques si elles n'ont pas été spécifiquement reconduites. Ces lois n'ont pas fonctionné jusqu'à maintenant, en partie parce qu'il n'existe pas de critère objectif pour apprécier qu'une loi ou qu'une administration ne fonctionnent plus convenablement, et parce qu'il n'existe pas encore de mécanisme spécifique pour révoquer une loi ou une administration. Mais la toute première raison est sans doute que nous n'avons pas encore appris à mettre au point les nouvelles méthodes qui permettront de réaliser ce qu'une administration ou une loi inefficace était chargée de faire. Une des plus importantes et des plus urgentes innovations en matière sociale consiste aujourd'hui à dégager les principes et les mécanismes qui rendront ces nouvelles lois pertinentes et efficaces. Nos sociétés y sont prêtes.

Un défi pour l'individu

Dans une société ouverte à l'esprit d'entreprise, les individus sont confrontés à un formidable défi qu'ils doivent exploiter comme une opportunité : le besoin constant d'apprendre et de se former.

Dans une société traditionnelle, on pouvait supposer le temps de l'apprentissage terminé dès l'adolescence, ou, au plus tard, à l'âge adulte. On ne pourrait plus jamais apprendre ce que l'on n'avait pas déjà appris à l'âge de vingt et un ans ou à peu près. On appliquerait donc tout le reste de sa vie ce que l'on avait appris jusqu'alors. L'apprentissage, le métier, les professions, mais aussi les systèmes d'enseignement et d'éducation traditionnels reposaient, et reposent encore largement, sur de telles hypothèses. Il y a naturellement toujours eu des exceptions, des groupes qui ne cessaient d'apprendre et de réapprendre : les grands artistes, les grands savants, les moines zen, les mystiques ou les jésuites. Mais ces exceptions étaient peu nombreuses.

Dans une société d'entrepreneurs ces « exceptions » deviennent des exemples. Les individus devront apprendre de nouvelles choses bien après avoir atteint l'âge adulte, et sans doute plus d'une fois. Ce qu'ils auront appris avant vingt et un ans sera, en toute hypothèse, périmé cinq à dix ans plus tard, et devra être remplacé – ou au moins revu et corrigé – par de nouvelles connaissances, de nouvelles qualifications et de nouveaux apprentissages.

Une des conséquences de cette évolution est que les individus devront de plus en plus prendre eux-mêmes en charge le renouvellement constant de leurs connaissances pour leur carrière et leur épanouissement personnel. Ils ne pourront plus prétendre que ce qu'ils ont appris dans leur enfance et leur adolescence aura construit les « fondations » du reste de leur vie. Ce sera bien au contraire la « rampe de lancement », la base qui permettra de prendre son envol plutôt que de construire et de prendre racine. Ils ne pourront plus imaginer suivre un plan de carrière vers une destination connue à l'avance (ce que l'armée appelle « monter en grade »). La seule hypothèse correcte est que les individus devront, de leur propre gré, trouver, définir et mettre en œuvre un certain nombre de carrières qui jalonneront leur vie active.

Plus les individus seront diplômés, plus grandes seront leurs carrières d'entrepreneur et plus ils seront au défi de renouveler leurs connaissances. Le charpentier a (peut-être) encore la possibilité de croire que sa qualification acquise en tant qu'apprenti et compagnon lui servira toujours quarante ans plus tard. Mais les médecins, les ingénieurs, les sidérurgistes, les chimistes, les comptables, les juristes, les professeurs, les managers feraient mieux de s'attendre à ce que les connaissances, les qualifications et les outils qu'ils devront utiliser dans quinze ans soient nouveaux et différents de ceux d'aujourd'hui. Ils feraient mieux de se préparer à apprendre de nouvelles choses, à définir de nouveaux objectifs, et dans un grand nombre de cas, à suivre de nouvelles carrières. Et ils sont les seuls à pouvoir assumer la responsabilité du renouvellement indispensable de leurs connaissances et de leur orientation. Les traditions, les habitudes et la « politique de l'entreprise » seront pour eux un handicap et non un soutien.

Cela signifie également qu'une société d'entrepreneurs remet en question les habitudes et les hypothèses sur lesquelles repose notre façon d'enseigner et d'apprendre. Le système éducatif aujourd'hui appliqué partout dans le monde est pour l'essentiel issu du modèle mis en place dans l'Europe du 17e siècle. Ce modèle a subi de substantielles modifications et des ajouts importants, mais le fondement architectural sur lequel reposent nos écoles et nos universités remonte trois cents ans en arrière et plus. De nouvelles conceptions et de nouvelles méthodes, parfois radicalement différentes, sont aujourd'hui indispensables, à tous les niveaux.

Le recours à l'ordinateur dès la maternelle ne sera peut-être bien qu'une lubie passagère. Mais des enfants de quatre ans en contact constant avec la télévision exigeront et ne réagiront qu'à une pédagogie entièrement différente de celle employée cinquante ans plus tôt.

Les jeunes gens qui se préparent à occuper une profession hautement spécialisée – soit les quatre cinquièmes des étudiants d'aujourd'hui – ont assurément besoin d'une éducation « libérale ». Mais cela n'a manifestement rien à voir avec le programme du 17e siècle revu au 19e qui passait pour la *liberal education* de la communauté anglo-saxonne ou l'*Allgemeine Bildung* des Allemands. Ne pas relever ce défi nous ferait courir le risque de perdre les concepts fondamentaux de cette « éducation libérale » qui se verrait réduite à l'état de formation purement professionnelle et spécialisée. Les fondements éducatifs de notre société et, au bout du compte, la société elle-même seraient menacés. Les éducateurs devront également accepter que l'enseignement ne soit pas réservé aux jeunes, et que le plus grand défi – mais aussi la plus grande opportunité – est aujourd'hui la formation continue des adultes ayant déjà suivi des études supérieures.

Nous n'avons défini jusqu'à maintenant aucune théorie éducative adaptée à cette tâche. Personne n'a repris le travail réalisé au 17e siècle par le grand réformateur tchèque Johann Comenius ou par les éducateurs jésuites qui élaborèrent ce qui est resté, jusqu'à ce jour, l'école « moderne » et l'université « moderne ».

Mais au moins en ce qui concerne les États-Unis, la pratique est nettement en avance sur la théorie. L'évolution la plus positive et la plus encourageante des vingt dernières années me semble être la multiplicité des expériences menées dans le domaine éducatif – un heureux effet de l'absence, aux États-Unis, d'un ministère de l'Éducation – en matière de formation continue des adultes et tout particulièrement des professionnels ayant déjà suivi des études supérieures. Sans « stratégie globale », sans « philosophie éducative », et en vérité sans grand soutien des autorités, l'éducation permanente et la formation professionnelle continue des diplômés de l'enseignement supérieur les plus performants sont devenues la véritable « industrie de croissance » des États-Unis au cours des vingt dernières années.

L'apparition d'une société d'entrepreneurs marquera peut-être un tournant important de l'Histoire.

Il y a cent ans de cela, la crise mondiale de 1873 mettait un terme au siècle de laisser-faire amorcé avec la publication, en 1776, de *La Richesse des nations* d'Adam Smith. La crise de 1873 fut l'acte de naissance de l'État-providence qui, cent ans plus tard, arrive au bout du chemin, chacun s'en rend compte aujourd'hui. Il résistera peut-être au défi démographique que constitue le vieillissement de la population et le recul de la natalité. Mais il ne survivra que si l'économie d'entrepreneurs permet une forte augmentation de la productivité sous toutes ses formes. On aura beau apporter quelques légères améliorations à l'édifice, ajouter ici une pièce de plus ou mettre en place là-bas une nouvelle prestation, l'État-providence n'en appartient pas moins au passé, et non à l'avenir. Même les plus anciens « libéraux » l'admettent aujourd'hui.

Son successeur sera-t-il la société d'entrepreneurs ?

25
La citoyenneté passe par le secteur social

LES BESOINS SOCIAUX VONT S'ACCROÎTRE, et cela dans deux domaines. Ils vont grandir d'abord pour tout ce que l'on considère traditionnellement comme relevant de la *charité* : secourir les pauvres, les handicapés, les sans-espoir, les victimes. Ils vont grandir encore plus vite peut-être dans le domaine des services visant à intervenir dans le fonctionnement de la *communauté*, voire à changer *la vie* elle-même.

Dans toute période de transition, on constate une augmentation du nombre de personnes dans le besoin. Il y a dans le monde entier la foule des réfugiés, victimes des guerres et des révolutions, des persécutions raciales, ethniques, politiques, religieuses, de l'incompétence et de la cruauté de l'État. Il y a, même dans les sociétés les plus calmes et les plus stables, ceux que les progrès du savoir laisseront en arrière. Une ou deux générations passeront avant que la société et la population se soient adaptées aux changements apportés à la demande de travail par l'exigence de compétence et de savoir. Il faudra du temps – pas moins d'une génération, si l'on en juge par l'expérience – avant que la productivité des travailleurs des services ait progressé suffisamment pour qu'ils accèdent à un niveau de vie de classe moyenne.

Les besoins vont grandir encore plus vite peut-être dans le second secteur, celui des services sociaux qui ne font pas la charité mais visent à intervenir dans la société et à changer la vie. De tels services étaient inconnus naguère – alors que la charité est pratiquée depuis des millénaires. Mais ils prolifèrent depuis une centaine d'années, notamment aux États-Unis.

Et leur utilité ne peut que s'accroître à l'avenir. En raison tout d'abord du nombre croissant des personnes âgées qui, dans tous les pays développés, vivent seules et désirent vivre seules. En raison, aussi, du progrès médical et des nouveaux besoins en recherche médicale, en formation médicale et en établissements de soins. Il y a aussi les besoins de formation continue pour les adultes, les besoins résultant de la multiplication des familles monoparentales. Si l'on peut espérer voir finalement reculer, dans les pays développés, les cas relevant de la charité, en revanche les services de type communautaire seront probablement parmi ceux qui connaîtront la plus forte croissance.

Un « troisième secteur »

Aux États-Unis, aucun des programmes par lesquels on s'est efforcé depuis quarante ans de traiter les problèmes sociaux n'a obtenu de résultats significatifs. Les organisations privées à but non lucratif, au contraire, affichent des résultats impressionnants. Dans les grandes villes comme New York, Detroit ou Chicago, l'enseignement public décline à une vitesse inquiétante. Les écoles confessionnelles, au contraire (notamment celles des diocèses catholiques), obtiennent des succès surprenants, dans les mêmes quartiers, avec les mêmes enfants venant de familles désunies et appartenant aux mêmes groupes raciaux et ethniques. Dans le combat contre la drogue et l'alcoolisme, les seuls succès – fort remarquables, d'ailleurs – ont été obtenus par des associations privées comme les alcooliques anonymes, l'Armée du Salut ou les Samaritains. Pour sortir les mères célibataires – souvent noires ou hispaniques – de l'assistance et leur donner un travail régulier et une vie de famille stable, la seule réussite connue est celle d'une organisation privée à but non lucratif, le Judson Center (à Royal Oak, Michigan) et de quelques autres du même genre. Dans les grands secteurs de la santé, par exemple la prévention et le traitement des affections cardiaques et des maladies mentales, les progrès ont été pour l'essentiel le fait d'organisations privées à but non lucratif. L'American Heart Association ou l'American Mental Health Association patronnent et financent la recherche, et assurent la formation aussi bien du grand public que du corps médical en matière de prévention et de traitement.

Promouvoir les organisations privées dans le secteur social constitue donc une démarche essentielle si l'on veut reconvertir l'État et lui redonner quelque efficacité.

Mais la contribution la plus importante de ces organisations privées à la vie sociale, c'est qu'elles redonnent vie à une *citoyenneté constructive*. Le méga-État a pratiquement détruit le sens de la citoyenneté. Pour le restaurer, la société postcapitaliste a besoin d'un « tiers secteur » venant s'ajouter à ceux que l'on connaît déjà, le secteur privé (les entreprises) et le secteur public (l'État). Elle a besoin d'un *secteur social*.

Dans le méga-État, la citoyenneté politique ne fonctionne plus. Même dans un petit pays, les affaires de l'État se passent si loin du citoyen individuel que celui-ci ne peut pas se sentir concerné.

L'individu peut voter – et l'histoire récente nous a appris quelquefois à nos dépens l'importance de ce droit. Il peut payer des impôts – et là encore, nous avons appris à nos dépens le poids de cette obligation.

Mais l'individu ne peut pas prendre une responsabilité, agir pour se rendre utile. Et pourtant, si la citoyenneté ne s'exerce pas, la politique tourne à vide. Le patriotisme se vide de son contenu. Sans elle, il risque de dégénérer en chauvinisme. Sans le sentiment de citoyenneté, il ne peut y avoir cet engagement responsable qui fait le citoyen et qui, en dernière analyse, assure la cohérence du corps politique. Il ne peut pas y avoir non plus la satisfaction, la fierté que procure le fait d'être utile. Sans ce sentiment partagé, l'entité politique, nation ou empire, peut être un « pouvoir » ; le pouvoir est en pareil cas la seule chose qui maintienne son unité. Mais pour être capable d'agir efficacement dans un monde en évolution et plein de risques, la société postcapitaliste doit ressusciter la citoyenneté.

Le besoin de communauté

Elle doit restaurer aussi le sentiment d'appartenance à une communauté. Les communautés traditionnelles ont perdu tout leur pouvoir intégrateur, ou presque. Ce qui les détruit, c'est le savoir, qui confère aux individus la mobilité. Et ce qui assurait leur cohérence, nous le savons maintenant, c'était moins ce que leurs membres avaient en commun que la nécessité pure et simple, voire la coercition et la peur.

La famille traditionnelle était le fruit de la nécessité. Dans les romans du 19ᵉ siècle, on rencontre sans arrêt ce que l'on appellerait maintenant des « foyers brisés ». Mais les époux devaient rester ensemble, quels que fussent la haine, le dégoût ou la crainte qu'ils ressentaient l'un pour l'autre. « La famille, c'est là où ils doivent vous enfermer », comme on disait alors. Avant le 20ᵉ siècle, c'était la famille qui assurait pratiquement tous les services sociaux.

On ne pouvait donc que s'y accrocher. Être répudié par la famille était une catastrophe. Un personnage classique du théâtre et du cinéma américains jusqu'aux années 1920, c'est celui du père de famille cruel qui jette sa fille à la rue lorsqu'elle revient à la maison avec un bâtard. La fille n'avait plus alors que deux issues : se suicider ou se prostituer.

Pour la plupart des gens, la famille est en fait plus importante que jamais. Mais elle exprime désormais un lien volontaire, lien d'affection, d'attachement, de respect mutuel, plutôt qu'un lien dû à la nécessité. Les jeunes d'à présent, une fois passée la phase de rébellion adolescente, ont besoin de se sentir proches de leurs parents et de leurs frères et sœurs bien plus que ceux de ma génération.

Il reste que la famille n'est plus la communauté. Pourtant, les gens ont besoin de communauté, surtout dans les villes tentaculaires et les banlieues où l'on vit de plus en plus de nos jours. Vous ne pouvez plus compter, comme dans le village rural, sur des voisins qui ont les mêmes intérêts que vous, les mêmes problèmes, les mêmes occupations, les mêmes ignorances – bref, qui vivent dans le même monde que vous. Même si le lien familial est resté solide, on ne peut plus compter sur la famille, à cause de la mobilité géographique et professionnelle. Les gens ne restent plus au même endroit, dans la classe où ils étaient nés, ne partagent plus la culture de leurs parents, de leurs frères et sœurs, de leurs cousins. La forme de communauté dont a besoin la société postcapitaliste – et notamment le travailleur du savoir – c'est une *communauté fondée sur l'engagement et la compassion*, et non plus imposée par le voisinage et l'isolement.

Il y a quarante ans, je croyais que cette communauté pourrait naître sur le lieu de travail. Dans mes livres *The Future of Industrial Man* (1942), *The New Society* (1949) et *La pratique de la direction des entreprises* (Paris, 1954) j'avançais l'idée de « communauté d'entreprise », lieu où l'individu recevrait son statut fonctionnel et exercerait sa responsabilité et son autonomie. Mais même au Japon, la communauté d'entreprise n'est pas destinée à durer encore longtemps. Il apparaît aussi de plus en plus clairement que la communauté d'entreprise repose beaucoup moins, au Japon, sur un sentiment d'appartenance que sur la crainte. Dans le système de la grande entreprise japonaise, pratiquant le salaire à l'ancienneté, un ouvrier de trente ans qui perd son emploi est pratiquement condamné au chômage pour le restant de ses jours.

En Occident, la communauté d'entreprise n'a jamais pris racine. Je reste fermement convaincu qu'il faut donner au travailleur le maximum de responsabilité et d'autonomie – raison pour laquelle je m'étais fait l'avocat de l'idée de communauté d'entreprise. L'organisation basée sur le savoir doit devenir une organisation fondée sur la responsabilité.

Mais l'individu, et notamment le travailleur du savoir, a besoin d'appartenir, en dehors et au-delà de son travail, en dehors même et au-delà de son domaine de savoir spécialisé, à une sphère de vie sociale et de relations privées à laquelle il puisse apporter quelque chose de constructif.

Le bénévole est le vrai citoyen

Le seul endroit où ce besoin peut être satisfait, c'est le secteur social. C'est là que l'individu peut apporter sa contribution, prendre des responsabilités, servir à quelque chose, se poser en « volontaire ».

C'est ce qui est en train de se passer aux États-Unis.

La multiplicité des confessions, l'importance accordée à l'autonomie des collectivités locales – États, comtés, villes – et la tradition communautaire des pionniers isolés sur la frontière ont fait obstacle à la politisation et à la centralisation des activités sociales. Le résultat, c'est qu'il existe dans le secteur social américain près d'un million d'organisations à but non lucratif. Elles absorbent le dixième du produit national brut. Le quart de ce montant provient des dons du public, un autre quart de l'État pour remboursement de services spécifiques (par exemple les soins médicaux), le reste étant représenté par le prix de toutes sortes de services, comme les droits versés par les étudiants aux universités privées ou les bénéfices des « boutiques d'art » qu'on trouve maintenant dans tous les musées américains.

Ces organisations à but non lucratif sont devenues le plus grand employeur des États-Unis. Un Américain adulte sur deux – 90 millions de personnes en tout – leur consacre au moins trois heures de travail bénévole par semaine, que ce soit pour une église, un hôpital, un établissement de soins, un service communautaire comme la Croix-Rouge, les scouts et les guides, les organismes de réadaptation comme l'Armée du Salut ou les Alcooliques anonymes, les refuges pour femmes battues ou les centres d'accueil pour les enfants noirs des ghettos. En 2000 ou 2010, le nombre des bénévoles devrait atteindre 120 millions, et leur contribution moyenne cinq heures par semaine.

Ces volontaires ne sont plus considérés comme des « aides », mais comme des associés. Les organisations à but non lucratif américaines ont souvent un dirigeant rémunéré à temps plein, mais les autres membres de l'équipe de direction sont de plus en plus des volontaires qui assurent la gestion de l'institution.

C'est dans l'Église catholique que le changement a été le plus spectaculaire. Dans un diocèse important, ce sont des femmes qui gèrent les paroisses en tant qu'« administrateurs paroissiaux ». Les prêtres célèbrent la messe et délivrent les sacrements. Toutes les autres activités sociales et charitables sont exercées par des bénévoles, sous la direction de l'administration.

La principale raison de ce regain d'activités volontaires, ce n'est pas que les besoins ont augmenté. C'est que les bénévoles recherchent l'engagement, veulent apporter leur contribution à la communauté. Ce ne sont pas, pour la plupart, des retraités. Ce sont des hommes et des femmes de trente à cinquante ans, bien éduqués, actifs, financièrement à l'aise, dont le foyer bénéficie de deux salaires. Ils aiment leur travail, mais ils ressentent le besoin de faire quelque chose pour « se rendre utiles », selon l'expression qu'ils emploient tous : enseigner le catéchisme dans leur paroisse, apprendre la table de multiplication à des enfants noirs, ou rendre visite aux personnes âgées sortant d'un long séjour à l'hôpital et les aider à faire leurs exercices de rééducation.

Les organisations à but non lucratif rendent peut-être un plus grand service encore aux volontaires qu'elles emploient qu'aux personnes à qui elles portent secours.

Les guides sont une des rares organisations américaines qui aient achevé leur intégration raciale. Quelles que soient leur couleur ou leur origine – blanches, noires, hispaniques, asiatiques – les jeunes filles des troupes travaillent et jouent ensemble. Mais leur contribution la plus importante à l'intégration, amorcée dès les années 1970, est d'avoir recruté un grand nombre de mères de familles bénévoles, noires, asiatiques ou hispaniques, et de leur avoir confié des postes à responsabilité dans l'action communautaire d'intégration.

Restaurer la citoyenneté dans et par le secteur social n'est pas une panacée qui guérira tous les maux de la société et du régime politique postcapitalistes. Mais ce pourrait bien être une condition préalable. Cela permettrait de réhabiliter le sens des responsabilités qui caractérise la citoyenneté, et la fierté civique qui caractérise la communauté.

Cette nécessité est d'autant plus urgente là où la communauté, ses organisations et la citoyenneté elle-même ont été le pus gravement atteintes, je veux dire dans les pays ex-communistes. Dans ces pays, l'État n'est pas seulement totalement discrédité, il est devenu totalement impuissant. Des années passeront avant que les gouvernements qui ont succédé aux communistes – en Tchécoslovaquie comme au Kazakhstan, en Russie, en Pologne ou en Ukraine – soient en mesure d'accomplir convenablement les tâches qui sont celles de tout État : la monnaie et les impôts, l'armée et la justice, les relations extérieures. En attendant, seules des organisations locales du secteur social, privées et à but non lucratif, composées de volontaires et polarisant l'énergie spirituelle du peuple, pourront à la fois assurer les services sociaux indispensables à la société et donner l'élan directeur dont le régime politique a besoin.

Certes, chaque pays, chaque société structurera le secteur social à sa façon. En Europe occidentale, par exemple, les Églises ne peuvent probablement pas tenir le rôle clé qu'elles jouent dans une Amérique encore très christianisée. Au Japon, la communauté d'entreprise pourrait rester le lien le plus fondamental, le plus apparent, notamment pour les ouvriers du rang. Mais tout pays développé a besoin d'un secteur social autonome, autogéré, composé d'organisations communautaires. Il en a besoin pour assurer les services sociaux indispensables, et surtout pour créer des liens communautaires entre les citoyens, pour restaurer une citoyenneté active. Au cours de l'histoire, la citoyenneté a été un destin. Dans la société postcapitaliste, elle doit devenir un engagement.

26
De l'analyse à la perception : une nouvelle vision du monde

Vers 1680, un physicien français, Denis Papin, qui travaillait alors en Allemagne (protestant, il avait dû s'exiler de son pays natal) inventa la machine à vapeur. On n'est pas sûr qu'il en construisit effectivement une, mais il la conçut. En tout cas, il fabriqua la première soupape de sécurité. Une génération plus tard, en 1712, Thomas Newcomen installa dans une mine de charbon anglaise la première machine à vapeur qui fonctionnât. Son invention rendit possible l'exploitation du charbon (en permettant de pomper l'eau souterraine qui inondait régulièrement les mines). Avec la machine à vapeur de Newcomen naissait l'âge de la vapeur. Pendant deux cent cinquante ans, la technologie put se ramener à des modèles mécaniques. Les combustibles fossiles devinrent bientôt la principale source d'énergie. La plus récente de ces sources est celle qui se trouve à l'intérieur des étoiles : en 1945, la fission, et quelques années après la fusion atomique, reproduisait ce qui se passe dans le soleil. On n'ira pas plus loin. En 1945, l'ère où la mécanique était le modèle universel a pris fin. Un an plus tard, en 1946, le premier ordinateur, l'ENIAC, entrait en fonction. Avec lui commençait une nouvelle ère, dans laquelle l'information est appelée à devenir le principe structurant du travail. Or l'information est un principe qui relève des processus biologiques, davantage que des processus mécaniques.

Rien n'influence autant l'évolution des civilisations qu'un changement du principe structurant l'organisation du travail. Jusqu'à l'an 800 ou 900 de notre ère, la Chine dépassait de cent coudées les pays occidentaux pour ce qui est des sciences, des techniques et, d'une façon générale, de la civilisation et de la culture. C'est alors que les moines bénédictins de l'Europe du Nord découvrirent de nouvelles sources d'énergie. Jusqu'à ce moment-là, la principale, sinon la seule, avait été l'animal à deux pattes appelé homme. C'était la femme du paysan qui tirait la charrue. Pour la première fois, l'invention du collier d'attelage allait permettre de remplacer la femme du fermier par une énergie d'origine animale. Les Bénédictins transformèrent aussi en machines – les premières machines – ce qui était considéré dans l'antiquité comme des jouets, le moulin à eau et le moulin à vent. En moins de deux cents ans, le leadership technique passa de la Chine à l'Occident. Sept cents ans plus tard, la machine à vapeur de Papin créait une technique nouvelle, et avec elle une nouvelle vision du monde – celle de l'univers mécanique.

En 1946, avec l'avènement de l'ordinateur, l'information est devenue le principe structurant de la production. Et avec lui, la civilisation a changé de base.

Effets sociaux de l'information

On discute beaucoup, de nos jours, et on écrit beaucoup – presque trop – de l'effet qu'ont les techniques de l'information sur la civilisation matérielle, les biens, les services, les entreprises. Leurs effets sur la société, cependant, sont aussi importants, et peut-être davantage. L'un de ces effets est bien connu. Chaque fois que se produit un saut dans les techniques, on assiste à une vague de créativité et d'expansion des entreprises. En fait, la vague de développement née aux États-Unis à la fin des années 1970 et qui, en dix ans, a gagné l'ensemble du monde développé non communiste est la quatrième depuis trois cents ans, depuis Denis Papin. La première commença au milieu du 17e siècle et dura jusqu'au début du 18e ; c'est la « révolution commerciale », la formidable expansion des échanges qui suivit l'invention de navires capables de transporter un important chargement à longue distance. La deuxième vague de développement – du milieu du 18e siècle au milieu du 19e – fut ce qu'on appelle communément la « Révolution industrielle ». Aux environs de 1870 arriva une troisième vague, déclenchée par l'apparition d'industries nouvelles – des industries qui ne se contentaient pas de mettre en œuvre des sources d'énergie différentes mais qui, pour la première fois, produisaient des biens que l'on n'avait jamais fabriqués auparavant (sinon en toutes petites quantités) : l'électricité, le téléphone, l'électronique, la sidérurgie lourde, l'industrie chimique et pharmaceutique, l'automobile, et l'aéronautique.

Et nous voici dans une quatrième révolution, propulsée par l'information et la biologie. Comme les précédentes, celle-ci ne concerne pas seulement les industries de pointe : elle les concerne toutes, que leurs techniques soient avancées, banales ou élémentaires. Comme les précédentes, elle ne repose pas seulement sur des petites entreprises nouvelles, mais pénètre aussi bien les grandes – et souvent avec une efficacité et une brutalité terribles. Et comme les précédentes, elle ne se réduit pas aux « inventions », c'est-à-dire à la technique. Les innovations sociales ne sont pas moins importantes, et n'ont pas moins d'effets dans les entreprises. Certaines de celles qui ont accompagné la révolution industrielle (l'armée moderne, les grands services publics, la poste, la banque de dépôts) ont eu souvent autant de conséquences que le chemin de fer ou le cargo à vapeur. De même, la nouvelle vague comptera autant par ses innovations sociales – en matière de politique, d'administration, d'éducation, d'économie – que par ses nouvelles techniques et ses productions industrielles.

L'information a un autre effet social important, déjà visible et très commenté : son effet sur l'État-nation, et notamment sur cette forme hypertrophiée de l'État-nation que furent les États totalitaires du 20e siècle. Rejetons eux-mêmes des médias modernes – journaux, cinéma, radio – ces États ne peuvent survivre qu'en exerçant un contrôle total de l'information. Mais dès lors que chacun peut recevoir chez soi des informations directement transmises par satellite, et grâce à une antenne assez discrète pour échapper à la police secrète, aucun gouvernement ne peut plus contrôler l'information. En fait, comme la monnaie, l'information est transnationale, elle n'a pas de patrie.

Et comme elle ignore les frontières, elle formera de nouvelles communautés transnationales entre des gens qui ne se seront peut-être jamais vus mais qui seront en communion d'esprit parce qu'ils communiqueront. L'économie mondiale, notamment l'économie symbolique de l'argent et du crédit, forme déjà l'une de ces communautés transnationales.

D'autres effets sociaux, moins bien perçus et analysés, sont aussi importants. L'un de ceux-ci est la transformation – sans doute inéluctable – de la grande ville. Au 20$^\text{e}$ siècle, la ville a été modelée par les découvertes du 19$^\text{e}$, à savoir la possibilité pour les hommes d'aller travailler loin en empruntant le train, le tramway, la bicyclette ou l'automobile. Il lui reste à subir les conséquences de la grande découverte du 20$^\text{e}$ siècle, à savoir la possibilité d'amener le travail chez les gens en transportant les idées et l'information. En réalité, la grande ville – le cœur de Tokyo, de New York, de Los Angeles, de Londres, de Paris, de Bombay – a déjà perdu son utilité. Il n'est plus possible d'y entrer ou d'en sortir, comme en témoignent les foules entassées deux heures durant dans les trains de banlieue de Tokyo ou de New York, le chaos de Piccadilly Circus à Londres ou les embouteillages interminables du matin et du soir sur les autoroutes de Los Angeles. On commence à peine à amener l'information là où sont les gens – c'est-à-dire en dehors des villes – pour effectuer toutes sortes de travaux : gestion des cartes de crédit, diffusion des plans, traitement des polices d'assurance, des déclarations d'accidents, des dossiers médicaux. De plus en plus, les gens vont travailler chez eux, ou, plus vraisemblablement, dans de petits bureaux satellites situés loin des villes encombrées. La télécopie, le téléphone, l'écran interactif, le télex, la téléconférence l'emportent peu à peu sur le chemin de fer, l'automobile et l'avion. Le boom immobilier observé dans les grandes villes au cours des années 1970-1980 et la prolifération parallèle des gratte-ciel ne sont pas des preuves de santé : ils signaleraient plutôt le commencement de la fin des métropoles. Leur déclin sera peut-être long, mais le fait est que nous n'avons plus besoin de cette remarquable réalisation qu'est la grande ville, au moins dans sa forme et sa fonction actuelles.

La ville « centre d'activité » pourrait devenir *centre d'information*, c'est-à-dire l'endroit d'où l'information (nouvelles, données, musique) rayonne. Elle pourrait ressembler à la cathédrale du Moyen Âge, où les paysans des environs se rassemblaient une ou deux fois par an à l'occasion des grandes fêtes, et qui était vide le reste du temps, mise à part la présence des quelques chanoines chargés de l'enseignement religieux. De même, l'université de demain pourrait être un « centre de savoir » distribuant de l'information, plutôt qu'un lieu où des étudiants assistent à un cours.

Cela dit, l'endroit où se fait le travail détermine dans une large mesure la façon dont le travail est fait. Attendons-nous à de grands changements ; mais quand et comment se produiront-ils ? Impossible de l'imaginer pour le moment.

Forme et fonction

Un problème crucial sera celui de la dimension optimale d'une organisation donnée pour une tâche donnée. Dans un système mécanique, on améliore la performance en accroissant l'échelle. Davantage de puissance donne davantage de production. Plus c'est gros, mieux c'est. Mais il n'en va pas de même dans les systèmes biologiques. Là, la fonction conditionne la taille.

Pour un cafard, ce serait contraire à l'efficacité d'être trop gros. Et pour un éléphant, d'être trop petit. Comme les biologistes aiment à le dire, « le rat sait tout ce qu'il doit savoir pour réussir en tant que rat ». Il est donc stupide de se demander si le rat est plus intelligent que l'homme ; pour tout ce qui assure le succès d'un rat, le rat est très supérieur à tous les autres animaux, l'être humain y compris. Dans une société basée sur l'information, la taille devient une « fonction » et une variable dépendante (plutôt qu'indépendante). En fait, les caractéristiques mêmes de l'information impliquent plutôt que la taille la plus petite sera la plus efficace. *Bigger* sera *better* seulement si l'on ne peut pas faire autrement.

Car la communication, pour être efficace, doit contenir à la fois de l'information et du sens. Et le sens exige qu'il y ait communion. Si quelqu'un dont j'ignore la langue me parle au téléphone, rien ne sert que la transmission soit impeccable : le sens sera absent tant que je ne comprendrai pas la langue. Un message parfaitement clair pour un météorologue sera du charabia pour un chimiste. Mais la communion ne fonctionne bien que si le groupe n'est pas trop vaste. Elle exige en effet d'être constamment réaffirmée, qu'on puisse l'interpréter – bref, elle n'existe qu'à l'intérieur d'une communauté. « Je sais ce que signifie ce message, parce que je sais ce que pensent nos amis de Tokyo, ou de Londres, ou de Pékin » : en l'occurrence, la phrase « Je sais » est le catalyseur qui transforme la communication en information.

Pendant cinquante ans, du début de la grande dépression aux années 1970, la tendance générale a été à la centralisation et aux grandes dimensions. Avant 1929, les médecins n'envoyaient pas leurs patients à l'hôpital, sauf pour une intervention chirurgicale. Avant les années 1920, la plupart des bébés naissaient à la maison, non dans les maternités. Jusqu'aux années 1930, la tendance, dans l'enseignement secondaire américain, favorisait les petits et moyens lycées enseignant les lettres. Après la Seconde Guerre mondiale, ce fut la mode des grandes universités, et surtout des grandes unités d'enseignement et de recherche. La même tendance s'observe dans l'administration. Et dans le monde des affaires, le volume, après la Seconde Guerre mondiale, est devenu l'obsession : toute entreprise qui se respectait devait atteindre le milliard de dollars de chiffre d'affaires.

Mais après 1970 vint le reflux. Désormais, la bonne gestion n'est plus liée à la grande taille. En matière de santé, on préfère exclure de l'hôpital tous les soins qui peuvent être dispensés autrement. Avant 1970, on pensait aux États-Unis que les malades mentaux, même légers, seraient mieux dans un hôpital psychiatrique. Depuis, tous ceux qui ne représentent pas un danger réel pour autrui ne sont plus hospitalisés (pas toujours, d'ailleurs, avec de bons résultats). Terminé, le culte du volume, qui s'était imposé pendant les trois premiers quarts de ce siècle, et notamment aussitôt après la Seconde Guerre mondiale. Dans le monde des affaires, il cède devant la redistribution et le désinvestissement. Nombre de responsabilités publiques, notamment aux États-Unis, sont transférées du pouvoir central aux autorités locales, privatisées, ou sous-traitées localement par de petites entreprises.

Le problème de la dimension optimale pour une tâche donnée se trouve ainsi posé. Sera-ce celle d'une abeille, d'un oiseau-mouche, d'une souris, d'un daim, d'un éléphant ? Toutes ces formes ont leur nécessité, mais chacune pour sa fonction propre et dans un environnement différent. La bonne dimension, c'est celle où l'on pourra traiter le plus efficacement l'information nécessaire à l'accomplissement de la tâche et à la fonction. Alors que l'organisation traditionnelle était structurée par son système de commandement-contrôle, l'organisation basée sur l'information le sera par l'optimisation de son propre système d'information.

De l'analyse à la perception

La technique est le propre de l'homme, non de la nature. Elle ne se définit pas par les outils, mais par la façon qu'a l'homme de travailler. Et aussi, d'ailleurs, par la façon qu'il a de vivre et de penser. Comme le dit Alfred Russel Wallace, qui, avec Charles Darwin, formula la théorie de l'évolution : « L'homme est le seul animal capable d'une évolution réfléchie et intentionnelle, parce qu'il fabrique des outils. » Mais précisément parce que la technique est un prolongement de l'homme, tout changement fondamental dans les techniques exprime et en même temps modifie notre vision du monde.

L'ordinateur, d'une certaine façon, est l'ultime avatar de la vision analytique, conceptuelle, celle d'un univers mécanique, qui s'est formée à la fin du 17ᵉ siècle, l'époque de Denis Papin. Il se fonde, en dernière analyse, sur la découverte du contemporain et ami de Papin, le philosophe mathématicien Gottfried Leibniz, selon laquelle tout nombre peut être exprimé « digitalement », c'est-à-dire avec des 1 et des 0. Il a été rendu possible par l'extension de cette analyse des nombres à la logique, dans les *Principia Mathematica* de Bertrand Russel et Alfred Whitehead (publiés en 1910-1913), qui démontrent que tout concept peut être lui aussi exprimé par des 1 et des 0, pourvu qu'il soit dénué d'ambiguïté et formulé en « données ».

Mais bien qu'il représente le triomphe du modèle analytique et conceptuel remontant, au-delà de Papin, à son maître René Descartes, l'ordinateur nous oblige à transcender ce modèle. L'information, en soi, relève bien du domaine analytique et conceptuel. Mais l'information est aussi le principe structurant de tout processus biologique. La vie, nous enseigne la biologie moderne, est inscrite dans le code génétique, qui est de l'information programmée. En fait, la seule définition de cette mystérieuse réalité, la vie, qui ne fasse pas appel au surnaturel, énonce qu'elle est de la matière organisée par de l'information. Et le processus biologique ne relève pas de l'analyse. Dans un phénomène mécanique, le tout est égal à la somme des parties et peut par conséquent être compris au moyen de l'analyse. Les phénomènes biologiques, eux, sont des « touts » différents de la somme de leurs parties. L'information, c'est vrai, est conceptuelle ; mais le sens, lui, ne l'est pas. Il ressortit à la perception.

Dans la vision du monde des mathématiciens et des philosophes qu'ont formulée Denis Papin et ses contemporains, la perception se réduisait à l'« intuition », maîtresse d'erreur ou, en tout cas, notion mystique, fuyante et mystérieuse. La science ne nie pas son existence (bien que nombre de savants, eux, le fassent), elle nie sa validité. L'intuition, affirment les praticiens de l'analyse, ne peut pas s'enseigner, ni théoriquement ni pratiquement. La perception, pour les tenants de l'univers mécanique, n'est pas une chose à prendre au sérieux, elle ne concerne que « les beautés de l'existence », c'est-à-dire ce dont on peut se passer. Dans nos écoles, on enseigne « le goût de l'art » presque comme une passion coupable, et non l'art lui-même comme la discipline rigoureuse et exigeante qu'il est, en tout premier lieu, pour l'artiste.

Dans l'univers biologique, à l'inverse, c'est la perception qui est au cœur des choses. On peut – et on doit – s'y former et s'y entraîner. Ce que nous percevons, ce ne sont pas des lettres, C, H, A ou T ; c'est le mot « chat ». C, H, A et T ne sont que des *bits*, pour parler comme aujourd'hui, ils appartiennent au domaine de l'analyse. En fait, un ordinateur est bien incapable, s'il s'en tient à mouliner les bits, d'aborder aux rivages du sens. Pour cela, on a dû inventer les « systèmes experts », qui s'efforcent de formuler dans la logique de l'ordinateur, à savoir dans un processus analytique, la perception, cette expérience globale qui consiste à appréhender une tâche ou un problème comme un tout.

En réalité, on n'a pas attendu l'ordinateur pour réfléchir à la nature de la perception. Il y a presque un siècle, la psychologie de la forme (*Gestalt*) montrait pour la première fois que nous entendons « chat », et non C, H, A et T. Elle expliquait ce que nous « percevons ». Depuis, toutes les écoles de psychologie – clinique, comportementale, développement de l'enfant – se sont converties de l'analyse à la perception. Même la psychanalyse est devenue après Freud une « psychoperception », qui s'efforce de comprendre la personne plutôt que ses mécanismes ou ses pulsions. En matière de planification, que ce soit au niveau de l'État ou de l'entreprise, on parle de plus en plus de « scénarios », dont le point de départ est une perception globale. Et, bien sûr, toute écologie est une perception plutôt qu'une analyse. Il s'agit d'abord de voir et de comprendre le tout, et les parties n'existent qu'en fonction du tout.

Lorsque, il y a quelque cinquante ans, un lycée américain (celui de Bennington, dans le Vermont) inscrivit pour la première fois à son programme un enseignement des « arts libéraux » – la pratique d'un art (peinture, sculpture, céramique, musique instrumentale) comme partie intégrante de l'éducation – on estima cette innovation imprudente, hérétique et contraire aux plus respectables traditions académiques. Aujourd'hui, tous les lycées américains en font autant. Il y a quarante ans, le public rejetait en bloc la peinture moderne non-figurative. Aujourd'hui, musées et galeries en sont pleins, et les artistes qui la pratiquent atteignent des cotes records. Qu'y a-t-il de « moderne » dans cet art ? C'est qu'il s'efforce de représenter ce que voit le peintre, plutôt que ce que le spectateur s'attend à voir. C'est un art du sens, plutôt que de la description.

Il y a trois cents ans, Descartes affirmait : « Je *pense*, donc je suis ». Maintenant, il faudrait dire aussi : « Je *vois*, donc je suis ». Après Descartes a prédominé la conception ; de plus en plus, nous ferons part égale à la conception et à la perception. En fait, les nouvelles réalités dont il est question dans ce livre sont des *configurations*, qui font appel à la perception autant qu'à l'analyse : le déséquilibre dynamique des nouveaux pluralismes, par exemple, l'économie transnationale et l'écologie transnationale, ou le nouvel archétype de l'« homme instruit » dont nous avons un si pressant besoin. Ce texte essaie de nous les faire *voir* tout autant qu'il essaie de nous les faire *penser*.

Il a fallu attendre plus d'un siècle, après que Descartes et son contemporain Galilée eurent posé les fondations d'une science de l'univers mécanique, pour qu'Emmanuel Kant décrive la métaphysique qui codifiait cette nouvelle vision du monde. Sa *Kritik der reinen Vernunft* (*Critique de la raison pure*), publiée en 1781, allait dominer la philosophie occidentale pendant plus d'un siècle. Même pour ses adversaires, comme Friedrich Nietzsche, Kant posait les seules questions qui aient un sens. Et sa conception du savoir était encore valable pour Ludwig Wittgenstein, à la première moitié du 20e siècle. Mais les philosophes contemporains ont décroché des préoccupations de Kant. Ils s'intéressent aux configurations – signes et symboles, structures, mythes, langages. Finalement, la transition de l'univers mécanique à l'univers biologique va exiger une nouvelle synthèse philosophique. Kant l'aurait sans doute baptisée *Einsicht* – une critique de la perception pure.

Postface
Le défi à relever

ON NE PEUT PAS DIRE avec certitude à quoi ressembleront la société et l'économie de demain. Nous sommes encore dans les affres d'une période de transition. Contrairement à ce que croient beaucoup de gens, cependant, cette période de transition ressemble remarquablement aux deux autres qui l'ont précédée au 19e siècle: la première, dans les années 1830 et 1840, suivant l'invention du chemin de fer, de la poste, du télégraphe, de la photographie, de la société à responsabilité limitée et de la banque d'affaires; la seconde, dans les années 1870 et 1880, suivant l'invention de l'aciérie, de la lumière et de l'énergie électriques, des produits chimiques de synthèse, de la machine à coudre et de la machine à laver, du chauffage central, du métro, de l'ascenseur (et grâce à celui-ci des grands immeubles de bureaux et d'habitation et du gratte-ciel), du téléphone et de la machine à écrire (et grâce à eux du bureau moderne), de la société anonyme et de la banque de dépôts. Ces deux périodes étaient caractérisées par le paradoxe d'une économie en expansion rapide jointe à une inégalité croissante des revenus – paradoxe qui nous tourmente de nouveau aujourd'hui. Voilà pourquoi, alors que nous ne pouvons pas encore dire à quoi ressemblera l'avenir, nous pouvons avec une très grande probabilité discerner ses traits principaux, les plus importants, et quelques-uns des grands défis que nous allons devoir relever.

La première chose à dire pourrait bien être – contrairement, là aussi, à ce que croient beaucoup de gens – que cet avenir ne sera pas dominé par un libre marché en expansion du type de celui que nous avons connu, c'est-à-dire un marché où l'on échange des biens et des services. Au contraire, ce type de marché pourrait bien reculer parce que, dans la société de demain, les secteurs en développement seront certainement ceux du savoir – la santé et l'éducation – qui n'ont jamais engendré, ni l'un ni l'autre, un marché réellement libre. Le «libre marché» de demain portera sur des flux d'information davantage que sur des échanges. Et en ce sens, oui, l'avenir annonce bien un libre marché mondial, avec les conséquences majeures que cela implique pour toutes les institutions, pas seulement pour les entreprises. Cela signifie par exemple que toutes les organisations, partout (et pas seulement les entreprises), devront être compétitives au niveau mondial.

Cela signifie aussi que le client va devenir le centre de gravité de la société, et le centre du pouvoir. Au cours des trente dernières années, le centre du pouvoir est passé du fournisseur – le producteur – au distributeur. Durant les trente prochaines années, il va certainement passer au consommateur, pour cette simple raison que le consommateur a désormais plein accès à toute l'information du monde.

On peut prévoir aussi avec une forte probabilité que le déclin des termes de l'échange (c'est-à-dire du pouvoir d'achat) des producteurs va se poursuivre, et sans doute à un rythme accéléré. Cette évolution s'est dessinée après la Première Guerre mondiale, voire à la fin du 19e siècle : le pouvoir d'achat des biens primaires, notamment des produits agricoles, a commencé de baisser fortement par rapport à celui des produits fabriqués. Au 20e siècle, il a baissé régulièrement de 1% par an, de sorte qu'en l'an 2000 la même production agricole ne permettait plus d'acquérir que le tiers des produits industriels qu'elle valait en 1900. À partir de 1960, toujours en termes de pouvoir d'achat relatif, la valeur des produits fabriqués a commencé de décliner à son tour par rapport à celle des biens du savoir. Entre 1960 et 2000, compte tenu de l'inflation, les prix des produits fabriqués ont baissé de 60%, soit presque des trois cinquièmes; dans le même temps, le prix des deux principaux produits du savoir, la santé et l'éducation, ont grandi trois fois plus vite que l'inflation. À la date de l'an 2000, les produits fabriqués avaient donc perdu en quarante ans les quatre cinquièmes de leur pouvoir d'achat, par rapport à celui des produits du savoir.

Mais plus important encore, la société et l'économie de demain auront une allure totalement nouvelle. Nous aurons une société du savoir, où les travailleurs du savoir représenteront la plus grande partie de la population active, et de loin la plus coûteuse. En fait, c'est déjà le cas dans tous les pays développés.

Dernière quasi-certitude : les défis que va nous lancer l'économie de demain sont des défis de management, qui devront être résolus par des individus. Les États pourront aider, ou faire obstacle, mais les tâches elles-mêmes ne sont pas de celles qu'un gouvernement peut accomplir. Elles ne peuvent l'être que par des organisations autonomes – entreprises et organisations non gouvernementales – et par des individus. L'État ne deviendra pas moins pressant, moins puissant, ni sans doute moins dépensier. Mais son efficacité dépendra de plus en plus de ce que font les managers et les spécialistes dans et avec leur propre organisation non gouvernementale, dans et avec leurs propres vies.

Je souhaite que *Devenez manager!* permette aux managers, aux cadres et aux professionnels de demain de mieux comprendre la société et l'économie dont ils héritent, et leur donne les moyens d'accomplir les tâches que la société et l'économie de demain vont exiger d'eux.

Peter Drucker

Remerciements de l'Éditeur

L'Éditeur remercie tous ceux qui lui ont consenti les autorisations de reproduction nécessaires à la réalisation de cet ouvrage :

Dunod, *Au-delà du Capitalisme* (p. 181-191, 225-233), 1993. Traduit par Jacques Fontaine.

Hachette, *Les Entrepreneurs* (p. 181-189, 197-233, 247-270, 273-342, 325-341), 1985. Traduit par Patrice Hoffmann.

InterÉditions, *Les Nouvelles Réalités* (p. 255-267, 293-303), 1989. Traduit par Jacques Fontaine.

Village Mondial, *À propos du Management* (p. 49-57, 148-160), 2000. Traduit par Sabine Rolland. *L'Avenir du management* (p. 13-46, 157-171, 179-185), 1999. Traduit par Jacques Fontaine. *Structure et changements* (p. 113-131, 187-238), 1996. Traduit par Marie-France Pavillet.

Index

A

Abs, Hermann, 133
Adenauer, Konrad, 264
Adler, Mortimer, 282
« administration hospitalière », 75
affectation du capital, 109
AKU, 39
Alcon, 175
alcooliques anonymes, 320, 324
Alexandre le Grand, 264
Allemagne, 15, 18, 264, 280, 294, 296, 298, 305, 310, 311
Allianz, 93
allocation des ressources, 105, 109
Altar Guild, 52
American Express, 179-180
American Heart Association, 53, 320
American Mental Health Association, 320
analyse des coûts par activité, 98-101, 113
Archimède, 38

Armée du Salut, 46, 47, 320, 324
ATT, 171
auditeur itinérant, 123
automobile (industrie), 89-91, 137, 178, 179
auto-contrôle (management par –), 115-118
  – comme philosophie, 126-127
  – par évaluations, 122-124
  – rapports et procédures, 124-126
autorité
  limites de l'–, 66-68
  nécessité de l'–, 77
Autriche-Hongrie, 92, 294

B

Baedeker, Karl, 176-177, 179
baie des Cochons, 242
banque, 100, 135
Barnard, Chester, 75
Beethoven, Ludwig van, 219

Bell (compagnie), 86, 171, 238
Bell (laboratoires), 86, 170
benchmarking, 106-107
bénévoles, 45-46, 52-56, 307
    – et citoyens, 319-325
    formation des –, 53-55
    motivations des –, 83
Bennington college, 334-335
Bill of Rights, 297
Bismarck, Otto von, 296, 305
Bonaventure, saint, 288
Bosch, Robert, 176, 177, 178
Bourgeois gentilhomme (Le), 11-12
boy-scouts, 324
Bryan, infirmière, 208-209
Buchanan, James, 287
Buick, 89, 102
bureaucratie, 138, 306

C

Cadillac, 31-32
cadres
    contrainte des –, 196-197
    crise de la mi-vie, 275-280
    génies universels, 200-201
    prise de décision, 194-196
    secondes carrières, 276-277
Capital (Le), 11, 288
capital, ressources en –, 35, 36, 40
Carnegie, Andrew, 77
carrières parallèles, 277-279
Casals, Pablo, 275
Castro, Fidel, 242
César, Jules, 264
chaîne des coûts, 103-104
« chaînes dorées », 70, 72
chaîne de montage, 15
charité, 320
chemins de fer (industrie des –), 40, 137
chimique (industrie), 85

Chine, 12, 15, 111, 328
Chrysler, 90, 101, 104
Churchill, Winston, 231, 264, 265
Citibank, 138, 171, 172, 174, 219, 272
citoyenneté, 307, 319-325
    bénévolat et –, 323-325
    charité et –, 320
    communauté et –, 321-323
    services et –, 320-321
classe moyenne, 62, 293-296, 319
client (le), 26-27, 88, 110, 112, 113, 338
    – dans la comptabilité analytique, 100
    – définit l'entreprise, 31, 149, 184-185
    – et l'imitation créative, 169
    – inattendu, 147-149
    stratégie et –, 186
    valeur pour –, 186-187
clubs d'étudiants, 52
Coca-Cola, 102, 112
Comenius, Johann, 317
commandement et contrôle (modèle), 13, 79, 89, 90, 91, 113
communauté, 321-325
communication, 211, 255-261
    attentes et –, 256-258
    communion et –, 331
    information et –, 256, 258, 331-332
    management par objectifs et –, 260-261
    perception et –, 212-213, 256-258
    vers le bas ou vers le haut, 211-212
compétence, 217
    – de l'entreprise, 63-65, 107
« la compétence, clé de l'entreprise » (C.K. Pralahad et Gary Hamel), 107
compétence spécialisée (stratégie de la –), 175, 176-179

comptabilité analytique, 98-101, 113
conservation de la nature, 47, 54
consumérisme, 27, 42
contribution, importance de la –, 205-213
    communication et –, 210-211
    – engagement personnel, 206-209
    progrès personnel et –, 211, 213
    relations humaines et –, 210-213
    responsabilité et –, 205-206
    résultat et –, 207
    travail en équipe, 211, 212-213
contrôle du résultat, 99
Cook, Thomas, 179-180
Corée du Sud, 14
Coty, 181
Couzens, James, 62
création d'entreprise, 145-161
    clients inattendus, 147
    conseils extérieurs, 160-161
    croissance, 150-153
    équipe de direction, 146, 153-157
    frais généraux, 152
    gestion de trésorerie, 150-151
    PDG, 155-156
    planification financière, 145, 149-153
    rôle du fondateur, 146, 156, 157-160
    rôle du marché, 146-149
crise de 1873, 317
Critique de la raison pure, 335
Croix-Rouge, 45, 50, 324

D

Daisy scouts, 49
Darwin, Charles, 333
débouchés, 84-89
décentralisation, 77
décisions personnelles (sur les personnes), 129-136
    étapes des –, 131-134
    gestion du temps et –, 228-229
    principes de base, 130-131
    risques, 134-136
Delco, 102, 176, 178
délégation, 230
dépression (la grande –), 75, 181, 220-221, 331
Descartes, René, 333, 335
description de poste, 131
Deutsche Bank, 133
Dickens, Charles, 301
Dimension humaine de l'entreprise (La), 89
Disraeli, Benjamin, 296
diversification, 143, 270-271
domestiques, 292-293, 295, 297
Dow Chemical, 59
Dreystadt, Nicholas, 31
droit de péage (stratégie), 174-176
Du Pont (compagnie), 39, 59-60, 66-67, 165, 168-169
Du Pont, Pierre, 77
Durant, William, 89, 102-103
dynamique des populations, 33

E

« écrémage » (du marché), 172
Edison, Thomas, 145-146, 271
Edsel, 199
éducation libérale, 282-284, 286-287, 316
efficacité, 191-204, 208-209
    contraintes et –, 196-199
    – des décisions, 237-238
    génie universel et –, 200-201
    gestion du temps et –, 223-224, 225, 229, 230, 236
    nécessité de l'–, 192-194
    peut-on apprendre l'–, 202-204
    voir aussi cadres

Église catholique, 131, 133, 324
Einstein, Albert, 276
Eisenhower, Dwight, 245, 263, 265
électronique (industrie), 170-171
Engels, Friedrich, 11
ENIAC, 167-168, 327
entrepreneur social, 277
entrepreneurs (société d'–), 311-317
    éducation et –, 315-317
    innovation dans la –, 312-313
    planification et –, 313-314
    révolutions et –, 312-313
entreprise, 25-43, 308
    concurrence et –, 33
    conseil d'administration, 49-52
    consumérisme et –, 27, 42
    création du client, 27, 31
    démographie et –, 33
    domination du marché, 38-39
    espérance de vie, 216
    innovation et –, 27, 29, 35, 40
    marketing et –, 27-28, 35, 36, 37-40
    objectifs, 34-42
    objet et objectifs, 25, 27-37
    outils d'information, 97-98
    profit (maximisation du), 25-27, 32-43, 72
    réglementation de l'–, 60-61
    responsabilité éthique, 68-69
    responsabilités sociales, 23, 35, 36, 42, 58-66
    spécialistes dans l'–, 116
    voir aussi management
équilibre statique (théorie de l'–), 26
erreur (des directions), 116-117
espérance de vie, 215-216, 275-276
    – active, 275-276, 277
esprit d'entreprise, 137-144, 312
    acquisition de l'–, 143
    association et –, 142
    bureaucratie et –, 138
    diversification et –, 143
    management et –, 16-17, 94
    naissance de l'–, 328
    personnalité et –, 273-274
    structures et –, 139-142
État, 307, 310, 339
    fonction sociale de l'–, 305-306
État-providence, 311, 317
États-Unis
    – dans la Seconde Guerre mondiale, 15
    diplômés d'université aux –, 12
    éducation aux –, 317
    inégalités aux –, 71
    organisations à but non lucratif aux –, 323-324
    service militaire aux –, 297
éthique, 68-69
Eupsychian Management, 80-81
exception américaine, 298
externalisation, 104

F

« faiseurs de veuves », 135
Familienbank, 171, 172, 174
famille (communauté), 321-322
Fayol, Henri, 77
feed-back (analyse de –), 216-218
Fiat, 92
First Baptist Church, 52
fixation des prix, 103
fixation des coûts à partir des prix, 103
fixation des prix à partir des coûts, 103
Fisher Body, 89-90, 102
Flamming, Peter James, 52
fonds de retraite, 17, 302
Ford, Henry, 159-160
Ford Motor Company, 58, 62, 90, 101, 137, 159-160
forme (psychologie de la –), 334

France, 286, 298, 310, 312
Future of Industrial Man, (The), 306

G

Galilée, 335
General Electric (GE), 123, 137, 170, 184-185, 219
General Motors (GM), 31, 93, 109, 130, 137, 176, 238, 241, 243, 264
    compétence-clé, 107
    keiretsu (concept du –), 89-90, 103
    prix (stratégie des –), 99, 101, 102, 104
Gillette, 183
Goethe, Johann Wolfgang von, 311
grande dépression, 75, 181, 221, 331
Guerre mondiale (Première –), 14, 77, 81, 92, 147, 181, 292
Guerre mondiale (Seconde –), 14, 15, 75, 87, 131, 231, 264, 297, 304
guides (scouts féminins), 45, 47, 49, 54, 324

H

Haloid Company, 183-184
Hamel, Gary, 107
Hamilton Propeller, 177
Hattori (montres), 168
Hefner-Alteneck, Friedrich von, 13
Herzberg, Frederick, 83
Hesse, Hermann, 283
Hippocrate (serment d'–), 69-72
Hitler, Adolf, 263, 264, 265, 282, 292
Hoechst, 138
Hoffmann-LaRoche, 164, 165, 168
homme instruit, 281-290, 299, 335
    concept universel, 282-285

conception nouvelle, 282-284
dans la société d'entrepreneurs, 315-316
– et éducation libérale, 282-285, 286-287, 316
– et les humanistes, 282
– et *technê*, 286-287
voir aussi société du savoir
« homme de l'organisation », 297
Honda, Soichiro, 159
Honda Motor Company, 159
Hopkins, Harry, 231
horlogère (industrie), 168
Hutchins, Robert, 282
Hybels, Bill, 47

I

IBM, 14, 85, 137, 167-168, 169
imitation créative, 167-170
Imperial Chemicals, 39
impôts, 71, 72, 150
impulsions (management par –), 119
Inde, 15, 18, 148
information, 97-113, 327-331, 338
    – comme auto-contrôle, 123
    communication et –, 256, 258, 331
    comptabilité et –, 98-104, 113
    coût, rentabilité et –, 100-101
    effets sociaux, 328-331
    – extérieure, 110-113
    – fait perdre du temps, 234
    frontières et –, 329
    « matière première », 87
    perception et –, 333-335
    – pour créer de la richesse, 105-110
    rapports et procédures, 124
    stratégie et –, 106-107
    – transforme les villes, 330
information (théorie de l'–), 79

informatique, *voir* ordinateur
innovation, 16, 27, 28-29, 94, 228, 267-274
    compétence-clé, 108
    – dans l'entreprise privée, 137-139
    définition, 28-29
    diversification et –, 143
    invention et –, 29
    objectifs de l'–, 35, 36, 40
    principes de l'–, 267-274, 313
    problèmes sociaux et –, 28, 62, 313
    stratégies et –, 163-164, 169, 177, 181
    voir aussi entreprise privée
innovation sociale, 16-17
intuition, 334
Islam, 284
Italie, 92, 298

J

Japon, 14, 18, 48, 103, 107, 194, 296, 298, 306, 308, 310
    – et le marché de l'électronique, 170-171
    immobilité organisée, 280
    – importateur de produits alimentaires, 292
    keiretsu (concept du –), 89-91
Jefferson, Thomas, 300, 311-313
Jeu des perles de verre (*Le*), 283
Johnson & Johnson, 138, 141, 165
Journal, 87
Judson center, 320

K

Kant, Emmanuel, 335
keiretsu, concept du, 89-91
Kennedy, John, 242, 264

Kroc, Ray, 158
Kultur, 281

L

lames de rasoir (industrie des –), 183
Land, Edwin, 158
leadership, 208, 263-265
    but de la stratégie, 164
    charisme et –, 263-264
    compétence-clé et –, 107
    confiance et –, 266
    – est un travail, 263-266
    innovation et –, 270
    responsabilité et –, 265
    responsabilités morales, 69
légitimité, 17
Leibniz, Gottfried, 333
Lennox China company, 182
Léonard de Vinci, 271
« lettre du manager », la, 120-121
Lexis (base de données), 112
Lincoln, Abraham, 264, 265
Lindsay, John, 63
liste de mariage, 182
Lucas, 176
Lumières, 311

M

MacArthur, Douglas, 264, 265
McCormick, Cyrus, 185
McDonald's, 158
McGregor, Douglas, 80
McNamara, Robert, 233
Machiavel, Nicolas, 310
Magnavox, 172
maîtrise de la rentabilité, 100-101
management, 11-23, 73-95
    par auto-contrôle, *voir* objectifs
    commandement et contrôle, 13,

79, 89, 90, 91, 113
communication et –, 19, 260-261
conseil d'administration et –, 49-50
décentralisation et –, 14
définition juridique, 74, 89-92
définition politique, 92-93
comme discipline, 304
formation et –, 14
– et gestion des hommes, 74, 80-84
– et gestion des organisations, 74, 76-80
– par impulsions, 119
information et –, *voir* information
innovation et –, *voir* innovation
légitimité du –, 17
– des non-clients, 88
OPA et –, 17
– par objectifs, 115-116, 117-121, 260-261
objectifs et mission, 18-19, 22
organe des organisations, 303
– des organisations à but non lucratif, 46-47
origine et développement du –, 12-16
principes du –, 18, 20
problèmes internes, 74, 94
productivité et –, 22-23, 41-42
responsabilité individuelle et –, 19
savoir spécialisé et –, 13
structure hiérarchique, 116-117
tâche fondamentale, 12
techniques, débouchés et –, 74, 84-89
voir aussi entreprises, esprit d'entreprise, organisations, stratégies
managers (dirigeants), 29, 285, 303
auto-contrôle des –, 122-124
« chaînes dorées », 70-71
erreurs des –, 116-117

responsabilité morale des –, 69-70
responsabilité réelle des –, 114
rhétorique du profit, 70, 72
salaires des –, 70-72
sélection des –, *voir* décisions personnelles
serment d'Hippocrate et –, 69-70
manières (bonnes), 217
Mao Tse-Tung, 263, 264, 265, 282, 292
marchés, 27, 32-33
domination des –, 38-39
– inattendus, 147-149
– et imitation créative, 169
marché spécialisé (stratégie du –), 175, 179-181
marketing, 14, 83-84, 118
consumérisme et –, 27
notion élémentaire, 187
objectifs pour le –, 35, 36, 37-40
Marks & Spencer, 90, 91, 103, 104, 107
Marshall, Alfred, 103
Marshall, George (général), 130, 131, 132, 264, 265
Marx, Karl, 11, 288, 293-294, 296, 302
Maslow, Abraham, 80-81
Mayo, Elton, 259
MCI, 171
médias, 287
ministère de l'Agriculture des États-Unis, 208
mission
définition, 33-35
– de l'entreprise, 25, 33-37
objectifs et –, 34-35
– de l'organisation à but non lucratif, 47-49
mi-vie (crise de la –), 276-279
mobilité
dans les communautés traditionnelles, 322

dans la société du savoir, 304-305
chez les travailleurs du savoir, 280
Monet, Claude, 275
Monsanto, 39
Montgomery (général), 264
Morgan, John Pierport, 296
Morita, Akio, 170
Motivation to Work (The), 83
My Years with General Motors, 238

N

Nader, Ralph, 66, 183
nationalisme, 321
Nestlé, 112
Newcomen, Thomas, 327
New Society (The), 322
New Yorker, 193
Nietzsche, Friedrich, 335
NIH (*Not Invented Here*), 172
non-clients, 88, 111, 112
novocaïne, 147
nuisances, 57-72
    gestion des –, 59-61
    objectifs concernant les –, 35, 36, 42
    opportunité d'activité, 59-60
    responsabilités, 58-59, 61, 68-72

O

objectifs, 34-42
    attentes et –, 37
    buts de l'entreprise, 117-118
    fixation des –, 120-122
    « impulsions » et –, 119
    management par –, 116-127
    mise en œuvre des –, 37
    – des nouvelles entreprises, 155
    profit et –, 35-36
    types d'–, 35-42

OPA (offre publique d'achat), 17, 51
ordinateur, 93, 113, 137, 147, 167, 316, 328, 333
    – et décision, 245
    limites de l'–, 198, 334
organisations
    nécessité de l'autorité, 77, 78-79
    cadres dans les –, 197-198
    commandement et contrôle (modèle), 13, 79, 89, 90, 91, 113
    décentralisation des –, 77
    durée des –, 208
    entreprises comme –, 301
    emploi à vie, 280
    management, organe des –, 303
    perte de temps, 233-234
    principes des –, 78-79
    responsabilités sociales, 57-68, 307-309
    résultats directs, 207-208
    société des –, 285-286
    subordonnés et supérieurs, 80-83
    sureffectif, 233
    théories sur la structure des –, 81-82, 300
    – transnationales, 92-93
    travailleurs du savoir dans les –, 81-82, 300
    – et valeurs individuelles, 220-221
    voir aussi entreprises ; management
organisations à but non lucratif, 19, 45-56, 339
    bénévolat, 45-46, 52-56, 323-325
    conseil d'administration, 49-52
    gestion, 46-47
    mission des –, 47-49
    services sociaux, 320-321
organisation scientifique du travail, 14, 228
ouvriers, 294, 296, 297, 302

P-Q

Packard, 103
Papin, Denis, 327, 328, 333
parfumerie (industrie de la –), 181
partenaires, partenariat, 91, 104
paysans, 292-293, 295, 297
PBX (standards téléphoniques), 171
PDG, 49-51
    d'entreprise nouvelle, 155
perception, 333-335
performance, 17, 19
    personnalité et –, 218-220
    – des travailleurs, 22-23
pharmaceutique (industrie), 85, 86, 93, 137, 164-165, 271, 272
Phédon, 256
Philips, 137
Picasso, Pablo, 275
Planck, Max, 276
plastiques (industrie des –), 165
Platon, 256
points forts (connaître ses –), 216-218
Polaroïd, 158
politique, 292, 309-310
    intérêts économiques et –, 309
    valeurs et –, 309
politique agricole, 208
pollution, 59-60
post-capitaliste (société) *voir* société du savoir
Prahalad, C.K., 107
Pratique de la direction des entreprises (La), 80
Principia mathematica, 333
prise de décision, 29-30, 112, 194, 237-254
    circonstances de la –, 251-256
    compromis, 238, 243
    conditions aux limites, 238, 241-243, 252
    désaccords, 248-251

    effet en retour, 239, 245-246, 247
    instruments de mesure, 247-248
    nécessité de la –, 248-254
    opinions et faits, 246-248
    ordinateurs et –, 245-246
    passer à l'action, 237-238, 239, 244-245
    personnalité et –, 219-220
    risques, 252
    rôle du cadre, 194-196, 220
    travail d'équipe, 77
    voir aussi décisions personnelles
prix, 166, 182, 183-184
    prix fort, 173
    stratégies, 166, 173, 182, 183-184
    valeur et –, 187
    voir aussi fixation des prix
Procter & Gamble, 104, 141
productivité, 296
    information sur la –, 105
    objectifs de –, 35, 36, 41-42
productivité de l'ensemble des facteurs, 106
professionnalisme, 69-70
profit
    Economic Value Added (EVA) et –, 106
    maîtrise de la rentabilité et –, 100-101
    maximisation du –, 25-26
    – minimum, 64
    nécessité et limites du –, 42-43
    objectifs du –, 43
    planification du –, 43
    prix fort et –, 173
    responsabilités sociales et –, 64
    Ricardo, David, 186
psychologie de la forme, 334
qualité, 173

R

RCA, 137, 170, 172

réglementation, 60, 87
relations humaines
    communication et –, 259-260
    – et contribution, 210-213
    – et perte de temps, 226-227, 233
    exigences de base, 210-213
relations humaines (École des –), 259
rendement, 192
responsabilité, 54, 63-66, 68-69, 95, 123-124, 161
    autorité et –, 66-67
    compétence et –, 64-65
    contribution et –, 194, 205-206, 209-210, 211
    éthique de la –, 68-72
    leadership et –, 120, 265-266
    limites de la –, 63-65
    – des problèmes sociétaux, 35, 26, 42, 58-59, 61
    serment d'Hippocrate et –, 69-72
ressources (objectifs), 40-41
ressources humaines, 22, 35, 36, 40, 110
ressources physiques, 35, 36
réunions, 233-234
revenus salariaux, 302
révolution commerciale, 328
révolution culturelle, 312
Révolution française, 312
Révolution industrielle, 84
Révolution russe, 312
révolutions, 311-313
Ricardo, David, 186
richesse (création de –), 105-110
Richesse des nations, 288, 317
ROLM, 171
Roosevelt, Franklin, 132, 231, 264
routine, 232
Royaume-Uni, 14, 18, 293, 294, 295, 298
Russell, Bertrand, 333

S

Samaritains, 320
Saturn (voiture), 104, 109
savoir (société du –), 281, 291-310, 339
    – et bien commun, 308
    concurrence et –, 299, 305
    société d'employés, 300-304
    – et éducation, 282-283, 286-287
    essor de la –, 296-298
    l'État et la –, 305-306, 307-308, 310
    – et État-providence, 305-306
    – et intérêts particuliers, 309
    mobilité dans la –, 304-305
    – et l'Occident, 284-285
    ouvriers et –, 291-296, 302
    nouveau pluralisme, 307-310
    société des organisations, 285-286, 301
    tâches sociales, 304-306
    voir aussi homme instruit
savoir spécialisé, 13, 15, 100, 287-288, 300
savoir (travailleurs du –), 81, 298, 339
    – comme employés, 301-302, 306
    contribution des –, 207, 209-210
    éducation et –, 299 (*voir aussi* homme instruit)
    espérance de vie active des –, 275-276
    essor des –, 296-298
    mobilité des –, 280
    motivation des –, 193
    – dans les organisations, 81-83
    – dans la vie active, 215
    voir aussi efficacité; cadres; gestion du temps
Sears, Richard, 25
Sears, Rœbuck, 14, 25, 28, 31, 90, 91, 103, 104, 208

Seiko, 168
semi-conducteurs, 168
Sentier lumineux (le –), 284-285
services (industrie des –), 99-100, 101
Siemens, 13, 85, 137
Sloan, Alfred, 75, 77, 130, 131, 219, 238, 241, 243, 249, 264
Sloan, Raymond, 75
Smith, Adam, 14, 288, 317
Snow, C., 20
Socrate, 253, 256
Sony, 170, 173
Sprint, 171
Staline, Joseph, 263, 264, 265-266, 282, 292
stratégies (de l'entrepreneur), 163-187
   le client et les –, 181-182
   compétences spécialisées, 175, 176-179
   droit de péage, 174-176
   écrémage, 172
   imitation créative, 163, 167-170
   innovation et –, 164-165, 168-169, 174, 177, 181
   judo, 170-174
   leadership et –, 164, 166, 168, 172, 174
   marché spécialisé, 175, 179-181
   mauvaises habitudes, 172
   niche écologique, 163, 174-179
   prix, 166, 173, 182, 183-184
   risques des –, 166, 168, 169, 175, 176
   vite et mieux, 163, 164-167
Studebaker, 103
subordonnés et supérieurs, 80-84
sureffectif, 233, 234
systèmes experts, 334
syndicats, 294-295
syndicat anglais des mineurs, 295

T

taux de rendement des investissements, 141-142
Taylor, Frederick, 14, 15, 75, 84
technê, 286-287
techniques, technologie, 61, 333
   postulat sur –, 84-89
   réglementation et –, 87
téléphone (industrie du –), 86
temps (gestion du –), 196, 223-236, 316-317
   à quoi passe le –, 225-228
   consolidation, 223, 235-236
   diagnostic, 228-231
   – discrétionnaire, 235-236
   éliminer les pertes de –, 232-235
   noter le –, 223, 229-231
Temps difficiles, 301
terre (ressource), 40
textile (industrie), 84
Thalidomide (tragédie de la –), 240
Thatcher, Margaret, 295
théorème d'abondance, 87
théorème de rareté, 87
théorie X, théorie Y, 80, 84
Tocqueville, Alexis de, 312
Toshiba, 138
totalitarisme, 329
Toyota, 89, 91, 102, 103
transformation sociale, 291-292
transistor, 86, 170
travail d'équipe, 118
   construction du –, 153-157
   – et contribution, 212-213
traveller's chèques, 179-181
3M, 138, 141, 165
Truman, Harry, 132, 245, 264, 265

U

Ueda, Atsuo, 5-6

Unilever, 112
Union Carbide, 39
Union soviétique, 15, 111, 194, 266
United Motors, 102
Univac, 147

V

Vail, Theodore, 238
valeurs
   – des organisations et des individus, 220-221
   – et politique, 309
valeur pour le client, 186-187
valeur économique ajoutée (*EVA*), 106
villes, transformation des –, 330
vitamines (industrie des –), 164-165

W

Wallace, Alfred Russell, 333
Wal-Mart, 103, 104
Watson, Thomas, 14
Watt, James, 288
Westinghouse, 137
Whitehead, Alfred, 333
Willowcreek Community Church, 47
Wittgenstein, Ludwig, 335
Wood, Robert, 14

X

Xerox, 148, 172-173, 184

Dépôt légal : 1er trimestre 2004
IMPRIMÉ EN FRANCE

Achevé d'imprimer le 21 janvier 2004
sur les presses de l'imprimerie «La Source d'Or»
63200 Marsat
Imprimeur n° 9630